WISSENSCHAFTLICHE BEITRÄGE AUS DEM TECTUM VERLAG

Reihe Geschichtswissenschaft

Band 1

Vom Schlachthof nach Auschwitz

Die NS-Verfolgung der Sinti und Roma aus
Bremen, Bremerhaven und
Nordwestdeutschland

von

Hans Hesse
und
Jens Schreiber

Tectum Verlag
Marburg 1999

Die Deutsche Bibliothek - CIP-Einheitsaufnahme

Hesse, Hans; Schreiber, Jens:
Vom Schlachthof nach Auschwitz.
Die NS-Verfolgung der Sinti und Roma aus Bremen, Bremerhaven und Nordwestdeutschland.
/ von Hans Hesse und Jens Schreiber
- Marburg : Tectum Verlag, 1999
ISBN 3-8288-8046-0

© Tectum Verlag

Tectum Verlag
Marburg 1999

INHALTSVERZEICHNIS

VORWORT 7

1. EINLEITUNG 17

1. 1. Exkurs: „... und wird zukünftig als Nicht-Zigeuner behandelt" -
Ein unbekannter Erlaß? 44

2. DIE VERFOLGUNG DER SINTI UND ROMA IN BREMEN 49

2. 1. Die Verfolgung und Vernichtung der Bremer Sinti und Roma
in der NS-Zeit 55
   2. 1. 1. Das sog. „Zigeuner- und Arbeitsscheuengesetz" -
   Bremen wird 'zigeunerfrei' 57
   2. 1. 2. Die Einrichtung und Tätigkeit der „Dienststelle für Zigeunerfragen" -
   Das sog. „Zigeunerdezernat" 60
   2. 1. 3. Die Verhaftungswelle „Arbeitsscheu Reich" im Juni 1938 80
   2. 1. 4. Die Deportationen im Mai 1940 - Der erste Schritt in die Vernichtung ... 86
   2. 1. 5. Die Endphase des Völkermords - Die Deportationen im März 1943
   in das Vernichtungslager Auschwitz/Birkenau 91
   2. 1. 6. „Ich wurde auf einen Operationstisch gelegt und festgeschnallt" -
   Zwangssterilisationen im Sommer 1944 in Bremen 100
2. 2. Diskriminierung und „zweite Verfolgung" nach 1945 104
   2. 2. 1. Die Polizei 105
   2. 2. 2. Die Entnazifizierung und der späte Versuch einer juristischen
   Aufarbeitung 111
   2. 2. 3. Die sog. „Wiedergutmachung" - Die „zweite Verfolgung" 122
   2. 2. 3. 1. Die Geschichte der Wiedergutmachung in Bremen - Eine Skizze ... 125
   2. 2. 3. 2. Quantifizierende Analyse 131
   2. 2. 3. 3. Einzelfälle 133

3. DIE VERFOLGUNG DER SINTI UND ROMA IN BREMERHAVEN 141

3. 1. Vor 1938 - Von der Diskriminierung zur Verfolgung 142
3. 2. Der 16. Mai 1940 - Die Deportationen beginnen 144
3. 3. Die Deportation nach Auschwitz im März 1943 149
3. 4. Zwangssterilisationen in Bremerhaven 151
3. 5. Die gescheiterte 'Vergangenheitsbewältigung' -
Die Bremerhavener Sinti und Roma nach 1945 151
   3. 5. 1. Die Entnazifizierung 152
   3. 5. 2. Die sog. „Wiedergutmachung" 160

4. DIE VERFOLGUNG DER SINTI UND ROMA IN DEN NIEDERSÄCHSISCHEN GEBIETEN DES BREMER KRIPOLEITSTELLENGEBIETES 165

4. 1. Die Verfolgung der Sinti und Roma in den Landkreisen Verden und Rotenburg.. 169

4. 2. Die Verfolgung der Sinti und Roma in Oldenburg und Ostfriesland 171

    4. 2. 1. Die Diskriminierung und Verfolgung der Sinti und Roma in Oldenburg und Ostfriesland im Kaiserreich und in der Weimarer Republik, 1871 - 1933 .... *179*

    4. 2. 1. 1. „Vagabundenjagden..., die im Volksmund 'Kloppjagden' genannt wurden" - Erlasse und Verbote gegen Sinti und Roma in Oldenburg und Ostfriesland vor 1871... *180*

    4. 2. 1. 2. Die Diskriminierung und die Institutionalisierung der „Zigeunerverfolgung" in den Ländern Oldenburg und Ostfriesland zur Zeit des Kaiserreichs *182*

    4. 2. 1. 3. Die Diskriminierung und Verfolgung der Sinti und Roma in Oldenburg und Ostfriesland in der Weimarer Republik *188*

    4. 2. 2. Die Verfolgung und Vernichtung der Sinti und Roma in Oldenburg und Ostfriesland im Nationalsozialismus.. *215*

    4. 2. 2. 1. Die Verfolgung und Vernichtung der Sinti und Roma in Oldenburg und Ostfriesland im Nationalsozialismus bis zur Festsetzung, 1932 - 1939 .... *216*
Spionageverdächtige und „sonstige fragwürdige Elemente"................................ *222*

    4. 2. 2. 2. Die Verfolgung und Vernichtung der Sinti und Roma in Oldenburg und Ostfriesland im Nationalsozialismus von der Festsetzung bis zur Befreiung, 1939 - 1945 .... *236*

    4. 2. 2. 2. 1. Die „Festsetzung" im Oktober 1939 .... *237*

    4. 2. 2. 2. 2. 1.000 Personen aus dem Gebiet der Kriminalpolizeileitstellen Bremen und Hamburg - Die sogenannte „Umsiedlungsaktion" 1940 .... *243*

    4. 2. 2. 2. 3. Vier Verfolgungsformen jenseits der Deportation *250*

    4. 2. 2. 2. 4. Die große Deportation im März 1943... *267*

    4. 2. 2. 2. 5. Sterilisation und „Euthanasie" in Oldenburg.. *288*

    4. 2. 2. 2. 6. Die letzten Tage des Nationalsozialismus zwischen Weser und Ems... *296*

4. 3. Die Diskriminierung der Sinti und Roma in Niedersachsen nach 1945 298

ABKÜRZUNGSVERZEICHNIS.. 313

QUELLENVERZEICHNIS 315

LITERATURVERZEICHNIS.. 327

Vorwort

"Auschwitz ... ist das Zentrum der „Endlösung". ... Und Birkenau müßte nach meiner Meinung das eigentliche Zentrum der Gedenkstätte Auschwitz werden. Warum? Weil für diese Gedenkstätte auch noch in hundert Jahren das Erinnern an eine Ideologie im Mittelpunkt stehen soll, die nicht die Nazis geschaffen haben, die es schon gab, bevor Hitler auf der Welt war. Eine sogenannte „Rassenideologie", die gelehrt wurde an den Universitäten im vorigen Jahrhundert, auch in Österreich, in Deutschland. Diese Rassideologie besagt, daß es vom Blut her wertvollere und daher auch wertlose Menschen gibt. ... Diese Rassenideologie wurde zwar vom Nationalsozialismus nicht geschaffen, aber sie wurde vom Nationalsozialismus zur Staatsdoktrin erhoben. ... Vor dieser mörderischen Rassenideologie muß gewarnt werden, denn sie ist mit dem Ende des Nationalsozialismus nicht verschwunden."[1]

Seit wenigen Jahren erst erinnert eine Gedenktafel auf dem Gelände des ehemaligen Bremer Schlachthofes (heute ein Kulturzentrum) daran, daß hier im März 1943 Bremer Kriminalbeamte Deportationszüge nach Auschwitz zusammenstellten und hierfür auf dem Gelände des Schlachthofes ein Sammellager einrichteten, in dem sie hunderte Sinti und Roma aus Nordwestdeuschland mehrere Tage bis zum endgültigen Verladen gefangenhielten. Ein Schlachthof als Ort, als Beginn der Deportationen in das Vernichtungslager Auschwitz ... eine Symbolik, die wahrlich keiner näheren Erläuterung bedarf.

Ebenfalls erst seit einigen Jahren erinnert in Bremerhaven eine Gedenktafel an die Deportationen von Sinti und Roma nach Polen im Mai 1940. Angebracht ist sie an der Stelle, an der sich das ehemalige Polizeigefängnis Bremerhavens befand und in welchem die Bremerhavener Sinti zunächst zusammengetrieben wurden.

In Oldenburg erinnert sowohl die Benennung einer Straße an das Schicksal der Sinti-Familie Mechau im Nationalsozialismus als auch eine Gedenktafel am Ziegelhof an die NS-Verfolgung dieser ethnischen Minderheit. Auf dem Ziegelhof lebten 1943 einige Sinti-Familien und von hier aus wurden sie, über den Bremer Schlachthof, nach Auschwitz deportiert. Fast alle wurden von den Nationalsozialisten ermordet.

Alle drei Gedenkorte zeigen deutlich, wie nah der Völkermord war. Wie sehr er zum Alltag gehörte. Es waren Mitbürger, es waren Nachbarn, die weggeholt wurden. Jeder sah ihren Abtransport. Die Deportationen erfolgten in der

---

[1] Hermann, Langbein, Geschichte und Zukunft der Gedenkstätten, in: Bamberger, Edgar (Hg.), Der Völkermord an den Sinti und Roma in der Gedenkstättenarbeit, Tagung im Berliner Reichstag am 15. und 16. Dezember 1993. Schriftenreihe des Dokumentations- und Kulturzentrums Deutscher Sinti und Roma, Nr. 2, o. O., 1994, S. 35f.

Öffentlichkeit, an zentralen Plätzen der Stadt. Mehr als eine zentrale Gedenkstätte in Berlin es jemals könnte, zwingen diese Orte zum Nachdenken. Sie sind mitten unter uns.

Etwas verwunderlich mag es daher erscheinen, daß zwar die Gedenktafeln an diesen Völkermord erinnern, daß aber die Verfolgungsgeschichte dieser verfolgten Mitbürger noch nicht geschrieben wurde. Das Forschungsprojekt dazu wurde parallel ins Leben gerufen. Es findet mit der vorliegenden Monographie seinen Abschluß.

Die Diskriminierung, Ausgrenzung, Kriminalisierung und Verfolgung der Sinti und Roma begann nicht erst ab 1933 mit der sog. Machtergreifung der Nationalsozialisten. Vieles von dem, was in dem Völkermord an über 500.000 Sinti und Roma, wofür Auschwitz-Birkenau symbolhaft steht, endete, wurde schon vor diesem Datum gedacht und durchgeführt. Es ist erschreckend, wie sich seit dem Mittelalter und der frühen Neuzeit über das Kaiserreich, die Weimarer Republik bis in den Nationalsozialismus hinein (und genaugenommen auch wieder in der Zeit nach 1945) eine Kontinuität der Diskrimierung und Verfolgung herausbildete, die erkennen läßt, daß der eine Schritt ohne den vorherigen nicht möglich gewesen wäre. Vor wenigen Jahren jährte sich zum 500. Male der Tag, an dem der Reichstag zu Freiburg die Vertreibung aller Sinti „uß den landen teutscher nacion" beschloß. Zudem wurden Sinti und Roma zu 'Vogelfreien' erklärt. Das bedeutete, daß jedermann sie ungestraft schlagen, ja sogar töten konnte. Quellen, die darüber Aufschluß geben, wie viele Sinti und Roma diesen grausamen Verfolgungen zum Opfer fielen, gibt es nicht. Ohne Zweifel kann aber auf Grund dieses Reichstagsbeschlusses festgestellt werden, daß der Antiziganismus in Deutschland eine weit zurückreichende 'Tradition' hat. Ein Tatbestand, der in der Öffentlichkeit noch immer weitgehend unbekannt ist.

Der Völkermord der Nationalsozialisten an den Sinti und Roma steht in der Geschichte ohne Beispiel dar. Niemals zuvor wurde eine ethnische Minderheit vom Baby bis zum Greis, nur auf Grund ihrer Geburt, so konsequent, pseudo-wissenschaftlich 'untermauert' und geradezu industriell-planmäßig erfaßt, festgesetzt, von den Haaren bis zu den Zehen vermessen, verkartet und 'erforscht' und - in einem letzten Schritt - vernichtet, wie die Sinti und Roma. Das Vernichtungslager Auschwitz/Birkenau, in dem ein gesondertes „Zigeunerlager" (Lager B II e) eingerichtet worden war, steht als Symbol für diesen Völkermord. Die allermeisten Biographien der Sinti, die in dem Raum des

Bremer Kripoleitstellengebietes lebten, enden dort. Ihre Spuren verlieren sich zu bloßen Nummern.

„Auschwitz" ist jedem ein Begriff, ist für die meisten ein Synonym für die industriell-planmäßig ausgeführte Vernichtung Millionen von Menschen. Schwer vorstellbar ist es für viele aber heute noch immer, daß der Weg nach Auschwitz an ihren heutigen Wohnorten begann, daß Nachbarn, mitunter Familienangehörige, Freunde, unmittelbar an den Vernichtungen beteiligt waren. Nicht-Wissen bzw. Unkenntnis wäre vielleicht noch entschuldbar - es zeigt sich jedoch auch eine andere Enwicklungslinie, etwas, mit dem die Autoren dieser Monographie konfrontiert wurden. Auf unsere Fragen nach Quellen oder Dokumenten über die Verfolgung und Vernichtung der Sinti und Roma wurde uns in einem Archiv von einem Mitarbeiter schlicht erklärt (sinngemäß): „So etwas hat es bei uns nicht gegeben. Das läge auch gar nicht in der Mentalität der Leute hier." Es zeigt sich: aus Verdrängen wird Vergessen, aus Vergessen wird Leugnen. Lokal- und Regionalstudien erfüllen gerade diese wichtige Funktion zu zeigen, wie 'es vor Ort war', wer daran beteiligt war und - vor allem - wer waren die Opfer... In diesem Sinne will sich die vorliegende Monographie als Dokumentation verstehen.

Dem Nichtwissen der Öffentlichkeit steht zweifellos eine erst sehr späte Zuwendung der Historiogrpahie[2] zu diesem Thema gegenüber.[3] Die ersten Ansätze waren entweder rassistisch[4] und juristisch[5] geprägt. Erst Anfang der 70er Jahre wurde durch Kenrick/Puxon der Völkermord umfassend thematisiert.[6] Ende der 70er Jahre begann durch Vertreter der Bürgerrechtsbewegung

---

[2] Zur ausführlichen Darstellung der Historiographie zur Verfolgung der Sinti und Roma s. aktuell Sandner, Peter, Frankfurt. Auschwitz. Die nationalsozialistische Verfolgung der Sinti und Roma in Frankfurt am Main, Frankfurt am Main 1998, S. 19ff., insbesondere die Hinweise auf die Diskussion um die Monographie von Zimmermann S. 21ff. und - vor allem - Zimmermann, Michael, Rassenutopie und Genozid. Die nationalsozialistische „Lösung der Zigeunerfrage", Hamburg 1996, Kapitel II.

[3] So habe nach Wippermann insbesondere die „akademische Geschichtsschreibung" das Thema „weitgehend vernachlässig". Wippermann, Wolfgang, Rezension zu Michael Zimmermann, Rassenutopie und Genozid, in: Archiv für Sozialgeschichte 38, 1998, S. 792f., S. 792. Ähnlich auch Zimmermann, der die deutschsprachige Literatur zur nationalsozialistischen Zigeunerverfolgung als „wenig befriedigend(e) und manchmal bestürzend(e)" resümiert. Zimmermann, Michael, Rassenutopie und Genozid. Die nationalsozialistische „Lösung der Zigeunerfrage", Hamburg 1996, S. 33.

[4] Arnold, Hermann, Die NS-Zigeunerverfolgung. Ihre Ausdeutung und Ausbeutung, Aschaffenburg 1989.

[5] Vor allem Döring, Hans-Joachim, Die Zigeuner im nationalsozialistischen Staat (= Kriminologische Schriftenreihe, Bd. 12), Hamburg 1964.

[6] Kenrick, Donald/Puxon, Grattan, Sinti und Roma. Die Vernichtung eines Volkes im NS-Staat, Göttingen 1981.

der Sinti und Roma eine sich verstärkende Zuwendung.[7] Diese „politische Herangehensweise"[8] lenkte verstärkt die Aufmerksamkeit der Öffentlichkeit auf das Thema. Letztendlich ist auch diese Monographie aus einem ähnlichen Ansatz hervorgegangen.[9]

1996 schließlich erschien Michael Zimmermanns Habilitationsschrift unter dem Titel „Rassenutopie und Genozid". Zum ersten Mal stellte ein Historiker aus Deutschland eine umfangreiche Monographie zu diesem Thema zusammen. Dieses „Standardwerk"[10] zeichnet die NS-Verfolgungsgeschichte „akribisch"[11] nach, so daß es - nach Wippermann - für Doktoranden und Laienhistoriker schwierig sei, weiteres Material oder neue Details zu entdecken.[12] Zweifellos sind die Leitlinien vorgegeben. Und damit auch die Auseinandersetzungen, die sich einmal mehr an der Studie Zimmermanns entzündeten. Das betrifft zum einen die Frage nach den Voraussetzungen des Völkermords, mithin ab wann die Diskriminierung und Verfolgung der Sinti und Roma „rassisiert"[13] wurde. Wippermann sieht etwa diese „Rassisierung" bereits mit dem Buch des Göttinger Historikers Heinrich Moritz Gottlieb Grellmann über die „Zigeuner" von 1783 einsetzen,[14] während andere wie z.B. der niederländische Historiker Leo Lucassen[15] diese „Rassisierung" erst auf die Zeit nach 1933 verlegen, während bis dahin die „Zigeuner" vornehmlich sozial-ethno-

---

[7] Rose, Romani, Bürgerrechte für Sinti und Roma. Das Buch zum Rassimus in Deutschland. Hg. v. Zentralrat Deutscher Sinti und Roma, Heidelberg 1987; Rose, Romani/Weiss, Walter, Sinti und Roma im „Dritten Reich". Das Programm der Vernichtung durch Arbeit, Göttingen 1991.

[8] Zimmermann, Michael, a. a. O., S. 34; Sandner, Peter, Frankfurt. Auschwitz. Die nationalsozialistische Verfolgung der Sinti und Roma in Frankfurt am Main, Frankfurt am Main 1998, S. 21.

[9] Für dieses Projekt muß indessen sein Scheitern konstatiert werden.

[10] Wippermann, Wolfgang, Rezension zu Michael Zimmermann, Rassenutopie und Genozid, in: Archiv für Sozialgeschichte 38, 1998, S. 792f., S. 793; Danckwortt, Barbara, Rezension zu Michael Zimmermann, in: Zeitschrift für Geschichtswissenschaft 1997, Heft 3, S. 275ff., S. 277.

[11] Wippermann, Wolfgang, Rezension zu Michael Zimmermann, Rassenutopie und Genozid, in: Archiv für Sozialgeschichte 38, 1998, S. 792f., S. 792.

[12] Ebd.

[13] Vgl. zum Begriff und Thema vor allem Burleigh, Michael/Wippermann, Wolfgang, The Racial State. Germany 1933-1945, Cambridge 1996 (3. Auflage); Wippermann, Wolfgang, Wie die Zigeuner. Antisemitismus und Antiziganismus im Vergleich, Berlin 1997.

[14] S. hierzu insbesondere die folgende Einleitung.

[15] Lucassen, Leo, Zigeuner. Die Geschichte eines Ordnungsbegriffes in Deutschland 1700-1945, Köln, Weimar, Wien 1996.

graphisch[16] definiert worden und Diskriminierungen und Verfolgungen gegen sie entsprechend zu interpretieren seien.

Diese unterschiedlichen Ansätze zeitigen Folgen bei der Interpretation der NS-Verfolgung der Sinti und Roma. So wurde von verschiedenen Autoren[17] darauf hingewiesen, daß Zimmermann einerseits konstatiert, „ideologisches Movens der Vernichtungspolitik" der Nationalsozialisten sei der „moderne Rassismus", andererseits er jedoch „erhebliche Differenzen" in der Verfolgung der Sinti und Roma und den Juden sähe. Dies sei - so Wippermann zu recht - nicht „widerspruchsfrei".[18] Ohne das Wissen um die Einbettung der NS-Verfolgung der Sinti und Roma in den Kontext des modernen Rassismus laufen diese Interpretationen indessen Gefahr, auf den Forschungsstand der 60er Jahre zurückzufallen.[19]

Mittlerweile liegen einige Lokal- bzw. Regionalstudien[20] über die Verfolgung der Sinti und Roma in der NS-Zeit vor. Geschildert wurde das Geschehen beispielsweise in Köln,[21] München,[22] Frankfurt,[23] Hamburg,[24] Darmstadt,[25]

---

[16] Ebd., S. 174. Zur Kritik an Lucassen s. Danckwortt, Barbara, Rezension zu Leo Lucassen, in: Zeitschrift für Geschichtswissenschaft 1997, Heft 6, S. 541ff. Zu ergänzen ist die Kritik Danckwortts mit dem Hinweis, daß Lucassen selbst dort, wo er aus den Quellen eine eindeutig rassistische Denkungsweise zitiert - z.B. aus der Denkschrift eines Mitarbeiters der Münchener Polizeidirektion von 1911, wonach die „Rassenkunde" darüber Aufschluß gäbe, wer als Zigeuner anzusehen ist und wer nicht (S. 191); oder aber aus einem Brief der Regierung von Oberbayern aus dem Jahr 1922, in dem es heißt, daß „rassreine, echte Zigeuner ... seltener geworden" seien (S. 192) - im übrigen eine Vorwegnahme späterer Rittersche „Forschungsergebnisse" - an dem Begriff der „Ethnie" festhält.

[17] Wippermann, Wolfgang, Rezension zu Michael Zimmermann, Rassenutopie und Genozid, in: Archiv für Sozialgeschichte 38, 1998, S. 793; Hohmann, Joachim S., Rezension zu Michael Zimmermann, in: Jahrbuch für Antisemitismusforschung 1997, S. 292-301, S. 296f.; Sandner, Peter, Frankfurt. Auschwitz. Die nationalsozialistische Verfolgung der Sinti und Roma in Frankfurt am Main, Frankfurt am Main 1998, S. 22.

[18] Wippermann, Wolfgang, Rezension zu Michael Zimmermann, Rassenutopie und Genozid, in: Archiv für Sozialgeschichte 38, 1998, S. 793.

[19] Frei, Norbert, Ein anderer Genozid. Michael Zimmermanns grundlegendes Werk über die „Lösung der Zigeunerfrage" im „Dritten Reich", in: DIE ZEIT, Nr. 6 (31. Oktober 1997), S. 24.

[20] Siehe hierzu ausführlicher das Literaturverzeichnis.

[21] Fings, Karola/Sparing, Frank, „z.Zt. Zigeunerlager". Die Verfolgung der Düsseldorfer Sinti und Roma im Nationalsozialismus, Köln 1992.

[22] Eiber, Ludwig, „Ich wußte, es wird schlimm". Die Verfolgung der Sinti und Roma in München 1933-1945, München 1993.

[23] Sandner, Peter, Frankfurt. Auschwitz. Die nationalsozialistische Verfolgung der Sinti und Roma in Frankfurt am Main, Frankfurt am Main 1998; Wippermann, Wolfgang, Das Leben in Frankfurt zur NS-Zeit II: Die nationalsozialistische Zigeunerverfolgung. Darstellung, Dokumente, didaktische Hinweise, Frankfurt am Main 1986.

[24] Kawczynski, Rudko, Hamburg soll „zigeunerfrei" werden, in: Ebbinghaus, Angelika u.a. (Hg.), Heilen und Vernichten im Mustergau Hamburg. Bevölkerungs- und Gesundheitspolitik im Dritten Reich, Hamburg 1984, S. 45-52.

Hannover/Niedersachsen[26] und in Ansätzen in Berlin.[27] Das mag 50 Jahre nach der Befreiung vom Nationalsozialismus überraschen. Ist aber zugleich ein Symptom für das jahrzehntelange Verschweigen der rassischen Verfolgung der Sinti und Roma durch die historische Wissenschaft. Erst langsam beginnt sich diese Lücke zu füllen. Zu erkennen ist indessen bereits, daß große Unterschiede nicht bestehen.

Bislang überhaupt noch nicht versucht wurde, die Verfolgung in der NS-Zeit in der organisatorischen Einheit eines Kripoleitstellengebiets zu untersuchen. Insgesamt gab es im Deutschen Reich nach der „Neuordnung der staatlichen Kriminalpolizei" vom 20. September 1936 14 Kriminalpolizeileitstellen (einschließlich des Preußischen Landeskriminalamtes, das zugleich die Leitstelle für Groß-Berlin, Brandenburg, Schwerin, Meseritz und Bomst war). Zum Bremer Gebiet gehörten die Regierungsbezirke Aurich, Stade und Oldenburg (und Bremerhaven/Wesermünde). Die Bremer Zentrale leitete als oberste Verfolgungsinstanz die einzelnen Maßnahmen in diesen Gebieten. In Bremen wurden sowohl für die Deportation im Mai 1940 als auch für die Deportation im März 1943 Sammellager eingerichtet. In ihnen wurden die Sinti aus Bremen und den anderen Gebieten für einige Tage festgehalten. Gerade diese zentralen Verfolgungsdaten betrafen nicht nur Bremen, sondern das gesamte Gebiet. Deshalb wurde in dieser Monographie der Versuch unternommen, diese organisatorische Einheit beizubehalten.

Gleichzeitig wurde bei den Arbeiten an dieser Studie sehr schnell deutlich, daß es ein lohnender Versuch sein könnte, neben der räumlichen Erweiterung, eine zeitliche Ausdehnung vorzunehmen, zumal auf Grund der sehr unterschiedlichen Quellenlage die verschiedenen Verfolgungsmaßnahmen nicht gleichumfassend für das jeweilige Gebiet dargestellt werden konnten. Während die Deportation im Mai 1940 für Bremerhaven sehr gut nachgezeichnet werden konnte, ergaben sich für die anderen Gebiete hier große Lücken. Umgekehrt verfügten wir für die Verfolgungsmaßnahmen im 17. Jahrhundert über

---

[25] Heuß, Herbert, Darmstadt-Auschwitz. Die Verfolgung der Sinti in Darmstadt, Darmstadt 1995.
[26] „Es war menschenunmöglich" - Sinti aus Niedersachsen erzählen - Verfolgung und Vernichtung im Nationalsozialismus und Diskriminierung bis heute, Niedersächsischer Verband Deutscher Sinti e.V. (Hg.), Text und Redaktion Cornelia Maria Hein, Heike Krokowski, Hannover 1995.
[27] Brucker-Boroujerdi, Ute/Wippermann, Wolfgang. Das „Zigeunerlager" Marzahn, in: Wolfgang Ribbe (Hg.), Nationalsozialistische Zwangslager in Berlin III, Berlin 1987 (= Berlin-Forschungen II), S. 189-201; dies., Das „Zigeunerlager" Berlin Marzahn 1936-1945, in: Pogrom 18 (1987), Nr. 130, S. 77-80.

aufschlußreiches Material für die Herzogtümer Bremen und Verden, nicht aber für Bremen selbst oder den oldenburgischen Raum.

Neu ist ebenfalls der Versuch, das Geschehen - ausführlich jedenfalls für Bremen - nicht 1945 abrupt enden zu lassen, sondern den Bereich der sog. 'Vergangenheitsbewältigung' - wie er sich durch die Entnazifizierung, der Wiedergutmachung und der strafrechtlichen Verfolgung nationalsozialistischer Gewaltverbrechen definiert - mit einzubeziehen. Erweitert wird die Darstellung der Geschichte nach 1945 durch die Schilderung der neuen, alten Politik der Polizeibehörden gegenüber Sinti und Roma.

Diese thematischen Erweiterungen sind auch Ausdruck einer 'glücklich' zu nennenden Quellenlage (im Gegensatz zur Literatur. Am ausführlichsten befaßte sich Günter Heuzeroth, Vom Ziegelhof nach Auschwitz, mit der Verfolgungsgeschichte in Oldenburg und Ostfriesland. Für Bremen sind an erster Stelle Inge Marßolek und René Ott, Bremen im 3. Reich, zu nennen. Äußerst knapp behandelte Herbert Schwarzwälder, Geschichte der Freien Hansestadt Bremen, Bd. IV, die Thematik). Für Bremen und Bremerhaven wurden in erster Linie die Entnazifizierungsakten der Kriminalbeamten Wilhelm Mündtrath, August Baden und Friedrich L. ausgewertet. Ergänzt wurden diese Akten um die Ermittlungsakte Mündtraths der Bremer Staatsanwaltschaft. Weiterhin konnte für die beiden Städte auf annähernd 200 Wiedergutmachungsakten von aus Bremen und Bremerhaven deportierten Sinti und Roma zurückgegriffen werden. Eine „Namensliste der in den Jahren 1938 - 1943 erkennungsdienstlich behandelten zigeunerischen Personen" in Bremen aus dem Hamburger Staatsarchiv ergänzte die Quellenbasis erheblich. Mit ihr war es z.B. möglich, die Transporte in dem Eingangsbuch für das „Zigeunerlager" in Auschwitz, die aus dem Bremer Kripoleitstellengebiet kamen, zu identifizieren. Außerdem wurde sie sehr häufig genutzt, um Abgleichungen mit vorhandenen Namenslisten z.B. zur Erbgesundheitsgerichtsproblematik in Bremen und Bremerhaven vornehmen zu können.

Originalunterlagen aus der NS-Zeit lagen uns nicht in nennenswerten Mengen vor. Aussagen der zuständigen Kriminalbeamten zufolge, waren kurz vor dem Einmarsch der alliierten Truppen in Bremen z.B. sämtliche „Zigeunerpersonalakten" der Bremer „Dienststelle für Zigeunerfragen" auf Befehl vernichtet worden. In Bremerhaven vorhandene Personalakten fielen einem Bombenangriff zum Opfer.

Für die niedersächsischen Teile des Bremer Kripoleitstellengebietes konnte indes auf Originalakten aus der NS-Zeit zurückgegriffen werden. Im Niedersächsischen Staatsarchiv Oldenburg fanden sich entsprechende Vorgänge zu fast jedem Landkreis. Vor allem die Bestände der südoldenburgischen Landkreise Cloppenburg und Vechta zeichneten sich durch eine beinahe lückenlose Quellenüberlieferung aus. Sie enthielten erfreulicherweise auch Originaldokumente der Bremer Zentrale. Der Vernichtungsbefehl wurde hier offensichtlich nicht umgesetzt. Nach 1945 sah diese Unterlagen niemand als vernichtenswert an, so daß sie einfach weitergeführt wurden. Die anderen Landkreise in Oldenburg vernichteten ihre Aktenbestände selektiv. Diesen Aktionen fielen insbesondere die Personalakten der Polizei zum Opfer, die nur noch als leere Aktendeckel 'eingesehen' werden können. Ergänzt wurde diese Quellenbasis durch einige Wiedergutmachungsakten aus dem Hauptstaatsarchiv in Hannover.[28]

Gerade diese Entschädigungsakten erwiesen sich als wahre Fundgrube. Da die „Antragsteller", also die Opfer, gezwungen waren, Beweise für ihre Verfolgungen beizubringen, fanden wir Dokumente, die die Lücken in den amtlichen Beständen aus der NS-Zeit schlossen. Hierzu gehörten z.B. auch Abschriften oder sogar Kopien aus den Personalakten der Kriminalpolizei.

Eine der Hauptschwierigkeiten, mit der sich eine Darstellung über die Verfolgung der Sinti und Roma immer wieder konfrontiert sieht, ist die einseitige Quellenlage. Die Quellen stammen nahezu ausschließlich aus der Feder von Behörden, Polizisten, beschwerdeführenden Bürgern usw. Sie alle verwenden einen äußerst undifferenzierten „Zigeunerbegriff", der mit der Wirklichkeit der Lebenswelten der Sinti und Roma nur sehr wenig gemein hat. Von Anfang an hatte der Begriff „Zigeuner" etwas Diskriminierendes. Er bezieht sich zumeist nur auf eine bestimmte Erscheinungsweise, und erhebt bei weitem nicht den Anspruch, die Kultur der Sinti und Roma zu bezeichnen, geschweige denn verstehbar zu machen.

Diese Schräglage der Quellenüberlieferung führt zu einem „Zigeunerbegriff", der immer wieder kritisch zu hinterfragen und in der verwendeten Art und Weise abzulehnen ist. Dies gilt umso mehr, worauf Edgar Bamberger, der Leiter des Referats 'Dokumentationszentrum' beim „Zentralrat Deutscher Sinti und Roma" in Heidelberg, zu recht hinweist, für die Quellen und Dokumente aus dem Nationalsozialismus: „Jedes Dokument ist daraufhin zu befragen, inwieweit es die Opfer diffamiert und das mörderische Tun der Täter zu legitimieren versucht. Dieser propagandistische, die Wirklichkeit verzerrende Charakter nahezu aller NS-Quellen muß, soweit es möglich ist, deutlich und transparent

---

[28] Für Oldenburg und Ostfriesland siehe die genaue Quellenbeschreibung in Kapitel 4. 2.

gemacht werden."²⁹ Wir haben uns bemüht, kritisch mit den Quellen umzugehen. Zu beachten ist dennoch, daß die Begriffe „Zigeuner" und „Sinti und Roma" nicht deckungsgleich sind. „Zigeuner" ist eine Fremdbezeichnung. Es gibt viele gute Gründe, in einer historischen Arbeit den Quellenbegriff „Zigeuner" beizubehalten. Wir lehnen jedoch diesen diskrimierenden Begriff ab und verwenden deshalb den Begriff „Sinti und Roma", es sei denn wir zitieren ihn aus den Quellen oder wollen bewußt auf das dahinterstehende Stereotyp aufmerksam machen.

Um Wiederholungen zu vermeiden, ist den regionalen Einzelkapiteln eine Überblicksdarstellung der Verfolgungsgeschichte der Sinti und Roma vorangestellt. Jede behandelte Stadt oder jeder behandelte Raum des Kripoleitstellengebietes ist in sich abgeschlossen.

Das Literaturverzeichnis erhebt keinen Anspruch auf Vollständigkeit, gleichwohl soll es dem Leser einen vertiefenden Einstieg ermöglichen. Deshalb und der Übersichtlichkeit und der besseren Handhabbarkeit wegen ist es nach Themen und nicht nach Autoren geordnet.

Abschließend möchten wir uns bei den Menschen bedanken, die dank ihres Engagements - sei es durch kritische Begleitung, durch Ideen oder Anregungen oder durch Unterstützung in manch kritischer Phase des Projektes - das Buch überhaupt erst ermöglichten. Dies gilt insbesondere für Günter Heuzeroth, Oldenburg, Jürgen Lange, Oldenburg (Vorsitzender Oldenburgischer Landesverein), Christoph Reinders-Düselder, Cloppenburg (Museumsdorf Cloppenburg), Elsbeth Kautz, Bremen, Marianne Purpus, Bremen und Dr. Elke Purpus, Göttingen.

Sehr viel Unterstützung und Sympathie für unser Thema fanden wir bei diversen Mitarbeitern der von uns besuchten Archive, wofür wir uns herzlich bedanken möchten. Es sind dies im einzelnen: Dr. Hartmut Müller (Leiter des Staatsarchivs Bremen), der darüber hinaus noch Teile einer früheren Manuskriptfassung las und mit kritischen-hilfreichen Anmerkungen versah, Peter Fricke, der uns unermüdlich bei der Aktenrecherche half und dem wir dank seiner umfassenden Kenntnis des Bremer Bestandes viele sehr wichtige Hinweise verdanken und den wir auch persönlich zu schätzen gelernt haben, gleiches gilt für Herrn Vogel und Frau Dr. Schleier vom Bremer Staatsarchiv, Prof. Dr. Albrecht Eckhardt, Oldenburg (Niedersächsisches Staatsarchiv Oldenburg), Herrn Dr. Henninger, Aurich (Niedersächsisches Staatsarchiv Aurich), Herrn

---

[29] Bamberger, Edgar, Zur Darstellung des Völkermords an den Sinti und Roma in der Gedenkstättenarbeit, in: Bamberger, Edgar (Hg.), a. a. O., S. 17.

Garbas, Delmenhorst (Stadtarchiv Delmenhorst), Herrn Mennen, Wittmund (Stadtarchiv Wittmund), Frau Bullwinkel, Zetel (Gemeinde Zetel), Herrn Haesihus, Zetel (Gemeinde Zetel), Jan Parcer, Oswiecim (Gedenkstätte Oswiecim/Auschwitz) und Jerzy Wroblewski, Oswiecim (Gedenkstätte Oswiecim/Auschwitz).

Gedankt seien ebenfalls Herrn PD Dr. Michael Zimmermann, Essen (Ruhrlandmuseum), der Teile des Manuskriptes las und Hinweise auf Ergänzungen gab und Joachim Tautz, Oldenburg (Carl-von-Ossietzky-Universität Oldenburg).

Hilfe beim Kontakt zur Gedenkstätte Oswiecim/Auschwitz erhielten wir durch Joachim Seinfeld, Berlin (Kontakt zur Gedenkstätte Oswiecim/Auschwitz) und Gertrud Katzer, Bremen (Übersetzungen in und aus dem Polnischen).

Kerstin Meyer, Bremen (Universität Bremen), sah Teile des Manuskriptes durch und betreute die Arbeit kritisch.

Nicht fehlen dürfen darüber hinaus die Mitarbeiterinnen und Mitarbeiter des Bremer Landesamtes für Wiedergutmachung, die uns ihre umfangreiche Bestände einsehen ließen und dafür bereit waren, so manche Bedenken zurückzustellen, da auch sie von der Notwendigkeit der Aufarbeitung dieses wichtigen Kapitels der NS-Gesichte überzeugt waren. Es sind dies Herr Pelke (Leiter des Landesamtes), Frau Meier und Frau Makeben.

Göttingen und Achim, Sommer 1999
Hans Hesse, Jens Schreiber

1. Einleitung

Nach der Ernennung Hitlers zum Reichskanzler am 30. Januar 1933 wurde die nationalsozialistische Ideologie zur Staatsdoktrin erhoben. Dem Rassismsus kam dabei die zentrale Rolle und Bedeutung zu. Verschiedentlich wurde der Rassismus auch als das „Kernstück"[1] dieser Ideologie bezeichnet. Große Bereiche der Politik standen unter dem Primat des Rassismus.[2]

Das Deutsche Reich sollte fortan in einen Rassenstaat[3] umgewandelt werden. Es mündete und endete in einem „Rassenkrieg".[4] Der „Rassenstaat" der Nationalsozialisten entfaltete sich in zweierlei Richtung: zum einen sollten durch sog. rassenhygienische Maßnahmen (hierzu gehörten z.b. die Zwangssterilisationen) als „minderwertig" bezeichnete Teile der Bevölkerung „ausgemerzt" werden. Hierzu gehörten Homosexuelle, Behinderte, „Asoziale" und „Gewohnheitsverbrecher", zum anderen wurden durch die Rassenanthropologie andere, fremde „Rassen" als „minderwertig" stigmatisiert. Zu ihnen gehörten z.B. die Juden.

Die „Zigeuner" bildeten die „Schnittmenge dieser beiden Spielarten des Rassismus".[5]

Dieser Gesellschaftsbiologismus, auch mit seiner Untervariante „Antiziganismus", war indessen keine 'Erfindung' der Nationalsozialisten. Beide haben Wurzeln, die weit hinter das Jahr 1933 zurückreichen und bis in unsere

---

[1] Wippermann, Wolfgang, Ideologie, in: Benz, W./Graml, H./Weiß, H. (Hg.), Enzyklopädie des Nationalsozialismus, München 1997, S. 11-21, S. 21.

[2] Ebd., S. 20.

[3] Vgl. hierzu Burleigh, Michael/Wippermann, Wolfgang, The Racial State. Germany 1933-1945, Cambridge 1996 (1. Auflage 1991) und den Aufsatz der gleichen Autoren, Das Dritte Reich: Klassenherrschaft oder Rassenstaat? Rassenpolitik und Rassenmord.1933-1940/41, in: Röhr, W. (Hg.), Faschismus und Rassismus. Kontroversen um Ideologie und Opfer, Berlin 1992, S. 127-147.

[4] Ebd.

[5] Zimmermann, Michael, Die nationalsozialistische Zigeunerverfolgung, das System der Konzentrationslager und das Zigeunerlager in Auschwitz-Birkenau, in: Herbert, U./Orth, K./Dieckmann, Chr. (Hg.), Die nationalsozialistischen Konzentrationslager. Entwicklung und Struktur, Bd. II, Göttingen 1998, S. 887-910, S. 887.

heutige Gegewart weisen.[6] Es handelt sich um jene „Mentalitäten, die Gefängnisse von langer Dauer darstellen."[7]

Allgemein wird durch eine urkundliche Erwähnung der Stadt Hildesheim angenommen, daß 1407 zum ersten Mal „Zigeuner"[8] in Deutschland ankamen. Verfolgungen waren Sinti und Roma in diesem Jahrhundert wohl noch nicht ausgesetzt. 1424 tauchten jedoch in einer Chronik des Regensburgers Presbyters Andreas bereits stigmatisierenden Stereotypen auf, die den Grundstein für sich anbahnende Verfolgungen und Vertreibungen ab dem Jahr 1498 bildeten. So hieß es über die „Cingari", daß sie Diebe und „heimliche Kundschafter im Lande"[9] seien. Auf dem Reichstag in Freiburg am 10. September 1498 erfolgte schließlich eine Vogelfrei-Erklärung, die als „beispiellos"[10] anzusehen ist und für die Sinti und Roma lebensbedrohlich war. Der Beschluß lautete:[11] „Der ienen halben, so sich zeigeiner nennen, und wieder und für in die Land ziehen etc., soll per edictum publicum ... ernstlich gebotten werden, das sie hierfür dieselben zigeuner, nachdem man glaublich anzeig hat, das sie erfarer, usspeer und verkundschafter der christen Lant seyen, in oder durch ire land, gepiete oder oberkeit nit ziehen, handeln noch wandeln lassen, noch inen des sicherheit oder geleyt geben und das sich die zeigeiner daruf hinzwischen ostern nechtskünftig uß den landen teutscher nation tun, sich der eußern und darin nit finden lassen. wann wo sie darnach betreten und yemants mit der tate gegen inen zu handel fürnemem würde, der soll daran nit gefrevelt noch unrecht getan haben, wie dann soliches unser mandat wyter inhalten wirdet."

---

[6] Vgl. zu den aktuellen Stigmatisierungen und Diskriminierungen u.a. Reemtsma, Katrin, Sinti und Roma. Geschichte, Kultur und Gegenwart, München 1996, S. 164ff. und Wippermann, Wolfgang, Wie die Zigeuner. Antisemitismus und Antiziganismus im Vergleich, Berlin 1997, S. 8, wonach Zweidrittel der deutschen Bevölkerung starke Ressentiments gegenüber Sinti und Roma haben.

[7] Braudel, Ferdinand, Histoire et sciences sociales. La longue durée, in: ders. Ecrits sur l'histoire, Paris 1969, S. 41-83, hier zitiert nach: Wippermann, Wolfgang, Wie die Zigeuner. Antisemitismus und Antiziganismus im Vergleich, Berlin 1997, S. 14. Vgl. auch aktuell Wippermann, Wolfgang, „Gefängnisse von langer Dauer", in: Danckwortt, Barbara/Lepp, Claudia, Von Grenzen und Ausgrenzung. Interdisziplinäre Beiträge zu dem Thema Migration, Minderheiten und Fremdenfeindlichkeit, Marburg 1998.

[8] Zur Herkunft der Fremdbezeichnung „Zigeuner" s. z.B. Wippermann, Wolfgang, Wie die Zigeuner. Antisemitismus und Antiziganismus im Vergleich, Berlin 1997, S. 50ff.

[9] Zitiert nach Reemtsma, Katrin. a. a. O., S. 28.

[10] Wippermann, Wolfgang, Wie die Zigeuner. Antisemitismus und Antiziganismus im Vergleich, Berlin 1997, S. 54.

[11] Deutsche Reichstagsakten unter Maximilian I., Bd. 6, Reichstage von Lindau, Worms und Freiburg 1496-1498. Bearbeitet von Heinz Gollwitzer, Göttingen 1979, S. 737, hier zitiert nach: Reemtsma, Katrin, a. a. O., S. 36.

Hinter diesem Beschluß standen handfeste Interessen des Kaisers, der für die Begründung einer Kriegssteuer, die 'Türken-Gefahr' beschwor. Die „Zigeuner" boten aber auch deswegen eine ideale Angriffsfläche, da z.B. die Zünfte sich auf diese Art und Weise unliebsame Konkurrenten entledigen konnten.

In dem folgenden Jahrhundert wurden zahlreiche Edikte[12] erlassen, die auf Tod und Vertreibung der Sinti und Roma zielten. Die Landesordnung von 1540 für Brandenburg schrieb beispielsweise vor:[13] „Von Ziegänern und fremden Bettlern, auch Handwerksburschen. Nachdem durch Uns als das Landes-Fürsten beschlossen, daß in allen unseren Landen kei(n)e Zigäner noch fremde Bettler solen gelitten werden; So soll Unseren Städten frey stehen, wenn die Zigäner unsere Landesgrenzen berühren, dieselben zu überfallen, zu plündern und hernieden zu werffen."

Diese „Zigeunergesetze" wurden jedoch unterschiedlich intensiv angewendet. In regelrechte „Zigeunerjagden" mündeten sie 1700-1750.[14] Wieviele Sinti und Roma dieser Verfolgung zum Opfer fielen, ist unbekannt. Wie man über sie 1740 dachte und wie diese Verfolgungen aussahen, darüber gibt ein Artikel in Johann Heinrich Zedflers „Großen vollständigen Universallexikon" Auskunft.[15] Dort heißt es zunächst, sie seien ein „böses Gesindel", welches „nicht Lust zu arbeiten" habe, sondern stattdessen von „Müßggang, Stehlen, Huren, Fressen, Sauffen, Spielen u.s.w." lebe. Deshalb sei es „eine billige und gerechte Strafe für diese Leute, daß man sie, wie fast allenthalben in Deutschland angeordnet ist, aller Orten, es sey in Städten, Flecken, Dörfern, Büschen und Wäldern, mit gewaffneter Hand aufsucht, und mit Gewalt aus dem Lande verweiset; sie auch bey verspürten Widerstand sogleich tod schiessen läßt, und diejenigen, so man ergreift, ohne einige Gnade und Nachsehen, und ohne einigen weiteren Proceß blos und allein um ihres verbotenen Lebenswandels und bezeigten Ungehorsames halber, mit Leib- und Lebens-

---

[12] Reemtsma, Katrin, a. a. O., S. 40 schätzt die Zahl auf etwas höher als 148.

[13] Arend, Stefan, Zigeuner und Zigeunergesetzgebung in Deutschland im 16. Jahrhundert, in: Tsiganologische Studien, Nr. 2, 1990, S. 71-87, hier zitiert nach: Reemtsma, Katrin, a. a. O., S. 40.

[14] Vgl. hierzu Hohmann, Joachim S., Geschichte der Zigeunerverfolgung, Frankfurt am Main 1981, S. 26-42.

[15] Zedler, Johann Heinrich, Großes vollständiges Universallexikon aller Wissenschaften und Künste welche bishero durch menschlichen Verstand und Witz erfunden und verbessert worden, Bd. 46, Leipzig-Halle 1740, Sp. 520-540, hier zitiert nach Wippermann, Wolfgang, Wie die Zigeuner. Antisemitismus und Antiziganismus im Vergleich, Berlin 1997, S. 65f.

Straffe belegt, die Weiber und Kinder aber in die Zucht- und Arbeits-Häuser auf ewig verdammt."[16]

Diese „beispiellose Verfolgung"[17] über Jahrhunderte fand ihre Fortsetzung im Zeichen der Aufklärung. Nunmehr wurde die „Zigeunerfrage" jedoch rassisiert. Wobei zunächst festgehalten werden muß, daß es auch andere Entwicklungsmöglichkeiten gab. Mitte des 18. Jahrhunderts wurden Versuche unternommen, die „Zigeuner" seßhaft zu machen. Nachdem man sie zu dem gemacht hatte, was sie waren, setzte man nun andere Zwangsmittel ein, mit der die bisherige „unmenschliche Politik"[18] ausgetauscht wurde. Zwangsangesiedelt wurden sie z.B. seit 1761 von Maria-Theresia und Joseph II. von Österreich-Ungarn. In der 1775 von Friedrich II. in Nordhausen am Harz gegründeten Siedlung Friedrichslohra, auch als „Zigeunersiedlung"[19] bezeichnet, wohnten anfangs offenbar keine Sinti.[20] Dennoch startete hier 1829 eine Art Modellversuch zur „Zivilisierung der Zigeuner".[21]

Diese Zwangszivilisierung der „verwilderten Nation"[22] Sinti und Roma, mit dem Ziel einer „kollektiven Verbürgerlichung"[23] wurden abgelöst zugunsten einer Rassisierung der „Zigeuner" mit der Folge, daß sie als 'unerziehbar' galten. Hierzu trug das Buch des Göttinger Historikers Heinrich Moritz Gottlieb Grellmann „Die Zigeuner. Ein historischer Versuch über die Lebensart und Verfassung, Sitten und Schicksale dieses Volkes",[24] entscheidend bei. Zuerst

---

[16] Ebd.
[17] Wippermann, Wolfgang, Wie die Zigeuner. Antisemitismus und Antiziganismus im Vergleich, Berlin 1997, S. 66.
[18] Von Dohm, Christian Wilhelm, Über die bürgerliche Verbesserung der Juden, Berlin und Stettin 1781, Nachdruck Hildesheim 1973, S. 83f., hier zitiert nach: Wippermann, Wolfgang, Wie die Zigeuner. Antisemitismus und Antiziganismus im Vergleich, Berlin 1997, S. 95.
[19] Z.B. in: Reemtsma, Katrin, a. a. O., S. 45.
[20] Zu der Legende, Friedrichslohra sei ursprünglich zur Zwangsassimilation der „Zigeuner" errichtet worden, siehe Danckwortt, Barbara, Franz Mettbach - Die Konsequenzen der preußischen „Zigeunerpolitik" für die Sinti von Friedrichslohra, in: Danckwortt, Barabara/Querg, Thorsten/Schöningh, Claudia (Hg.), Historische Rassismusforschung. Ideologen-Täter-Opfer, Hamburg 1995, S. 273-295.
[21] Wippermann, Wolfgang, Wie die Zigeuner. Antisemitismus und Antiziganismus im Vergleich, Berlin 1997, S. 104ff.
[22] Von Dohm, a. a. O., S. 95.
[23] Reemtsma, Katrin. a. a. O., S. 46.
[24] Zu Grellmann und sein Buch s. vor allem: Berger, Claudia, Heinrich Moritz Gottlieb Grellmann - Überlegungen zur Entstehung und Funktion rassistischer Deutungsmuster im Diskurs der Aufklärung, in: Danckwortt u.a., a. a. O., S. 34-69.
Lucassen sieht in dem „Standartwerk" (Lucassen, Leo, Zigeuner. Die Geschichte eines polizeilichen Ordnungsbegriffes in Deutschland 1700-1945, Köln 1996, S. 76) Grellmanns keine Tendenz einer Rassisierung, sondern spricht von einer „stärkere(n) ethnologische(n) La-

1783, dann 1787 in zweiter Auflage erschienen, wurde es zur Basis vieler Publikationen über die „Zigeuner". Für Grellmann waren die Sinti und Roma „Halbmenschen",[25] „Menschen mit kindischer Denkungsart, mit einer Seele voll roher ungebildeter Begriffe",[26] die er dennoch zu erziehen gedachte: „Jeder Mensch hat Anlagen und Kräfte, der Zigeuner aber eben nicht in geringstem Maße. Weiß er nun nicht gehörig damit umzugehen, so lehre es ihn der Staat, und halte ihn so lange im Gängelbande, bis die Absicht erreicht ist."[27]

Durch diese Benennung durchweg negativer Eigenschaften schrieb Grellmann als erster die bisherigen Vorurteile vom 'diebischen, faulen und dreckigen Zigeuner' auf wissenschaftlicher Ebene fest. Durch die durchweg negativen Attribute wie z.B. „Halbmensch" - „der gröste Theil der Zigeuner (liegt) noch ganz unbearbeitet in den Händen der rohen Natur ..., oder (steht) wenigstens kaum auf der ersten Stufe zur Menschwerdung..."[28] - „Die Zigeuner sind ein Volk des Orients, und haben orientalische Denkungsart."[29] - knüpfte Grellmann an die Vorstellungen seines Göttinger Historikerkollegen Christoph Meiners an, der die „Rassen" je nach Grad ihrer „Schönheit" oder „Häßlichkeit" einteilte. Die 'Dunkelfarbigen' stufte er dabei als „halbkultiviert"[30] ein. Dadurch schränkte Grellmann die Möglichkeit einer 'Erziehbar'- 'Verbesserbarkeit' der Sinti und Roma entscheidend ein.

Was sollte indessen geschehen, wenn die „Erziehung" - oder besser Zwangsassimilation - scheiterte? Um es hier vorweg zu nehmen: der nächste Schritt mündete in der Ausgrenzung.

Doch zunächst zurück zu den Auswirkungen des 'wissenschaftlichen Diskurses' von Grellmann. Parallel dazu begann sich zunehmend die Polizei für die „Zigeuner" zu interessieren. Gegen Ende des 18. Jahrhunderts erstellte der württembergische Oberamtmann Georg Jakob Schäffer[31] eine 78 Seiten lange „Zigeunerliste", in der es 347 Beschreibungen von „Zigeunern" gab. Dieser Liste ging ein Text über die Sinti und Roma voraus, der sich - vorwiegend

---

dung" (S. 76) bzw. von einer „Verschiebung zu einem mehr ethnographischen Zigeunerbegriff", wofür Grellmann charakteristisch sei (S. 115).
[25] Hier zitiert nach: Berger, Claudia, a. a. O., S. 49.
[26] Ebd., S. 56.
[27] Ebd., S. 47.
[28] Ebd., S. 58.
[29] Ebd., S. 59.
[30] Wippermann, Wolfgang, Wie die Zigeuner. Antisemitismus und Antiziganismus im Vergleich, Berlin 1997, S. 100.
[31] Lucassen, a. a. O., S. 85, bezeichnet ihn als den ersten Kriminalisten. Über Schäffer dort S. 85ff.

negaitiv gehalten - auf Grellmann berief. Spätere Kriminalisten gingen dazu über, „Stammtafeln" zu erstellen. Dieses Prinzip behielt die Polizei über zwei Jahrhunderte aufrecht. Es reicht über das „Zigeunerbuch" Dillmanns 1905 bis zur Landfahrerkartei nach 1945. Es diente vor allem auch Robert Ritter maßgeblich zur Bestimmung der Frage, wer als „Zigeuner" anzusehen sei. Diese Polizeilisten waren eines seiner Hilfsmittel.

In der Literatur wird das zunehmende Interesse der Polizei seit dem Ende des 18. Jahrhunderts an den „Zigeunern" bislang eher am Rande behandelt. Zeigen sich aber doch sowohl in der Methodik (Listen, Stammbäume) als auch in der Charakterisierung (Rasse)[32] ebenfalls Ansätze, die bis in den Genozid der Nationalsozialisten an den Sinti und Roma reichen. Wissenschaft und Polizei arbeiteten sich gegenseitig zu. Die Polizei regelte die soziale Ordnung und exekutierte eine herrschaftliche gesellschaftliche Ordnung, wonach unter den Untertanen „Zucht und Ordnung" herrschen sollte. Es sind dies langlebige Traditionen, an die die Nationalsozialisten auch mit ihrer gesellschaftsbiologischen Rassenideologie problemlos anknüpfen konnten.[33]

Neben dem Scheitern einiger Zwangsassimilationsprojekte wurde nun die praktizierte Politik der Ausgrenzung in Preußen durch das Inkrafttreten dreier Gesetze am 31. Dezember 1842 maßgeblich gefördert.[34] Im einzelnen handelte es sich hierbei um das:

a)   Freizügigkeitsgesetz
b)   Armengesetz
c)   Untertanengesetz.

Von allen dreien waren die Sinti und Roma direkt und unmittelbar betroffen. Durch das „Freizügigkeitsgesetz" war es möglich geworden, sich überall in Preußen niederzulassen. Zuzüge konnten nur noch von den Kommunen abgewiesen werden, wenn die zuziehenden Personen einer öffentlichen Unterstützung bedurften. Hierfür waren die Heimatgemeinden zuständig, in der die betreffende Person gemeldet sein mußte. Das „Untertanengesetz" regelte, wer

---

[32] Lucassen spricht von Etikettierung bzw. Ordnungsbegriff.
[33] Vgl. hierzu die Einleitung von Alf Lüdtke, „Sicherheit" und „Wohlfahrt", in: Lüdtke, Alf (Hg.), „Sicherheit" und „Wohlfahrt" - Polizei, Gesellschaft und Herrschaft im 19. und 20. Jahrhundert, Frankfurt am Main 1992, S. 7-33. Und in demselben Band den Aufsatz von Zimmermann, Michael, Ausgrenzung, Ermordung, Ausgrenzung. Normalität und Exzeß in der polizeilichen Zigeunerverfolgung in Deutschland (1870-1980), S. 344-370.
[34] Reemtsma sieht in diesen drei Gesetzen für die „inländischen Zigeuner" sowohl Behinderungen als auch Erleichterungen. Beides im ausgewogenen Verhältnis (Reemtsma, Katrin, a. a. O., S. 46f.). Wippermann sieht dagegen die negativen Momente deutlich überwiegen (Wippermann, Wolfgang, Wie die Zigeuner. Antisemitismus und Antiziganismus im Vergleich, Berlin 1997, S. 107ff.).

preußischer Untertan war und wer nicht. Hierbei reichte die Tatsache allein, in Preußen gemeldet zu sein, nicht mehr aus, um „die Eigenschaft als preußischer Untertan" zu erwerben. Vielmehr wurde nunmher ein „ius sanguinis" - Blutrecht - in Kraft gesetzt, das bestimmte, daß nur der Staatsbürger sein konnte, der über eine gemeinsame Abstammung verfügte. Genau dies wurde vielen Sinti abgesprochen. Mit Hinweis auf ihr „Aussehen" wurden sie vielfach nicht zur völkisch definierten deutschen „Abstammungsgemeinschaft"[35] gerechnet. Somit waren sie „Ausländer" und konnten ausgewiesen werden.

Doch selbst wenn ihnen dennoch der Nachweis der „Abstammungsgemeinschaft" gelungen war, konnten sie durch die ersten beiden Gesetze ausgegrenzt werden, da viele Sinti entweder nicht in der Lage waren, den Nachweis darüber zu erbringen, wo sie gemeldet waren, noch waren sie in der Lage nachzuweisen, daß sie der kommunalen Gemeinde (in diesem Fall Armenversorgung), in der sie sich niederlassen wollten, nicht zur Last fallen würden. Erneute Vertreibung oder Abschiebung waren die Folge.

Nicht alle Sinti waren einheitlich negativ von diesen Gesetzen von 1842 betroffen. Diejenigen, denen die Zwangsassimilation gelang, waren jedoch einer fortschreitenden Diskriminerung ausgesetzt. Insgesamt standen die „Zigeuner" nunmehr unter ständiger Beobachtung durch die Polizei, die zunehmend mit rassistischen und kriminalbiologischen Argumenten von Wissenschaftlern wie dem italienischen Kriminalbiologen Cesare Lombroso, der Sinti und Roma für eine „Rasse von Verbrechern"[36] hielt, ausstaffiert, spätestens seit 1871 mit der Gründung des Deutschen Reiches ein enges Netz von Bestimmungen zur „Bekämpfung des Zigeunerunwesens" flocht.

Wie sehr mittlerweile die Auffassung verbreitet war, daß „die Zigeuner" erblich 'minderwertig', mithin rassisch minderwertig und 'unverbesserlich' seien, mag ein Zitat des „Fürstlich Reuß-Plauenschen Criminalraths und Vorstandes des Fürstlichen Crimialgerichts zu Lobenstein", Richard Lieblich, aus seinem Buch „Die Zigeuner in ihrem Wesen und in ihrer Sprache" - erschienen 1863 - aufzeigen:[37] „Wenn der Richter sonst allenthalben zu individualisieren hat, d.h. das zu behandelnde Subjekt erts in seiner Eigenthümlichkeit erforschen und kennen lernen, und danach den Gang seines Verfahrens bestimmen muß, so darf der eingewiehte, mit dem Wesen der Zigeuer bekannte In-

---

[35] Wippermann, Wolfgang, Wie die Zigeuner. Antisemitismus und Antiziganismus im Vergleich, Berlin 1997, S. 109.
[36] Zitat bei Wippermann, Wolfgang, Wie die Zigeuner. Antisemitismus und Antiziganismus im Vergleich, Berlin 1997, S. 113.
[37] Hier zitiert nach Wippermann, Wolfgang, Wie die Zigeuner. Antisemitismus und Antiziganismus im Vergleich, Berlin 1997, S. 114.

quirent bei diesen ohne Gefahr generalisieren und keinen Fehltritt zu thun besorgen, wenn er alle mit gleichem Maße mißt, in gleicher Weise behandelt; denn ein echter, wahrer Zigeuner ist der Typus aller anderen." Mithin reichte die Bezeichnung „Zigeuner" schon aus, um deutlich zu machen, daß es sich per se schon um eine Person „minderen Rechts"[38] handelte.

Die „Zigeuner" befanden sich also bereits seit Ende des 19. Jahrhunderts einem doppelten Rassimsus ausgesetzt: rassenanthropologisch (als „Volk") und rassenhygienisch (als „Verbrecher und Asoziale").[39]

Die Verkürzung darauf, daß Sinti und Roma ab Mitte des 19. Jahrhunderts lediglich als „ordnungspolitisches Problem"[40] behandelt wurden, erfaßt den gesamten Rahmen nur unzureichend. Die rassistisch eingefärbte Ausgrenzung im Kaiserreich und in der Weimarer Republik soll anhand der Regelungen und Maßnahmen in Bayern und Preußen verdeutlicht werden. In beiden Ländern standen die Sinti und Roam quasi unter einem Sonderrecht, und sie waren „Staatsbrüger minderen Rechts".[41]

In Bayern wurde 1899 in München der „Nachrichtendienst für die Sicherheitspolizei in bezug auf Zigeuner" eingerichtet. In dieser Zentrale liefen alle erkennungsdienstlichen Daten über Sinti und Roma zusammen. Dieses 'Material' wurde 1905 in einem sog. Zigeunerbuch von dem Leiter der Zentrale, Alfred Dillmann, veröffentlicht, das 3.350 Namen erfaßter „Zigeuner" beinhaltete und sie zum Teil recht ausführlich beschrieb.

Die Arbeit dieser Zentrale wurde von den anderen Ländern aufmerksam verfolgt, und es gab Bestrebungen, eine für das ganze Reich zuständige Zentrale einzurichten. Die rassistische Stoßrichtung derartiger Aktivitäten zeigt sich z.B. in der Definition darüber, wer oder was eigentlich ein „Zigeuner" war. Auf einer Konferenz 1911 wurde als „Zigeuner" definiert: „Zigeuner im polizeilichen Sinne sind sowohl die Zigeuner im Sinne der Rassenkunde als auch die nach Zigeunerart umherziehenden Personen."[42]

1926 gipfelte diese Vorgehensweise und Ausgrenzung in dem am 16. Juli verabschiedeten „Gesetz zur Bekämpfung von Zigeuner, Landfahrer und Arbeitsscheue", das von Zeitgenossen als eindeutig verfassungswidrig einge-

---

[38] Ebd., S. 113.
[39] Ähnlich auch Lucassen, a. a. O., S. 174.
[40] Vgl. Reemtsma, Katrin, a. a. O., S. 87.
[41] Wippermann, Wolfgang, Wie die Zigeuner. Antisemitismus und Antiziganismus im Vergleich, Berlin 1997, S. 115.
[42] Hier zitiert nach Lucassen, Leo, a. a. O., S. 191. Unverständlicherweise interpretiert Lucassen diese Definition als „soziologisch" (ebd.).

stuft wurde.[43] Das Gesetz verschärfte die 'Sonderbehandlung' der „Zigeuner". U.a. konnten Sinti und Roma, die den „Nachweis einer geregelten Arbeit nicht zu erbringen" vermochten, für die Dauer von bis zu zwei Jahren in „Arbeitshäusern" untergebracht werden.[44] Die Ausführungsbestimmungen zum Gesetz definierten „Zigeuner": Der Begriff „Zigeuner" ist allgemein bekannt und bedarf keiner näheren Erläuterung. Die Rassenkunde gibt darüber Aufschluß, wer als Zigeuner anzusehen ist."[45]

In Preußen faßte die „Anweisung zur Bekämpfung des Zigeunerunwesens" vom 17. Februar 1906 die bisherige Praxis der Diskriminierung und Ausgrenzung zusammen. „Ausländische Zigeuner" sollten ausgewiesen werden. Gegen „inländische Zigeuner" konnte mit einer Fülle von Maßnahmen vorgegangen werden, wobei zwischen vorbeugenden und unterdrückenden Maßnahmen unterschieden wurde.[46] D.h. nicht die konkrete Straftat stand im Vordergrund, sondern die bloße Unterstellung, davon ausgehend, daß „Zigeuner" Straftaten begehen werden und sie deshalb genauestens kontrolliert und beobachtet werden müßten. Verboten war demnach z.B.:

- unbefugtes Verweilen auf fremden Grundstücken ohne Erlaubnis des Berechtigten,
- unberechtigtes Fischen,
- mangelnde Beaufsichtigung der Kinder und Hausgenossen.[47]

1927 wurde die Erfassung und Kontrolle total. In einem Runderlaß des preußischen Innenministers vom 3. November wurde angeordnet, daß von allen „Zigeunern" Fingerabdrücke und Fotografien anzufertigen seien. Sinti und Roma sollten fortan Sonderpässe mit sich führen.

Schon weit vor 1933 war somit die Politik der Verwaltungen und Praxis der Polizei rassistisch eingefärbt. Wippermann weist zurecht darauf hin, daß

---

[43] Vgl. Wippermann, Wolfgang, Wie die Zigeuner. Antisemitismus und Antiziganismus im Vergleich, Berlin 1997, S. 115, Anm. 98.
[44] Hier zitiert nach, ebd. Abgedruckt in Auszügen in: Eiber, Ludwig, „Ich wußte, es wird schlimm." - Die Verfolgung der Sinti und Roma in München 1933-1945, München 1993, S. 43.
[45] Hier zitiert nach Eiber, Ludwig, a. a. O., S. 45.
[46] S. hierzu Hehemann, Rainer, Die „Bekämpfung des Zigeunerunwesens" im Wilhelminischen Deutschland und in der Weimarer Republik, 1871-1933, Frankfurt am Main 1987, S. 261ff.
[47] Hier zitiert nach Hehemann, Rainer, a. a. O., S. 265. Bezeichnend für die bürokratishen Auswüchse sei hier der Begriff „Horde" erwähnt. Das Zusammenreisen in Horden war verboten. In Preußen bestand eine „Horde" aus mindestens drei, in Bayern allerdings bereits aus zwei Personen. Zitiert nach Hehemann, Rainer, a. a. O., S. 271.

das „in einigen neueren sozialgeschichtlich orientierten Untersuchungen übersehen wird."[48]

Mit Hitlers Ernennung zum Reichskanzler am 30. Januar 1933 wurde die nationalsozialistische Rassenideologie zur Staatsdoktrin erhoben. Grob lassen sich drei Phasen der NS-Verfolgung der Sinti und Roma skizzieren,[49] wobei die Grenzen für die einzelnen Perioden nicht scharf voneinander zu trennen sind, da parallele Entwicklungen sich jeweils in der vorherigen Phase anbahnen. Die erste Phase reicht bis Mitte 1936. Mit dem „Erlaß zur Bekämpfung der Zigeunerplage" des Reichsinnenministers wird die Periode lokaler und regionaler Einzelmaßnahmen beendet. Die zweite Phase reicht bis zum Runderlaß Himmlers vom 8. Dezember 1938, der die „Regelung der Zigeunerfrage aus dem Wesen der Rasse" heraus ankündigte. Die dritte Phase ist durch die Umsetzung dieses Erlasses gekennzeichnet.

Parallel zu diesen Phasen ist eine Entwicklung zu konstatieren, ohne die die NS-Verfolgung der Sinti und Roma falsch dargestellt oder interpretiert würde. Von Anbeginn an wurde Hitlers rassistisches Programm, das eine „Ausmerze minderwertiger Rassen" und Teile der Bevölkerung vorsah und sich keinesfalls auf die Vernichtung der Juden beschränkte, konsequent und auf allen Ebenen des Reiches umgesetzt. Wissenschaftler und Forschungen, die diese NS-Ideologie bedienten wurden unterstützt und gefördert - z.B. Robert Ritter und das Kaiser-Wilhelm-Insitut für Anthropologie, menschliche Erblehre und Eugenik.[50] Wobei betont werden muß, daß wesentliche Elemente dieser NS-Rassenideologie weit vor 1933 gedacht und als 'Allgemeingut' anerkannt waren.[51] Gerade die Geschichte der Verfolgung der Sinti und Roma zeigt diese Kontinuitäten, die im übrigen nach 1945 zum Teil Bestand hatten, deutlich auf.

Desweiteren wurden in diesem Sinne die entsprechenden Institutionen eingesetzt, bzw. bestehende umgeformt, wozu insbesondere die deutsche Polizei gehörte. Bei ihrer NS-rassenideologischen Ausrichtung konnten die Nationalsozialisten - wie in der Wissenschaft - an langlebige Traditionen und Mentalitäten anknüpfen, die eine schnelle Umformung möglich machten.

---

[48] Wippermann, Wolfgang, Wie die Zigeuner. Antisemitismus und Antiziganismus im Vergleich, Berlin 1997, S. 115.
[49] Vgl. Sandner, Peter, Frankfurt. Auschwitz. Die nationalsozialistische Verfolgung der Sinti und Roma in Frankfurt am Main, Frankfurt am Main 1998, S. 323ff.
[50] Siehe zu dem Institut: Lösch, Niels C., Rasse als Konstrukt. Leben und Werk Eugen Fischers, Frankfurt am Main 1997.
[51] Vgl. Weingart, Peter/Kroll, Jürgen/Bayertz, Kurt, Rasse, Blut und Gene, Frankfurt am Main 1996. Oder als historische Quelle das bereits 1921 in München von Bauer, Erwin/Fischer, Eugen/Lenz, Fritz herausgegebene Werk, Grundriß der menschlichen Erblichkeitslehre und Rassenhygiene.

Eine der ersten Maßnahmen zur Umsetzung der NS-Rassenideologie von der auch Sinti und Roma betroffen waren, war der Erlaß des „Gesetzes zur Verhütung erbkranken Nachwuchses" vom 17. Juli 1933. Es sah die Zwangssterilisation von Menschen vor, denen eine der folgenden vermeintlichen Erbkrankheiten nachgewiesen werden konnte: angeborener Schwachsinn, Schizophrenie, zirkuläres bzw. manisch-depressives Irresein, erbliche Fallsucht, erblicher Veitstanz, erbliche Blind- oder Taubheit, schwere Körpermißbildung oder schwerer Alkoholismus.

Waren explizit Sinti und Roma zwar zunächst nicht erwähnt, so strebten dennoch Rasseforscher wie z.B. Robert Ritter eine Zwangssterilisation der „Zigeuner" auf der Grundlage dieses Gestzes an, nur oder weil sie „Zigeuner" waren, was aus Sicht dieser 'Wissenschaftler' ansich schon der Beweis ihrer „Minderwertigkeit" war. Für Bremen lassen sich diese Ausweitungen des Gesetzes von 1933 nachweisen.[52]

Eine weitere Maßnahme zur Umsetzung der NS-Rassenideologie ist in dem „Gesetz gegen gefährliche Gewohnheitsverbrecher" vom 24. November 1933 zu sehen. „Vorbeugende Verbrechensbekämpfung" wurde ein Bestandteil der Rassenpolitik der Nationalsozialisten. Der „geborene Verbrecher" Cesare Lombrosos - nun nicht mehr allein an der Physiognomie erkennbar, sondern anhand seiner 'minderwertigen Erbanlagen', deren Ausdruck seine Kriminaliät war - sollte „vernichtet" werden.[53] Es gipfelte in den Planungen zu einem „Gemeinschaftsfremdengesetz", wobei z.B. Robert Ritter unter 'gemeinschaftsfremd' alle subsummierte, „die ihrer Veranlagung nach asozial"[54] waren. Somit waren auch Sinti und Roma, die im Schnittpunkt zweier Rassismen standen (rassenanthropologisch und rassenhygienisch), mit eingeschlossen. Deshalb gehörten nicht wenige von ihnen zu den Opfern der im Juni 1938 durchgeführten Verhaftungsaktion „Arbeitsscheu Reich",[55] bei der jede Kripoleitstelle im Reichsgebiet 200 Personen zu verhaften und in die KZ einzuweisen hatte.

---

[52] Siehe zu Bremen Nitschke, Asmus, Der 'Erbpolizei' im Nationalsozialismus. Zur Alltagsgeschichte der Gesundheitsämter im Dritten Reich, Das Beispiel Bremen, Opladen/Wiesbaden 1999, insbesondere den Exkurs 2, S. 231-258. Allgemein dazu Riechert, Hansjörg, Im Schatten von Auschwitz. Die nationalsozialistische Sterilisationspolitik gegenüber Sinti und Roma, Münster/New York 1995.

[53] Vgl. Wagner, Patrick, Volksgemeinschaft ohne Verbrecher. Konzeptionen und Praxis der Kriminalpolizei in der Zeit der Weimarer Republik und des Nationalsozialismus, Hamburg 1996, Ayaß, Wolfgang, „Asoziale" im Nationalsozialismus, Stuttgart 1995.

[54] Wagner, Patrick, Volksgemeinschaft ohne Verbrecher. Konzeptionen und Praxis der Kriminalpolizei in der Zeit der Weimarer Republik und des Nationalsozialismus, Hamburg 1996, S. 386.

[55] Vgl. hierzu vor allem, Ayaß, Wolfgang, „Asoziale" im Nationalsozialismus, Stuttgart 1995.

Neben Bettlern und Obdachlosen sollten auch „Zigeuner" verhaftet werden, wenn sie keiner „geregelten Arbeit" nachgingen. Was darunter zu verstehen war, konnte von jedem Kriminalbeamten mehr oder weniger selber definiert werden.

Die Nürnberger Gesetze von 1935 waren eine weitere „rassenpolitische" Maßnahme, von der auch Sinti und Roma betroffen waren. Das „Gesetz zum Schutze des deutschen Blutes und der deutschen Ehre" bestimmte, daß Geschlechtsverkehr und Eheschließung „deutschblütiger Personen" untersagt wäre, wenn eine „die Reinheit des deutschen Blutes gefährdende Nachkommenschaft zu erwarten"[56] sei. Dies sei - so der Reichsminister des Innern - bei einer Eheschließung mit „Zigeunern, Negern oder ihren Bastarden" 'zu befürchten'. Desweiteren definierten Kommentatoren wie Wilhelm Stuckart und Hans Globke diese Gesetzgebung: „Artfremden Blutes sind in Europa regelmäßig nur Juden und Zigeuner."[57]

Zu diesem Zeitpunkt - 1935 - hatte die Wissenschaft bereits eingegriffen. Seit 1934 forschte Dr. Dr. Robert Ritter, versehen mit einem Stipendium der Deutschen Forschungsgemeinschaft (DFG), über „Vagabunden, Gauner und Räuber". Die Ergebnisse veröffentlichte er als Habilitationsschrift 1937 unter dem Titel: „Ein Menschenschlag. Erbärztliche und erbgeschichtliche Untersuchungen über - durch 10 Geschlechterfolgen erforschten - Nachkommen von 'Vagabunden, Gaunern und Räuber'". Ritter,[58] 1901 geboren, Doktor der Medizin und Philosophie, hatte vermeintlich 'bewiesen', daß „kriminelles und asoziales" Verhalten über Generationen hinweg vererbt würde. Der Zusammenhang zu den „Zigeunern" ergab sich dabei dadurch, daß Ritter behauptete, es gäbe keine „reinrassigen „Zigeuner" im Deutschen Reich, sondern nur „Zigeunermischlinge", die sich mit „minderwertigen Geschlechtern" gepaart hätten.[59]

Diese „Ergebnisse" stießen auf ein großes Interesse seitens des Reichsinnenministeriums, dem über das Reichsgesundheitsamt die Forschungen

---

[56] Zitiert nach Wippermann, Wolfgang, Wie die Zigeuner. Antisemitismus und Antiziganismus im Vergleich, Berlin 1997, S. 151.

[57] Ebd.

[58] Zu Ritter s. Hohmann, Joachim S., Robert Ritter und die Erben der Kriminalbiologie. „Zigeunerforschung" im Nationalsozialismus und in Westdeutschland im Zeichen des Rassismus, Frankfurt am Main 1991, Zimmermann, Michael, Rassenutopie und Genozid. Die nationalsozialistische „Lösung der Zigeunerfrage", Hamburg 1996, vor allem S. 127ff. und Sandner, Peter, a. a. O., S. 269ff. (vor allem für die Zeit nach 1945).

[59] Zitiert nach Wippermann, Wolfgang, Wie die Zigeuner. Antisemitismus und Antiziganismus im Vergleich, Berlin 1997, S. 143.

Ritters seit 1935 bekannt waren. 1936 wurde Ritter[60] Direktor der „Rassenhygienischen und Bevölkerungsbiologischen Forschungsstelle"[61] im Reichgesundheitsamt. Ziel dieser Forschungsstelle war „eine gründliche rassenkundliche Erfassung und Sichtung aller Zigeuner und Zigeunermischlinge."[62] Als Ritter mit diesen Arbeiten begann, war polizeilicherseits auf Reichsebene bereits eine Vereinheitlichung eingetreten. Kennzeichnend für diese erste Phase der NS-Verfolgung der Sinti und Roma waren einzelne lokale und regionale Polizeimaßnahmen. In Bremen beispielsweise wurde das bayerische „Gesetz zur Bekämpfung von Zigeunern, Landfahrern und Arbeitsscheuen" von 1926 fast wortwörtlich übernommen und in einzelnen Punkten verschärft.[63] In diversen Städten des Reiches wie z.B. Düsseldorf,[64] Berlin-Marzahn,[65] und Frankfurt[66] wurden „Zigeunerlager"[67] eingerichtet. Daneben gab es Ansätze einer reichseinheitlichen Vorgehensweise[68] gegen Sinti und Roma. Zunächst wurde die Münchener „Zigeunerzentrale" am 5. Juni 1936 quasi zur 'Reichszigeunerzentrale' bestimmt. Einen Tag später faßte das Reichsinnenministerium durch den Erlaß „Bekämpfung der Zigeunerplage" die bisherigen Länderbestimmungen zusammen.[69] Zwar orientierte sich auch dieser Erlaß im wesentlichen an dem bayerischen „Zigeunergesetz" von 1926, Sinti und Roma wurden darüber hinaus grundlegend in ihrer Bewegungsfreiheit, Berufsausübung usw. einge-

---

[60] Er war nicht einzige Wissenschaftler, der sich als „Zigeunerforscher" betätigte. S. hierzu Zimmermann, Michael, Rassenutopie und Genozid. Die nationalsozialistische „Lösung der Zigeunerfrage", Hamburg 1996, S. 131ff. - vor allem Sandner, Peter, a. a. O., S. 190ff. für die „Frankfurter „Zigeunerforschung"".

[61] Brucker-Boroujerdi, Ute/Wippermann, Wolfgang, Die „Rassenhygienische und Erbbiologische Forschungsstelle" im Reichsgesundheitsamt, in: Bundesgesundheitsblatt. 23. März 1989, S. 13-19.

[62] Zitiert nach Sandner, Peter, a. a. O., S. 197.

[63] S. hierzu Kapitel 2. 1. 1.

[64] Fings, Karola/Sparing, Frank, „z.Zt. Zigeunerlager". Die Verfolgung der Düsseldorfer Sinti und Roma im Nationalsozialismus, Köln 1992.

[65] Benz, Wolfgang, Das Lager Marzahn. Zur nationalsozialistischen Verfolgung der Sinti und Roma und ihrer anhaltenden Diskriminierung, in: Normalität des Verbrechens, 1994, S. 260-279.

[66] Wippermann, Wolfgang, Das Leben in Frankfurt zur NS-Zeit II. Die nationalsozialistische Zigeunerverfolgung, Frankfurt am Main 1986, Sandner, Peter, a. a. O.

[67] Milton, Sybil, Vorstufe zur Vernichtung. Die Zigeunerlager nach 1933, VJHZ, 43. Jg. 1995, H.1, S. 115-130, Zimmermann, Michael, Rassenutopie und Genozid. Die nationalsozialistische „Lösung der Zigeunerfrage", Hamburg 1996, S. 93-100.

[68] Zimmermann, Michael, Rassenutopie und Genozid. Die nationalsozialistische „Lösung der Zigeunerfrage", Hamburg 1996, S. 106-111.

[69] Offenbar war dieser Erlaß als Ersatz eines geplanten „Reichszigeunergesetzes" gedacht. Sandner, Peter, a. a. O., S. 63 und 73, Zimmermann, , Michael, Rassenutopie und Genozid. Die nationalsozialistische „Lösung der Zigeunerfrage", Hamburg 1996, S. 156-162.

schränkt. Dieser Erlaß enthielt desweiteren die mittlerweile üblichen rassistischen Bemerkungen, wie etwa, daß das „Zigeunervolk" nicht deutsch sei, „weil es nicht an ein „geordnetes und gesittetes, auf ehrlichem Erwerb beruhendes Leben zu gewöhnen" sei."[70] Ebenfalls 'empfahl' der Erlaß, in kürzeren Zeitabständen in größeren Gebieten Razzien durchzuführen.

Als Himmler am 17. Juni 1936 Chef der Deutschen Polizei wurde, war neben der Verreichlichung der Verfolgung nunmehr auch die rassistische Ausrichtung der Polizei gewährleistet. Der „Reichsführer-SS" übernahm nicht nur weitere institutionelle Aufgaben, sondern die Übernahme der Polizei durch die SS markiert eben auch die ideologische Wende[71] und damit die zweite Phase der NS-Verfolgung der Sinti und Roma.

Die Bestrebungen einer Verreichlichung der Kriminalpolizei wurden unverzüglich angegangen. Zunächst beauftragte Himmler das Preußische Landeskriminalamt mit der Leitung der Kriminalpolizeien der deutschen Länder. Seit Juli trug dieses neue Amt die Bezeichnung „Reichskriminalpolizeiamt" (RKPA). Am 20. September 1936 schloß sich eine weitere organsisatorische Neuerung an. 14 sog. Kriminalpolizeileitstellen über das Reich verteilt unterstanden dem RKPA. Jede Leitstelle wiederum faßte zwei bis sechs Kriminalpolizeistellen zusammen. In jeder Leiststelle war eine „Dienststelle für Zigeunerfragen" einzurichten, die der „Reichszentrale zur Bekämpfung des Zigeunerunwesens" unterstand. Letztere wurde erst am 1. Oktober 1938 installiert.[72]

Als Himmler, als Reichsführer-SS und Chf der Deutschen Polizei, am 8. Dezember 1938 in einem Runderlaß ankündigte, die „Regelung der Zigeunerfrage aus dem Wesen der Rasse" heraus vorzunehmen, verfügte die Kripo nunmehr nicht allein über eine straffe Organisationsstruktur, sondern durch die 'wissenschaftlichen Arbeiten' von Dr. Dr. Robert Ritter in der „Rassenhygienischen und Bevölkerungsbiologischen Forschungsstelle" im Reichsgesundheitsamt ebenfalls über eine pseudo-wissenschaftliche Legitimation der rassistischen NS-Ideologie, die für die Sinti und Roma die Vernichtung bedeuten sollte.

Zugleich markiert dieser Runderlaß den Abschluß der zweiten Phase. Die weiteren Maßnahmen waren auf die Exekution dieses Erlasses bezogen.

---

[70] Wippermann, Wolfgang, Wie die Zigeuner. Antisemitismus und Antiziganismus im Vergleich, Berlin 1997, S. 152.
[71] Vgl. Wagner, Patrick, Volksgemeinschaft ohne Verbrecher. Konzeptionen und Praxis der Kriminalpolizei in der Zeit der Weimarer Republik und des Nationalsozialismus, Hamburg 1996.
[72] Am 27. September 1939 fand die Neustrukturierung mit der Gründung des Reichssicherheitshauptamtes einen Abschluß. Das RPKA wurde die Abteilung V.

Seit 1936/37 war Dr. Dr. Robert Ritter mit den „erkennungsdienstlichen, anthropologischen und genealogischen Untersuchungen"[73] der Sinti und Roma befaßt. Hierzu suchten „Fliegende Arbeitsgruppen" die Wohnstätten der „Zigeuner" im gesamten Reichsgebiet auf, um sie „unnachgiebig zu verhören",[74] zu vermessen und Stammbäume zu verfassen. Die Mitarbeiter dieser „Arbeitsgruppen" sollten „rassenbiologisch" und genealogisch geschult sein und außerdem zumindest etwas Romanes sprechen können. Vielfach gelang es diesen 'Forschern' etwa durch Geldgeschenke das Vertrauen ihrer Opfer zu erwecken. Besonders tat sich Eva Justin hervor, die wegen ihrer rotblonden Haare den Spitznamen „Loli Tschai" erhielt.

Wer sich jedoch den Befragungen, Vermessungen und Aushorchungen widersetzte, wurde geschlagen oder ihm wurde mit KZ-Haft gedroht.

Während der „Verhöre"[75] benutzten die Mitarbeiter einen „erb- und lebensgeschichtlichen Fragebogen". Anhand dieses Formulars wurden alle denkbaren Daten abgefragt: Name, Geburtstag, Lebensweise, Wohnsituation, die wirtschaftlichen Verhältnisse, Gesundheitszustand, Beruf und Schulbesuch. Zudem bot der Fragebogen zahlreiche vorgedruckte diskriminierende Begriffe zur genaueren Kennzeichnung der befragten Person, wie „Störenfriede / Schmarotzer / Unstete / Unbegabte / Gewaltverbrecher / Gaunereien / Erblich Geisteskranke", die dann jeweils noch weiter ausdifferenziert werden konnten, wie z.B. „Störenfriede" in „Rohlinge, Zänker, Krakeeler, Stänkerer, Hetzer, Verleumnder".[76] Abgeschlossen wurde die Befragung noch mit einem Bogen zum Sozialverhalten der Person.

Unterstützt wurden diese 'Forschungen' der Mitarbeiter der „Rassenhygienischen Forschungsstelle" durch die Polizei und Kriminalpolizei, die bereitwillig ihre Datensammlungen zur Verfügung stellten oder aber die mitunter notwendige Repression ausübten, um die Auskünfte von den Opfern zu erzwingen.

Ebenso stellten die Kirchen Informationen bereit, etwa durch die Gewährung der Einsichtnahme in die Kirchenbücher. Hinzu kamen „Erb- und Volkspflegerinnen", Gesundheitsämter, Land- und Amtsgerichte und andere kommunale Behörden.

---

[73] Zimmermann, Michael, Rassenutopie und Genozid. Die nationalsozialistische „Lösung der Zigeunerfrage", Hamburg 1996, S. 140.
[74] Ebd., S. 141.
[75] Ebd., S. 142.
[76] Zitiert nach ebd., S. 142.

In Berlin stellten Ritter und seine Mitarbeiter diese Informationen zu „Erbtafeln" von mitunter 6 Metern Länge[77] und zu umfangreichen Karteien zusammen.

Finanziert wurde die Arbeit dieser Abteilung des Reichsgesundheitsamtes zum einen durch die Reichsbehörde selbst, indem sie die Räumlichkeiten und einige feste Mitarbeiterstellen zur Verfügung stellte und z.B. durch die DFG, wodurch es Ritter möglich war, weitere Mitarbeiter einzustellen oder andere Sachausgaben wie den Kauf von „anthropologischen Bestecken", Augen- und Haartafeln zu bestreiten.

Es bedarf sicherlich keiner allzugroßen Phantasie, um sich auszumalen, wie entwürdigend es für die Opfer solcher „Forschungen" gewesen sein mußte, derartig vermessen, begutachtet und ausgehorcht zu werden. Der Sinto Josef Reinhard berichtet über diese „Untersuchugen": „Wir mußten uns nacheinander auf einen Stuhl setzen, worauf Dr. Ritter die Augen der Kinder verglich und sie ausfragte; seine Mitarbeiterin hat alles notiert. Wir mußten den Mund öffnen und bekamen mit einem seltsamen Instrument den ganzen Rachen ausgemessen, danach die Nasenlöcher, die Nasenwurzel, die Augenweite, die Augenfarbe, die Augenbrauen, Ohren innen und außen, das Genick, den Hals, die Hände - alles, was überhaupt zu messen war."[78]

Im Kopfbereich wurden alleine bis zu 44 Details gemessen. Manchmal fertigten die Mitarbeiter der RHF von den Köpfen ihrer Opfer Gipsmodelle an, die ihnen auch nach der Ermordung, ja noch nach 1945, zur Verfügung standen und ihren pseudo-wissenschaftlichen Untersuchungen als Vorlage dienten. Zu Recht wurde konstatiert, daß „kein Volk der Erde jemals totaler und systematischer erfaßt und „erforscht""[79] wurde als die Sinti und Roma. Am Ende waren ca. 30.000 Sinti und Roma 'verkartet'.[80]

Ausweis der Zusammenarbeit zwischen RKPA und der RHF war der Runderlaß Himmlers „Bekämpfung der Zigeunerplage" vom 8. Dezember 1938. In Absatz 1 und Punkt A hieß es dort: „Die bisher bei der Bekämpfung der Zigeunerplage gesammelten Erfahrungen und *die durch die rassenbiologi-*

---

[77] Ebd., S. 144.
[78] Rose, Romani (Hg.), Der nationalsozialistische Völkermord an den Sinti und Roma, Heidelberg 1995, S. 66.
[79] Krausnick, Michael, Wo sind sie hingekommen? Der unterschlagene Völkermord an den Sinti und Roma, Gerlingen 1995, S. 149.
[80] Lucassen, Leo, a. a. O., S. 207f. weist darauf hin, daß Ritter somit nicht viel mehr „Zigeuner entdeckt" hatte als ohnehin schon der Kriminalpolizei bekannt waren, so daß „in der Regel ... nur die bereits vorliegende polizeiliche Interpretation „wissenschaftlich" bestätigt" worden zu sein scheint.

schen Forschungen gewonnenen Erkenntnisse (Hvhbg. d. d. A.) lassen es angezeigt erscheinen, *die Regelung der Zigeunerfrage aus dem Wesen der Rasse heraus* (Hvhbg. d. d. A.) in Angriff zu nehmen."[81] Weiterhin sah der Erlaß vor, daß als Grundvoraussetzung nunmehr die „Rassezugehörigkeit"[82] bestimmt werden sollte. Hierfür sollten die Kripoleitstellen alle Personen, „die nach ihrem Aussehen, ihren Sitten und Gebräuchen als Zigeuner oder Zigeunermischlinge angesehen werden"[83] dem RPKA - Reichszentrale zur Bekämpfung des Zigeunerunwesens - melden. Alle Personen über 6 Jahre sollten erkennungsdienstlich erfaßt werden. Das RKPA werde sodann durch ein „Sachverständigen Gutachten" bestimmen, „ob es sich um einen Zigeuner, Zigeunermischling oder eine sonstige nach Zigeunerart umherziehende Person handelt."[84] Die Polizei wurde angehalten, dafür zu sorgen, daß sich alle „Zigeuner" dieser „erforderlichen rassenbiologischen Untersuchung ... unterziehen."[85] Notfalls konnte die Untersuchung „mit Mitteln polizeilichen Zwanges"[86] sichergestellt werden.

Die Ausführungsanweisung zu diesem Runderlaß vom 1. März 1939 differenzierte die zuergreifenden Maßnahmen aus und legte die Gründe für das zukünftige Vorgehen dar. So sollte mit der bisherigen Methode 'gebrochen' werden, die letztendlich nur dazu geführt hätte, daß einzelne „Vollzugsorgane ihr Gebiet möglichst frei von Zigeunern" hielten, „dafür aber andere Gebiete um so mehr mit Zigeunern überschwemmt haben."[87] Ziel der staatlichen Maßnahmen sei es nunmehr, „die rassische Absonderung des Zigeunertums" sicherzustellen, „sodann ... die Rassenvermischung" zu verhindern und schließlich die „Lebensverhältnisse der reinrassigen Zigeuner und Zigeunermischlinge" zu regeln.[88] Bereits in dieser „Ausführungsanweisung" wurde festgestellt, daß „ein großer Teil ... schon rassenbiologisch untersucht" worden sei. Dennoch sollte den Mitarbeitern der RHF „jede erwünschte Auskunft" erteilt werden, sowie „polizeilichen Schutz und Unterstützung bei der Durchführung ihrer Aufgaben" gewährt werden.[89]

---

[81] Hier zitiert nach Eiber, Ludwig, a. a. O., S. 55.
[82] Ebd.
[83] Ebd.
[84] Ebd.
[85] Ebd.
[86] Ebd.
[87] Deutsches Kriminalpolizeiblatt (Sonderausgabe, 20. März 1939).
[88] Ebd.
[89] Ebd.

Für die Erstellung dieser Gutachten erhielt die RHF jeweils 5 RM. Bis März 1944 stellten Ritter und seine Mitarbeiter 23.833 Gutachten[90] aus. Aufgrund ihrer 'Forschungen' wurden die Sinti und Roma klassifiziert in:

Z	Zigeuner, worunter ein „stammechter" bzw. Zigeuner" verstanden wurde.
ZM+	Zigeunermischling mit überwiegend zigeunerischem Blutanteil.
ZM	Zigeunermischling mit jeweils gleichen „Blutsanteilen" wobei in den Fällen, in denen ein Elternteil „deutschblütig" und der andere „Vollzigeuner" war, die Kennzeichnung „ZM I. Grades" erfolgte. War ein Elternteil „ZM I. Grades" und der andere Elternteil „deutschblütig", wurde die betreffende Person als „ZM II. Grades" klassifiziert.
ZM-	Zigeunermischling mit überwiegend deutschem Blutanteil.
NZ	Nicht-Zigeuner, was bedeutete, daß die Person als „deutschblütig" angesehen wurde.

Als „Vollzigeuner" wurde definiert, wer 3 oder 4 „reinrassige Zigeuner" als Großeltern hatte. Bei den „Zigeunermischlingen" gab es 28 Klassifikationen. ZM waren Personen, die zwei „reinrassige" und zwei „Halbzigeuner" als Großeltern hatten bis hin zu Personen, die zwei „Viertel-" und zwei „NZ" als Großeltern hatten.[91]

Diese Klassifizierungen wurden in der „gutachterlichen Äußerung" vermerkt, die wiederum dem RKPA und den Kriminalpolizeileitstellen zugesandt wurde.

Ein besonderes Augenmerk galt Ritter und seinen Mitarbeitern dabei den „Zigeunermischlingen" und unter ihnen den „ZM+". Für Ritter gab es im ganzen Deutschen Reich über 90% „Mischlinge". Gerade sie wurden von ihm als „nichtsnutziges, asoziales Gesindel",[92] welches zu „außergewöhnlicher Kriminalität"[93] neige, stigmatisiert. Insgesamt schätzte Ritter die Zahl der „Zi-

---

[90] Zimmermann, Michael, Rassenutopie und Genozid. Die nationalsozialistische „Lösung der Zigeunerfrage", Hamburg 1996, S. 151.
[91] Ebd., S. 149.
[92] Ebd., S. 135.
[93] Ebd., S. 136. Siehe hierzu a. Ritters Vorträge, die er in Bremen hielt: BA Berlin, Zsg 142 Hh. 28, Bl. 153-214 (Das deutsche Zigeunerproblem der Gegenwart), Bl. 220-235 (Das Asozialenproblem und die Möglichkeit seiner Lösung). Beide Vorträge tragen die Vermerke: „Bremer Vortrag" bzw. „Vortrag in Bremen" ohne Datum.

geuner und Zigeunermischlinge" im Deutschen Reich (einschließlich Österreich und Sudetenland) auf 32.230.[94] 18.330 entfielen demnach auf das „Altreich", 580 davon auf den Bereich Weser-Ems.

Festzuhalten ist, daß dieser Runderlaß vom 8. Dezember 1938 die „endgültige Lösung der Zigeunerfrage"[95] anstrebte. Er führte direkt in die Vernichtung. Die dritte und letzte Phase der NS-Verfolgung der Sinti und Roma hatte somit begonnen.

Am 17. Oktober 1939 kündigte ein Schnellbrief des RKPA an, daß „binnen kurzem im gesamten Reichsgebiet die Zigeunerfrage im Reichsmaßstab grundsätzlich geregelt"[96] werde. Bis auf weiteres durften die Sinti und Roma ihren Wohnsitz oder momentanen Aufenthaltsort nicht mehr verlassen. Bei Zuwiderhandlungen - etwa weil sie zurück zu ihren Familien wollten - drohte ihnen die sofortige Einweisung in ein KZ. Zudem sollten zwischen dem 25.-27. Oktober alle „Zigeuner und Zigeunermischlinge" gezählt und erfaßt werden. In bestimmten Formularen erfaßt sollte auch angegeben werden, ob die betreffende Person „in den letzten fünf Jahren einer geregelten Arbeit nachgegangen ist und sich und seine Familie selbständig ernährt hat."[97] Ein Zusatz bestimmte, die Sinti und Roma „bis zu ihrem endgültigen Abtransport in besonderen Sammellagern unterzubringen."[98] Vorzugsweise hätten diese Sammellager bei den Kripoleitstellen eingerichtet zu werden. Weitere Vorkehrungen wie Bereitstellung von Wachmannschaften und Verpflegung für den Transport seien ebenfalls in die Wege zu leiten.

Die Pläne des RKPA gingen dahin, alle geschätzten 30.000 Sinti und Roma in das Generalgouvernement zu deportieren. Dazu kam es nicht. Einmal weil Hans Frank, der „Generalgouveneur", sich weigerte, die genannten Zahlen in seinem Gebiet aufzunehmen, zum zweiten waren die Rassenhygieniker wie Robert Ritter mit dieser „Lösung der Zigeunerfrage" nicht einverstanden. Sie favorisierten die Zwangssterilisierung der Sinti und Roma. Außerdem waren Ritter und seine Mitarbeiter mit der Erfassung aller „Zigeuner" noch nicht fertig. Die 'bloße Vertreibung' mußte in ihren Augen „auf die Dauer gesehen ohne Erfolg"[99] bleiben. Deshalb ordnete Himmler am 27. April 1940 'lediglich' die

---

[94] Ebd., S: 151.
[95] Eiber, Ludwig, a. a. O., S. 53
[96] Ebd., S. 57.
[97] Ebd.
[98] Ebd.
[99] Zimmermann, Michael, Rassenutopie und Genozid. Die nationalsozialistische „Lösung der Zigeunerfrage", Hamburg 1996, S. 170.

Deportation von 2.500 „Zigeunern" in das Generalgouvernement an. Ausdrücklich sollte es sich hierbei um einen „ersten Transport"[100] als Deportation handeln, so daß zu vermuten ist, daß weitere unmittelbar folgen sollten.

Der Schnellbrief sah vor, daß die Sinti und Roma - „in geschlossenen Sippen"[101] - aus den westlichen und nordwestlichen Grenzgebieten des Deutschen Reichs zu deportieren seien. Hiermit kam Himmler einen Forderung des Oberkammonandos der Wehrmacht nach.[102] Im einzelnen hatten die Kripoleitstellen Köln, Düsseldorf, Hannover und die Kripoleitstellen in Hamburg und Bremen insgesamt 2.000 Sinti zu deportieren. Aus Stuttgart und Frankfurt am Main seien 500 „Zigeuner" zu deportieren. Als Zeitpunkt der Transporte wurde Mitte Mai festgelegt. Die zentralen Sammelplätze, von denen aus die Eisenbahnzüge rollen sollten, waren Hamburg, Köln und Stuttgart. Zimmermann gibt für die Städte Bremen, Winsen an der Aller, Bremervörde und Wesermünde (Bremerhaven) insgesamt 160 deportierte Sinti und Roma an.[103]

Getarnt wurde diese Deportation mit dem Begriff „Umsiedlung". Das Ziel war für die aus Nord- und Nordwestdeutschland stammenden Sinti und Roma Belzec. Zu diesem Zeitpunkt befand sich dort noch kein KZ. 1942 wurde es ein Vernichtungslager. Die Sinti und Roma mußten zunächst einen Stacheldrahtzaun ziehen. Untergebracht waren sie zu hunderten in einem Schuppen. Später mußten die KZ-Häftlinge einen Panzergraben ausheben. Die Todesrate war sehr hoch.

Im Juli wurden die KZ-Häftlinge in das Lager Krychow verlegt. Als im Winter 1940 durch die Kälte Zwangsarbeit nicht mehr möglich war, wurden zunächst Frauen, Kindern und Alte entlassen und sich selbst überlassen. Andere kamen in das Getto von Siedlce, in dem sich die deportierten Sinti aus dem Kölner Raum befanden. Zimmermann gibt die Todesrate für die Sinti und Roma aus Hamburg mit 80% an.[104] Insgesamt wurden statt der 2.500 2.800 „Zigeuner" in den Osten deportiert.[105]

---

[100] Eiber, Ludwig, a. a. O., S. 66.
[101] Ebd.
[102] S. hierzu Zimmermann, Michael, Rassenutopie und Genozid. Die nationalsozialistische „Lösung der Zigeunerfrage", Hamburg 1996, S. 171ff.
[103] Ebd., S. 173.
[104] Ebd., S. 183f.
[105] Wippermann, Wolfgang, Wie die Zigeuner. Antisemitismus und Antiziganismus im Vergleich, Berlin 1997, S. 161.

In den folgenden Jahren[106] ergingen zahlreiche Erlasse, die die Sinti und Roma weiter ausgrenzten - erwähnt seien hier lediglich der Schulverweis von Sinti-Kindern vom 22. Dezember 1941 und die Entlassung von Sinti und Roma aus der Wehrmacht aus „rassenpolitischen" Gründen vom 10. Juli 1942 - und auch zu weiteren Deportationen ist es gekommen. Im Sommer 1941 wurden die ostpreußischen Sinti nach Bialystock deportiert und Anfang November 1941 kamen ca. 5.000 Sinti und Roma aus dem Burgenland, Ungarn, Rumänien in das Getto Litzmannstadt (Lodz) und wurden ermordet. Mit dem Überfall auf die Sowjetunion wurden schließlich auch dort „Zigeuner" wie Juden behandelt, d.h. erschossen und zwar von der Wehrmacht. Zu recht weist Wippermann darauf hin, daß die deutschen Täter keineswegs 'nur' Juden haßten. „„Hitlers willige Vollstrecker" zeigten beim Massenmord an den Sinti und Roma einen noch größeren fanatischen Eifer..."[107]

Am 16. Dezember 1942 erging der sog. „Auschwitz-Erlaß" Himmlers. Damit war die Vernichtung der Sinti und Roma besiegelt worden. In dem Schnellbrief vom 29. Januar 1943 wurde festgelegt, wer im einzelnen zu deportieren sei. Viele Kripobeamte nutzten indessen diesen Erlaß, um ihr Gebiet 'zigeunerfrei' zu machen.

Der Schnellbrief war maßgeblich von den Rasseforschern wie Ritter und seinen Mitarbeitern mit beeinflußt worden. Das läßt sich unschwer aus den einzelnen Bestimmungen des Schnellbriefes herauslesen, die zum einen als Basis die „gutachterlichen Äußerungen" der RHF vorsahen und zum anderen sich auf die 'Forschungsergebnisse' der Ritterschen Untersuchungen bezogen. So sollte die Zwangssterilisation ein weiteres Mittel der „Lösung der Zigeuerfrage" werden. Doch zunächst zu den einzelnen Bestimmungen. Laut Schnellbrief sollten „Zigeunermischlinge, Rom-Zigeuner und nicht deutschblütige Angehörige zigeunerischer Sippen balkanischer Herkunft"[108] deportiert werden. Die Einweisung in das KZ Auschwitz (Zigeunerlager) hatte familienweise zu erfolgen. „Reinrassige Sinte - und (die) als reinrassig geltenden Lalleri-

---

[106] Zimmermann, Michael, Rassenutopie und Genozid. Die nationalsozialistische „Lösung der Zigeunerfrage", Hamburg 1996, S. 185-192 spricht von einem „mehrjährigen Provisorium".

[107] Wippermann, Wolfgang, Wie die Zigeuner. Antisemitismus und Antiziganismus im Vergleich, Berlin 1997, S. 164. Über die Verfolgungen in Südosteuropa s. Reemtsma, Katrin, a. a. O., S. 115ff. sowie Zimmermann, Michael, Rassenutopie und Genozid. Die nationalsozialistische „Lösung der Zigeunerfrage", Hamburg 1996, S. 231ff. für das besetzte Europa.

[108] Eiber, Ludwig, a. a. O., S. 76.

Zigeunersippen"[109] waren einer gesonderten, noch zu treffenden Regelung unterworfen worden.

Ausdrücklich sah der Schnellbrief Ausnahmen, d.h. Rückstellungen von den Deportationen vor. Neben den schon erwähnten „reinrassigen Sinte - und Lalleri-Zigeunern", fielen desweiteren „Zigeunermischlinge, die im zigeunerischen Sinne gute Mischlinge sind",[110] Sinti und Roma, die mit „Deutschblütigen" verheiratet waren, und „sozial angepaßt lebende zigeunerische Personen",[111] die zudem eine „feste" Arbeit und „feste" Wohnung haben mußten, unter diese 'Ausnahmen'. Die Entscheidung darüber, wer als „sozial angepaßt" galt, traf die zuständige Kripoleitstelle.

Weiter waren „zigeunerische Personen" ausgeschlossen, die in der Rüstungsproduktion arbeiteten, „zigeunerische Personen, bei denen nach Auffassung der zuständigen Kriminalpolizei(leit()stelle die Einweisung in das Zigeunerlager aus besonderen Gründen zunächst auszusetzen"[112] war und Ausländer.

Für den überwiegenden Teil der Ausnahmen galt, daß sie statt der Einweisung in ein KZ zwangszusterilisieren waren, wobei bei den minderjährigen Kindern die Eltern die „Einwilligung" zu unterschreiben hatten.

Die Deportationen begannen Anfang März 1943. Innerhalb weniger Tage wurden tausende Sinti und Roma mit Eisenbahnzügen in das Vernichtungslager Auschwitz und hier in den Lagerkomplex Birkenau B II e „Zigeunerlager" deportiert. Bis Ende Juli 1944 waren es insgesamt ca. 23.000 Menschen.[113]

Über die Zustände in diesem KZ berichtete Elisabeth Gutenberger, die in der Häftlingsschreibstube arbeitete:[114] „Das „Zigeunerlager" lag im Lagerabschnitt Birkenau, zwischen dem Männerlager und dem Häftlingskrankenbau. In diesem Bereich standen dreißig Baracken, die man Blöcke nannte. Davon gingen Küchen, Krankenstuben und Waschraum ab. Ein Block war die Toilette für das ganze Lager. In den restlichen Blöcken waren mehr als zwanzigtausend „Zigeuner" untergebracht. Die Baracken hatten keine Fenster, sondern nur

---

[109] Ebd.
[110] Ebd., S. 77.
[111] Ebd.
[112] Ebd.
[113] Zimmermann, Michael, Rassenutopie und Genozid. Die nationalsozialistische „Lösung der Zigeunerfrage", Hamburg 1996, S. 327.
[114] Bericht von Elisabeth Guttenberger, in: Staatliches Museum Auschwitz-Birkenau, in Kooperation mit dem Dokumentations-und Kulturzentrum Deutscher Sinti und Roma, Heidelberg (Hg.), Gedenkbuch. Die Sinti und Roma im Konzentrationslager Auschwitz-Birkenau, München u.a. 1993, S. 1501ff., fortan: Gedenkbuch.

Lüftungsklappen. Der Fußboden war aus Lehm. In einer Baracke, die vielleicht für zweihundert Menschen Platz gehabt hätte, waren oft 800 und mehr untergebracht. Das allein war schon ein furchtbares Martyrium, diese Unterbringung der vielen Menschen.

Meine Tante ist neben mir gegangen. Wir sahen uns an, und uns beiden sind die Tränen runtergelaufen. Der Eindruck! Es war grausam. Die Menschen saßen reglos in diesen Buchsen und haben uns nur angestarrt. Ich habe gedacht, ich träume, ich bin in der Hölle.

Nach ungefähr vierzehn Tagen wurden wir zu Arbeitskommandos zusammengestellt. Mit vielen anderen Frauen mußte ich schwere Steine zum Bau des Lagers tragen. Die Männer mußten die Lagerstraße bauen. Auch alte Männer, ob sie krank waren oder nicht. Egal. Man hat sie alle herangezogen. Mein Vater war damals einundsechzig. Darauf hat man keine Rücksichten genommen. Auf nichts und niemand. Auschwitz war ein Vernichtungslager.

Damals war das Lager Birkenau noch nicht fertiggestellt. Am schlimmsten war der Hunger. Die hygienischen Verhältnisse sind nicht zu beschreiben. Es gab kaum Seife und Waschmöglichkeiten. ... Und als Typhus ausbrach, konnten die Kranken nicht behandelt werden, weil es keine Medikamente gab. Die Hölle war das. Man kann es sich nicht schlimmer vorstellen. ...

Zuerst starben die Kinder. Tag und Nacht weinten sie nach Brot. Sie sind alle sehr bald verhungert. Auch die Kinder, die in Auschwitz zur Welt gebracht wurden, haben nicht lange gelebt. Das Einzige, worum sich die SS bei den Neugeborenen gekümmert hat, war, daß man sie ordnungsgemäß tätowiert hat. Die meisten starben wenige Tage nach der Geburt. Es gab keine Pflege, keine Milch, kein warmes Wasser, geschweige denn Puder oder Windeln. Die größeren Kinder ab zehn Jahre mußten für die Lagerstraße Steine schleppen, - bei diesem Hunger, wo doch täglich die Kinder verhungerten.

Dazu kam dann noch die Brutalität der SS-Leute. Täglich haben sie Menschen totgeschlagen. In unserem Arbeitskommando mußten wir alles im Laufschritt machen. Ein SS-Blockführer fuhr mit dem Rad neben her. Wenn eine Frau stürzte, weil sie schon zu schwach war, prügelte er sie mit einen Stock. Viele sind an den Folgen dieser Mißhandlungen gestorben. ...

Man kann Auschwitz mit nichts vergleichen. Wenn man sagt: „Die Hölle von Auschwitz" - dann ist das keine Übertreibung."

Die Zustände waren derartig katastrophal, daß bis Jahresende 1943 bereits 70%[115] der deportierten Sinti und Roma gestorben waren. Gestorben

---

[115] Zimmermann, Michael, Rassenutopie und Genozid. Die nationalsozialistische „Lösung der Zigeunerfrage", Hamburg 1996, S. 340.

auch an den medizinischen Versuchen, wie Meerwasser- und Kälteschockverssuche, oder aber weil sich der Lagerarzt Dr. Dr. Mengele für bstimmte Körperteile, wie z.B. Augen, interessierte und die Menschen, in diesem Fall Kinder, tötete.[116]

In der Nacht vom 2. auf den 3. August 1944 wurde das „Zigeunerlager" liquidiert. Tage zuvor waren noch Transporte mit 'arbeitsfähigen' Sinti und Roma in andere KZ wie z.B. Buchenwald abgegangen, wo die Opfer später in dem Außenlager Mittelbau-Dora für den deutschen Raketenbau unterirdische Fabrikanlagen in den Berg hauen mußten - Arbeit, die vielen die letzten Kräfte raubte und sie vernichtete. Die letzten 2.897 Personen[117] wurden in dieser Nacht vergast.

Während der 17 monatigen Existenz dieses Lagers verloren mehr als 19.300[118] Sinti und Roma dort ihr Leben. Die Gesamtzahl der ermordeten Sinti und Roma läßt sich nur schätzen. Sie dürfte zwischen 200.000 und 500.000[119] liegen.

Die nicht von der Deportation betroffenen Sinti und Roma wurden zum Teil zwangssterilisiert, wie es der Schnellbrief vom Januar 1943 vorsah. Im umfangreicheren Ausmaß wurde mit diesen Unfruchtbarmachungen Anfang 1944 begonnen.[120] Insgesamt dürften ca. 2.000 bis 2.500[121] Sinti und Roma diesen Zwangssterilisationen auf der Grundlage des Auschwitz-Erlasses zum Opfer gefallen sein.

Als die überlebenden Sinti und Roma - befreit aus den KZ - zu ihren ehemaligen Wohnorten zurückkehrten, fanden sie in vielen Fällen ihr Hab und Gut nicht mehr vor. Verkauft, versteigert, verschenkt und verteilt waren Wohnungsgegenstände und anderer Hausrat. Nur mühsam konnten sich die Über-

---

[116] Vgl. aktuell. Klee, Ernst, Auschwitz, die NS-Medizin und ihre Opfer, Frankfurt am Main 1997 (4. Auflage). Müller-Hill, Benno, Tödliche Wissenschaft. Die Aussonderung von Juden, Zigeunern und Geisteskranken 1933-1945, Reinbeck 1984. Weingart, Peter/Kroll, Jürgen/Bayertz, Kurt, Rasse, Blut und Gene, Frankfurt am Main 1996.
[117] Zimmermann, Michael, Rassenutopie und Genozid. Die nationalsozialistische „Lösung der Zigeunerfrage", Hamburg 1996, S. 343.
[118] Ebd.
[119] Wippermann, Wolfgang, Wie die Zigeuner. Antisemitismus und Antiziganismus im Vergleich, Berlin 1997, S. 167. Zur Kontroverse über die Opferzahlen siehe Rezensionen zu Zimmermann s. Sandner, Peter, a. a. O., S. 23.
[120] S. hierzu insbesondere Riechert, Hansjörg, a. a. O. Weiterhin wurde auch in den KZ sterilisiert, wie z.B. in dem Frauenkonzentrationslager Ravensbrück, wo Sterilisationspraktiken ausprobiert wurden, die auf ein 'effektives', massenhaftes Anwendungsverfahren abzielten, und für die betroffenen Frauen schlimmste Qualen bedeuteten. Vgl. ebd., S. 122.
[121] Zimmermann, Michael, Rassenutopie und Genozid. Die nationalsozialistische „Lösung der Zigeunerfrage", Hamburg 1996, S. 362.

lebenden eine neue Existenz aufbauen. Die sog. „Wiedergutmachung", die vielen eine große Hilfe hätte sein können, ohne daß damit tatsächlich etwas wiedergutgemacht gewesen wäre, stand den Sinti und Roma hierbei nicht zur Seite. Im Gegenteil - sie geriet aus der Sicht der Betroffenen zu einer „zweiten Verfolgung".[122] Von Anfang an wurde den Sinti und Roma eine Entschädigung verweigert, weil sie „nicht aus rassistischen Gründen, sondern wegen (ihrer) asozialen und kriminellen Haltung verfolgt und inhaftiert" worden seien - so der Innenminister von Baden-Württemberg am 22. Februar 1950.[123]

Am 7. Januar 1956 urteilte der Bundesgerichtshof in exakt diesem Sinne. Allenfalls für die Zeit nach den Deportationen im März 1943 könne man von einer rassischen Verfolgung ausgehen. Alle 'Maßnahmen' bis dahin galten als „polizeiliche Vorbeugungs- und Sicherungsmaßnahme."[124]

Aber nicht nur wegen dieses Urteils, das die NS-Verfolgungsmaßnahmen im Nachhinein zu rechtfertigen schien, ist der Begriff von der „zweiten Verfolgung" der Sinti und Roma in der Wiedergutmachung zutreffend. Vielfach standen die Opfer ihren Peinigern, den Tätern gegenüber. Die Wiedergutmachungsbehörden befragten z.B. die ehemaligen Leiter der „Zigeunerdezernate" nach ihrer Einschätzug der Verfolgungssituation. So verklärten Kriminalbeamte, die maßgeblich die Deportationen nach Auschwitz mitorganisiert hatten, die NS-Verfolgungen zu polizeilichen Maßnahmen. Zum Beweis der vermeintlichen „Asozialität" beriefen sich diese Kripobeamten vielfach auf die „Zigeunerpersonalakten" aus der NS-Zeit, um berechtigte Ansprüche der Opfer widerlegen zu können. In den Wiedergutmachungsämtern wurde nur den Kripobeamten geglaubt, deren Glaubwürdigkeit insofern höchst zweifelhaft war, weil sie sich selber durch ihre Behauptungen schützten.

Ebenso unzumutbar war die Situation für diejenigen Sinti und Roma, die einen ärztlichen Gutachter für ihre Anträge benötigten. Nicht selten standen sie plötzlich wieder vor den Ärzten in den Gesundheitsämtern, die vor 1945 ihre Familien und sie selber rassenanthropologisch vermessen und begutachtet hatten.

Erst am 18. Dezember 1963 wurde durch ein erneutes Urteil des BGH die erste Entscheidung zum Teil zurückgenommen. Nunmehr sah man den Himmler-Erlaß vom 8. Dezember 1938 und dessen Maßnahmen als „mitur-

---

[122] Geußing, Fritz, Das offizielle Verbrechen der zweiten Verfolgung, in: Zülch, Tilmann (Hg.), In Auschwitz vergast, bis heute verfolgt. Zur Situation der Roma (Zigeuner) in Deutschland und Europa, Hamburg 1979, S. 192-198.
[123] Wippermann, Wolfgang, Wie die Zigeuner. Antisemitismus und Antiziganismus im Vergleich, Berlin 1997, S. 185.
[124] Ebd., S. 188.

sächlich" für eine rassenideologische Verfolgung. Im Grunde genommen war auch das noch falsch.

Für sehr viele Opfer kam diese Entscheidung zu spät, andere hatten resigniert aufgegeben.

Parallel zu dieser Entwicklung und in Abhängigkeit dazu gestaltete sich die juristische Aufarbeitung der NS-Verbrechen.[125] Ebensowenig wie die rassische Verfolgung der Sinti und Roma anerkannt wurde, ebenso wenige Täter und Mittäter wurden zur Verantwortung gezogen. Nicht ein Kripobeamter, sei es vom RKPA, sei es von den Kriminalpolizeileitstellen oder den unteren Behörden wurde jemals für seine Taten zur Verantwortung gezogen. Wie im Falle von Ritter und Justin[126] wurden vielfach zwar Ermittlungen aufgenommen, zu einer Aufnahme des Verfahrens kam es in keinem Falle.

Auch im weiteren Umfeld der Täter und der NS-Verfolgung der Sinti und Roma wie z.B. Mediziner und Ideologen wie Fischer, v. Verschuer oder Fritz Lenz u.a. kam es zu keinen Verfahrensaufnahmen und somit auch zu keinen Verurteilungen.[127] Sie alle konnten ungebrochen oder nur kurz erschüttert ihre wissenschaftlichen Karrieren oder Beamtenlaufbahnen fortsetzen. Dagegen fanden die Forschungsergebnisse der NS-Rasseforscher vielfach Eingang in weitere Forschungen nach 1945 und somit zum Fortschreiben bekannter Stereotypen, Werturteile und Verurteilungen. Zurecht zählt Wippermann diesen Antiziganismus zu den „Mentalitäten, ... die Gefängnisse von langer Dauer (sind)."[128] Hermann Arnold wurde zum „Erbe" Ritterscher Forschungen, und er wurde, was vor ihm Ritter war: Zigeunerexperte. Sein Rat war bei Regierungsstellen gefragt.

Diese ungebrochenen Kontinuitäten lassen sich ebenso an der Behandlung der Sinti und Roma durch die Polizei nach 1945 wiederfinden und aufzeigen.[129] Wieder wurde angeknüpft an eine Politik der Vertreibung und

---

[125] Es wird sich hier auf die Ermittlungsverfahren beschränkt, da genauere Untersuchungen zur Entnazifizierung z.B. der Kripobeamten in bezug auf ihre Mittäterschaft an der NS-Verfolgung der Sinti und Roma nicht vorliegen.

[126] S. hierzu aktuell: Sandner, Peter, a. a. O., S. 269ff.

[127] Vgl. Hohmann, Joachim S., a. a. O.

[128] Braudel, Ferdinand, Histoire et sciences sociales. La longue durée, in: ders. Ecrits sur l'histoire, Paris 1969, S. 41-83, hier zitiert nach: Wippermann, Wolfgang, Wie die Zigeuner. Antisemitismus und Antiziganismus im Vergleich, Berlin 1997, S. 14.

[129] Ähnlich auch Reemtsma, Katrin, a. a. O., S. 126: „Strukturen administrativer Ausgrenzung", die „ungebrochen über 1945 hinaus erhalten" blieben; Margalit, Gilad, Die deutsche Zigeunerpolitik nach 1945, in: VFZ 45 (1997), S. 557-588, hier S. 586: Die „strukturelle Basis einer diskrimierenden Zigeunerpolitik" sei erhalten geblieben. Zu der speziellen Bremer bzw. niedersächsischen Politik sie das Kapitel 4. 3.

Ausgrenzung, wieder wurde in der „Zigeunerfrage" lediglich ein polizeiliches, nicht ein soziales und gesellschaftliches Problem gesehen und wieder wurden Versuche unternommen, die „Zigeuner" zu erfassen und zu verkarten. Es verwundert daher in diesem Zusammenhang auch nicht weiter, daß wieder rassistisch eingefärbte Stereotypen von seiten der Kriminalpolizei bemüht wurden, etwa wenn die Rede vom „eingewurzelten Hang zum Umherziehen" oder „eingewurzelter Abneigung gegen eine Seßhaftmachung"[130] geredet wurde.

Ihren sichtbarsten Ausdruck fand diese Kontinuität menschenverachtenden Denkens zum einen in der erneuten Installierung einer „Landfahrerzentrale" in München, wo sich eine bundesweite „Zigeunerkartei" befand und die regelmäßig von den Landeskriminalbehörden nachgefragt und - umgekehrt - gespeist wurde.

Daneben wurde in Bayern am 22. Dezember 1953 die „Bayerische Landfahrerordnung" erlassen, die Inhalte aus dem schon in der Weimarer Republik verfassungswidrigen bayerischen Gesetz von 1926 aufnahm und somit festschrieb. Da der Begriff „Zigeuner" nunmehr zu sehr an vorangegangene Verfolgungen erinnerte und und auch um alliierte Bestimmungen umgehen zu können, wurden Sinti und Roma nun in „Landfahrer" umgetauft (später erfand man die Bezeichnung „HWAO" = häufig wechselnder Aufenthaltsort). Nicht nur in Bayern. Entsprechende diskriminierende Gesetze behielten im Saarland, auf die NS-Verfolgung der Sinti und Roma zu lösen vermochte.

Erst Anfang der 80er Jahre trat in allen Bereichen eine Änderung ein. Zu verdanken war dies u.a. der Bürgerrechtsbewegung der Sinti und Roma, genauer dem Zentralrat der deutschen Sinti und Roma in Heidelberg.[131] Zahlreiche regionale und lokale Initiativen haben begonnen, die NS-Verfolgungsgeschichte der Sinti und Roma zu erforschen und aufzuschreiben. Dennoch - über 50 Jahre nach der Befreiung vom Nationalsozialismus sind die Schatten von Auschwitz nicht kürzer geworden. Sie reichen bis in heutige Initaitiven und Forschungsprojekte hinein. Sie sind zugleich eine Mauer, die offenbar nicht zu überwinden ist.

---

[130] Reemtsma, Katrin, a. a. O., S. 127.
[131] Kurzer Abriß über die Geschichte s. Reemtsma, Katrin, a. a. O., S. 136ff. Ausführlicher dazu s. Rose, Romani, a. a. O.

1. 1. Exkurs: „... und wird zukünftig als Nicht-Zigeuner behandelt" - Ein unbekannter Erlaß?

Gegen Endes des Krieges - die sich abzeichnenden Niederlage vor Augen - scheint es zu einer Erweiterung der „Zigeunerpolitik" gekommen zu sein. Darauf deutet ein Dokument hin, das sich in den „Zigeunerpersonenakten" der Berliner Kripoleitstelle fand. Da es in der wissenschaftlichen Literatur bisher nicht erwähnt wird, soll es hier kurz vorgestellt werden.

„Reichskriminalpolizeiamt　　　　　　　Berlin C2, am 1. Dezember 1944
Reichszentrale zur Bekämpfung　　　　Werderscher Markt 5/6
　　des Zigeunerunwesens　　　　　　　Tel.: 164311
Tgb.NR. 1641/44 - V......./A2b5
　　-23801-

Feststellung

Auf Grund der Unterlagen, die sich in der Reichszentrale zur Bekämpfung des Zigeunerunwesens befinden, hat nach den bisher durchgeführten rassenkundlichen Sippenuntersuchungen

　　　　　　　　　　H........., CH............ A........... W
geb.　　　　　　　　25.9.1921 Küstrin
Tochter des　　　　H....... H......, geb. 1891
und der　　　　　　E.... S......, geb. 1891
als　　　　　　　　Zigeunermischling (-)

zu gelten, fällt jedoch unter Würdigung ihrer sozialen Anpassung gemäß Erlaß vom 1. 12. 1944 Tgb.Nr. 1641/44 -V-......./...........A2b5 nicht mehr unter die für Zigeuner und Zigeunermischlinge geltenden Bestimmungen und wird künftig als **Nichtzigeuner** (Hvhbg. i. O., d. A.) behandelt."

Frau H. wurde relativ spät als „ZM(-)" eingestuft.[132] Ein Grund dürfte darin zu sehen sein, daß sie offenbar bis 1944 wegen der Ehe mit einem „ari-

---

[132] Brandenburgisches LHA Pr. Br. Rep. 30 Berlin C, Tit. 198 a 3. Zigeuner 93. Die „gutachterliche Äußerung" trägt das Datum 25. Juli 1944 und die Nummer 23801. Ebd., Bl. 3. Das bislang letzte bekannte Gutachten stammt vom 15. November 1944. Vgl. Zimmermann, Michael, Feindschaft gegen Fremde und moderner Rassismus: Robert Ritters 'Rassenhygienische Forschungsstelle', in: Bade, Klaus J. (Hg.), Deutsche im Ausland - Fremde in Deutschland: Migration in Geschichte und Gegenwart, München 1992, S. 333-344, S. 341.

schen" Mann von den Verfolgungen relativ unbehelligt blieb. Mit dem Tod ihres Mannes - er fiel 1943 an der Front - geriet sie dann allerdings in die Verfolgungs- und Vernichtungsmaschinerie der Nationalsozialisten. Am 28. April 1944 wurde ihr „eröffnet" - in Vorwegnahme der „gutachterlichen Äußerung" Ritters -, daß sie als „ZM(-) ... Geschlechtsverkehr mit Deutschblütigen"[133] zu unterlassen habe. Die sie betreffende „Feststellung" datiert vom 1. Dezember 1944. Zugleich ist diese „Feststellung" aber auch ein „Erlaß", der vom gleichen Tage datiert. Da das Datum auf dem Vordruck offengelassen wurde, war offenbar geplant, jeder einzelnen Entscheidung den Charakter eines Erlasses zu geben. Dies ist ungewöhnlich. Ebenso wie das Fehlen des Hinweises darauf, auf welche Bestimmung, Gesetz, Anordnung o.ä. sich diese „Feststellung/Erlaß" bezog.

Auffällig ist weiterhin die fast wörtliche Übereinstimmung der Formulierungen der „gutachterlichen Äußerung" Ritters und der „Feststellung". Die Gutachten beginnen mit den Worten:[134] „Auf Grund der Unterlagen, die sich in dem Zigeunersippenarchiv der Forschungsstelle befinden, hat nach der bisher durchgeführten rassenkundlichen Sippenuntersuchung ... als ... zu gelten." Der Beginn der „Feststellung" ist wortgleich bis auf den Nebensatz, „die sich in der Reichszentrale zur Bekämpfung des Zigeunerunwesens befinden."[135]

Aus der Tatsache, daß es sich bei der „Feststellung" um ein gedrucktes Formular handelt, ist zu schließen, daß geplant war, häufiger zu solchen „Feststellungen" zu gelangen. Wäre eine derartige „Feststellung" ein Sonderfall gewesen, hätte eine einfache maschenschriftliche Fixierung ausgereicht.

Zu fragen ist nun, ob dieser „Erlaß" im Hinblick auf die NS-Vernichtungspolitik gegenüber den Sinti und Roma in einem gravierenden Widerspruch steht oder umgekehrt bestätigt. Zu fragen ist weiterhin, ob der „Erlaß" auf eine Initiative der Rasseforscher um Ritter zurückgeht oder auf Überlegungen der Kriminalpolizei beruht. Verselbständigte sich womöglich die Verfolgungspolitik des Reichskriminalpolizeiamtes (RKPA) gegen Ende des Krieges oder bestand eine enge 'Zusammenarbeit' zwischen RKPA und Ritters Forschungsstelle, wofür der „Erlaß" ein Beweis wäre?

Zunächst einmal fällt auf, daß ein neues Kriterium eingeführt wurde: 'sozial angepaßt'. In der bisherigen rassischen Begutachtungspraxis wurde es nicht verwendet. Es war sicherlich nicht 'Aufgabe' der Rasseforscher zu klären, wer 'sozial angepaßt' lebte und wer nicht. Als am ehesten geeignet dieses

---

[133] Aus der zitierten Akte, Bl. 7.
[134] Z.B. ebd., Bl. 3.
[135] Ebd., Bl. 2.

neue Kriterium zu prüfen, scheint die Kriminalpolizei bzw. die „Reichszentrale zur Bekämpfung des Zigeunerunwesens" gewesen zu sein, wobei dahingestellt sein mag, was 'soziale Angepaßtheit' eigentlich war.

Eine weitere Auffälligkeit ist in dem Widerspruch zum Auschwitz-Erlaß Himmlers bzw. zum Schnelbrief vom Januar 1943 zu sehen. Er sah unter Punkt III vor, daß alle nicht-deportierten Personen zwangssterilisiert werden sollten, wie es dann auch z.B. in Bremen im Sommer 1944 geschah. Demzufolge hätte es eigentlich keiner weiteren „Lösung der Zigeunerfrage" mehr bedurft.

Gleichzeitig gibt der Schnellbrief eine Definition einer 'sozialen Angepaßtheit', da sie (die „sozial angepaßten" Sinti) zu dem Personenkreis gehörten, der von der Deportation ausgenommen werden sollte:[136] „4. sozial angepaßt lebende zigeunerische Personen, die bereits vor der allgemeinen Zigeunererfassung in fester Arbeit standen und feste Wohnung hatten. Die Entscheidung darüber, ob eine zigeunerische Person sozial angepaßt lebt, hat die zuständige Kriminalpolizei(leit)stelle auf Grund der Stellungnahmen der zuständigen Dienststellen der NSDAP (Kreisleiter, NSV, Rassenpolitisches Amt) zu treffen. Zu berücksichtigen sind auch die Beurteilung durch den Arbeitgeber und die Auskunft der zuständigen Krankenkasse."

Der „Erlaß" vom Dezember 1944 bestimmte nunmehr, daß diese 'soziale Angepaßtheit' zu einer 'rassischen Umbewertung' führte. Es ist nicht genau zu belegen, inwieweit Ritter oder seine Forschungsstelle an der Formulierung des Schnellbriefes beteiligt war. Es darf aber als sehr wahrscheinlich unterstellt werden, daß er konsultiert wurde, und sein Einfluß sehr groß gewesen sein muß. Mag dieser „Radikalisierungsschub"[137] wohl nicht von Ritter und seinen Mitarbeitern initiiert worden sein, festzuhalten bleibt, daß er den Ritterschen Vorstellungen, wie die „Lösung der Zigeunerfrage" zukünftig behandelt werden sollte, in keiner Weise widersprach. Das trifft ganz allgemein für die Tatsache zu, daß alle nicht-deportierten Personen zwangssterilisiert werden sollten. Das trifft im speziellen aber auch für die Begründung der Fälle zu, die von der Deportation ausgenommen werden sollten. Hierzu gehörten „ZM(-)" und eben

---

[136] Hier zitiert nach: Eiber, Ludwig, a. a. O., S. 77.
[137] Vgl. Zimmermann, Michael, Feindschaft gegen Fremde und moderner Rassismus: Robert Ritters 'Rassenhygienische Forschungsstelle', in: Bade, Klaus J. (Hg.), Deutsche im Ausland - Fremde in Deutschland: Migration in Geschichte und Gegenwart, München 1992, S. 333-344, S. 341. Zimmermann bezweifelt zu Recht Ritters Urheberschaft des „Auschwitz-Erlasses" bzw. des Schnellbriefes. Er unterschätzt jedoch den Einfluß der „Forschungsergebnisse" Ritters und seiner Mitarbeiter auf die Frage, wer zu deportieren sei und wer nicht. Ritters Mitverantwortung und die seiner Mitarbeiter beschränkte sich nicht 'nur' auf die „gutachterlichen Äußerungen."

„sozial angepaßt" lebende Sinti und Roma. Gerade bei diesen beiden Punkten ist der Einfluß Ritters und seiner Mitarbeiter sehr deutlich. Zudem deutet sich hier schon eine Weiterbehandlung der „Zigeunerfrage" an, wie sie der „Erlaß" vom Dezember 1944 dokumentiert. Gerade „Zigeunermischlinge mit vorwiegend deutschem Blutanteil (ZM(-))" wurden von Ritter und seinen Mitarbeitern „rassisch" anders bewertet. Als Indiz sei hierbei auf die Doktorarbeit von Eva Justin, „Lebensschicksale artfremd erzogener Zigeunerkinder und ihrer Nachkommen", hingewiesen. Die Dissertation wurde am 24. März 1943 angenommen und im Februar 1944 veröffentlicht. Ihre Arbeit endet mit der Frage, wie Sinti und Roma „sozialpolitisch und rassenhygienisch" zu behandeln seien: „Auf Grund dieser Erfahrungen kommt man zu der Ansicht, deutsch erzogene und sozial angepaßte Zigeuner und Zigeunermischlinge nicht mehr unter rassen- und kriminalpolitischen Gesichtspunkten zu werten, sondern ausschließlich unter rassenhygienischen. Alle deutscherzogenen Zigeuner und Zigeunermischlinge I. Grades - geichgültig ob sozial angepaßt oder asozial und kriminell - sollten daher in aller Regel unfruchtbar gemacht werden. *Sozial angepaßte Mischlinge II. Grades könnten eingedeutscht werden* (Hvgh. d. d. A.) - falls ihr vorwiegend deutsches Erbgut einwandfrei ist -, während asoziale und auch von deutscher Seite belastete Mischlinge II. Grades ebenfalls sterilisiert werden sollten."[138] Genau das steht in dem „Erlaß" vom Dezember 1944. Es darf im übrigen unterstellt werden, daß Justin die Auffassungen Ritters spiegelte. Der „Erlaß" war demnach ein 'Ergebnis' der Rasseforscher. Die Zuständigkeit für die „Feststellung" lag schon länger beim RKPA. So ist einer vertraulichen Mitteilung des „Jugendführers des Deutschen Reiches" vom 15. Mai 1942 zu entnehmen: „Jugenddienstpflicht von Zigeunerkindern - Aus gegebener Veranlassung weise ich darauf hin, daß Zigeuner und Zigeunermischlinge zur Jugenddienstpflicht nicht heranzuziehen sind. Ausgenommen hiervon sind Zigeunermischlinge mit vorwiegend deutschen Blutanteil, deren Eltern vom Reichskriminalpoizeiamt ... als „sozial angepaßt" festgestellt werden."[139] Hier fehlte noch die von Justin empfohlene „Eindeutschung". Sie fehlte auch noch im September 1944, wie aus einer Mitteilung des „Hauptamtes für Volkstumsfragen" hervorgeht:[140] „Betr.: Stellung der im Reich verbliebenen Zigeunermischlinge. ... Im Anschluß an den Beitrag 32 der Folge 2/1943 der Mitteilungen des Hauptamtes für Volkstumsfragen wird zur Frage der

---

[138] Berlin 1944, S. 121.
[139] BA Berlin - Außenstelle Lichterfelde (ehemaliger Berliner Document Center), Ordner 399, Bl. 18.
[140] Ebd., Bl. 26.

Kennzeichnung von Zigeunermischlingen mitgeteilt, daß der augenblickliche Zeitpunkt nicht als geeignet erscheint, die wenigen noch im Reich befindlichen Zigeuner und Zigeunermischlinge sichtbar zu kennzeichnen. Der größte Teil dieses Personenkreises ist bereits in ein Zigeunerlager überführt worden. Aus diesem Grunde konnte auch von der beabsichtigten Einführung eines Zigeuner-Sonderausweises abgesehen werden. Die zurückgebliebenen Mischlinge sind als sozial angepaßt lebend anzusehen. Sie unterliegen natürlich nach wie vor den Bestimmungen zum Schutz des deutschen Blutes. Mischlinge, die sich weigern, die daraus sich ergebenden Folgerungen freiwillig auf sich zu nehmen, fallen wie *bisher unter die für Zigeuner geltenden Bestimmungen* (Hvgh. d. d. A.)." Dem Wortlaut des „Erlasses" vom Dezember 1944 zu Folge, dürften als „sozial angepaßt" eingestufte „ZM(-)" keinerlei Beschränkung mehr unterworfen gewesen sein, wenngleich durchaus vorstellbar ist, daß er auch bereits zwangssterilisierte Menschen betraf.

Eine rein kriminalpolizeiliche Initiierung des „Erlasses" scheint angesichts der wenigen Sinti und Roma, die er noch betreffen konnte, eher unwahrscheinlich. Für die Kripo waren die Sinti und Roma kein „Problem" mehr. Aber „rassenhygienisch" mußte noch 'geklärt' werden, wie mit diesem kleinen Rest an Menschen, die bislang den Vernichtungen entgangen waren, zu verfahren sei. Mit dem „Erlaß" vom Dezember 1944 wurde die „Zigeunerfrage" im Sinne der Rasseforscher endgültig „gelöst". Konsequent und zielstrebig exekutierten sie ihre pseudo-wissenschaftlichen Erkenntnisse. Seit der Gründung Ritters „Rassenhgienischer und Bevölkerungsbiologischer Forschungsstelle" 1936 verschärfte sich die auf die vollständige Vernichtung abzielende Verfolgung. Tempo und Art und Weise wurden dabei in großen Teilen von Ritter und seinen Mitarbeitern vorgegeben. Der Kriminalpolizei fiel dabei die Rolle zu, diese 'Forschungen' zu unterstützen und ihre Folgerungen durchzusetzen. Von der Erfassung 1938, über die Festsetzung 1939, dem Beginn der Deportationen 1940 und 1943, bis hin zu den Zwangssterilisationen im Sommer 1944 - immer entsprach der nächste Verfolgungsschritt dem jeweiligen 'Forschungsstand'. Gerade dieser bislang letzte, bekannte Erlaß zeigt das zielgerichtete Handeln der Rasseforscher. Er offenbart erneut eine Buchstabentreue ihres „rassenhygienschen" Credos, hinter dem die Wirklichkeit der Vernichtungslager stand, und die die völlige Auslöschung der ethnischen Minderheit der Sinti und Roma im Deutschen Reich und in den besetzten Gebieten bedeutete.

2. Die Verfolgung der Sinti und Roma in Bremen

Am 22. Dezember 1908 hielt ein Bremer Polizeibeamter in seinem Bericht „Betr. Niederlassung von Zigeunern"[1] fest, daß der Musiker und Korbmacher Robert Konrad Laubinger sich und seine Familie heute als von Hannover zugezogen für die Schulze-Delitzschstr. 55 angemeldet hatte. Hiermit war indes das polizeiliche Interesse an der neuen Bremer Familie noch nicht erloschen. U.a. wurden genauestens die Vermögensverhältnisse ermittelt und festgestellt, daß die Hinzugezogenen nur in einem möblierten Raum wohnen. Das veranlaßte Regierungsrat Schulze zu der Anfrage bei einem Medizinalrat, „...ob dem Wohnen der fragl. Zigeunerfamilie in dem einen Raum gesundheitliche Bedenken entgegenstehen",[2] da das Zimmer lediglich 28, 32 Kubikmeter Luft enthielt. Der Medizinalrat kam in seinem Antwortschreiben zu dem Ergebnis, daß „im vorliegenden Fall keine Bedenken"[3] bestehen, da für einen Erwachsenen zehn und für jedes Kind fünf Kubikmeter Luft vom Gesetz verlangt werden. Die dreiköpfige Familie besaß mithin also in dem ca. 11qm[4] kleinen Raum genügend Luft zum Atmen.

Diese 'Fürsorge' der Bremer Behörden darf allerdings nicht mißverstanden werden. Wie in anderen Städten auch,[5] wollten die Bremer Behörden lediglich 'Argumente' und Vorwände sammeln, um den Sinti-Familien möglichst viele Schwierigkeiten bereiten zu können und sie somit wieder zur Abreise und zum Verlassen der Stadt zu veranlassen.[6] Wie in anderen Ländern und Städ-

---

[1] In: StA Bremen 4, 14/1 - VII. B. 5. Zigeuner, 1870 - 1932. Die Auflösung des Aktenzeichens lautet: General-Akten der Polizeidirektion, VII. Sitten und Kriminalpolizei. B. Gemeingefährliche Personen. 5. Zigeuner.
[2] Ebd.
[3] Ebd.
[4] Bei einer angenommen Deckenhöhe von 2, 50 m.
[5] Vgl. Hehemann, Rainer, Die „Bekämpfung des Zigeunerunwesens" im Wilhelminischen Deutschland und in der Weimarer Republik, 1871-1933, Frankfurt am Main, 1987.
[6] In der allermeisten Fällen, wie im übrigen auch in dem zitierten, führten fehlende Ausweispapiere dazu, daß die Familien innerhalb kurzer Zeit die Stadt wieder verließen. So forderten die Bremer Behörden die Familien in aller Regel auf, innerhalb von 14 Tagen die fehlenden Dokumente zu beschaffen, wobei sie besonderes Augenmerk gerade auf die legten, von denen sie wußten, daß es der Familie nicht gelingen wird sie zu besorgen (z.B. Heiratsurkunden). Nach Ablauf der Frist wurden die betreffenden Familien aufgefordert, die Stadt zu verlassen. Familie Laubinger zog am 9. Januar 1909 nach Verden.

ten auch, bezeichneten die Bremer Behörden Sinti und Roma als eine „Plage"[7], die es zu „bekämpfen" galt.

Die früheste Erwähnung von „Zigeunern" in Bremen stammt aus dem 17. Jahrhundert. Eine „schlechte allgemeine Wirtschaftslage" führte zu einer „katastrophalen Preisentwicklung", unter der insbesondere die Armen zu leiden hatten. „Sie hungerten wie selten zuvor. Das Betteln nahm überhand. Landstreicher und Zigeuner erschienen in der Stadt, auch die Diebstähle nahmen zu."[8]

Die diskriminierende Erwähnung und damit einhergehende Verzerrung des Begriffs „Zigeuner" findet sich in einem am 24. November 1710 erlassenen Proklam des „wohledlen hochweisen Rath der Stadt Bremen" wieder. Wegen der seit 1705 in verschiedenen norddeutschen Städten grassierenden Pest, sollten die Tore der Stadt bewacht, Personen nur mit einem beglaubigten Gesundheitsschein hereingelassen und „gleicher Gestalt dann auch alles herrenlose Gesinde Mann- und Frauwens-Personen, Krancke, übelgestalte und preshaffte Leute, Landstreicher, abgedanckte Soldaten, Bettler, Zigeuner, auch die keine gewisse Handthierung und Gewerbe, womit Sie sich ernehren, angeben und vorweisen können, ohngeachtet, ob Sie gleich anderwertige Pässe möchten erhalten haben, von denen Avenüen dieser Stadt weg zu weisen seyn, mitnichten aber denenselben der Eingang in diesige Vor-Städte, noch weniger in die Alte oder Neue Stadt zu verstatten."[9]

Aber auch ohne Pestgefahr war nicht jeder in der Stadt Bremen willkommen. 1765 beschloß selbiger „hochedler hochweiser Rath dieser kayserl. freyen Reichs-Stadt Bremen", da er „mißfällig vermerken" mußte, „daß die anbefohlenen Vorkehrungen in allen Stücken zur schuldigen Befolgung gehörig nicht wahrgenommen" wurden:

„1) Alle auswärtige allhier eingeschlichene Bettler, Vaganten, abgedanckte oder ausgewichene Soldaten, Knechte und dergleichen herrenloses Gesindel,

---

[7] StA Bremen 4, 13/1 - P. 1. a. Nr. 10 Akte I, Bekämpfung des Zigeunerwesens (sic!) 1886 - 1941 (1953, 1954). In anderen Städten und Gemeinden heißen die entsprechenden Akten „Zigeunerunwesen".

[8] Vgl. Schwarzwälder, Herbert, Geschichte der Freien Hansestadt Bremen, Bd. I, Hamburg 1985, S. 411. Auffällig ist, daß Schwarzwälder den Begriff „Zigeuner" mit Landstreicher, Betteln und Diebstähle kombiniert. Er übernimmt indes nur eine 'Sprachregelung' aus den Quellen.

[9] In: Schwarzwälder, Herbert, Sitten und Unsitten, Bräuche und Mißbräuche im alten Bremen, Bremen 1984, S. 44f.

Mann- und Weiblichen Geschlechts,[10] welche mit genugsahmen Päßen nicht versehen, oder wegen Ihres längeren Auffenthalts eine glaubwürdige Ursache zu behaupten, und wegen Ihrer guten Auffführung eine hinlängliche Caution zu bestellen, nicht vermögend sind, ungesäumt nach Publication dieses bey annoch währenden Sonnenschein aus dieser Stadt und deren Gebiet gänzlich sich hinweg begeben, und solche niemahls wieder betreten sollen, unter der Vorwarnung, daß dieselbe im wiedrigen Fall zur gefänglichen Haft gebracht, und mit dem Halseisen, Staupenbschlag, Landes-Verweisung, Zuchthause, auch andern Leibes-Strafen beleget werden sollen..."[11] Wie noch zu zeigen sein wird, verfolgte der Bremer Senat über 150 Jahre später noch immer genau diese Politik der Vertreibung.

1816 bekräftigte eine weitere Verordnung diese Ausweisungen. Um ihnen mehr Nachdruck zu verleihen, wurde die Polizeidirektion ermächtigt, „die hier zum erstenmal betroffenen Landstreicher und Vagabonden an die nächste Behörde über die Gränze bringen zu lassen, mit der Androhung: daß, falls sie sich wieder innerhalb des hiesigen Gebiets betreffen lassen, sie den Umständen nach körperlich gezüchtigt werden sollen; solche aber, die ohnerachtet hieher zurückkehren sollten, dem Unter-Criminal- und Polizey-Gericht zur Bestrafung zu übergeben."[12]

Mit dem Beginn des Kaiserreichs gerieten Sinti und Roma schärfer in das Blickfeld der polizeilichen Beobachtung. In der üblichen diskriminierenden Art verzeichnen die Akten[13] mit bürokratischer Penibilität jede ihrer Bewegungen im bremischen Stadtgebiet.

1906 verschärfte die Bremer Polizei dann die bisherige Praxis. In einer Verfügung vom 27. November des Jahres heißt es: „Über eine Niederlassung von Zigeunern, wie sie sich in einigen Distrikten in letzter Zeit gezeigt hat, ist sogleich zu berichten. Dabei ist ein Verzeichnis der Personen unter der Angabe von Namen, Geburtsort und -zeit und Aufführung aller Ausweispapiere aufzunehmen, und zu berichten, ob Anlass zu Verdacht gegeben ist, dass die Papiere dem Inhaber nicht rechtmäßig zugehören. Die Gesellschaften sind scharf zu beachten, um strafbare Handlungen, wie Betteln, das in Verbindung mit Wahrsagen geübt wird und unbefugtem Hausiergewerbe oder Belästigungen

---

[10] Der umrissene Personenkreis ist mit dem aus dem zuvor zitierten Proklam fast identisch und läßt von daher den Schluß zu, daß unter „Vagabonden" durchaus „Zigeuner" gemeint gewesen sein könnten.
[11] Vgl. General-Akten der Polizei-Direktion Bremen, StA Bremen 4, 14/1 - VII. B. Gemeingefährliche Personen, 2. b. Vagabonden.
[12] Ebd.
[13] StA Bremen 4, 14/1 - VII. B. 5. Zigeuner, 1870 - 1932.

der Bevölkerung vorzubeugen. Auch ist zu prüfen, ob die benutzte Unterkunft nicht die öffentliche Gesundheit gefährdet."[14] Durch diese Verfügung wurden Sinti und Roma präventiv kriminalisiert. Eventuellen „strafbaren Handlungen" sollte „vorgebeugt" werden.

In der Folgezeit mehrten sich die Berichte „Betr. Niederlassung von Zigeunern". Immer wenn eine Familie eine Wohnung in der Stadt bezog, erschien nach kurzer Zeit die Polizei, um die Lebensumstände der Bewohner auszukunden.

Insgesamt wohnten im Dezember 1906[15] ca. 30 Sinti in Bremen. Die Adressen lauteten: An der Mauer 8, Abbentorstr. 5, Kleine Fischerstr. 14, Große Sortillienstr. 86/88, Buntentorsteinweg 239, Muggenburgstr. 43, Neustadtswall 77/78. In den 20er Jahren kamen noch ein Platz bei den Hohentorskasernen und ab 1927 ein Gelände an der Weizenkampstr. 96/Ecke Hohentorheerstraße hinzu. Letzteres gehörte dem Haake - Beck - Direktor Marwede, der es an den Tischlermeister Schulze verpachtet hatte. Seit dem Sommer des gleichen Jahres wurde ein Gelände am Halmerweg/Ecke Lupinenstraße genutzt. Gegen die Nutzung dieses Geländes wehrten sich die Anwohner besonders hartnäckig. So läßt sich in den Akten eine 'Klage' von Max Schulz finden, der ihr sogar einen Lageplan beifügte. Auch in den „Bremer Nachrichten" wurde berichtet: „Zigeunerplage. Die Gegend Halmerweg, Lupinenstr. und Wummesiederstraße wird schon heute von Leuten aus der westlichen Vorstadt mit „Klein-Marokko" bezeichnet. Seit gut einem Jahre rasten hier schon die Zigeuner, und man muß sich wundern, wenn man schon wiederholt bei der Polizei vorstellig geworden ist, daß man dann als Antwort folgendes erhält: Die Polizei kann da nichts dran machen. Wir müßten den Eigentümer des betroffenen Landes, der den Zigeuner das Land vermietet hat, ersuchen, daß er das Land an uns vermietet... - Früher durfte aber doch kein Zigeunerwagen sich in Bremen aufhalten."[16] Die Anwohner fühlten sich von den Polizeibehörden nicht genügend beachtet. „...aber wir können uns des Eindrucks nicht erwehren, daß die untergeordneten Organe nicht energisch genug gegen die zugereisten Zigeuner vorgehen, wie wir es gerade bei der Oldenburger Polizei mit Freude feststellen zu können glauben..."[17]

---

[14] StA Bremen 4, 14/1 - VII. B. 5. Zigeuner, 1870 - 1932.
[15] S. „Verzeichnis derjenigen Häuser, in denen Zigeuner wohnen", in: ebd., vom 7. Dezember 1906.
[16] Bremer Nachrichten vom 4. Juli 1927. An anderer Stelle wird von einem „Zigeunerlager" gesprochen (Zeitungsartikel undatiert, in: StA Bremen 4, 14/1 - VII. B. 5. Zigeuner, vermutlich Sommer 1927).
[17] Ebd.

Die Polizeibehörden ihrerseits sahen keine Möglichkeit, geschweige denn eine rechtliche Handhabe, für ein Eingreifen, da es sich um Privatplätze handelte. Andererseits erschien ihr die Anweisung eines öffentlichen Platzes, der zum Beispiel bestimmten hygienischen Erfordernissen entsprechen würde, nicht ratsam, „weil dann der Zuzug zweifellos grösser"[18] wird. D.h. an einer wirklichen Lösung war niemand interessiert.

Dennoch erließ Polizeidirektor Caspari am 5. Juli 1927 eine Verfügung, die an die von 1906 anknüpfte. Zunächst sollte über 'Niederlassungen' von Sinti im Stadtgebiet sofort berichtet werden. Ebenso mußte ein Verzeichnis der Personen angelegt werden. Sodann wurden die Papiere überprüft und geklärt, ob die 'öffentliche Gesundheit' nicht gefährdet war. Und es folgte ein Verbot des Bettelns in Verbindung mit Wahrsagerei. Als wesentliche Verschärfung der Verfügung von 1906 ist jedoch folgender Satz anzusehen: „Auf öffentlichen Strassen oder Plätzen sind die Zigeuner nicht zu dulden, bei Benutzung von Privatgrundstücken ist sogleich festzustellen, ob der Eigentümer mit der Benutzung des Grundstücks einverstanden ist..."[19] Nur fünf Tage später wurde diese Verfügung durch den Hinweis ergänzt, daß Sinti und Roma dem Erkennungsdienst zugeführt werden sollen, „wenn die Feststellung der Personalien nicht möglich ist."[20] Dadurch gewann die Verfolgung an Schärfe. Die Kriminalisierung der Sinti und Roma nahm zu, sie wurden ausgegrenzt und zum Gegenstand einer polizeilichen Beobachtung.

Den nächsten Schritt unternahm die Polizeidirektion am 28. März 1930. In einer Anweisung „betr. Behandlung von Zigeunern" wurde unter Punkt 1) festgelegt: „Um zu verhindern, daß Zigeuner-Transporte sich im bremischen Staatsgebiet niederlassen bzw. festsetzen, sind die Transporte von den Beamten, von denen sie zuerst betroffen waren, zu begleiten. Die Zigeuner dürfen in keinem Falle ohne Aufsicht bleiben..."[21] Weiterhin sollte das 'Lagern' im Landgebiet in unmittelbarer Nähe der Stadt ebenso verhindert werden, wie eine 'Niederlassung' auf öffentlichen Plätzen. Im übrigen wiederholte die Anweisung die bisherigen Verfügungen. Die Polizei versuchte also, durch Verschärfung der bestehenden Anweisungen sich eines unliebsamen 'Problems' zu entledigen. Deutlich wird aber auch, daß dies der Polizei nicht gelang, da sie keine rechtliche Handhabe hatte, um das 'Niederlassen' auf privaten Plätzen zu verhindern.

---

[18] Ebd. Vermischtes vom 14. August 1929.
[19] StA Bremen 4, 14/1 - VII. B. 5. Zigeuner.
[20] Ebd. vom 12. Juli 1927.
[21] Ebd.

In einem Gegensatz zu dem bisher Geschilderten steht die Antwort Bremens auf eine Rundfrage des Deutschen Städtetages vom 18. November 1929.[22] Während nämlich Bremen in den zwanziger Jahren in den Sinti und Roma ein 'Problem' sah, das es zu 'bekämpfen' galt, verneinte die Regierungskanzlei am 9. Dezember 1929 die Frage: Hat die Stadt unter dem Zuzug von Zigeunern zu leiden?[23] Und die Frage nach den Vorkehrungen, die die Stadt getroffen habe, um Sinti und Roma im Stadtgebiet 'seßhaft' zu machen, verneinte die Stadt ebenfalls und wies darauf hin, daß „die Seßhaftmachung der Zigeuner in Bremen ... möglichst verhindert" wird.[24]

Als gesetzliche Maßnahme wurde vorgeschlagen, das bayerische Landfahrergesetz anzuwenden.[25] Dies stand im Widerspruch zu der in Bremen angewandten Praxis. Die Politik der Stadt bestand ausschließlich darin, den Sinti und Roma einen Zuzug nach Bremen so schwer wie möglich zu machen. Durch die Anwendung des bayerischen Gesetzes allerdings hätte die Stadt ihre Praxis ändern müssen.

Dennoch sah die Polizeidirektion eine Möglichkeit, um die 'unliebsamen' Personen 'loszuwerden'. Sie versuchte baupolizeilich gegen das Aufstellen von Wohnwagen generell vorzugehen. Doch zuvor richtete sie am 11. Mai 1932 eine Anfrage an die zuständigen Polizeibehörden der Städte Hamburg, Berlin, München, Magdeburg, Dresden, Leipzig und Düsseldorf, um die dortigen Erfahrungen zu erkunden. „Seit längerer Zeit hat sich die Gewohnheit herausgebildet, dass Wohnwagen von Marktbeziehern und Zigeunern auf Privatgrundstücken aufgestellt wurden in der Zeit, in der keine Märkte stattfinden, besonders in den Wintermonaten. Die Aufstellung hat zu erheblichen Beschwerden der Anwohner geführt, die sich darüber beklagt haben, dass das Fehlen von Wasser- und Abortanlagen usw. zu einer Belästigung geführt hat. Es handelt sich bei den Insassen dieser Wohnwagen durchweg um Reichsdeutsche gegen die nichts unternommen werden kann, da eine gesetzliche Handhabe zum Einschreiten weder gegen die Personen noch wegen der von ihnen hervorgerufenen Mißstände besteht. Die bremische Bauordnung und Staffelbauordnung

---

[22] Die Rundfrage war an die Städte mit mehr als 25.000 Einwohnern gerichtet und sollte Material „zur Prüfung der Frage einer reichsrechtlichen Regelung des Zigeunerwesens erbringen." Die 176 Antworten fielen sehr unterschiedlich aus, und der Wert einer solchen Umfrage wurde infrage gestellt durch Antworten wie beispielsweise aus Oldenburg, das angab, unter einem starken Zuzug von „Zigeunern zu leiden", gleichzeitig aber verbot die Stadt polizeilich das Niederlassen in Wohnwagen im Stadtgebiet. Antworten der Rundfrage in: LA Berlin, Rep. 142/1, Nr. STB 2266.
[23] Ebd.
[24] Ebd.
[25] Genau das wurde 1933 gemacht.

bietet ebenfalls keine Handhabe, diese Zustände zu beseitigen. Wegen der geschilderten Verhältnisse sind die öffentlichen Bürgervereine an die Polizeidirektion herangetreten und haben dringend Abhilfe verlangt. Auch in der Bremischen Bürgerschaft besteht Neigung ein entsprechendes Gesetz zu erlassen, durch das die Materie geregelt wird bzw. einem entsprechenden Ausbau der bestehenden Gesetzgebung auf diesem Gebiete zuzustimmen. Wir bitten ergebenst um eine baldgefällige Auskunft darüber, ob die geschilderten Beobachtungen dort auch gemacht sind und fragen ferner an, welche Maßnahmen getroffen wurden, um Mißstände, wie oben angegeben zu verhindern. Für den Fall, dass gesetzliche Bestimmungen vorhanden sind, darf um Übersendung derselben gebeten werden. Die Polizeidirektion - Abteilung III."[26] Wegen der bezeichnenden Antworten einiger Städte sei auf sie kurz eingegangen. In Leipzig war die Wohlfahrtspolizei zuständig. Sie hatte die Regelung getroffen, daß Wohnwagen nur in einem Abstand von 200 Metern von bewohnten Grundstücken aufgestellt werden durften. In Dresden stellte sich das Problem nicht, wie ebenfalls in Hamburg nicht, denn die „polizeilichen Belästigungen veranlassen die Zigeuner meistens zum baldigen Abzug."[27] In Magdeburg und Berlin mußten die Plätze so hergerichtet werden, daß keine gesundheitlichen Bedenken bestehen. Düsseldorf verwies auf eine „Zigeunersiedlung" und darauf, daß damit die hygienischen Verhältnisse gelöst seien. Bayern lobte sein Landfahrergesetz.

Für Bremen war die Umfrage unbefriedigend. Im Grunde genommen verfügte keine Stadt über die Mittel, die Bremen sich erhofft hatte. Dennoch deutet der bisherige Weg bereits die 'Lösung' an, die man knapp ein Jahr später einführte, 1933, als die Nationalsozialisten die Macht übernommen hatten.

2. 1. Die Verfolgung und Vernichtung der Bremer Sinti und Roma in der NS-Zeit

Die Schlußfolgerungen aus der Umfrage mündeten in der Polizeiverordnung über das Wohnen in Wohnwagen auf freien Plätzen vom 4. August 1933. In ihr bestimmte die Polizeidirektion, daß in der Stadt Bremen, im Landgebiet und in Vegesack Plätze für Wohnwagen nur noch unter folgenden Bedingungen zur

---

[26] StA Bremen 4, 13/1 - P. 1. a. Nr. 10 Akte I, Bekämpfung des Zigeunerwesens (sic!).
[27] Ebd.

Verfügung gestellt werden durften: zunächst mußte der Platz geebnet und gepflastert und mit einer Mauer oder Bretterwand umgeben sein und zwar von solcher Höhe, daß „von der Straße aus ein Einblick in das Innere des Platzes verhindert wird."[28] Weiterhin mußten nach Geschlechtern getrennte Aborte und eine Trinkwasseranlage vorhanden sein. Außerdem sollte der Platz sauber gehalten werden und es durften keine „menschlichen Auswurfstoffe und andere übelriechende oder leicht verwesliche Gegenstände"[29] herumliegen. Da das 'Lagern' auf öffentlichen Plätzen schon verboten war, richteten sich die folgenden Paragraphen an die Privateigentümer. Sie hatten die Plätze bei der Polizeidirektion genehmigen zu lassen, wobei es ihr natürlich vorbehalten war, jederzeit die Erlaubnis widerrufen zu können. Zuwiderhandlungen konnten mit einer Geldstrafe oder Haft bestraft werden.

Somit hatte die Bremer Polizeidirektion die letzte Lücke geschlossen. Doch dabei blieb es nicht. Zum einen wurde ein neues Bremer Gesetz geplant, und zum anderen erließ Polizeisenator bzw. Innensenator Theodor Laue am 27. Oktober 1933 eine „Anweisung betr. Behandlung von Zigeunern und Landfahrern". Sie ergänzte die bisherige Vorgehensweise. So war eine „Niederlassung"[30] auf öffentlichen Plätzen oder Privatgrundstücken nicht zu dulden, es sei denn, es lag eine schriftliche Genehmigung vor. Möglichst sollte dies aber verhindert werden.[31] Die weiteren Punkte wiederholten die bisherige Praxis, wie die Erstellung eines Berichtes mit einem Verzeichnis der Personen, genauester Überprüfung der Ausweis- und sonstigen Papiere. Im Falle des Nichtvorhandenseins der erforderlichen Ausweise erfolgte eine Überführung zur Kriminalpolizei (Fingerabdruckzentrale).

Verwunderlich ist Punkt 10: „Zigeuner, die vor dem Inkrafttreten des Gesetzes vom 11. 8. 1933[32] sich auf öffentlichen oder privaten Plätzen gelagert haben, sind unter Hinweis auf die Bestimmungen zu belehren und zur Räumung des Platzes innerhalb einer Frist von 14 Tagen aufzufordern. Gegen widerspenstige Zigeuner ist nach Fristablauf Zwang anzuwenden. Privatpersonen, die Zigeunern und Landfahrern Plätze zum Lagern zur Verfügung gestellt

---

[28] § 1 der Verordnung (veröffentlicht im Bremischen Gesetzesblatt vom 7. Juni 1933, S. 195). S.a. StA Bremen 3 - W. 11. Nr. 49b 56.
[29] Ebd.
[30] Ebd.
[31] „Um zu verhindern, daß Zigeunertransporte sich im bremischen Staatsgebiet niederlassen bzw. festsetzen, sind die Transporte von ... Beamten ... zu begleiten." Ebd.
[32] „Gesetz zum Schutze der Bevölkerung vor Belästigung durch Zigeuner, Landfahrer und Arbeitsscheue (Zigeuner- und Arbeitsscheuengesetz)".

haben, sind ebenfalls über die gesetzlichen Bestimmungen zu belehren und aufzufordern, für Räumung der Plätze Sorge zu tragen."[33]

Nun wurde die Verordnung, die die Genehmigung der Verfügungstellung von Privatplätzen regelte, zwar am 5. August veröffentlicht, aber sie sollte erst am 1. September in Kraft treten. Zwischenzeitlich war das „Gesetz zum Schutze der Bevölkerung vor Belästigung durch Zigeuner, Landfahrer und Arbeitsscheue (Zigeuner - und Arbeitsscheuengesetz)" am 10. August 1933 in Kraft getreten. Somit konnte keine Privatperson im Besitz einer Genehmigung für einen Lagerplatz sein, demzufolge eventuelle Plätze zu räumen gewesen wären. Und in der Tat sind Plätze, auf denen Wohnwagen gestanden haben, bis zum Ausbruch des Krieges nicht bekannt.[34]

2. 1. 1. Das sog. „Zigeuner- und Arbeitsscheuengesetz" - Bremen wird 'zigeunerfrei'

Auch dieses Gesetz blieb zwar zunächst noch ganz in der 'Tradition' der Verfolgung der Sinti und Roma während des Kaiserreichs und der Weimarer Republik. Daß es indes ein rassistisches Gesetz war, daran kann kein Zweifel bestehen, wie aus den Ausführungsbestimmungen zu diesem Gesetz hervorgehen wird.

Bereits drei Monate nach der 'Machtergreifung' begann die Bremer Kriminalpolizei die bestehenden Gesetze zu verschärfen. So schrieb Kriminalrat Bollmann[35] an seinen Vorgesetzten Oberregierungsrat Dr. Parey: „Die Zigeunerplage ist in der letzten Zeit im bremischen Staatsgebiet recht groß geworden ... sehr zum Ärger und Verdruß der Anwohner. ... Die Bevölkerung mag oft aus Angst vor den Zigeunern, aber auch wegen eines herrschenden Aberglaubens nicht gegen die Leute vorgehen, nicht einmal gegen die Leute aussagen. ... Die Polizei muß diesem Zigeunerunwesen fast machtlos zusehen, weil es hier an geeigneten gesetzlichen Unterlagen zur wirksamen Bekämpfung dieser Plage zur Zeit fehlt: d.h. es gibt zur Zeit keine Handhabe dieses

---

[33] StA Bremen 3 - W. 11. Nr. 49b 56, darin: Anweisung betr. Behandlung von Zigeunern und Landfahrern.
[34] In einer 'Erfolgsmeldung' über die Folgen des obengenannten Gesetzes heißt es, daß es bereits 1934 in Bremen keine Sinti und Roma mehr wohnten. StA Bremen 3 - P. 1. a. Nr. 1146.
[35] Der spätere Leiter der Kriminalpolizei, Nachfolger von Dr. Parey, Quelle: Krämer, Carl/Siebke, Richard, Mehr als sieben Stunden, Bremen 1989, S. 95.

lästige fahrende Volk zwangsweise von dem Platze zu entfernen, auf dem es sich ... eingenistet hat."[36] Wie aus der bisherigen Schilderung hervorgeht, ist diese Zusammenfassung des Geschehens in Bremen völlig überzogen. Eindeutig benutzte Bollmann oberflächliche, rassistische 'Argumente', um eine Verschärfung der Gesetzeslage zu erreichen. Er hatte denn auch gleich einen Vorschlag zur Hand: „Bayern hat ein solches Gesetz, das zugleich Zigeuner und Arbeitsscheue erfaßt, schon seit 1926; es hat damit, wir mir bekannt ist, sehr gute Erfahrungen gemacht."[37]

Sodann appellierte Bollmann nochmals an unterschwellige Ängste und mobilisierte erneut Vorurteile: „Es besteht die Gefahr, daß Bremen zum Siedelplatz für Zigeuner und Landfahrer wird."[38] Er beendete den Brief mit dem Hinweis auf 'seinen' Gesetzentwurf, der sich zum überwiegenden Teil an dem Bayerischen Gesetz orientierte, wobei er Abweichungen, die auf eine Verschärfung hinausliefen, mit einer Begründung versah, die sich wie eine Prophezeiung für die Zukunft las: „Erfahrungsgemäß kann man aber gegen Zigeuner und Landfahrer und gegen Arbeitsscheue nur mit der größten Strenge vorgehen; jede unangebrachte Humanität den Leuten gegenüber läßt sie nur noch unverschämter werden..."[39]

Der wesentlichste Unterschied zum dem bayerischen Gesetz findet sich in § 4, Absatz 1: „Zigeuner und Landfahrer dürfen weder Schußwaffen noch Schießbedarf, weder Stoß-, Hieb- noch Stichwaffen beim Umherziehen mit sich führen, soweit ihnen dies nicht von der zuständigen Polizeibehörde ausdrücklich erlaubt worden ist."[40] Stoß-, Hieb- und Stichwaffen waren in dem Bayerischen Gesetz nicht erwähnt. Die Erweiterung diente wohl dazu, um weitere schikanöse Möglichkeiten anwenden zu können. Denn die damit angedeutete 'Gefahr' entbehrte jeglicher Grundlage.[41]

Bollmanns Vorgesetzter, Oberregierungsrat Dr. Parey, verwandte sich für den Vorschlag. Auch er sah die 'Notwendigkeit' eines solchen Gesetzes. Und auch er begründete es mit rassistischen Äußerungen: „Es ist auch wünschenswert, entsprechend dem Vorgehen in Bayern, die Maßnahmen nicht nur auf Zigeuner, sondern schlechthin auf „Landfahrer", d.h. auf Personen, die

---

[36] StA Bremen 3 - P. 1. a. Nr. 1146.
[37] Ebd.
[38] Ebd.
[39] Ebd.
[40] Ebd.
[41] Die weiteren Unterschiede betreffen lediglich die Möglichkeit von Beschwerden, die aber selbstverständlich nur theoretisch bestand.

zwar nach ihrer Rassenzugehörigkeit nicht zu den Zigeunern rechnen, aber nach ihrem Auftreten und Gewerbe und ihrer nomadisierenden Lebensweise den Zigeunern gleichzustellen sind, zu erstrecken."[42]

In kurzer Zeit durchlief der Gesetzesentwurf die Instanzen. Am 26. Juni wurde er Polizeisenator Laue zugestellt, am 4. August im Senat besprochen, und nur sechs Tage später, am 10. August 1933, als Gesetz veröffentlicht.

In den Ausführungsbestimmungen des Gesetzes, die am 27. Oktober 1933 von Polizeisenator Laue angeordnet wurden, offenbarte sich nochmals der rassistische Grundton: „Begriffsbestimmung. 1. Zigeuner und Landfahrer. Der Begriff „Zigeuner" ist allgemein bekannt. Die Rassenkunde gibt darüber Aufschluß, wer als Zigeuner anzusehen ist."[43] In die gleiche sprachliche Kategorie gehörte es, wenn von „Säuberungen" gesprochen wurde. So sollte der Erlaubniszwang für das Umherziehen mit Wohnwagen dazu dienen, „die Säuberung des bremischen Gebietes von sicherheitsgefährlichen Personen und die Fernhaltung unliebsamen Zuzugs von den bremischen Grenzen"[44] zu gewährleisten.

Ein Jahr nach dem Inkrafttreten des Gesetzes meldete die Polizeibehörde an Polizeisenator Laue, daß sich das Gesetz 'bewährt' hätte. „Insbesondere ist es gelungen, die Zigeuner und Landfahrer, die für die bremische Bevölkerung oft eine starke Belästigung bedeuteten und zu vielfachen Klagen Anlaß gaben, aus dem bremischen Staatsgebiet durchweg zu entfernen oder von ihm fernzuhalten."[45] Die Art der angeblichen Belästigungen und die Klagen, von denen die Polizei selber einräumen mußten, daß sie übertrieben waren, sind schon dargestellt worden. Bremen war somit 'zigeunerfrei'! Dies ist angesichts der gebrauchten Worte wie 'Säuberungen' usw. keine unangemessene Übertreibung. Bremen hatte sein 'Zigeunerproblem' auf Kosten der anderen Städte und Länder polizeirechtlich 'gelöst'.

Aber der Begriff 'zigeunerfrei' spiegelt lediglich die Sichtweise der Polizei wider. Es ist mit Sicherheit anzunehmen, daß gleichwohl noch Sinti in Bremen wohnten und arbeiteten. Hinweise darauf geben z.B. zwei Zwangssterilisationsverfahren vor dem Erbgesundheitsgericht aus den Jahren 1934/35. Diese zunächst verschont gebliebenen Mitbürger gerieten dann durch die Rasseforscher und ihre pseudowissenschaftlichen Untersuchungen in die Vernichtungsmaschinerie der Nationalsozialisten. Und bei der Exekutierung dieses

---

[42] StA Bremen 3 - P. 1. a. Nr. 1146, Schreiben vom 21. Juni 1933.
[43] Ebd., Ausführungsbestimmungen zum Gesetz.
[44] Ebd.
[45] Ebd., Schreiben vom 3. November 1934 an Theodor Laue.

Völkermords war die Polizei, insbesondere die Kriminalpolizei, ein willfähriger Mordgehilfe.

2. 1. 2. Die Einrichtung und Tätigkeit der „Dienststelle für Zigeunerfragen" - Das sog. „Zigeunerdezernat" [46]

„Die Rolle der Kriminalpolizei im Herrschaftssystem des Nationalsozialismus wurde bislang wenig beachtet."[47] Dies trifft insbesondere auch für Bremen zu.[48] Daß die Bremer Kriminalpolizei eine 'Verfolgungsinstanz' war, fand bislang keine Erwähnung. Das muß nicht allein an der schlechten Quellenlage liegen. Ein Resultat dieser Situation war, daß die Kriminalpolizei diese „Nische"[49] nutzen konnte, um sich selber als Opfer zu stilisieren. Für Bremen hat der Kriminaldirektor und langjährige stellvertretende Leiter der Bremer Kriminalpolizeileitstelle Carl Krämer die Rolle eines beschönigenden Berichterstatters der Jahre 1933 bis 1945 übernommen.[50] Nach Angaben der Herausgeber[51] benutzte Krämer für die Schilderung der Zeit von 1933 - 1945 keine Akten,[52] sondern stützte sich ausschließlich auf sein Gedächtnis und einige we-

---

[46] So wird es in den Quellen bezeichnet. Die richtige Bezeichnung lautet allerdings: Dienststelle für Zigeunerfragen. Gemäß der Ausführungsanweisung des Reichskriminalpolizeiamtes vom 1. März 1939 zum RdErl. d. Rf SS u ChdDtPol. vom 8. Dezember 1938 betr. Bekämpfung der Zigeunerplage, abgedruckt z.B. in: Deutsches Kriminalblatt, Sondernummer, 12. Jahrgang, 20. März 1939, Berlin.

[47] Wagner, Patrick, Kriminalpolizei und „innere Sicherheit" in Bremen und Nordwestdeutschland zwischen 1942 und 1949, S. 239-265, S. 239, in: Bajohr, Frank (Hg.), Norddeutschland im Nationalsozialismus, Hamburg 1993.

[48] So bemerkt Wagner in bezug auf Bremen z.B., „daß auch ansonsten wohlinformierte Autoren Maßnahmen der Kripo umstandslos der Gestapo zuschreiben." Ebd., S. 239.

[49] Ebd., S. 239.

[50] Krämer/Siebke, a. a. O. Carl Krämer wurde am 8. Dezember 1882 in Sprendlingen bei Offenbach/Main geboren. 1904 kam er nach Bremen und absolvierte hier und in Stade seinen Militärdienst. Zur Polizei kam er 1907. Bei Kriegsausbruch meldete sich der mittlerweile verheiratete Krämer freiwillig als Soldat. Nach seiner Rückkehr 1918 wurde er in die Kriminalpolizei übernommen. 1941 wurde er Kriminaldirektor und stellvertretender Leiter der Kriminalpolizei. Das Manuskript zu dem Buch wurde bereits Ende der sechziger Jahre fertiggestellt, da Krämer jedoch verfügte, daß es nicht vor seinem Tod veröffentlicht werden durfte, erschien es erst 1989.

[51] S. zu dem folgenden: Ebd., die Einleitung, S. 15f. Es ist nicht angegeben, wer sie schrieb.

[52] Die „Akten waren ... durch Kriegseinwirkungen vernichtet, verloren gegangen oder waren für ihn nicht mehr erreichbar." Ebd., S. 15.

nige Notizen.[53] Entsprechend tendenziös fiel die Darstellung dieses Zeitabschnitts aus, was die Autoren der Einleitung zu dem Buch zu derartigen Äußerungen ermutigte: „Mit einer fühlbaren Resignation beschreibt er die „Aktionen",[54] an deren Ausführung er selbst unentrinnbar als Teil eines politisch mißbrauchten staatlichen Machtapparats mitwirken mußte und die für die Betroffenen in Birkenau oder in Minsk enden mußten. Er berichtet karg und knapp über die Maßnahmen gegen „die Juden" oder gegen „die Zigeuner", weil er gegen Kriegsende ahnen und nach dem Kriegsende erkennen mußte, daß auch die Kriminalbeamten in Bremen *unwissentlich* (Hvhbg. d. d. A.) Schicksal gespielt hatten."[55]

Krämer selbst kommt in seiner Schilderung der 'Aktionen' gegen die Sinti und Roma zu dem zynischen Schluß: „Die Kriminalpolizei in Bremen (kann) mit Recht für sich in Anspruch nehmen, auf dem Gebiet der Zigeunerbehandlung soweit es die Umstände nur irgendwie gestatteten, zusätzliche Härten vermieden zu haben."[56]

Zum dem gleichen Thema wird in der Einleitung behauptet, daß Krämer den Sinti und Roma nach dem Kriege „trotz vernichteter Akten mit seinem erstaunlichen Gedächtnis bei der Durchsetzung von Entschädigungsansprüchen"[57] geholfen habe. Krämer selber allerdings schreibt, daß nach dem Krieg von einigen Sinti und Roma in den Entschädigungsverfahren „unwahre Behauptungen aufgestellt"[58] worden seien, die er dann 'richtigstellen' konnte. Dazu gehört, daß es sich erwiesen habe, daß die „Behauptung" Sinti und Roma seien „zwangsweise zu einer Krankenanstalt zwecks Sterilisation gebracht

---

[53] Er zitiert aber in mindestens einem Fall aus einer Akte, wie noch zu zeigen sein wird. Es muß ihm demnach umfangreicheres Material vorgelegen haben.
[54] Gemeint sind zum Beispiel die Deportationen der Sinti und Roma im Mai 1940 in das Generalgouvernement und im März 1943 nach Auschwitz/Birkenau.
[55] Krämer/Siebke, a. a. O., S. 15. Patrick Wagner zeichnet indes ein anderes Bild von Krämer. Demnach war Krämer „wenig zimperlich". So forderte er für einen Ausbrecher „zum Schutz der Volksgemeinschaft" die Todesstrafe mit der Begründung: „Das gesunde Volksempfinden fordert die Ausmerzung solcher Subjekte aus der Volksgemeinschaft." Zitat bei Wagner, Patrick, Kriminalpolizei und „innere Sicherheit" in Bremen und Nordwestdeutschland zwischen 1942 und 1949, in: Bajohr, Frank (Hsg.), Norddeutschland im Nationalsozialismus, Hamburg, S. 239-265, S. 253, dort Zitat aus der Akte: StA Bremen 4, 89/5 - 232, Bl. 35 R. Es wurde dann später in der Tat die Todesstrafe verhängt.
[56] Krämer/Siebke, a. a. O., S. 113.
[57] Ebd., S. 16.
[58] Ebd., S. 113. So soll z.B. der Kriminalsekretär Mündtrath während der Deportation nach Auschwitz im März 1943 ein Kind an die Wand eines Eisenbahnwaggons geschleudert haben. (Ebd., S. 113). Aus den Wiedergutmachungsakten geht bislang dieser Vorwurf nicht hervor. Wohl aber der Tod eines Kindes aus Bremerhaven.

worden", „völlig haltlos" sei.[59] Das Gegenteil war der Fall. Den betroffenen Menschen wurde für den Fall, daß sie nicht 'freiwillig' der Sterilisation zustimmten, die Einweisung in ein Konzentrationslager in Aussicht gestellt. Hier nicht von Zwang zu reden, erscheint unangebracht.

Einmal abgesehen davon, daß es zu den bittersten Erfahrungen der Opfer nach 1945 gehörte, daß sie auf die Aussagen und das Wohlwollen der Täter angewiesen waren, um z.B. ihre Deportation nach Auschwitz beweisen zu können, ist es schlicht falsch zu behaupten, die Sinti und Roma hätten die positiven Bescheide über ihre Wiedergutmachungsansprüche[60] Kriminalbeamten wie Carl Krämer zu verdanken. So ist es z.B. - um das schon jetzt vorweg zu nehmen - auch den Aussagen von Carl Krämer in dem Entnazifizierungsverfahren und in dem Ermittlungsverfahren gegen Wilhelm Mündtrath, dem Leiter des sog. „Zigeunerdezernats", zuzuschreiben, daß dieser aus beiden Verfahren unbelastet hervorging.

Organisatorisch erfuhr die Bremer Kriminalpolizei in den Jahren 1933 bis 1945 zwei wesentliche Veränderungen. Am 1. Oktober 1934 wurde das Landeskriminalamt gegründet. Es wurden drei Abteilungen - später auch Inspektionen genannt - gebildet, die ihrerseits in drei bis vier Kommissariate unterteilt waren.[61] Jede Abteilung wurde von einem Kriminaldirektor bzw. Kriminalrat geleitet, während die Kommissariate den Kriminalkommissaren unterstanden. Die Kommissariate gliederten sich nochmals in Sachgebiete auf und wurden von Kriminalobersekretären bzw. Kriminalsekretären geführt. Insgesamt arbeiteten 1934 162 Personen bei der Kriminalpolizei.[62]

Eine weitere Umorganisation wurde mit den am 20. September 1936 erlassenen Bestimmungen über die „Neuordnung der Deutschen Kriminalpolizei"[63] eingeleitet, womit in Berlin das Reichskriminalpolizeiamt (RKPA) als 'Amt V' des Reichssicherheitshauptamtes (RSHA) gebildet wurde. Außerdem wurden im Reichsgebiet 14 Kriminalpolizeileitstellen geschaffen. Die Bremer Leitstelle umfaßte die Gebiete:

---

[59] Ebd., S. 113.

[60] Eine erkennbare Hilfestellung Krämers ist aus den eingesehenen, Bremen betreffenden Wiedergutmachungsakten nicht zu erkennen. Dafür aber, wie entwürdigend es für die Opfer war, sich ausgerechnet an die Täter wenden sie müssen, um von ihnen Bescheinigungen über die verschiedenen Verfolgungsmaßnahmen zu erlangen. Wenn man des weiteren bedenkt, daß die Opfer auch in dem Entnazifizierungsverfahren und in dem Ermittlungsverfahren als Zeugen auftraten, dann kann man ungefähr den Konflikt ermessen, der sich gerade bei der späteren Wiedergutmachung auftat.

[61] Vgl. ebd., S. 90f.

[62] Vgl. ebd., S. 90.

[63] Ebd., S. 92. Später ergänzt durch die Erlasse vom 12. Januar und 18. Juli 1937.

> Stadt- und Staatsgebiet Bremen,
> Grafschaft Hoya,
> die Kreise Wesermünde, Bremervörde, Verden, Osterholz-Scharmbeck und Rotenburg,
> die oldenburgischen Kreise Wesermarsch, Oldenburg, Cloppenburg, Vechta, Friesland und Ammerland,
> den Regierungsbezirk Aurich,
> die braunschweigische Enklave Thedinghausen und als eigenständige Kriminalpolizeistelle Wilhelmshaven.[64]
> Regierungsbezirk Stade[65]

1938 wurde in Bremen das „Zigeunerdezernat" geschaffen. Gemäß des Runderlasses vom 8. Dezember 1938 und der Ausführungsanweisung des RKPA vom 1. März 1939 war bei jeder Kriminalpolizeileitstelle eine „Dienststelle für Zigeunerfragen" zu errichten, „die alle Zigeunerangelegenheiten im Rahmen der Gesamtaufgaben der Kriminalpolizeileitstelle"[66] zu bearbeiten hatte. Die Frage nach einem Vorläufer dieser neuen Dienststelle in Bremen ist nur schwer zu beantworten. Einerseits weist eine Skizze[67] des Kriminalkommissars Hagen, der in den 40er Jahren in Bremen das Kommissariat leitete und dem das „Zigeunerdezernat" unterstellt war, eine „Zigeunerpolizeistelle" aus, deren Aufgabenstellung darauf hindeutet, daß sie bereits in den 30er Jahren existierte: „Allgemeine Überwachung der Bewegungen der Zigeuner und Landfahrer, Bekämpfung der Gaukelei und Weissagerei, Registrierung von Straftaten, Bemühungen zur Seßhaftmachung und Arbeitseinsatz, Kontakthaltung mit anderen Dienststellen im Reichsgebiet über Abwanderungen aus dem Leitstellengebiet, Benachrichtigung der Polizeistellen über die Bewegungen der Zigeuner und Landfahrer im Leitstellengebiet, Aktenführung über Zigeunerfamilien und Zigeunersippen."[68]

---

[64] Ebd., S. 93f.
[65] Stade gehörte allerdings bereits für die „Arbeitsscheu Reich" Verhaftungswelle im Sommer 1938 nicht mehr zum Bremer Kripoleitstellengebiet. So wurden verhaftete Personen bei Buxtehude über Stade zur Hamburger Kripoleitstelle weitergeleitet.
[66] Ausführungsanweisung vom 1. März 1939, in: ebd.
[67] Mit der Hand angefertigt. StA Bremen 4, 89/3 - 710, Ermittlungsverfahren gegen Wilhelm Mündtrath, Bl. 179.
[68] Ebd. Für einen Vorläufer spricht ebenfalls, daß der erste Leiter des „Zigeunerdezernats" in einem Wiedergutmachungsverfahren aussagt, sein Vorgänger sei Kriminalobersekretär Klaus gewesen (StA Bremen 4, 54 - Wiedergutmachung - E 1060). Der Name ist bislang unbekannt. Weiterhin sagte eine Sinteza in dem Entnazifizierungsverfahren von Wilhelm Mündtrath, dem langjährigen Leiter der Dienststelle, aus, daß Anfang der dreißiger Jahre

Gegen einen Vorläufer spricht andererseits ein Organisationsplan der Kripoleitstelle Bremen,[69] der eine derartige „Zigeunerpolizeistelle" o.ä. nicht ausweist.[70] Zudem wäre bei der Einrichtung des „Zigeunerdezernats"[71] damit zu rechnen gewesen, daß die Leitung der ehemalige Sachbearbeiter des Vorläufers übernommen hätte. Der erste Leiter war allerdings ein Sachbearbeiter aus dem Erkennungsdienst.[72] Und auch die späteren Kriminalbeamten scheinen vorher keinen besonderen Bezug zu dem Sachgebiet gehabt zu haben. Dennoch muß es eine „Zigeunerpolizei" vermutlich auch schon vor 1933 gegeben haben, sonst hätte folgende Anweisung Theodor Laues vom 27. Oktober 1933 keinen Sinn: „Zigeuner und Landfahrer, die sich ohne Erlaubnis der zuständigen Behörde auf öffentlichen oder privaten Grundstücken gelagert haben (sic!), sind ... zur Anzeige zu bringen und auf Anweisung der Zigeunerpolizeistelle (Kriminalpolizei) zwangsweise von den Plätzen zu entfernen."[73] Und an einer anderen Stelle der Anweisung heißt es: „Die erforderlichen Berichte sind als Eilsachen zu behandeln und der Kriminalpolizei (Zigeunerpolizeistelle) zuzustellen."[74]

Denkbar ist auch, daß es wohl keine eigenständige „Zigeunerpolizeistelle" gab, wohl aber eine Mitzuständigkeit eines anderen Kommissariats oder einer Inspektion. Einige wenige Personalakten der Polizei, die Sinti betreffen, sind erhalten geblieben.[75] In ihnen finden sich Hinweise, die den Schluß zulassen, daß es auch in Bremen schon vor der Einrichtung der „Dienststelle für Zigeunerfragen" umfangreiche Datensammlungen über „Zigeuner" gegeben haben muß. Alle Personalakten sind mit einem roten „Z" bestempelt. Bei einigen wurde nachträglich auf den Aktendeckel der Schriftzug „Zigeuner" einge-

---

Kriminalsekretär Geisenhöfer für die Sinti zuständig war. StA Bremen 4, 66 - I., Mündtrath, Wilhelm, Entnazifizierungsverfahren.

[69] Er ist undatiert, stammt aber vermutlich aus den Jahren 1937 bis 1939, weil er Schmitz-Voigt als Leiter der Kriminalpolizei ausweist. Da der Plan aber auch die „Dienststelle für Zigeunerfragen" nicht enthält, ist zu vermuten, daß er in das Jahr 1937 (also mit der Einrichtung der Kriminalpolizeileitstelle) zu datieren ist.

[70] Abgesehen davon, daß eine solche Dienststelle in den Quellen nicht ein einziges Mal erwähnt wird.

[71] Ich verwende diese Bezeichnung weiter, da nur sie in den Bremer Quellen genannt wird.

[72] Auch in Bremerhaven war der Leiter des Erkennungsdienstes der Sachbearbeiter für die „Zigeunerfragen" (Bezeichnung in der Ausführungsanweisung vom 1. März 1939).

[73] StA Bremen 3 - W. 11. Nr. 49b 56.

[74] Ebd.

[75] StA Bremen 4, 14/4 - Polizeipersonenakten. Es konnten in dem Bestand neun Sinti betreffende Akten identifiziert werden. Ergänzt werden sie durch fünf weitere Personalakten, die noch nicht eingearbeitet wurden. Die Nummer dieser fünf lauten: Nr. 246.589, 246.554, 247.512, 246.592, 187.356.

tragen. Ob dies bei der Übergabe an das Staatsarchiv geschah, kann nicht mit Sicherheit ausgeschlossen werden.[76] Die Kennzeichnung mit einem roten „Z" deutet auf die Sonderbehandlung der „Zigeuner" hin. Und das über einen langen Zeitraum, denn die Akten beginnen zum Teil im Kaiserreich. 1917 existierte in Bremen bei der Polizei bereits eine „Zigeuner-Registratur".[77] Diese wurde ausgebaut zu einer „Zigeunerkartei", wie eine Aktennotiz erkennen läßt.[78] Aus all dem ist demnach ersichtlich, daß die spätere „Dienststelle für Zigeunerfragen" auf einige 'Erfahrungen' und Datensammlungen einer früheren Bearbeitungsstelle zurückgreifen konnte, die schon vor der 'Machtergreifung' der Nationalsozialisten existierte und die Kontinuität der Diskriminierung und Verfolgung der Sinti und Roma in Bremen unterstreicht.

Das „Zigeunerdezernat" gehörte zu der Inspektion III.[79] In dieser Inspektion befand sich auch der Erkennungsdienst, in dem Kriminalsekretär Franz Gails arbeitete. Gails war der spätere erste Leiter des „Zigeunerdezernats". Gails muß maßgeblich die Deportation im Mai 1940 organisiert haben. Nachfolger von Gails war der Kriminalsekretär Wilhelm Herzmann.[80] Er trat 1941 die NSDAP ein, wodurch er sich eine Beförderung erhoffte.[81] Kriminalsekretär Wilhelm Mündtrath übernahm das „Zigeunerdezernat" ab dem Sommer 1941.[82] Er wurde am 17. März 1898 als Sohn eines Kaufmannes in Weidenau, Kreis Siegen, geboren. Die Volksschule besuchte er in Berleburg, in Hemer und Sundwig in Westfalen. Nach dem Abschluß der 8. Schulklasse wurde er Schlosser. Gleich nach dem Abschluß der Lehrzeit meldete Mündtrath sich am 4. April 1916 als Kriegsfreiwilliger bei der Kaiserlichen Marine. 1920 kam er als Dreher nach Bremen und arbeitete bis 1925 zunächst beim Reichsbahnaus-

---

[76] Der Schriftzug ist immer der gleiche, so daß als Urheber eine einzige Person angenommen werden muß. Da es unwahrscheinlich ist, daß bei der Polizei über einen langen Zeitraum immer nur eine Person die Akten beschriftete (zumal gewöhnlich ein roter Stempel benutzt wurde), spricht eine gewisse Wahrscheinlichkeit dafür, daß die Beschriftung unmittelbar vor der Abgabe an das Staatsarchiv oder daselbst erfolgte.

[77] Ersichtlich aus einem Vorgang in der Akte: Werner Trollmann, geb. 26. Januar 1884.

[78] Siehe Personalakte Nr. 246.592, R. L. Die Akte beginnt 1917 und endet 1937. R. L. wird 1937 in das 'Landeswerkhaus' Moringen eingeliefert, weil „er sich böswillig und beharrlich der Unterhaltspflicht gegenüber seiner Ehefrau ... und seinem Sohne ... entziehe und dadurch diese der öffentliche Fürsorge anheimfallen lasse." Ebd.

[79] Hagen nennt zwar in der Skizze die Inspektion II, aber Leiter der Inspektion III war Krämer, und er gibt selber an, daß sich das „Zigeunerdezernat" in seiner Inspektion befand (z.B. StA Bremen 4, 89/3 - 710, Ermittlungsverfahren gegen Wilhelm Mündtrath, Bl. 159).

[80] Geboren am 21. Januar 1896.

[81] Angaben aus der Entnazifizierungsakte Herzmanns: StA Bremen 4, 66 - I., Herzmann, Wilhelm.

[82] Vgl. StA Bremen 4, 89/3 - 710, Ermittlungsverfahren gegen Wilhelm Mündtrath, Bl. 142.

besserungswerk in Sebaldsbrück. In dieser Zeit heiratete er. Die Ehe blieb kinderlos.

Zur Polizei kam Mündtrath am 1. Januar 1925. Acht Jahre später wurde er am 1. April 1933 von der Kriminalpolizei übernommen. Über eine politische Betätigung Mündtraths ist nichts bekannt. Das Eintrittsdatum April 1933 setzt indes eine zumindest 'wohlwollende' Haltung gegenüber den Nationalsozialisten voraus. Sieben Jahre arbeitete er im Sittendezernat als Sachbearbeiter, bevor er am 1. Februar 1940 nach Hohensalza zur Kriminalpolizeistelle versetzt wurde. Eine Wirbelsäulenverletzung zwang ihn zur Rückkehr, so daß Mündtrath bereits seit September 1940 wieder in Bremen war und bei der Kriminalpolizei im Betrugsdezernat eingesetzt wurde.[83]

Mündtrath selber gab an, keine besondere 'Eignung' zur Leitung des „Zigeunerdezernats" gehabt zu haben. So erfolgte seine „Kommandierung zu dieser Arbeit ... auf dem normalen Dienstwege, ohne daß ich irgendeinen Einfluß darauf nehmen konnte."[84] Diese Tätigkeit abzulehnen, war ihm angeblich nicht möglich. Es bestand nach seiner Ansicht allerdings auch kein Grund dazu, denn das „Zigeunerdezernat" war, „zu der Zeit, als ich es übernahm, ... eine völlig harmlose Angelegenheit, die aus dem Rahmen der üblichen kriminalpolizeilichen Arbeit nicht herausragte."[85] Was Mündtrath allerdings unter 'harmloser kriminalpolizeilicher Arbeit' verstand, wird aus seiner Tätigkeit beim 'Sittendezernat' deutlich. Dort empfahl er, die „alte Hure"[86] R. in einem KZ unterzubringen, weil alles andere „seinen Zweck völlig verfehlen"[87] würde. Die Prostituierte Maria R. war von einem Kriminalbeamten dabei beobachtet worden, wie sie im März 1939 einen potentiellen Freier ansprach. Der Mann stellte sich später als Zeuge zur Verfügung, woraufhin die Frau zunächst zu 14 Tagen Haft verurteilt wurde. Mündtrath hielt diese Haftstrafe für 'verfehlt', da die Frau, „die seit 30 Jahren der Gewerbeunzucht nachgehe, schon vierundsechzigmal bestraft und verwarnt worden sei."[88] Sie war somit ein 'hoffnungsloser Fall', denn „erbbiologische Erwägungen bestimmten, daß Vorbeugungshäftlinge, deren anlagebedingtes, gemeinschaftsgefährdendes Verhalten jede Möglichkeit der

---

[83] Alle biographischen Angaben aus seiner Vernehmung vom 8. November 1961, ebd. Bl. 137.
[84] Ebd., Bl. 140.
[85] Ebd.
[86] Schilderung des Falles bei Krämer/Siebke, a. a. O., S. 106.
[87] Ebd.
[88] Ebd.

Besserung ausschloß, nicht entlassen werden sollten."[89] Mündtraths „ungünstiges Gutachten"[90] führte dazu, daß Maria R. am 5. April 1939 in ein Konzentrationslager kam.[91]

Mündtrath zeigte zumindest in diesem Verfahren, daß er nach „erbbiologischen Erwägungen"[92] zu urteilen gewillt und in der Lage war. Womöglich war dies ein Kriterium für seine Eignung als späterer Leiter des „Zigeunerdezernats". Aus den Entnazifizierungsakten Mündtraths lassen sich jedoch einige weitere Hinweise dazu finden, warum er möglicherweise als Leiter des „Zigeunerdezernats" 'geeignet' war. So sagte der Sinto Robert P. in dem Entnazifizierungsverfahren gegen Mündtrath aus, daß selbiger von den Sinti der „2. Himmler"[93] genannt wurde. Dies kann sich zwar nur auf das Aussehen Mündtraths bezogen haben, da es unwahrscheinlich ist, daß die Sinti in Bremen Himmler persönlich kannten und somit Vergleiche im Verhalten der beiden Männer ziehen konnten. Ein weiteres Indiz spricht indes dafür, daß Mündtrath wohl ein äußerst 'korrekter' und dadurch besonders inhumaner Kriminalbeamter gewesen ist. Dafür spricht zum einen seine 'Empfehlung' im Falle der Maria R., aber auch, daß sein Anwalt während der Entnazifizierungsverhandlung den Antrag stellte, den ersten Leiter des „Zigeunerdezernats", Franz Gails, mit dem Ziel zu vernehmen, aufzuzeigen, daß es nicht so ist, „wie bisher angenommen wurde, daß Gails wegen Güte abgelöst und von dem strengeren Mündtrath ersetzt wurde."[94] Zu dieser Vernehmung kam es nicht mehr. Dennoch ist an der Art wie Mündtrath das „Zigeunerdezernat" leitete und wie er der Einhaltung der Auflagen nachging durchaus zu erkennen, daß er einen sehr strengen Maßstab anlegte. Es mußte sich nicht unbedingt in physischer Brutalität äußern, sondern konnte auch nur ein besonders genaues 'Verwalten' seines

---

[89] Ebd.
[90] Ebd.
[91] Krämer bemerkt zu diesem Verfahren: „...eine bis dahin nicht gekannte oder für rechtlich möglich gehaltene Prozedur." Ebd., S. 106. Die nach Ansicht Krämers nur konsequent war, denn „es gehört wohl ein guter Teil Naivität oder auch Mangel an Erfahrung und Menschenkenntnis dazu, z.B. einen Landstreicher in einem ... Besserungslager zu einem ... Mustermenschen erziehen zu wollen." (Ebd.) Die einzige Alternative dazu war die „lebenslängliche Inhaftierung", ohne daß dies Krämer so deutlich sagt.
[92] Ebd.
[93] StA Bremen 4, 66 - I., Mündtrath, Wilhelm, Entnazifizierungsverfahren. „Scherzhaft" wurde er von seinen Kollegen auch als „Zigeunerhäuptling" bezeichnet. StA Bremen 4,89/3 - 710, Ermittlungsverfahren gegen Wilhelm Mündtrath, Bl. 141.
[94] StA Bremen 4, 66 - I., Mündtrath Wilhelm, Entnazifizierungsverfahren. Laut Aussage des Sinto Robert P. ist Gails abgelöst worden, „weil er mit den Zigeunern nicht so umspringen konnte oder wollte, wie Herr Mündtrath."

Amtes sein, was ihm natürlich das Lob seiner Vorgesetzten einbrachte, für die Opfer dagegen sehr häufig für Nichtigkeiten den Tod bedeutete.

Mündtrath selber sah das natürlich anders. Als er Ende 1941 die Dienststelle übernahm, „waren sämtliche Zigeuner bereits karteimäßig erfaßt und auch erkennungsdienstlich behandelt. Sämtliche Erfassungsunterlagen waren der Reichszentrale zur Bekämpfung des Zigeunerunwesens in Berlin übersandt, wo auf Grund der Unterlagen auch die Einstufung der Zigeuner in rassischer Hinsicht als Voll-, Halb- und Viertelzigeuner erfolgte. Meine Tätigkeit war also zunächst nur noch dahingehend ausgerichtet, Veränderungen, Zu- und Abgänge der Zigeuner in dieser Hinsicht zu ergänzen."[95] Mündtrath verstand seine Arbeit als „vorbeugende Tätigkeit".[96] So „wirkte" er darauf ein, „daß die Zigeuner einer geregelten Arbeit nachgingen, ein sozialangemessenes Verhalten zeigten."[97] Außerdem sollte er 'Beschwerden' von Anwohner abstellen und prüfen. Eine dieser 'Beschwerden' erreichte die Dienststelle im Oktober 1941.[98] In einem Schreiben an die Kreisleitung der NSDAP in Bremen 'beschwerte' sich die Ortsgruppe „Wilhelm Decker" über „die unglaublichsten Zustände",[99] die angeblich auf dem Grundstück Stiftstraße 9 vorsichgingen. Unglaublich waren die Schilderungen der Ortsgruppe in der Tat, denn in einem Bericht des Polizeipräsidenten heißt es z.B. über die 'Beschwerde', daß mit „Flinten ... dauernd nach Vögeln"[100] geschossen werde: „Hierzu erklärte der Blockleiter Georg Kück, dass ihm mal ein Soldat erzählt habe, er hätte gesehen, dass ein Bewohner des Platzes in diesem Sommer mit einem Luftgewehr nach Spatzen geschossen habe."[101] Der Bericht hielt fest, daß „gegenwärtig ... kein Grund zu polizeilichem Einschreiten"[102] vorlag, und daß es im übrigen den Anschein habe, „dass die Unterzeichner der Beschwerde die an sich durchaus verständliche Absicht verfolgten, von der unangenhmen Nachbarschaft der Zigeuner befreit zu werden."[103] Obwohl also nichts Strafbares vor-

---

[95] Vernehmung Mündtraths vom 8. November 1961, StA Bremen 4, 89/3 - 710, Ermittlungsverfahren gegen Wilhelm Mündtrath, Bl. 141.
[96] Ebd.
[97] Ebd.
[98] StA Bremen 4, 13/1 - P. 1. a. Nr. 10 Akte I, Bekämpfung des Zigeunerwesens (sic!), Fall geschildert auch bei Marßolek, Inge/Ott, René, Bremen im 3. Reich. Anpassung - Widerstand - Verfolgung, Bremen 1986, S. 335f.
[99] Ebd.
[100] Ebd.
[101] Ebd.
[102] Ebd.
[103] Ebd.

lag, und es sich ganz offensichtlich um bloße Unterstellungen handelte, zeigte man von Seiten der Polizei durchaus Verständnis für die Absichten der Ortsgruppe. Womit die Polizei also das kriminelle Verhalten der sich beklagenden Anwohner deckte.

Zu Mündtraths Aufgaben gehörte auch die Überwachung der den Sinti allgemein erteilten Auflagen, wie z.B. das Verbot, die Stadt ohne Genehmigung zu verlassen. Die Überwachung war perfekt. So berichtet die Sintezza Christenzia W.,[104] daß ihr Besuch bei Verwandten in Verden sofort entdeckt wurde, und ihr Kriminalsekretär Engelke eröffnete, daß sie innerhalb von 24 Stunden nach Bremen zurückzukehren habe.

Nicht immer ging es so glimpflich aus. Anton Sch.[105] berichtet, daß eine Sintezza bei der Ausübung ihres Hausierhandels die Stadtgrenze überschritten hatte, woraufhin Mündtrath ein paar Tage später bei ihr im Wohnwagen in der Auguststraße erschien und die hochschwangere Frau verhaftete, die sich zuvor „aus Furcht unter ihrem Bett versteckt"[106] hatte. Sie kam „später zu einem Transport nach Auschwitz, wo sie umgekommen" ist.[107]

Zu den weiteren Auflagen, die Mündtrath zu überwachen hatte, gehörte auch das Verbot mit „arischen Frauen" zu „verkehren".[108] Das Verfahren war nach Mündtraths Aussage folgendermaßen geregelt: „Aus dem Publikum oder auf dem Polizeiwege ging bei der Kripoleitstelle eine Meldung ein. Diese Meldung wurde sodann auf dem Dienstwege mir als Zigeunersachbearbeiter zugeschrieben. Ich stellte dann Ermittlungen an und berichtete entsprechend. Der Vorgang mit meinem Bericht wurde nach Abschluß auf dem Dienstweg an die Reichszentrale zur Bekämpfung des Zigeunerunwesens übersandt. Von dort aus wurde erst entschieden, wie in jedem Einzelfalle gegen den beschuldigten Zigeuner vorzugehen sei."[109] In der Praxis hatten Mündtraths Berichte nicht selten den Tod der 'Beschuldigten' zur Folge. Rudolf F. sagte in dem Ermittlungsverfahren gegen Mündtrath aus, daß einer seiner Brüder mit einer 'arischen' Frau ein Verhältnis hatte, aus diesem Grunde nach Dachau depor-

---

[104] StA Bremen 4, 66 - I., Mündtrath, Wilhelm, Entnazifizierungsverfahren.
[105] StA Bremen 4, 89/3 - 710, Ermittlungsverfahren gegen Wilhelm Mündtrath, Bl. 17.
[106] Ebd.
[107] Es handelt sich vermutlich um Verhaftungen im Vorfeld der Deportationen im März 1943. Es sind verschiedene Fälle bekannt, wo Sinti bereits im Januar 1943 verhaftet wurden und gesondert nach Auschwitz kamen. So z.B. der Fall Otto B. (StA Bremen 4, 54 - Wiedergutmachung - E 10880). Er erscheint zwar nicht auf den Transportlisten vom März 1943, starb aber in Auschwitz und muß somit gesondert (mit anderen) nach Auschwitz deportiert worden sein.
[108] StA Bremen 4, 89/3 - 710, Ermittlungsverfahren gegen Wilhelm Mündtrath.
[109] Ebd., Bl. 142f.

tiert wurde und dort wahrscheinlich umgekommen ist, „wie uns Herr Mündtrath Anfang des Jahres 1943 mitteilte. Herr Mündtrath hat vor der Deportierung meines Bruders wiederholt bei uns in der Wohnung vorgesprochen und hatte mit dieser Verschickung gedroht, falls er den Verkehr mit dieser arischen Frau nicht sofort einstellte."[110]

Andere wiederum mußten unterschreiben, daß sie den Kontakt mit ihrer Verlobten abbrechen.[111] Es genügte aber schon, daß ein Sinto, weil er ausgebombt war, in der Wohnung einer befreundeten 'arischen' Frau übernachtete, um ihn von Mündtrath verhaften zu lassen.[112]

Ein Fall sei zu diesem Themenbereich näher geschildert. 1937 wurde die Ehe von Frau Auguste O., selber keine Sintezza, geschieden, weil sie den Sinto Willy F. heiraten wollte.[113] Diese Ehe kam nicht zustande. Als sie 1940 nach Bayern evakuiert wurde, kehrte ihr Verlobter 1941, mittlerweile aufgrund seiner 'Abstammung' aus der Wehrmacht entlassen, nach Bremen zurück. Wie aus der Abschrift aus seiner Polizeipersonenakte[114] hervorgeht, wurde er am 19. Januar 1942 verhaftet, weil er unerlaubter Weise Bremen zweimal verlassen hatte. Er war am 25. und 28. Dezember 1941 über Weihnachten zu Besuch bei seinen Verwandten in Hannover. Im Februar 1942 wurde er, nach einem kurzen Aufenthalt in Sachsenhausen, in das KZ Niederhagen/Wewelsburg eingeliefert, wo er im Mai 1942 an Unterschenkelphlegmone[115] starb.

Die Verlobte, die neben dem Kind von dem Sinto noch weitere vier Kinder zu versorgen hatte, wurde indessen für das „Mütterkreuz" vorgeschlagen. Erkundigungen deswegen von Seiten der Fürsorge und des Jugendamtes stellten die 'Rassenschande' fest, woraufhin die Frau nicht nur nicht das Mutterkreuz verliehen bekam, sondern gleichzeitig wurde ihr die Kinderbeihilfe für *alle* Kinder gestrichen. „Etwa Mitte 1941 kamen Beamte zu mir ins Haus, weil ich 5 Kinder hatte und evtl. das sog. Mütterkreuz erhalten sollte. Sie haben sich bei dieser Gelegenheit nach verschiedenen Dingen erkundigt und haben sich anschließend an das Jugendamt und die Fürsorge gewandt. Als sich daraufhin herausstellte, daß das Kind Gustav einen nichtarischen Vater hatte,

---

[110] Ebd., Bl. 6.
[111] StA Bremen 4, 66 - I., Mündtrath, Wilhelm, Entnazifizierungsverfahren. Aussage von R. (Verlobte Anna W.).
[112] StA Bremen 4, 66 - I., Mündtrath, Wilhelm, Entnazifizierungsverfahren. Aussage von Robert P.
[113] StA Bremen 4, 54 - Wiedergutmachung - E 3263.
[114] Nr. 163.648, in: StA Bremen 4, 54 - Wiedergutmachung - E 2239, Bl. 33.
[115] Eitrige Zellgewebsentzündung.

wurde mir sofort die Kinderbeihilfe für meine sämtlichen Kinder gestrichen. Ich weiß, daß man mich als asozial bezeichnete..."[116]

Eine weitere Aufgabe des „Zigeunerdezernats" war die erkennungsdienstliche Erfassung der Sinti und Roma. Mündtrath sagte in dem Ermittlungsverfahren aus, daß diese Aufgabe zum Zeitpunkt seines Dienstantritts bereits weitgehend durchgeführt worden war. Diese Erfassung war die Voraussetzung für die rassenbiologische Untersuchung der Sinti und Roma.

In der Ausführungsanweisung des Reichskriminalpolizeiamtes vom 1. März 1939 zum Erlaß vom 8. Dezember 1938 wurde festgelegt, daß die „Lösung" der „Zigeunerfrage" nunmehr im Reichsmaßstab erfolge und daß hierbei nationalsozialistisches Gedankengut zum Tragen kommen müsse. Ziel war es: 1) die „rassische Absonderung des Zigeunertums", 2) die Verhinderung der „Rassenvermischung" und 3) die Regelung der Lebensverhältnisse der „reinrassigen Zigeuner und Zigeunermischlinge".[117] Nach der Erfassung sollten weitere Maßnahmen ergriffen werden, ein spezielles „Zigeunergesetz" wurde in Aussicht gestellt.

Mit der Aushändigung der Bescheinigung über die „rassebiologische Untersuchung" wurden fortan die bisherigen „Zigeunerausweise" ersetzt.

Die Bremer Polizei war nunmehr auch gehalten, den Sinti und Roma Lagerplätze zuzuteilen. Diese Plätze sollten leicht bewachbar und übersichtlich sein. Aus dem vorliegenden Material ist durchaus zu schließen, daß damit der bisherigen Bremer Praxis ein Ende bereitet wurde. Bremen mußte die 'Einreise' von Sinti und Roma zulassen.

Über die erkennungsdienstliche Tätigkeit des Bremer „Zigeunerdezernats" liegt eine Liste vor. Sie gibt detailliert Auskunft darüber, wer wann in Bremen erkennungsdienstlich behandelt wurde. Diese Liste befindet sich im Hamburger Staatsarchiv.[118] Sie umfaßt 273 Personen und ist alphabetisch

---

[116] In dem Wiedergutmachungsverfahren wird ihr das vorenthaltene Kindergeld als Entschädigung zurückgezahlt: insgesamt 252,- DM. Hierauf mußte sie 12 Jahre lang warten (von der Antragstellung 1950 bis zum Bescheid 1962). StA Bremen 4, 54 - Wiedergutmachung - E 3263.

[117] Abgedruckt z.B. in: Sondernummer 'Deutsches Kriminalblatt' 12. Jahrgang, 20. März 1939, Berlin.

[118] StA Hamburg - 331 - 1 II Polizeibehörde II, 465, Alphabetische Namensliste der in den Jahren 1938 - 1943 erkennungsdienstlich behandelten zigeunerischen Personen in Bremen (o. J.).
Das Hamburger Staatsarchiv konnte zu allen Listen, die von mir dort eingesehen wurden, nicht erklären, wie sie in das Archiv gelangten. Vermutlich stammen sie aus Beständen des Bundeskriminalamtes, das sich nach 1945 für kurze Zeit in Hamburg unter der Adresse des späteren Hamburger Landeskriminalamtes befand. Gesammelt wurden diese Listen, weil die

geordnet. Womit bewiesen wäre, daß sie aus einer anderen Zusammenstellung nach 1945 entstanden sein muß, was insofern interessant ist, als daß von den Kriminalbeamten behauptet wurde, daß alle Akten vernichtet worden sind. Es gibt somit vermutlich mehrere Überlieferungsstränge von Akten, die Sinti und Roma betreffen. Die Liste könnte z.B. ein Indiz dafür sein, daß in der Tat die eigentlichen „Zigeunerakten" nach 1945 nicht mehr vorhanden waren, es aber ein 'Bedürfnis' gab, eine ähnliche Zusammenstellung, wie sie die „Zigeunerakten" darstellten, anzulegen, zwecks Kenntlichmachung, wer als „Zigeuner" anzusehen ist und wer nicht und wer bereits vor 1945 in Bremen gewohnt hat.

Zur Erstellung dieser Liste sind demnach nicht die „Zigeunerakten" herangeführt worden, sondern eine andere Zusammenstellung. Das geht ebenso aus dem Aufbau der Liste hervor. Sie enthält neben dem Familien- und Vornamen, das Geburtsdatum und den Geburtsort, sodann den Tag der erkennungsdienstlichen Behandlung und zum Schluß den Hinweis auf eine Listen-Nummer,[119] die z.B. 587/41 lautet und bedeutet, daß es die 587. Person des Jahres 1941 war, die erkennungsdienstlich behandelt wurde.

Diese Liste ermöglicht nun einige detaillierte Aufschlüsse über die Tätigkeit des „Zigeunerdezernats". Verteilt über die einzelnen Jahre ergibt sich folgendes Bild einer erkennungsdienstlichen Tätigkeit (die Graphik ist wie folgt zu lesen: es wird die Anzahl (linke Reihe) der in den Jahren 1938-1943 erkennungsdienstlich behandelten Personen angeben):

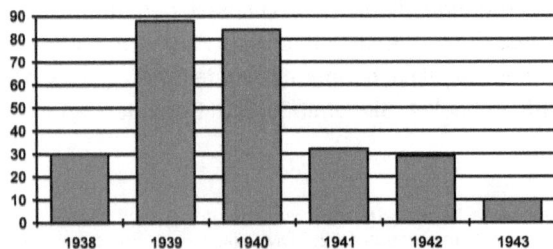

(1938: 30 Personen, 1939: 88 Personen, 1940: 84 Personen, 1941: 32 Personen, 1942: 29 Personen, 1941: 10 Personen).

Landeskriminalämter gehalten waren, Material, das geeignet erschien, die Personalien von Sinti und Roma zu überprüfen, dem BKA zur Verfügung zustellen.
[119] Bei der Explosion im Polizeihaus wurde die Daktyloskopie, die ca. 100.000 Blätter umfaßte verschont. Möglicherweise beruht die Liste auf der Auswertung dieser oder einer ähnlichen Kartei.

Es wurden in den Jahren 1939 und 1940 deutlich mehr Personen erkennungsdienstlich behandelt als in den anderen Jahren. Zur Klärung der Gründe sei die Verteilung der erkennungsdienstlichen Tätigkeit des Jahres 1939 auf die einzelnen Monate in einem Schaubild dargestellt:

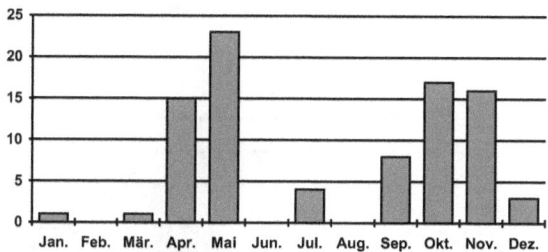

(Januar: 1 Person, Februar: 0 Personen, März: 1 Person, April: 15 Personen, Mai: 23 Personen, Juni: 0 Personen, Juli: 4 Personen, August: 0 Personen, September: 8 Personen, Oktober: 17 Personen, November: 16 Personen, Dezember: 3 Personen).

Die Spitzen innerhalb des Jahres 1939 sind einerseits die Monate April und Mai und andererseits die Monate Oktober und November. 71 Personen von insgesamt 88 Personen, die in dem Jahre 1939 erkennungsdienstlich behandelt worden sind, entfallen auf diese Monate.

Der Grund für die gesteigerte Tätigkeit des „Zigeunerdezernats" im April und Mai lag in den Ausführungsbestimmungen vom 1. März 1939, die den Erlaß vom Dezember 1938 erläuterten. Daraufhin wurden erstmals in Bremen verstärkt Sinti und Roma erfaßt.

Die dennoch verhältnismäßig geringe Anzahl - insgesamt wurden in den beiden Monaten April und Mai 1939 38 Personen erkennungsdienstlich behandelt - deutet darauf hin, daß sich zu diesem Zeitpunkt nur wenige Sinti in Bremen aufhielten. Dafür spricht auch, daß fast alle Sinti, die im März 1943 von Bremen nach Auschwitz deportiert wurden, erst schwerpunktmäßig ab Oktober 1939 erkennungsdienstlich behandelt wurden. Hätte es vor diesem Zeitpunkt bereits viele Sinti und Roma in Bremen gegeben, so wären sie gleich nach der Veröffentlichung der Ausführungsbestimmungen vom 1. März 1939 erfaßt worden.[120]

---

[120] Die Liste bestätigt im übrigen auch die Aussage des Kriminalsekretärs Mündtrath, daß bei seinem Dienstantritt im Sommer 1941 die Sinti und Roma bereits karteimäßig erfaßt waren. Von den 273 erfaßten Personen, wurden nur 59 ab Sommer 1941 bis Ende 1943 erkennungsdienstlich behandelt.

Der Grund für die gesteigerte Erfassungstätigkeit des „Zigeunerdezernats" in den Monaten Oktober und November 1939 ist auf den „Festsetzungserlaß" vom 17. Oktober 1939 zurückzuführen. Er bestimmte, daß die Sinti ihren Wohnort nicht mehr verlassen durften, wodurch eine reibungslosere 'Arbeit' der Forschungsstelle Ritters in Berlin ermöglicht werden sollte.

Die im Zuge dieses Erlasses erfaßten Personen veranschaulicht die folgende Graphik:

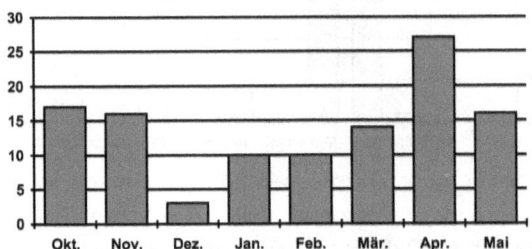

(Oktober 1939: 17 Personen, November 1939: 16 Personen, Dezember 1939: 3 Personen, Januar 1940: 10 Personen, Februar 1940: 10 Personen, März 1940: 14 Personen, April 1940: 27 Personen, Mai 1940: 16 Personen).

Von den insgesamt 273 erfaßten Personen entfielen auf diese Monate unmittelbar nach dem „Festsetzungserlaß" allein 113. Da die Erfassungstätigkeit in den folgenden Monaten und Jahren stark nachließ, muß davon ausgegangen werden, daß mindestens über 100 Sinti ab diesen Zeitpunkt in Bremen wohnten. Später wuchs ihre Zahl auf ca. 170 Personen.

Das Jahr 1940 fällt allerdings noch durch eine weitere Besonderheit auf:

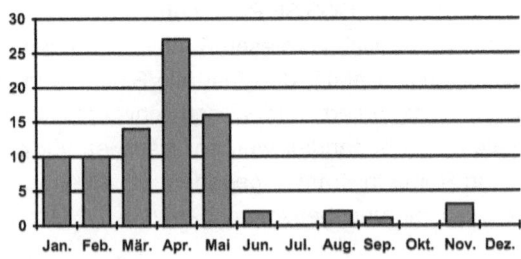

(Januar: 10 Personen, Februar: 10 Personen, März: 14 Personen, April: 27 Personen, Mai: 16 Personen, Juni: 2 Personen, Juli: 0 Personen, August: 2

Personen, September: 1 Personen, Oktober: 0 Personen, November: 3 Personen, Dezember: 0 Personen).

Auffällig ist die Häufung der erfaßten Personen in den Monaten April und Mai. Im Mai wurden alle Personen am 14. des Monats erfaßt. Die beiden Monate stehen somit in einem Zusammenhang mit den Deportationen im Mai 1940.[121]

Die Liste läßt noch weitere Aufschlüsse über verschiedene Aktionen zu. So wurden von insgesamt 30 erfaßten Personen des Jahres 1938 allein 18 in dem Monat Juni erkennungsdienstlich behandelt. Offensichtlich stand diese Tätigkeit im Zusammenhang mit der großen Verhaftungswelle im Sommer 1938.[122]

Die anderen Auffälligkeiten in der Liste beziehen sich wohl auf lokale Bremer 'Aktionen', die z.B. an den einzelnen Namen der erfaßten Menschen zu erkennen sind. So sind im Zuge der Ermittlungen über die 'Beschwerde' der Ortsgruppe „Wilhelm Decker" im Oktober und November 1941 auf dem Platz an der Stiftstr. 9 einige Sinti der Familie T. den bisherigen Erfassungen entgangen und wurden deshalb nunmehr erkennungsdienstlich behandelt.

Manchmal scheinen bislang außerhalb der Stadt lebende Familienmitglieder erst später von der Kriminalpolizei 'entdeckt' worden zu sein, während für den Januar 1943 eine gezielte Verhaftungsaktion zu unterstellen ist. Bei den Namen handelt es sich um Sinti, die verhaftet wurden, weil sie unerlaubter Weise die Stadt verlassen hatten.[123] Sie wurden vor der allgemeinen Deportation im März 1943 schon nach Auschwitz überführt.

Daß die Liste in der Tat alle in Bremen wohnenden Sinti erfaßt, ergibt sich aus dem ungewöhnlichen Titel der Liste: „Alphabetische Namensliste der in den Jahren 1938 bis 1943 erkennungsdienstlich behandelten zigeunerischen Personen in Bremen." Es fällt auf, daß sie sich nicht auf einen bestimmten Erlaß (beispielsweise auf die Ausführungsanweisung des Reichskriminalpolizeiamtes vom 1. März 1939 zum Runderlaß des Rf SS und Chef d. Dt. Pol. v. 8. Dezember 1938) bezieht, sondern nur allgemein auf das Merkmal 'zigeunerische Personen'. Es finden sich in der Liste demzufolge mehrere Verhaftungswellen bzw. „Aktionen", u.a. die des Sommers 1938 bei der auch Jakob W. verhaftet wurde.[124] In der Personenakte W.'s.[125] befindet sich das

---

[121] Zur genaueren Analyse vgl. das Kapitel 2. 1. 4. über die Deportationen im Mai 1940.
[122] Vgl. Kapitel 2. 1. 3.
[123] Das ergibt sich aus den Wiedergutmachungsakten.
[124] Ed-Listennummer 890/38.
[125] StA Bremen 4, 14/4 - Personenakten, Nr. 137.407.

entsprechende Blatt des Erkennungsdienstes. Am 21. Juni 1938 wurde W. „wegen Vorbeugungshaft erkennungsdienstlich behandelt."[126] Als „Stand der Eltern" wurde „Zigeuner" angegeben. Da während dieser „Verhaftungswelle" nicht nur Sinti verhaftet wurden, diese aber nicht in der Liste auftauchen, scheint damit deutlich zu sein, daß W. auf Grund des Merkmals „Zigeuner" in die Liste aufgenommen wurde. Derjenige, der den Auftrag zur Ausfertigung dieser Liste gab, mußte demnach gewußt haben, daß ab 1938 nahezu alle Sinti in Bremen nicht nur erfaßt, sondern auch ED-behandelt wurden.[127]

Als weiteres Indiz dafür, daß die Liste als eine Art Verzeichnis der in Bremen wohnenden Sinti angesehen werden kann, muß das Ergebnis eines Vergleichs der Liste mit dem Melderegister interpretiert werden. Bis auf wenige Ausnahmen konnten alle Namen und die dazugehörigen Familien gefunden werden. Es ergibt sich, daß ein nicht unerheblicher Teil bereits seit Mitte der zwanziger Jahre in Bremen in Wohnungen wohnte und ein weiterer Teil ab 1938/1939[128] nach Bremen kam und, da sie in Wohnwagen lebten, vorwiegend folgende Plätze zugewiesen bekamen: Eickedorferstraße, Torfkanal, Stiftstr. 9, Stephanitorsbollwerk 16. Daß die Plätze die erforderlichen Anlagen der „Polizeiverordnung über das Wohnen in Wohnwagen auf freien Plätzen vom 4. August 1933" wie z.B. Toiletten und Trinkwasserleitungen aufwiesen, darf bezweifelt werden.[129]

Über die „Zuverlässigkeit" der Liste geben die zahlreichen, manchmal roten „ZM(+)" oder „ZM(-)"[130] - Vermerke Aufschluß. Sogar in den Fällen, wo die Pseudowissenschaftler Ritter o.ä. zu dem „Ergebnis" kamen, die betreffende Person sei kein „Zigeuner", wurde auf der Meldekarte ein „NZ" vermerkt. Neben diesen „rassegutachterlichen Äußerungen" wurden auf den Meldekarten die Umzüge oder Wegzüge vermerkt. Auf einer sehr großen Zahl findet sich als letzte Eintragung unter „Tag des Auszugs": 8. März 1943 und unter

---

[126] StA Bremen 4, 14/4 - Personenakten, Nr. 137.407.
[127] ED = erkennungsdienstlich. Wären bereits vor 1938 sehr viele Sinti ED-behandelt worden, ergäbe die Liste keinen Sinn.
[128] Der Grund dürfte in dem Festsetzungserlaß von 1939 zu sehen sein.
[129] Es wurde ja gerade diese Verordnung und die mit ihr verbundenen Schwierigkeiten der Einhaltung als 'Erfolg' gewertet. Im übrigen wirkt die Unterbringung seltsam improvisiert. Bei genauer Einhaltung der Polizeiverordnung hätten z.B. alle Standplätze mit einem Bretterzaun, der eine Einsicht in das Gelände verhindern sollte, umgeben sein müssen. Die vier genannten Standplätze waren indes nur die größten. Die Stadt konnte oder wollte selbst wohl kein „Zigeunerlager" wie in anderen Städten errichten. So überließ sie es Privatleuten, Plätze an die Sinti und Roma zu vermieten.
[130] = „Zigeunermischling mit überwiegendem zigeunerischen Blutanteil" (+) oder „Zigeunermischling mit überwiegendem deutschen Blutanteil" (-).

Bemerkungen: „Auschwitz", „Auschwitz (Konz. L.)", „Auschwitz (Lager)" oder aber sogar „Zigeunerlager Auschwitz" bzw. „Auschwitz (KZ-Lager, Zigeuner)".[131]

Weiterhin ergibt sich aus dem Vergleich, daß sieben Familien[132] nicht in dem Melderegister, wohl aber in der Liste zu finden waren. Diese 31 Personen wurden unmittelbar vor der Deportation im Mai 1940 ED-behandelt. Es ist sehr wahrscheinlich, daß es sich hierbei um einige der Sinti handelt, die in Bremen/Gröpelingen im Schützenhof gesammelt und von dort nach Polen deportiert wurden. Für eine der Familien findet sich im Melderegister eine Karteikarte, die unter „Tag des Auszugs: 1. 10. 40" und unter Bemerkungen: „Belzick, Polen, Lager" verzeichnet.[133]

Auch in Bremen wurden von der „Dienststelle für Zigeunerfragen" spezielle „Zigeunerpersonenakten" geführt.[134] Mündtrath vernichtete sie im April 1945 mit anderen Akten der Dienststelle. Nichtsdestoweniger befanden sich unter den Personalakten der Polizei eine große Anzahl, die Sinti und Roma betrafen.[135] Wie z.B. aus der Wiedergutmachungsakte von R. Sch.[136] hervor-

---

[131] Z.B. Sch., W., 13. Oktober 1890; St., Rudolf, 1. Januar 1863; W., Robert, 9. Mai 1900. Was im Widerspruch zu den Aussagen aller Täter steht, u.a. auch Mündtrath, daß sie nicht wußten, wohin sie die Opfer brachten oder was mit ihnen geschehen sollte.

[132] Ernst, Heitmann, Horneffer, Jansohn, Steinbach und die beiden Ausnahmen (weil in Bremen wohnend) Harder und Petermann.

[133] H., Heinrich, 18. Januar 1877.

[134] StA Bremen 4, 54 - Wiederrgutmachung - E 2526, Rosa Sch. Dort werden aus ihrer Polizeiperonenakte Auszüge aus zwei „Zigeunerakten" zitiert, die sich offenbar auf ein Personenfeststellungsverfahren beziehen.

[135] Diese doppelte Aktenführung ist ungewöhnlich. Die z.B. sich in Magdeburg im Archiv befindlichen „Zigeunerpersonal-Akten" waren ehemals 'normale' Polizeipersonenakten, die dann einfach umgestempelt wurden. Die alte Nummer auf dem Aktendeckel wurde durchgestrichen und durch einen Stempelaufdruck z.B. ein rotes „Z 84" ersetzt. In Potsdam wurden allerdings eigene Aktendeckel geschaffen. Ebenso in Halle. Ein Vergleich der einzigen einen Sinto betreffenden Polizeipersonenakten in Bremen mit den „Zigeunerakten" aus Magdeburg und Potsdam ergab indes, daß die Unterschiede was den Inhalt anbetrifft so groß nicht sind. In beiden Aktentypen befinden sich Vorgänge des Erkennungsdienstes (die Bremer Polizeipersonenakte wurde auf Veranlassung des damaligen Leiters der „Dienststelle für Zigeunerfragen", Franz Gails, angelegt), Personenfeststellungsverfahren oder Auszüge aus Straflisten. Einzig die „rassegutachterlichen Äußerungen" Ritters oder Justins oder Auflagen, die den Sinti gemacht wurden, fehlen in der Bremer Akte. Dennoch befinden sich in ihr so viele Schriftstücke der „Dienststelle für Zigeunerfragen", daß der Eindruck entstehen kann, daß es sich durchaus um eine „Z-Akte" handeln könnte. Sie ist insgesamt sehr aussagekräftig und spiegelt die rassische Verfolgung genauestens wider, so daß der Verlust der ehemaligen „Z-Akte" 'verschmerzt' werden kann.
In zahlreichen Wiedergutmachungsverfahren wurde aus den Polizeipersonalakten zitiert. Es ist von daher anzunehmen, daß diese Akten, die in den 50er Jahren noch existierten, sehr viel Material enthielten, das so manche Quellenlücke geschlossen hätte. Im übrigen kann nur so der Grund dafür gegeben werden, warum ein Polizeibeamter mit der aufwendigen

geht, flossen in diese Personenakten auch Informationen aus den „Zigeunerakten",[137] so daß die Personalakten durchaus die Verfolgung widerspiegeln.

Aus den beiden übriggebliebenen Akten[138] geht hervor, daß in beiden Fällen im Personalaktenzimmer angefragt wurde, ob eine Akte vorhanden sei. In beiden Fällen mußte eine Akte angefertigt werden. Ein Hinweis auf die Anfertigung einer „Zigeuner-Akte" fehlt indes.

Wie aussagekräftig diese Akten sind, sei an der Akte über Arnold B.[139] gezeigt. Er wurde am 22. Mai 1941 wegen „Zigeunererfassung"[140] erkennungsdienstlich behandelt. In einem sich anschließenden Personenfeststellungsverfahren erkannte die Schwester Arnold B. auf einem Lichtbild.[141] Da seine Geburt nicht urkundlich nachgewiesen werden konnte, wurde bei dem

---

Arbeit betraut wurde, aus den Erkennungsdienstlisten die Personen herauszufiltern, die als „zigeunerische Personen" galten. Mittels dieser Liste konnten dann wieder die Polizeipersonenakten gezogen werden. Diese Akten existieren heute nach Auskunft von Herrn Lohse vom Polizeipräsidium nicht mehr.

[136] StA Bremen 4, 54 - Wiedergutmachung - E 2526. Wobei allerdings die NS-Diktion unkritisch übernommen wurde und somit diese Akten erneut gegen die Opfer gedreht wurden, somit eine „zweite Verfolgung" begann.

[137] Ebd.

[138] StA Bremen 4, 14/4 - Personenakten, Arnold B., Nr. 130.254, Jakob W.

Mitte der zwanziger Jahre hatte der Bremer Personal-Akten-Bestand einen bedenklichen Umfang erreicht, so daß eine grundsätzliche Überarbeitung des Bestandes notwendig war. In Bremen existierten 1923 über 270.000 Einwohner 300.000 Personal-Akten. Prozentual betrug demnach der Anteil der Personal-Akten im Verhältnis zu den Einwohnern 111%. Damit stand Bremen nicht alleine da. Auch in Halle betrug er 111%, in Leipzig 93%, in Hamburg 90%, während er in Berlin lediglich 34% betrug. Spitzenreiter war Stuttgart, das über seine 320.000 zählende Einwohnerschaft 600.000 Akten führte (187%!! - Zahlen aus: StA Bremen 4, 77/2 - Personenakten). Das erschien selbst der Polizei als zuviel. Dennoch hob ein mit der Überarbeitung betrauter Beamter hervor: „Mehr wie jede andere Staatsverwaltung muss eine Polizeiverwaltung die, weil sie die zur Erhaltung des Staatswesens wichtigsten Aufgaben mit zu lösen hat, mit Recht schon als die Mutter aller Verwaltungen bezeichnet ist, darauf bedacht sein, die ihrem Schutze anvertrauten Staatsbürger zu kennen. Jede Polizeiverwaltung muss über die Bewohner ihres Wirkungskreises, über deren Sitten und Gebräuche, über deren Standesverhältnisse und all die andern Dinge, die die Angehörigen eines Gemeinwesens angehen, unterrichtet sein. Insbesondere muss sie auch den Characteren ihre Aufmerksamkeit schenken, die den Mitmenschen in gewollter oder ungewollter Absicht Schaden zufügen. Zu diesem Zwecke sammelt jede Polizeiverwaltung alle Unterlagen und Nachweise, welche in persönlicher oder sachlicher Beziehung von Bedeutung sind. Eine sehr wertvolle Sammlung das in persönlicher Beziehung wichtigen Materials ist bei jeder Polizeiverwaltung der Aktenschatz - die Personalakten." StA Bremen 4, 77/2 - Personenakten, Bl. 27.

[139] StA Bremen 4, 14/4 - Personenakten, Arnold B., Nr. 130.254.

[140] So steht es im Formular des Erkennungsdienstes. Gemeint ist der Runderlaß vom 8. Dezember 1938 und die Ausführungsanweisung vom März 1939.

[141] Die an diesem polizeilichen Verwaltungsgang befaßten Kriminalbeamten sagen später im Entnazifizierungsprozeß gegen Mündtrath aus. Vestweber, Hagen, Gails, Mündtrath.

entsprechenden Standesamt in Golmbach b./Holzminden um eine Kopie der Geburtsurkunde nachgefragt. Die Beauftragung an den Erkennungsdienst erging vom damaligen Leiter der „Dienststelle für Zigeunerfragen", Kriminalsekretär Franz Gails. Auf dem entsprechenden Formular ist unter Straftat vermerkt: „Zigeunererfassung."

Gleichzeitig wurde eine Personalakte angelegt. Dabei beließ es der Polizeiapparat zunächst. Am 2. Dezember 1941 meldete der Oberstaatsanwalt dem „Herrn Polizeipräsidenten" routinemäßig, daß Arnold B. im November eine 10tägige Gefängnisstrafe in Stadthagen b./Nienburg, wo er einen Onkel besuchte, abbüßen mußte, weil er sich des „unbefugten Gebrauchs eines fremden Fahrrads" strafbar gemacht hatte. Daraufhin wurde B. im April 1942 in „Schutzhaft" genommen. Der Vorwurf: er habe Bremen zweimal verlassen und damit gegen die ihm erteilte Auflage, seinen Wohnsitz ohne vorherige polizeiliche Erlaubnis nicht zu verlassen, verstoßen. „Für den Fall der Nichtbefolgung ist ihm polizeiliche Vorbeugungshaft und Einweisung in ein Konzentrationslager angedroht worden."[142] Mittlerweile leitete Wilhelm Mündtrath die „Dienststelle für Zigeunerfragen". Somit war es nunmehr an ihm, Arnold B. für sein 'Vergehen'[143] in ein Konzentrationslager einzuweisen. Seinen Geburtstag mußte der 19jährige Mann im Bremer Polizeigefängnis verbringen. Derweil ließ Mündtrath sich vom Reichskriminalpolizeiamt mit dem Schreiben vom 29. April 1942 „die Anordnung der polizeilichen Vorbeugungshaft" genehmigen.

Arnold B. wurde daraufhin am 7. Mai 1942 in das KZ-Sachsenhausen „mittels Sammeltransport in Marsch gesetzt." Zuvor hatte noch der Amtsarzt festgestellt, daß B. „frei von ansteckenden Krankheiten" war, wobei ein Monat zuvor ärztlicherseits festgestellt wurde, daß B. „lagerhaft- und arbeitsfähig"[144] und gesund sei.

Nach zwei Monaten erhielt die Kriminalpolizeileitstelle Bremen ein Fernschreiben von der Leitung des KZ Sachsenhausen folgenden Inhalts: „Der vorstehend erwähnte Häftling ist am 14. 7. 42 um 14.30 Uhr im hiesigen Krankenhaus verstorben. Todesursache: Herz- und Kreislaufschwäche." Die Angehörigen sind „sofort in Kenntnis zu setzen". Außerdem ist „ihnen noch folgendes mitzuteilen: eine Überführung der Leiche oder Erdbestattung kann z. Zt. nicht stattfinden. Eine Teilnahme an der Einäscherung ist nicht möglich. Eine Besichtigung der Leiche ist auf Anordnung des Lagerarztes nicht möglich.

---

[142] StA Bremen 4, 14/4 - Personenakten, Arnold B., Nr. 130.254.
[143] B. konnte weder schreiben noch lesen. Die Eröffnungsverhandlung darüber, welche Auflagen ihm gemacht wurden, fehlen in der Personenakte.
[144] StA Bremen 4, 14/4 - Personenakten, Arnold B., Nr. 130.254.

Grund: hygienische Gründe. ... Die Urne wird kostenlos übersandt, wenn die Angehörigen spätestens innerhalb 4 Wochen eine Bescheinigung der örtlichen Friedhofsverwaltung einsenden, dass für ordnungsgemäße Beisetzung Sorge getragen ist. Diese Bescheinigung ist zu senden an: das Krematorium des Konzentrationslagers Sachsenhausen in Oranienburg bei Berlin."[145] Der gesunde und „lagerhaftfähige" junge Mann überlebte die 'Lebensbedingungen' im KZ nur zwei Monate.

Am 16. Juli 1942 wurde die Schwester benachrichtigt. Sodann wurde die „Kartei berichtigt", der Vorgang dem Nachrichtendienst „zur Kenntnis" vorgelegt, Mündtrath zeichnete seine Kenntnisnahme ab, dann wurde unter Punkt 7) des Laufzettels „zum Vorgang weglegen"[146] die Personalakte am 29. Januar 1943 geschlossen.

Neben der Erfassung der Sinti und Roma 1938, den geschilderten anderen 'Aufgaben' der „Dienststelle für Zigeunerfragen" und der Festsetzung 1939, die dem Beginn der Deportationen vorausging und die Vernichtung einleitete, gab es parallel dazu vereinzelte 'Aktionen', die nicht direkt von dem „Zigeunerdezenat" koordiniert wurden, deren Zuständigkeit jedoch in den Bereich der Kriminalpolizei fiel und deren Folgen für die Opfer Einweisungen in ein KZ und mitunter den Tod bedeuteten. Hierzu gehört die Verhaftungswelle „Arbeitsscheu Reich" vom Sommer 1938. Sie richtete sich nicht alleine gegen Sinti und Roma, aber die rassische Einstufung als „Zigeuner" war einmal mehr das Kriterium für die Verfolgung.

2. 1. 3. Die Verhaftungswelle „Arbeitsscheu Reich" im Juni 1938

Mit großer Sympathie berichtete Carl Krämer, der langjährige stellvertretende Leiter der Bremer Kripoleitstelle, über die Verhaftungswellen des Jahres 1938: „Unter dem Stichwort „Vorbeugende Verbrechensbekämpfung" begannen Anfang 1938 einschneidende Maßnahmen gegen Asoziale sowie gegen Berufs- und Gewohnheitsverbrecher, vor denen die Gemeinschaft nachhaltig geschützt werden sollte. ... Alle Landstreicher, Arbeitsscheue, Umhertreiber usw., derer man habhaft werden konnte, wurden inhaftiert. In Bremen wurden die Herbergen, Hafenkneipen, bekannte Schlupfwinkel von Rechtsbrechern etc. gründlich überholt. Das Gleiche geschah im ganzen Leitstellengebiet. Es wurde eine be-

---

[145] Ebd.
[146] Ebd.

trächtliche Anzahl von Personen hier eingeliefert."[147] Es gab zwei Verhaftungswellen. Die erste wurde im April von der Gestapo durchgeführt, die zweite, im Juni 1938, lag in der Zuständigkeit der Kriminalpolizei.[148] Carl Krämer schilderte den Verlauf dieser Aktion dann wie folgt: „Nach Überprüfung der vorgeführten Personen wurde gegen sie ein „Vorläufiger Unterbringungsbefehl" erlassen, der dann dem RKPA übersandt wurde, das ... alle vorläufigen Festnahmen bestätigte und die Einweisung der Häftlinge in „Besserungs- und Arbeitslager" anordnete."[149] Das ist falsch. Es war genau umgekehrt. Das RKPA *bestätigte* die Einweisung in ein KZ und ordnete sie nicht an. Carl Krämer berichtet sodann über den 'Erfolg' der Verhaftungen: Es „verschwanden mit einem Schlage Tausende von Landstreichern, Bettlern etc. aus der Landschaft. ... Über das weitere Schicksal dieser Leute erfuhr die Kriminalpolizei nichts, von Ausnahmefällen abgesehen, in denen Entlassene besonders überwacht werden sollten. Von ihnen war nichts zu erfahren. Sie hatten alle einen Revers unterschreiben müssen, der sie zum Schweigen über die Zeit ihrer Inhaftierung verpflichtete. Nur einer von ihnen meinte lediglich, er sei nicht in einem Sanatorium gewesen..."[150] Es ist eine Lüge, die Krämer hier offenbar zum Selbstschutz in die Welt setzt, daß die Kriminalpolizei nichts von dem weiteren Schicksal der Verhafteten erfuhr. Aufgefundene Personalakten beweisen, daß die Kripo nicht nur über den Tod der Häftlinge informiert wurde, sondern auch die Todesursache erfuhr und den Auftrag zur Ermittlung der Erben erhielt, wie noch zu zeigen sein wird.

Die Grundlage für die Einweisungen von „Asozialen" in die Konzentrationslager, von denen auch Sinti und Roma betroffen waren, bildete der „Grundlegende Erlaß über die vorbeugende Verbrechensbekämpfung durch die Polizei" vom 14. Dezember 1937.[151] Ihm zufolge sollten in erster Linie „Berufs- und Gewohnheitsverbrecher" in Vorbeugungshaft genommen werden. Mit eingeschlossen waren auch „Asoziale", ohne daß definiert wurde, wer darunter zu fallen habe und wie sich angeblich „asoziales" Verhalten äußert. Dies wurde in den Durchführungsrichtlinien zum Grunderlaß vom 4. April 1938 nachgeholt. Als „asozial" galt: „...wer durch gemeinschaftswidriges, wenn auch nicht ver-

---

[147] Krämer/Siebke, a. a. O., S. 102.
[148] Vgl. Ayaß, Wolfgang, „Asoziale" im Nationalsozialismus, Stuttgart 1995.
[149] Krämer/Siebke, a. a. O., S. 102.
[150] Ebd., S. 102f.
[151] Vgl. zum folgenden: Ayaß, Wolfgang, Ein Gebot der nationalen Arbeitsdiziplin. Die „Aktion Arbeitsscheu Reich" 1938, in: Beiträge zur nationalsozialistischen Gesundheits- und Sozialpolitik, Bd. 6: Feinderklärung und Prävention. Kriminalbiologie, Zigeunerforschung und Asozialenpolitik, Berlin 1988, S. 43-74.

brecherisches Verhalten zeigt, daß er sich nicht in die Gemeinschaft einfügen will. Demnach sind z.B. asozial:
a) Personen, die durch geringfügige, aber sich immer wiederholende Gesetzesübertretungen sich der in einem nationalsozialistischen Staat selbstverständlichen Ordnung nicht fügen wollen (z.B. Bettler, Landstreicher (Zigeuner), Dirnen, Trunksüchtige..."[152]

Untergebracht werden sollte dieser Personenkreis in „staatlichen Besserungs- und Arbeitslager (Konzentrationslager)",[153] wobei Bremen das Konzentrationslager Sachsenhausen zugeteilt wurde. Frauen wurden in das Konzentrationslager Lichtenburg deportiert.

Am 1. Juni 1938 ordnete Heydrich in einem Schnellbrief an:[154]
„...1. Ohne Rücksicht auf die bereits vom Geheimen Staatspolizeiamt im März d. J. durchgeführte Sonderaktion gegen Asoziale sind unter schärfster Anwendung des Erlasses vom 14. Dezember 1937 in der Woche vom 13. bis 18. Juni 1938 aus dem dortigen Kriminalpolizeileitstellenbezirke *mindestens* 200 männliche arbeitsfähige Personen (asoziale) in polizeiliche Vorbeugungshaft zu nehmen. Dabei sind vor allem zu berücksichtigen
a)   Landstreicher, die zur Zeit ohne Arbeit von Ort zu Ort ziehen;
b)   Bettler, auch wenn diese einen festen Wohnsitz haben;
c)   Zigeuner und nach Zigeunerart umherziehende Personen, wenn sie keinen Willen zur geregelten Arbeit gezeigt haben oder straffällig geworden sind; ..."
In dieser einen Juni-Woche wurden wesentlich mehr Personen verhaftet als zu erwarten gewesen wäre. Allein in dem Kripoleitstellengebiet Hamburg wurden 700 Personen verhaftet.[155] Laut eines Rechenschaftsberichts[156] des Reichskriminalpolizeiamtes, der sich mit der Kriminalitätsentwicklung der Jahre 1937/38 befaßte, befanden sich am 31. Dezember 1937 insgesamt 2.808 Personen in Vorbeugehaft. Ein Jahr später waren es 12.993, unter ihnen 8.892 „Asoziale".

Auf die Anfrage des Regierenden Bürgermeisters vom 29. Juni 1938 bei der Kripoleitstelle, wieviele Menschen bei der Aktion „Arbeitsscheu Reich" verhaftet wurden, antwortete der Leiter, daß in der Stadt Bremen „116 Asoziale

---

[152] Zitiert nach: Ayaß, Wolfang, 1988, a. a. O., S. 54, dort: Anm. 38.
[153] Ebd.
[154] Schnellbrief aus: StA Bremen 3 - R. 1. a. Nr. 531 [83], Arbeitseinsatz der auf Grund des § 20 der Fürsorgepflichtverordnung in Arbeitseinrichtungen Untergebrachten für Zwecke des Vierjahresplanes. Maßnahmen gegen Asoziale und vorbestrafte Juden 1938, März 14.
[155] Ayaß, Wolfgang, 1988, a. a. O., S. 59.
[156] So Wehner, Bernd, Dem Täter auf der Spur, Bergisch-Gladbach 1983, S. 209f.

bzw. Arbeitsscheue und 13 Juden"[157] festgenommen worden waren. Im gesamten Kripoleitstellengebiet Bremen wurden insgesamt „393 Asoziale und 27 Juden"[158] in Vorbeugungshaft genommen und später in das KZ Sachsenhausen deportiert. „Außerdem wurden im KPStellenbezirk Bremen 4 Jugendliche erfaßt, die nach Zigeunerart umherzogen. Diese sind dem hiesigen Jugendamt überwiesen."[159] Die Bremer Kripoleitstelle hatte somit ihr Soll von 200 Personen um über 100% überschritten.

Wieviele Sinti und Roma darunter waren, kann nicht gesagt werden. Bekannt sind insgesamt vier Fälle.[160] Eine Namensliste, die alle in Bremen in den Jahren 1938 bis 1943 erkennungsdienstlich behandelten „zigeunerischen" Personen enthält, gibt eine ungefähre Vorstellung von der Zahl. Insgesamt wurden 1938 30 Personen erkennungsdienstlich behandelt, 18 davon im Juni:

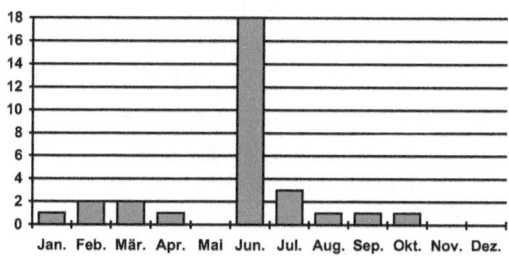

(Januar: 1 Person, Februar: 2 Personen, März: 2 Personen, April: 1 Person, Mai: 0 Personen, Juni: 18 Personen, Juli: 3 Personen, August: 1 Person, September: 1 Person, Oktober: 1 Person, November und Dezember: 0 Personen).

Es kann davon ausgegangen werden, daß diese Zahl die untere Grenze darstellt, da sicherlich einige Sinti schon erkennungsdienstlich behandelt worden waren und deshalb in der Liste nicht erwähnt wurden. Zudem bezieht sich die Zahl sehr wahrscheinlich nur auf Bremen und nicht auf das gesamte Kripoleitstellengebiet.

Über zwei der verhafteten Sinti fand sich im Staatsarchiv je eine Personalakte.[161] Eine sei hier wiedergegeben: aus seinem Lebenslauf, den ein

---

[157] StA Bremen 3 - R. 1. a. Nr. 531 [83].
[158] Ebd.
[159] Ebd. Philipp W. im Alter von 10 Jahren z.B.
[160] Robert P. (StA Bremen 4, 54 - Wiedergutmachung - E 2632), Heinrich H. (Personalakte Nr. 146.354), Jakob und Philipp W.
[161] Nr. 137.407; ED-Behandlung 890/38 in der Liste! Und Heinrich H.

Gendarmerie Hauptwachtmeister, Abteilungsbereich Achim, angefertigt hatte, ist zu entnehmen, daß der 22jährige Jakob W., von Beruf Musiker rund Scherenschleifer, sich seit März mit seinem Vater und sechs Geschwistern in Oldenburg aufhielt. Er wurde am 18. Juni verhaftet, „weil er keinen Willen zu geregelter Arbeit gezeigt hat, sondern vagabundierend im Lande herumzog."[162] Diese Begründung findet sich in dem Schnellbrief Heydrichs vom 1. Juni 1938 wieder und bot den einzelnen Beamten hinreichenden Spielraum, um willkürlich verhaften zu können. Allein die bloße Tatsache, daß Jakob W. „Zigeuner" war, reichte für seine Verhaftung aus. Denn in der 'Begründung' der polizeilichen Vorbeugungshaft durch die Kripoleitstelle Bremen hieß es: „Gend.-Hauptw. Schmerbach stellte fest, dass W. mit noch 3 anderen Zigeunern in der Gastwirtschaft Asendorf in Heinsberg, Gemeinde Bassen, gebettelt hat. W. gab an, durch Musikausübung bzw. Korbflechterei seinen Lebensunterhalt zu bestreiten. Er konnte jedoch einen Wandergewerbeschein nicht vorzeigen. Es unterliegt keinem Zweifel, dass W. schon längere Zeit als Zigeuner durch die Lande streift und daher den Willen zur geregelten Arbeitsleistung vermissen läßt."[163] Weitere Untersuchungen wurden erst gar nicht durchgeführt. Genauestens wurde indes erforscht, ob die „Persönlichkeit des W." einwandfrei feststand. Da Jakob W. jedoch einen Wehrpass besaß, konnte kein Zweifel mehr daran bestehen, daß die angegebenen Personalien korrekt waren.

Am 23. Juni 1938 wurde der Sinto vermutlich in einem Sammeltransport mit den Verhafteten des Kripoleitstellengebiets in das KZ Sachsenhausen deportiert. Anderthalb Jahre später kam Jakob W. in das KZ Mauthausen. Hier verstarb der 25jährige Sinto, wie die Kommandantur Mauthausen am 16. Dezember 1941 der Kripoleitstelle mitteilte, an Lungenentzündung, sehr wahrscheinlich aufgrund der menschenunwürdigen Lebensverhältnisse: „Hier ist der Häftling am 9. 12. 1941 gegen 5.00 Uhr an Lungenentzündung verstorben. W. wurde mit einer doppelseitigen Lungenentzündung in den Krankenbau des K. L. M., Unterkunft Gesen, aufgenommen. Nach vorübergehender Besserung traten Störungen im Herz- und Kreislaufsystem auf, an deren Folgen W. verstorben ist."[164]

Nunmehr kann die Behauptung des stellvertretenden Kripoleitstellenleiters, Kriminaldirektor Carl Krämer, nicht mehr aufrecht erhalten werden, daß die Kripo „über das weitere Schicksal dieser Leute"[165] nichts erfahren hat:

---

[162] Ebd.
[163] Ebd.
[164] Ebd.
[165] Krämer/Siebke, a. a. O., S. 102f.

„Das Reichskriminalpolizeiamt Berlin, die einweisende Kripostelle Bremen und die Angehörigen wurden von dem Ableben des Häftlings verständigt. Die Leiche wurde im hiesigen Krematorium eingeäschert."[166]

Doch damit war die Akte des Sinto noch nicht geschlossen. Die Benachrichtigung der Angehörigen erwies sich als nicht so einfach. Der Kripo Bremen fiel es zu, die Angehörigen zu ermitteln, u.a. um ihnen die „Effekten"[167] des Sinto überbringen zu können. Als Hinterbliebene wurde die Großmutter des Verstorbenen in Dortmund ermittelt. Die Erkundigungen der Dortmunder Kripo ergaben jedoch, daß Frau Margarethe W. bereits 1939 in Dortmund verstorben war. Es wurde ein Bruder ermittelt, der sich z. Zt. „in Arbeitshaushaft im Gefangenenlager „Rodgau" Lager II, in Oberroden-Hessen befindet."[168] Daher wurden die Nachlaßsachen „zwecks Aushändigung"[169] dorthin weitergesandt.

Damit alles seine 'Ordnung' hatte, wurde das „Gefangenenlager" gebeten, „die beigefügte Quittung mit Empfangsbestätigung direkt nach dort (gemeint ist Bremen, d. A.) zu senden."[170] Und in der Tat. Wenige Tage später meldete sich die Leitung des Gefangenenlagers und bestätigte, daß sie die Nachlaßsachen für den Bruder „in Verwahrung genommen"[171] hat. Direkt überreichen konnte die Lagerleitung die Sachen nicht, denn der Bruder, Philipp W., war erst 14 Jahre alt. Er war mit seinem mittlerweile verstorbenen Bruder in Bremen als „Asozialer" verhaftet und erkennungsdienstlich behandelt worden. Zum Zeitpunkt seiner Verhaftung war Philipp W. also 10 Jahre alt. Es ist anzunehmen, daß das Kind zu den vier Jugendlichen gehörte, „die nach Zigeunerart" im Kripoleitstellengebiet umherzogen, verhaftet und dem Jugendamt überstellt worden waren.[172] Das Jugendamt besorgte dann vermutlich die Einweisung in das „Gefangenenlager Rodgau".

Damit endete die Akte. Als letzter zeichnete der Leiter der „Dienststelle für Zigeunerfragen", Kriminalsekretär Wilhelm Mündtrath, seine 'Kenntnisnahme' ab und bestätigte somit nochmals, was die Kripo alles „über das weitere Schicksal dieser Leute"[173] wußte.

---

[166] Personalakte Nr. 137.407, Fernschreiben vom 13. Dezember 1941.
[167] Ebd., Schreiben vom 13. Januar 1942. = Wertsachen, gemeint ist der Nachlaß: 1 Mantel, 1 Weste, 1 Hose, 1 Oberhemd, 1 P. Socken, 1 Brieftasche, div. Papiere, 2 Schlüssel, 1 Kamm, 1 P. Ledersandalen.
[168] Ebd., 9. Februar 1942.
[169] Ebd.
[170] Ebd.
[171] Ebd., 24. Februar 1942.
[172] Vgl. StA Bremen 3 - R. 1. a. Nr. 531 [83].
[173] Krämer/Siebke, a. a. O., S. 102f.

2. 1. 4. Die Deportationen im Mai 1940 - Der erste Schritt in die Vernichtung

Der Erfassung aller Sinti und Roma 1938 folgte der Festsetzungserlaß im Oktober 1939. Sinti und Roma durften nunmehr ihren Wonsitz ohne Erlaubnis der zuständigen „Dienststelle für Zigeunerfragen" nicht mehr verlassen. Der nächste Schritt erfolgte Anfang des Jahres 1940. Im Reichssicherheitshauptamt in Berlin wurde die „Umsiedlung" (Tarnbezeichnung für die Deportation) von allen im Reich lebenden Sinti und Roma[174] in das „Generalgouvernement Polen" geplant. Da gleichzeitig die „Umsiedlung" von Polen und Juden geplant wurde, kam es infolge der organisatorischen Schwierigkeiten der Behörden vor Ort zu Verzögerungen. Am 27. April 1940 ordnete Himmler (vertreten durch Heydrich) in einem Schnellbrief an: „Der erste Transport von Zigeunern nach dem Generalgouvernement wird Mitte Mai in Stärke von 2.500 - in geschlossenen Sippen - in Marsch gesetzt werden."[175] Die Kripoleitstellen Hamburg und Bremen hatten 1.000 Sinti und Roma zu deportieren, wobei Hamburg als Sammelplatz bestimmt wurde.

Aus Bremerhaven[176] ging ein gesonderter Transport nach Hamburg. Bremen[177] wurde Sammelpunkt vor allem für Sinti und Roma aus dem Kripoleitstellengebiet. Vermutlich waren nur wenige Bremer Sinti von dieser ersten Deportation betroffen.[178] Die Quellenlage für Bremen ist äußerst unbefriedigend.[179] Selbst in den Wiedergutmachungsakten ließen sich so gut wie keine Hinweise finden. Sehr wahrscheinlich haben überlebende Sinti ihre Wiedergutmachungsanträge in Niedersachsen gestellt, da dort ihre Verhaftungen begannen und Bremen nur eine Durchgangsstation war.[180] Zumindest wird damit die Aussage Krämers, daß in Bremen lebende Sinti nicht oder kaum betroffen waren, verifiziert.

---

[174] Ca. 30.000. Ritter hatte über sie im Winter 1939/40 bereits eine 'Übersicht' zusammengestellt.
[175] Schnellbrief unterzeichnet von Heydrich, in: BA - Koblenz, R58/473.
[176] Siehe Kapitel 3.
[177] Forschungsstand zu Bremen: Marßolek/Ott, a. a. O., S. 336, Schwarzwälder, a. a. O., S. 465 über den „Erfolg „ der Deportationen nach Polen: „Dort wurden sie aber nicht seßhaft und von der Bevölkerung nicht akzeptiert". Diese Behauptung entsprach schon bei Anfertigung des Manuskriptes durch Schwarzwälder nicht mehr dem Forschungsstand. Krämer/Siebke, a. a. O., S. 111f.
[178] Krämer/Siebke, a. a. O., S. 111.
[179] Im Gegensatz zu Bremerhaven.
[180] Außerdem zeigen die Bremer und Bremerhavener Wiedergutmachungsakten, daß viele an ihre früheren Wohnorte zurückkehrten und selbst die Verwandten hier bleiben.

Es verwundert daher nicht, daß wir als Beweis für den Sammelpunkt Bremen bislang lediglich eine Aussage einer Sintezza[181] haben. Sie berichtete: „Ich bin am 16. Mai 1940 in Edewechterdamm durch die Polizei aus Edewecht in Haft genommen und der Gestapo in Bremen zugeführt."[182]

Die andere Quelle ist Carl Krämer, der stellvertretende Leiter der Kripoleitstelle Bremen. An zwei Stellen berichtete er über die Deportationen. Demnach war kurz bevor die Verhaftungen begannen Dr. Dr. Ritter in Bremen[183] und hielt vor Bremer Kriminalbeamten und Gendarmeriestellenleiter aus dem Leitstellengebiet „einen Vortrag über die Bekämpfung des Zigeunerunwesens, über Rassen- und Vererbungsfragen sowie andeutungsweise über beabsichtigte Maßnahmen gegen Zigeuner."[184] Dem Referat war auch zu entnehmen, daß die Sinti nach Polen deportiert werden sollten. Ebenso wurde der Völkermord angekündigt: „Erblich belastete oder aus sonstigen Gründen unerwünschte Zigeuner sollten dann später an der Weitergabe ihres Erbgutes durch die Einweisung in Isolierlager verhindert (sic!) werden".[185] Einen Tag später befahl Himmler die Deportationen mit dem Schnellbrief. Die Sinti „wurden von den informierten Gendarmeriestellen gleichzeitig zur bestimmten Zeit festgenommen und mit Sack und Pack nach Bremen gebracht."[186] Von hier aus wurden sie am 16. Mai in einem Eisenbahntransport nach Hamburg überführt.

Die Vorarbeiten wurden in Bremen von Kriminalkommissar Sieber und Kriminalinspektor Ideus vorgenommen. Ideus wollte sich nach 1945 allerdings nur noch darin erinnern können, daß er während der Kriegsjahre „einen Transport nach Walle begleiten"[187] mußte. Außerdem war der Leiter der „Dienststelle für Zigeunerfragen", Kriminalsekretär Franz Gails, an den Planungen beteiligt und leitete zusammen mit Kriminalkommissar Smetana den Transport nach Hamburg.[188]

---

[181] Sophie A., StA Bremen 4, 54 - Wiedergutmachung - E 8548.
[182] Ebd. Zu Edewechterdamm siehe Kapitel 4.
[183] Am 26. April 1940, Krämer/Siebke, a. a. O., S. 111f. Vermutlich war Ritter auch noch in Bremerhaven.
[184] Ebd. Vermutlich handelte es sich hierbei um folgende Referate Ritters: Das deutsche Zigeunerproblem der Gegenwart, Das Asozialenproblem und die Möglichkeiten seiner Lösung (Bundesarchiv Berlin Zsg 142/22, Bl. 153-214, Bl. 220-255).
[185] Ebd.
[186] Krämer/Siebke, a. a. O., S. 111f.
[187] Vernehmung in StA Bremen 4, 54 - Wiedergutmachung - E 1060. Riekus Ideus ging am 1. Oktober 1950 in den Ruhestand.
[188] Alle Namen laut Aussage von Carl Krämer, in: StA Bremen 4, 89/3 - 710, Ermittlungsverfahren gegen Wilhelm Mündtrath, Bl. 152.

Als Sammellager in Bremen diente der „Schützenhof" in Gröpelingen.[189] Der Schützenhof[190] befand sich in der Bromberger Straße 117. Das Gelände diente der Bremer Schützengilde als Schießsportplatz. Er eignete sich offenbar durch seine Ummauerung und durch die Nähe zu den Bahngleisen. Zudem war der Schützenhof schon vor der Deportation der Sinti als Lager genutzt worden. So sollten infolge des Kriegsausbruchs 1939 die ausländischen Besatzungen mehrerer Schiffe interniert werden. Im September 1939[191] wurden 238 Inder in Gewahrsam genommen und mit Beschluß vom 31. Oktober 1939 im Schützenhof untergebracht. In einem Bericht des Polizeipräsidenten an den Reichsführer SS und Chef der deutschen Polizei vom 29. November 1939 hieß es über die Vorzüge des Schießplatzes: „Die Inder sind jetzt in den vom Quartieramt freigestellten Räumen der Schützengilde in Gröpelingen untergebracht. Der „Schützenhof" liegt zwischen Eisenbahndamm und Brombergerstrasse in einer wenig bewohnten Gegend, in der kein Durchgangsverkehr stattfindet. Die allgemeine Abgrenzung ist so, dass zwar allenthalben ein Durchgang geschaffen werden kann, bei der Freiheit, die die Laskaren geniessen, wird aber

---

[189] Krämer/Siebke, a. a. O., S. 111, Schwarzwälder, a. a. O., S. 465.
[190] Das Gebäude steht heute nicht mehr. Das Gelände wird indes noch immer von der Bremer Schützengilde genutzt. Am 13. Oktober 1943 wurde der Schützenhof durch Brandbomben vollständig vernichtet. Aus: Broschüre anläßlich des 50jährigen Jubiläums 1954, in: StA Bremen 3 - V. 2. Nr. 556 - betreffend die Bremer Schützengilde ab 20. Juni 1907. Auszüge aus dieser Akte stellen ein Kleinod deutscher Sitten- und Mentalitätsgeschichte dar. 1904 gegründet wurde ab 1914 ein vom Bremer Senat gestifteter Wanderpreis alljährlich verliehen. In der Begründung des Vereins, warum es gerade im Mai 1914 wichtig war, einen solchen Wanderpreis auszuschreiben, schrieb die Gilde: „Gerade die Jetztzeit mit ihren gewaltigen Rüstungen zu den Olympischen Spielen (für 1916 waren in Berlin die Olympischen Spiele angesetzt. Sie wurden wegen des Weltkriegs jedoch nicht ausgetragen, d. A.) im Stadion zu Berlin hat allerorten die Sportvereine mobil gemacht, um auf allen Gebieten den eingeladenen Gästen und fremden Staaten zu beweisen, dass neben Anderem auch der älteste Sport, das Schiesswesen, von den Regierungen und Verwaltungen, nicht nur gehegt und gepflegt wird, sondern auch auf einer Höhe steht, die den übrigen Mächten die Achtung vor unserer Schießfertigkeit abzuringen in der Lage ist." Der Bremer Senat unterstützte dieses Ansinnen durch die Stiftung eines solchen Wanderpreises, lehnte aber im übrigen beständig Einladungen der Schützengilde ab. So auch 1922 anläßlich der Wiedereröffnung der Schießstände. Zwar hieß es in der Einladung: „Die Schützen- und Sportvereine sind neben anderen vaterländischen Vereinen berufen, das Gefühl der deutschen Sitte und Art und die deutsche Ehre hochzuhalten, und dadurch die Vaterlandsliebe in alle Schichten des Volkes zu tragen. Obgleich diese Vereine von vielen Stellen nur als Geselligkeitsvereine angesehen werden, möchten wir besonders hervorheben, dass die Schützenvereine die berufenen Stellen sind, die aus dem Zusammenbruch noch übriggebliebene Treue und Liebe zum Vaterlande aufs neue zu beleben..." Der Bremer Senat hatte andere Schlußfolgerungen aus den 'Schießübungen' 1914 gezogen und lehnte die Einladung „...mit Rücksicht auf die Zeitumstände und der Konsequenzen halber..." ab.
[191] StA Bremen 4, 13/1 - P. 1. f. Nr. 35, Ausländerpolizeiliche Behandlung indischer Staatsbürger.

nur vom Haupteingang Gebrauch gemacht. Die Anwohner kümmern sich wenig um die Lagerinsassen. ... Die Raumverhältnisse im „Schützenhof" müssen mit Rücksicht auf die Kriegszeit als ausreichend angesehen werden. Verbesserungen im Lager selbst, wie Küche und Klosett-Anlagen, sind ... nach und nach geschaffen worden."[192] Am 14. Februar 1940 wurden die Inder nach Holland abgeschoben. Drei Monate später diente dann der Schützenhof als Sammellager für die Sinti und Roma.[193]

Wie schon über die Durchführungen der Verhaftungen und Planungen der Deportation sind ebenso über die Anzahl[194] der verhafteten Sinti und Roma nur Spekulationen möglich. Ausgehend davon, daß die Bremer und Hamburger Kripoleitstellen 1.000 Personen zu verhaften hatten, läßt sich ungefähr bestimmen, wieviele Sinti im Schützenhof in Gröpelingen gefangengehalten wurden:

551[195] von den 1.000 Sinti wurden in Hamburg verhaftet, ca. 100 in Bremerhaven[196], 62[197] in Lübeck, 50[198] in Neumünster und 105[199] in Kiel. Es bleibt eine Zahl von ca. 132 Personen offen.

In der Bremer Liste, die alle in den Jahren 1938-1943 erkennungsdienstlich behandelten „zigeunerischen" Personen enthält, fallen die Monate April/Mai auf:

---

[192] Ebd.
[193] Der Schießsportplatz wurde auch später noch als Fremdarbeiterlager für die AG-Weser genutzt. In ihm waren ca. 350 Häftlinge untergebracht (StA Bremen 4, 77/2 - Schützenhof). 1951 kaufte die Schützengilde der AG-Weser zwei der Baracken ab, in denen vermutlich die Häftlinge untergebracht waren. „Leider konnten wir nicht beide Baracken für unsere Zwecke nutzen, da dieselben in einem sehr schlechten baulichen Zustand waren." In: StA Bremen 4, 13/1 - P. 1. f. Nr. 35.
[194] Nach Zimmermann, Michael, Deportation ins „Generalgouvernement", Zur nationalsozialistischen Verfolgung der Sinti und Roma aus Hamburg, S. 157, in: Hamburg in der NS-Zeit. Ergebnisse neuerer Forschungen, Hamburg 1995 (Forum Zeitgeschichte Bd. 5), S. 151ff., wurden aus Bremen, Winsen an der Aller, Bremervörde und Wesermünde insgesamt 160 Sinti verhaftet.
[195] Zahl aus: Kawczynski, Rudko, Hamburg soll zigeunerfrei werden, in: Ebbinghaus, A., Kaupen-Haas, H., Roth, K. H., (Hg.), Heilen und Vernichten im Mustergau Hamburg, Hamburg 1984, S. 50.
[196] Siehe Kapitel 3.
[197] Im Hamburger Staatsarchiv befinden sich unter der Signatur: Polizeibehörde II, 463 mehrere Namensverzeichnisse der aus Kiel, Lübeck und Neumünster deportierten Sinti.
[198] Ebd.
[199] Ebd.

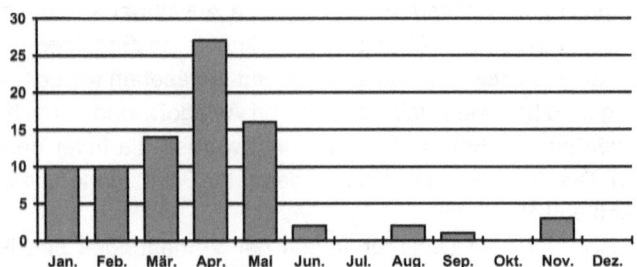

(Januar: 10 Personen, Februar: 10 Personen, März: 14 Personen, April: 27 Personen, Mai: 16 Personen, Juni: 2 Personen, Juli: 0 Personen, August: 2 Personen, September: 1 Person, Oktober: 0 Personen, November: 3 Personen, Dezember: 0 Personen).

Auffällig ist die Häufung in den Monaten April und Mai. Im Mai wurden alle Personen am 14. des Monats erfaßt. Es ist durchaus vorstellbar, daß es sich bei den 132 Personen um die aus dem Bremer Kripoleitstellengebiet (mit Ausnahme Bremerhavens) deportierten Sinti und Roma handelt.[200]

Von Bremen aus wurden die Sinti mit einem Eisenbahntransport nach Hamburg gebracht, wo sie im Freihafen in einem Fruchtschuppen auf ihren Abtransport nach Polen warten mußten.[201] Für sehr viele Sinti und Roma begann mit dieser Deportation eine fünfjährige KZ-Zeit, die viele nicht überlebten. Völlig abwegig ist dagegen die Darstellung Krämers, die in beschämender Weise die Folgen dieser Deportation beschönigt und grotesk verdreht:[202] „Insgesamt aber wurde dieses Unternehmen offenbar zu einem großen Fehlschlag. Von zurückgekehrten Zigeunern war später zu erfahren, daß nur ein kleiner Teil des Transports eine Unterbringungsmöglichkeit gefunden hatte. Die ganze Übersicht war verloren gegangen, die Zigeuner gerieten gänzlich außer Kontrolle und schwärmten in einzelnen Trupps im Lande umher. Es kam sehr bald zu Zuständen, die nicht länger tragbar waren. Die Wehrmacht griff ein und schickte alle Zigeuner, die sie aufgreifen konnte, nach Deutschland zurück.

---

[200] Es müssen nicht alle Sinti erkennungsdienstlich behandelt worden sein, da sie vielleicht schon in ihren Wohnorten dieser 'Behandlung' unterzogen wurden. Dennoch bleibt ein Zusammenhang zwischen Schnellbrief und ED-Behandlung erkennbar. Erst eine genaue Auswertung der Wiedergutmachungsakten aus Niedersachsen könnte hier Klarheit schaffen.

[201] Kawczynski, Rudko, a. a. O., S. 49. Zu den Verhältnissen dort und später in Polen siehe das Kapitel 3. über Bremerhaven.

[202] Krämer/Siebke, a. a. O., S. 111, und auch Schwarzwälder, S. 465 (vielleicht war Schwarzwälders Quelle Krämer).

Zweifellos war dieses Unternehmen ein Versuch gewesen, die Pläne einer Umsiedlung der Zigeuner zu realisieren."

2. 1. 5. Die Endphase des Völkermords - Die Deportationen im März 1943 in das Vernichtungslager Auschwitz/Birkenau

Mit dem sogenannten „Auschwitz-Erlaß"[203] Himmlers vom 16. Dezember 1942 begann die Endphase des Völkermords an über 500.000 Sinti und Roma. Der Erlaß sah ihre Deportation in das KZ Auschwitz/Birkenau, wo ein gesondertes „Zigeunerfamilienlager" (Lager B II e) eingerichtet worden war, vor. Der dem Erlaß folgende Schnellbrief[204] vom 29. Januar 1943 sah zwar 'nur' die Einweisung von „Zigeunermischlingen, Rom-Zigeunern und balkanischen Zigeunern"[205] vor, tatsächlich waren jedoch alle Sinti und Roma von den Deportationen betroffen. Vielfach wurde der Schnellbrief genutzt, um das jeweilige Gebiet „zigeunerfrei" zu machen.[206]

In Bremen wohnten auch nach den Deportationen im März 1943[207] noch Sinti. Sie waren jedoch von Zwangssterilisationen betroffen.[208] Die Anzahl der in Bremen verbliebenen Sinti muß sehr gering gewesen sein.[209] Ob sie aufgrund der Bestimmungen des Schnellbriefs zunächst unbehelligt blieben oder es der Willkür einzelner „zu verdanken" hatten, ist nicht mehr feststellbar. Manchesmal war es schlicht und einfach purer Zufall,[210] der sie vor der drohenden Einweisung in das KZ Auschwitz, und damit in den sicheren Tod, rettete, wie in dem Fall einer Sintezza noch zu zeigen sein wird.

---

[203] Der Erlaß selbst ist nicht überliefert.
[204] Institut für Zeitgeschichte, München, Dc 17. 02.
[205] Sog. „reinrassige Sinti und Lalleri" oder „sozial angepaßt" lebende Sinti und Roma sollten nicht betroffen sein.
[206] Darauf weist z.B. Bamberger, Edgar, a. a. O., S. 16, hin.
[207] Zum Forschungsstand in Bremen: Marßolek/Ott, a. a. O., erwähnen die Deportationen nach Auschwitz nicht. Schwarzwälder, a. a. O., widmet ihnen ganze 6 Zeilen (S. 465), ohne Zahlen, Umstände, geschweige denn Namen der verantwortlichen Beamten zu nennen.
[208] S. nachfolgendes Kapitel.
[209] Das ist aus den Zwangssterilisationen zu schließen und aus der großen Anzahl der aus Bremen deportierten Sinti, da, im Gegensatz zu der Deportation im Mai 1940, nunmehr vornehmlich Bremer betroffen waren.
[210] Da die Bremer Kripo-Beamten immer 'sehr korrekt' handelten, ist es nicht anzunehmen, daß sie etwa Widerstand leisteten und damit den Versuch unternahmen, einige ihrer Opfer zu retten. Bezeichnenderweise ist nicht ein Fall bekannt.

Der Ablauf der Deportationen und die zuvor erfolgten Verhaftungen in Bremen und im Leitstellengebiet sind relativ gut rekonstruierbar.[211] Bei der Bremer Kriminalpolizei waren im wesentlichen zwei Beamte mit der Planung und Durchführung betraut: Wilhelm Mündtrath und der Leiter des Kommissariats, dem die „Dienststelle für Zigeunerfragen" zugeordnet war, Kriminalkommissar Hans Hagen. Er war von April 1942 an ein Jahr bei der Bremer Kripo und wurde nach den Deportationen nach Stuttgart versetzt.[212] Nach eigenem Bekunden fuhr er während der Vorbereitungen lediglich einmal nach Hannover zur dortigen Leitstelle, um die Transporte zu koordinieren.[213] Im wesentlichen war Mündtrath mit der Durchführung der Deportationen befaßt.[214]

Die Verhaftungen begannen am Morgen des 8. März 1943.[215] So berichtet der Sinto Julius Dickel,[216] dessen Familie in der Stoteler Straße wohnte und dessen Vater bei der AG-Weser beschäftigt war: „Am 8. 3. 1943 erschienen gegen 8.30Uhr an unserem Wohnwagen zwei Schutzpolizeibeamte und erklärten uns, daß wir festgenommen seien. Wir mußten den Wohnwagen verlassen und durften nur die notwendigsten Gegenstände mitnehmen. Die beiden Polizeibeamten brachten uns zur Polizeiwache in Gröpelingen, wo wir einige Zeit warten mußten bis die anderen Zigeuner, die ebenfalls in Gröpelingen wohnten, festgenommen und zur Wache gebracht wurden. Mein Vater wurde an seiner Arbeitsstelle festgenommen und traf dann auch an der Wache in Gröpelingen ein."[217] Ähnliches berichtete auch die Sintezza Martha Schmidt:[218] „Am 8. März 1943, morgens ganz früh, wir waren alle noch am Schlafen, kam die Bremer Polizei von der Wache 9 und holten uns alle, meine Eltern und uns 8 Geschwister, sowie meine 2 kleinen Kinder. Sie brachten uns zur Wache 9 in Bremen-Walle. Dort wurde uns alles, was wir an Wertsachen

---

[211] Die Quellen sind: das Entnazifizierungs- und Ermittlungsverfahren Mündtraths, die sich beide im wesentlichen gerade mit diesem Punkt befaßten, die Wiedergutmachungsakten und die Aussagen einzelner Sinti in Interviews und in den Prozessen, und Carl Krämer, sowohl seine Aussagen als auch seine Schilderung in dem Buch, S. 112f., a. a. O.
[212] Aus seiner Vernehmung, in: StA Bremen 4, 89/3 - 710, Ermittlungsverfahren gegen Wilhelm Mündtrath.
[213] Ebd.
[214] So auch Krämer/Siebke, a. a. O., S. 112.
[215] Ein Sinto gibt an, bereits am 6. März verhaftet worden zu sein (Anton Schmidt - Aussage im Ermittlungsverfahren). Die Verhaftungen im übrigen Leitstellengebiet begannen vermutlich später (in Oldenburg am 9. März, lt. Bescheinigung Mündtraths, in: StA Bremen 4, 54 - Wiedergutmachung - E 2508.
[216] Er erstattete in den 60er Jahren Anzeige gegen Mündtrath.
[217] Aussage Julius Dickel, StA Bremen 4, 89/3 - 710, Ermittlungsverfahren gegen Wilhelm Mündtrath, Bl. 2.
[218] StA Bremen 4, 54 - Wiedergutmachung - E 11593, Schwester ist E. Müller, Stiftstr. 9.

und Geld besassen, genommen." Und der Sinto Rudolf Franz[219] beschrieb diesen Morgen mit den Worten: „Der 8. März 1943, ein Tag, den ich wohl niemals in meinem Leben vergessen kann; ich habe ihn verflucht, weil er der Anfang hässlichster Erlebnisse, niederschmetternder Erkenntnisse und unsagbarer Seelenpein für mich war. An diesem Tag, etwa gegen 7.00Uhr morgens, wurde meine Mutter, eine meiner Schwestern mit ihren beiden Kindern, und ich selbst aus unserer Wohnung heraus von uniformierten und mit Karabiner bewaffneten Polizeibeamten verhaftet und zu der Polizeiwache in der Westerstraße gebracht. Während der Verhaftung erschien mein Onkel zusammen mit seiner Frau bei uns, die dann gleichfalls mitgenommen wurde. Auf der Wache wurden wir registriert und bei dieser Gelegenheit auch unser persönliches Eigentum, sowie Bargeld dort in Verwahrung genommen. Im Laufe der Stunden trafen weitere festgenommene Zigeuner an der Wache ein, so daß schließlich ca. 20 bis 30 Personen dort versammelt waren."

Als der Sinto Albert Stein am Morgen des 8. März nicht zur Arbeit erschien, rief der 'pflichtbewußte' Vorarbeiter Steins sogleich bei der Kripo[220] an: „Eines Tages erschienen diese (gemeint sind mehrere zwangsverpflichtete und vom Arbeitsamt zugewiesene Sinti, d. A.) nicht zur Arbeit. Als ich bei der Kripo anrief, wurde mir von dem Kriminalbeamten Paul Schumacher ... gesagt, die Zigeuner sind weg und die siehst du auch nicht wieder."[221]

Die Polizei und die Kriminalpolizei hatten auch bei dramatischen Maßnahmen keine größeren Skrupel. So 'verhafteten' sie die schulpflichtigen Kinder der Familie Bamberger morgens in der Schule und brachten sie zum Schlachthof im Findorff, wie aus den Schulakten ersichtlich war.[222]

Das zurückgelassene Hab und Gut der verhafteten Sinti wurde vermutlich versteigert. Eine Zeugin erinnerte sich, daß „die Möbel und Gegenstände dann aus der Wohnung weggeholt worden"[223] sind und wenige Monate nach der Deportation öffentlich versteigert wurden, wie aus einer anderen Zeugen-

---

[219] Aussage im StA Bremen 4, 89/3 - 710, Ermittlungsverfahren gegen Wilhelm Mündtrath, Bl. 7.
[220] Die Nachfrage bei der Kripo ist allerdings nicht so zu verstehen, daß er sich nach dem Verbleiben des Sinto erkundigen wollte. Seine eigentliche Absicht war, sie wegen „Arbeitsbummelei" anzuschwärzen, was eine Verhaftung durch die Gestapo zur Folge gehabt hätte. Das geht aus seiner Aussage hervor, in: StA Bremen 4, 54 - Wiedergutmachung - E 4766, Helene T.
[221] Ebd.
[222] Bescheinigung, in: StA Bremen 4, 54 - Wiedergutmachung - E 11616, Friedrich B., 1. Januar 1929. und Bescheinigung über Hermann B., 5. März 1931.
[223] StA Bremen 4, 54 - Wiedergutmachung - E 11563, Anna Sch.

aussage hervorging.[224] Damit auch hier alles seine 'Richtigkeit' hatte, wurden die Wertgegenstände, Wohnungseinrichtungen usw. im nachhinein beschlagnahmt bzw. „zugunsten des Deutschen Reiches eingezogen." Diese Beschlagnahme wurde in der Bremer Zeitung vom 27. Juni 1943 veröffentlicht: „Auf Grund des § 1 des Gesetzes über die Einziehung kommunistischen Vermögens vom 26. 5. 1938 - in Verbindung mit dem Gesetz über die Einziehung volks- und staatsfeindlichen Vermögens vom 14. 7. 1933 - und dem Erlaß des Führers und Reichskanzlers über die Verwertung des eingezogenen Vermögens von Reichsfeinden vom 29. 5. 1941 wird das inländische bzw. hinterlassene Vermögen der nachstehenden Personen zugunsten des Deutschen Reiches eingezogen."[225]

Von den ersten Sammelpunkten, den Polizeiwachen, wurden die Sinti dann zum Schlachthof geführt. Zu Fuß oder „mit einem Sonderwagen der Straßenbahn."[226] Auf dem Schlachthof wurden sie in einer „leerstehenden Halle untergebracht."[227]

Über die Gründe, die dazu führten, den Bremer Schlachthof als Sammellager zu benutzen, liegen keine Aussagen von Seiten der Kriminalpolizei vor. Es darf aber vermutet werden, daß der 'Schützenhof' nicht mehr genutzt werden konnte, da sich dort nunmehr ein Fremdarbeiterlager der AG-Weser befand, und er nicht so günstig direkt neben dem Hauptbahnhof lag, was nur eine kurze Wegstrecke für den späteren Abtransport bedeutete. Schließlich wurden die Deportationswaggons ja planmäßigen Züge angehängt.[228]

Ein weiteres Argument für diesen Sammelort dürfte darin bestehen, daß viele Sinti in unmittelbarer Umgebung des Schlachthofes wohnten,[229] und sie somit auf dem schnellstmöglichen Wege abgeführt werden konnten.

Zudem besaß der Schlachthof vermutlich die notwendigen sanitären Einrichtungen, die andernorts erst hätten geschaffen werden müssen. Wobei es damit schon seine Bewandtnis hatte, denn die Halle war leer. Es gab keine Betten oder sonstige Dinge wie Öfen, die geeignet gewesen wären, sich dort für eine längere Zeit einzurichten. In einem Fall, so berichtete eine Zeugin,

---

[224] In: StA Bremen 4, 54 - Wiedergutmachung - E 2626/4, Rosa S., Eidesstattliche Versicherung.
[225] Es folgten die Namen aller nach Auschwitz deportierten Bremer Sinti.
[226] Julius Dickel, StA Bremen 4, 89/3 - 710, Ermittlungsverfahren gegen Wilhelm Mündtrath, Bl. 2.
[227] Ebd. Vielfach ist auch von der Viehhalle die Rede.
[228] Mündtrath, StA Bremen 4, 89/3 - 710, Ermittlungsverfahren gegen Wilhelm Mündtrath.
[229] In der Findorffstraße, Torfkanal und Eickedorfer Straße wohnte ein Großteil der Bremer Sinti.

hätten Polizeibeamte die Betten der verhafteten Familie abgeholt, „weil es für die Kinder im März 1943 zu kalt war."[230]

Ebenso unzumutbar müssen die Verpflegungsmöglichkeiten gewesen sein. So gab es keine Milch für die Kinder,[231] und die Sinti griffen sehr wahrscheinlich auf eigene Lebensmittel zurück. „Die Zustände auf dem Bremer Schlachthof," so berichtete ein Sinto, „sind skandalös gewesen. Frauen und Kinder haben tagelang ohne Wolldecken dort kampieren müssen. ... Meine Schwägerin ... hat heimlich den kleinen Kindern Milch und Brot zugesteckt."[232]

Zwar geht aus den erhaltenen Quellen nicht hervor, welche Halle genau genutzt wurde, aber als Unterbringungsmöglichkeit kam eigentlich nur die Markthalle infrage. Sie wurde 1943 zerstört. Ein einfacher Schuppen, wie auch erwähnt wird,[233] ist erstens auf dem Plan nicht ausgewiesen und würde zweitens wohl nicht für die Unterbringung von mehreren hundert Menschen über mehrere Tage ausreichen.

Über das weitere Geschehen auf dem Schlachthof berichtet der Sinto Rudolf Franz, daß Mündtrath zusammen mit vier oder fünf Männern in Zivilkleidung die Verhafteten in einem gesonderten Raum einzeln registrierte, wobei Mündtrath seine „Zigeunerunterlagen"[234] bei sich hatte. Nach und nach trafen in den folgenden Stunden und Tagen Sinti und Roma aus dem Bremer Kripoleitstellengebiet, vor allem aus dem Raum Oldenburg, ein.

Zu diesem Zeitpunkt wußten offenbar noch immer nicht alle Sinti, daß sie hier zu Transporten in das KZ-Auschwitz zusammengestellt wurden. „Selbstverständlich fragten wir Mündtrath häufig, was man uns denn jetzt vorhabe und wohin die Reise gehen solle. Von Mündtrath wurde uns daraufhin mehrfach erklärt, daß wir in Polen angesiedelt werden sollten. Weitere Auskünfte über unser fernes Schicksal hat er uns nicht gegeben."[235] Mündtrath selber behauptete in seinem Entnazifizierungs- und Ermittlungsverfahren, auch er habe nicht gewußt, daß die Transporte in das KZ-Auschwitz gehen sollten: „Uns Sachbearbeitern und auch den Zigeunern wurde gesagt, sie sollten umgesiedelt werden."[236] Es ist dagegen zu unterstellen, daß Mündtrath sowohl

---

[230] StA Bremen 4, 54 - Wiedergutmachung - E 11652, Anni G. (Familie Sch.).
[231] Aussage Robert P., in: StA Bremen 4, 66 - I., Mündtrath, Wilhelm, Entnazifizierungsverfahren, Bl. 75.
[232] Ebd.
[233] Krämer/Siebke, a. a. O., S. 112, Schwarzwälder, a. a. O., S. 465.
[234] Aussage Rudolf Franz, StA Bremen 4, 89/3 - 710, Ermittlungsverfahren gegen Wilhelm Mündtrath, Bl. 7.
[235] Aussage Julius Dickel, ebd., Bl. 3.
[236] Mündtrath, ebd., Bl. 146.

den Schnellbrief vom Januar 1943 kannte, als auch die Anlagen des Schnellbriefs, unter denen sich die Haftunterlagen befanden. Auf der Vorderseite der Haftanordnung stand die „rechtliche" Grundlage dieser Verhaftung - und das Ziel: „1. Auf Grund des Befehls des Reichsführers-SS vom 16. 12. 1942 wird der nachstehend genannte Zigeunermischling in das Zigeunerlager (KL Auschwitz) überführt."[237] Es kann somit nicht der geringste Zweifel daran bestehen, daß Mündtrath sehr genau über das Ziel der Transporte Bescheid wußte. Im übrigen nicht nur er, da selbst auf den Meldekarten unter dem Datum 8. März 1943 vermerkt wurde: „Auschwitz (KL-Lager, Zigeuner)."[238]

Was während des zwei oder drei Tage dauernden Aufenthalts auf dem Schlachthof geschah, liest sich bei dem stellvertretenden Leiter der Kripo, Carl Krämer, so: „Einige Schwierigkeiten ergaben sich anfangs dadurch, daß es sich teilweise um ganze Familien handelte, die von den Gendarmen mitsamt ihren Wohnwagen hier abgeliefert worden waren. Es hatte sich auch nicht verhindern lassen, daß sich andere Sippengenossen oder Verwandte dem Transport angeschlossen hatten oder ihm nach Bremen gefolgt waren. Es war unmöglich, die von den Festgenommenen mitgeführten Gepäckstücke, Möbel, Betten usw. in dem Transport unterzubringen, von den Wohnwagen ganz abgesehen. Mit einiger Mühe gelang es, gangbare Wege ohne allzu große Härten zu finden. Was nicht mitgenommen werden konnte, wurde den zurückgebliebenen Angehörigen übergeben."[239]

Was sich hier wir ein fröhlicher Betriebsausflug anhört, war das Ergebnis der Lügen, mit denen die Sinti und Roma in die Falle gelockt wurden.[240] Denn warum sollte man bei einer 'Umsiedlung' nur 1 Besteck, und einige wenige Kleidungsstücke mitnehmen dürfen, die Möbel, Betten und anderes mehr nicht? Und warum sollten bei einer 'Umsiedlung' nur die Familien unvollständig nach Polen? Es ist zu vermuten, daß die Beamten etwaige Fragen danach damit beantworteten, daß nur wenig Transportraum zur Verfügung stehen würde.

---

[237] Haftanordnung bei Wippermann, Wolfgang, Das Leben in Frankfurt zur NS-Zeit II: Die nationalsozialistische Zigeunerverfolgung, Darstellung, Dokumente, didaktische Hinweise, Frankfurt am Main 1986
[238] Schwarz, W.; Stein, Rudolf; Winter, Robert.
[239] Krämer/Siebke, a. a. O., S. 112.
[240] Der Bericht Krämers enthält viel Unwahres. Z.B. die Behauptung über die Rückgabe des Eigentums an die Angehörigen. Nach den Deportationen nach Auschwitz gab es in Bremen so gut wie keine Sinti mehr, die die Wohnungsgegenstände ihrer Angehörigen hätten übernehmen können. Gleiches gilt für Oldenburg und Bremerhaven.

Insgesamt wurden in dem Bremer Kripoleitstellengebiet mindestens 275 Sinti verhaftet. Ca. 150 wohnten in Bremen, 100 in Oldenburg und die restlichen kamen aus Bremerhaven bzw. dem restlichen Gebiet. Sie wurden zu drei Transporten zusammengestellt, wobei selbst den Opfern nicht immer klar war, daß es mehrere Transporte gab. Vermutlich kamen die Oldenburger Sinti gerade erst an, als der erste Transport Bremen bereits am 9. März 1943 in Richtung Vernichtungslager Auschwitz verließ. Jeder einzelne Transport bestand aus ca. 88 Sinti und ca. 20 Polizeibeamte, die den Transport als Bewachungsmannschaft begleiteten.[241] Alle drei Transporte wurden immer sehr früh morgens zusammengestellt, damit im Schutze der Dunkelheit die Bevölkerung nicht sah, was dort geschah.[242]

Einen der Transporte leitete Mündtrath selber, die anderen beiden wurden von Kriminalsekretär Ließann[243] und dem Kriminalangestellten Knaack[244] geleitet. Die Sinti, unter denen sich auch Kinder, Säuglinge und hochschwangere Frauen befanden, wurden in einem Personenwagen der 3. Klasse untergebracht, der einem planmäßigen Zug angehängt wurde.[245] Nach mehreren Tagen Fahrt erreichten sie Auschwitz.[246] Der erste Transport kam am 11. März 1943 an, der zweite am 12. und der dritte am 14. März 1943.

Der Sinto Julius Dickel schilderte die Ankunft an der Rampe in Auschwitz: „Einige ältere Zigeuner wußten was das bedeutete und machten Mündtrath darauf aufmerksam, daß wir hier ja in einem Konzentrationslager gelandet seien. Zu diesem Zeitpunkt wurden wir auch gewahr, daß es sich um das Lager Auschwitz handelte. Mündtrath gab bei dieser Befragung den Zigeunern gegenüber zu, daß es ein Konzentrationslager sei, aber wir nicht lange hier bleiben würden.[247] Ich kann mich ... noch erinnern, daß Mündtrath ei-

---

[241] So Otto Weinreich, der zu den Wachmannschaften gehörte, in dem Entnazifizierungsverfahren Mündtraths. StA Bremen 4, 66 - I., Mündtrath, Wilhelm, Entnazifizierungsverfahren.

[242] Das vermuten übereinstimmend befragte Sinti, in: Zentralnachweis zur Geschichte von Widerstand und Verfolgung 1933 - 1945 auf dem Gebiete des Landes Niedersachsen (ZNW), Interviewsammlung, Projekt „Aufarbeitung der Verfolgungsgeschichte von Sinti und Roma in Konzentrationslagern, Lagern und Ghettos, die sich auf dem Territorium des Landes Niedersachsen befanden", Interviews Nr. 9, 10, 11 und 55/1.

[243] Siehe Kapitel 2. 2. 2. über die Entnazifizierungsverfahren.

[244] Über ihn ist nichts weiter bekannt.

[245] Mündtrath, StA Bremen 4, 89/3 - 710, Ermittlungsverfahren gegen Wilhelm Mündtrath., Bl. 146.

[246] Über die Umstände während der Fahrt ist nichts bekannt. Die Verpflegung soll das Rote Kreuz übernommen haben.

[247] Das deckt sich sehr auffällig mit der Aussage des Wachmannes!

nige höhere SS-Führer, die bei unserem Eintreffen an der Rampe anwesend waren, so begrüßte, als ob es alte Bekannte von ihm seien. An der Rampe in Auschwitz standen bei unserer Ankunft schon mehrere Lastkraftwagen, die wir sofort besteigen mußten. Man fuhr uns dann aber nicht nach Auschwitz/Hauptlager, sondern in das Vernichtungslager Birkenau, wo wir in Holzbaracken untergebracht wurden. Mündtrath habe ich vom Zeitpunkt unseres Ausladens an der Rampe nicht mehr gesehen."[248]

Der Bremer Kriminalbeamte kehrte nach Bremen an seinen Schreibtisch zurück, wurde dort aber kurze Zeit später von den von ihm verursachten Schicksalen der Sinti wieder eingeholt. Anfang April stand plötzlich die Ehefrau eines Sinto vor ihm und fragte nach dem Verbleib ihres anderthalbjährigen Kindes, wie die Frau später schilderte:[249] „Mein Verlobter ist schon im Jahre 1942 als Zigeunermischling verhaftet und zum Lager Auschwitz überwiesen. Ob Mündtrath diese Verhaftung und Überweisung vorgenommen hat, weiß ich nicht. Anfang 1943 besuchte ich meine Eltern in Wernigerode am Harz. Mein damals 1 1/2 jähriges Mädchen ließ ich bei meinen Schwiegereltern, Robert Winter, zurück. Diese wohnten damals in einem Wohnwagen am Alten Winterweg. Etwa im April 1943 kam ich nach Bremen zurück und suchte sofort meine Schwiegereltern auf. Hier stellte ich fest, daß meine Schwiegereltern und mein Kind verschwunden waren, der Wohnwagen war versiegelt. Nachbarn erzählten mir auf Befragen, daß meine Schwiegereltern und mein Kind mit anderen Zigeunern nach Auschwitz abtransportiert seien. In der Annahme, daß Mündtrath mit dem Transport zu tun hatte, bin ich sofort zu ihm gegangen. Ich wußte von meinem Verlobten, daß Mündtrath ihm des öfteren bedeutet hatte, nicht weiter mit einer Arierin zu verkehren, da das den Zigeunern und Mischlingen verboten sei. Als ich zu Mündtrath kam, fragte ich ihn sofort nach dem Verbleib meines Kindes und meiner Schwiegereltern. Er hat mich in ziemlich barschem Tone angefahren und gesagt: „Du hast ja allerhand Mut, hier heraufzukommen. Du weißt doch, was los ist. Wir haben dich schon gesucht. Du kannst froh sein, daß Du nicht in Bremen warst, denn Du solltest auch mit weg nach Auschwitz." Mündtrath sagte mir ferner, ich könne froh sein, daß mein Kind weggekommen wäre. In Bremen wäre es doch nicht geachtet worden, es hätte auch in Bremen nicht die Schule besuchen dürfen. Es wäre doch von aller Welt verstossen worden, da es ein Zigeunermischling sei, und Zigeu-

---

[248] Aussage Julius Dickel, StA Bremen 4, 89/3 - 710, Ermittlungsverfahren gegen Wilhelm Mündtrath, Bl. 3f.
[249] Aussage Lotte Hallmann, geb. Myrus, StA Bremen 4, 66 - I., Mündtrath, Wilhelm, Entnazifizierungsverfahren.

ner und Mischlinge seien ein minderwertiges Volk, die machten doch bloß lange Finger. Mündtrath bedeutete mir, ich soll mir einen Deutschen als Bräutigam suchen und mich nicht mehr mit Zigeunern einlassen. Ich habe Mündtrath auch gefragt, wie mein Kind untergebracht sei und ob ich dieses besuchen könne. Das Letztere lehnte Mündtrath ab, er betonte aber, daß es meinem Kinde an nichts fehle."

Mündtrath bestätigte in seinem Entnazifizierungsverfahren diese Vorgehensweise. Nach seiner Erinnerung habe die Schwiegermutter das Kind bei sich behalten wollen. „Es ist deshalb mit nach Auschwitz transportiert worden. ... Richtig ist, daß ich ... Frl. Myrus gesagt habe, sie brauche sich keine Sorgen zu machen. ... Sinngemäß ... habe ich Frl. Myrus mit diesen Worten zu trösten versucht."[250]

Man kann nur erahnen, mit welchen Gefühlen die Frau die Kriminalpolizei hat verlassen müssen. Nach einem Jahr erhielt sie „durch das Bremer Jugendamt Mitteilung, daß mein Kind in Auschwitz verstorben sei. Als Todesursache wurde Darmkatarrh angegeben. Auch meine Schwiegereltern sind von Auschwitz nicht zurückgekehrt..."[251]

Frau Myrus erhielt diese Todesnachricht sehr spät. Ihr anderthalbjähriges Mädchen war bereits nach nicht einmal zwei Monaten an den Lagerbedingungen verstorben. Im September 1943 verstarb ihr Schwiegervater, die Schwiegermutter vermutlich in einem anderen Lager. Das Kind hatte die Nummer Z 2367 eintätowiert bekommen, ihr Schwiegervater die Nummer Z 2104 und die Schwiegermutter die Nummer Z 2366, woraus zu ersehen ist, daß die Schwiegermutter bei ihrer Enkelin war.[252]

In Auschwitz erhielten die Sinti und Roma alle eine Z-Nummer auf den Arm tätowiert. Die Bremer Sinti erhielten die Nummern: 2308-2397[253] und 3446-3500 die Frauen, 2042-2127 und 3084-3123 die Männer.

Die hohe Sterberate in Auschwitz/Birkenau blieb in Bremen nicht verborgen. Die Schreibhilfe L. E., die Mündtrath auf dem Schlachthof bei der Registrierung der Sinti zur Seite stand, berichtete,[254] daß im Oktober/November 1943 die ersten Todeslisten gekommen seien, auf denen auch Sinti aus Bre-

---

[250] Ebd.
[251] Ebd.
[252] Vgl. Gedenkbuch, a. a. O.
[253] Ebd. Zwei Transporte zusammengenommen. Hierbei handelt es sich um die Sinti, die wir schon identifizieren konnten. Es ist durchaus möglich, daß die Nummern erweitert werden müssen.
[254] Ausage in: StA Bremen 4, 66 - I., Mündtrath, Wilhelm, Entnazifizierungsverfahren.

men verzeichnet waren, die im März deportiert worden waren. Sie habe mit Mündtrath darüber reden wollen, er habe aber nicht weiter darauf reagiert.

Das „Zigeunerlager" war im Dezember 1942 eingerichtet worden. Ab Februar 1943 wurden tausende Sinti und Roma aus dem Deutschen Reich, Österreich, Belgien, Luxemburg, den Niederlanden, Frankreich, Slowenien, Polen und der Tschechoslowakei in diesem Lagerabschnitt untergebracht. Die Lebensbedingungen waren so unzureichend, daß bereits innerhalb weniger Monate tausende Sinti und Roma an Hunger, Kälte, Krankheiten, Grausamkeiten der Wachmannschaften oder medizinischen Versuchen des SS-Arztes Mengele zugrunde gegangen waren.

Wieviele der Bremer Sinti und Roma die Deportation im März 1943 nicht überlebten ist nur sehr vage zu sagen. Sicher ist, daß von 275 Menschen innerhalb kürzester Zeit mindestens 157[255] bereits in Auschwitz getötet wurden. Diese Zahl ist indes wenig aussagekräftig, da kurz vor der Liquidation des Lagers in der Nacht von dem 2. auf den 3. August 1944, bei der die übriggebliebenen 2897[256] Sinti und Roma von ehemals 30.000 nach Auschwitz deportierten alle in dieser einer Nacht vergast wurden. 1408[257] Menschen wurden auf die KZ Buchenwald und Ravensbrück verteilt, in denen nochmals sehr viele ermordet wurden.

2. 1. 6. „Ich wurde auf einen Operationstisch gelegt und festgeschnallt" - Zwangssterilisationen im Sommer 1944 in Bremen[258]

Nach der Deportation im März 1943 noch in Bremen lebende Sinti und Roma sollten aufgrund des „Auschwitz-Erlasses" Himmlers und des Schnellbriefes vom 29. Januar 1943 sterilisiert werden:[259]

„III. Soweit der unter II 3 bis 9 angeführte Personenkreis von der Einweisung in das Konzentrationslager ausgenommen wird, ist wie folgt zu verfahren:

---

[255] Siehe das Gedenkbuch, a. a. O.
[256] Eiber, Ludwig, „Ich wußte es wird schlimm". Die Verfolgung der Sinti und Roma in München, München 1993, S. 84.
[257] Ebd.
[258] Aussage Wilhelm Repp, in: StA Bremen 4, 66 - I., Mündtrath, Wilhelm, Entnazifizierungsverfahren. Vgl. zu den Zwangssterilisationen a. Nitschke, Asmus, Die 'Erbpolizei' im Nationalsozialismus. Zur Alltagsgeschichte der Gesundheitsämter im Dritten Reich, Opladen/Wiesbaden 1999, insbesondere den Exkurs 2 „Die ergesundheitliche Verfolgung von Bremer Sinti und Roma durch die Sterilisationsbehörden", S. 231ff.
[259] Institut für Zeitgeschichte, München, Dc 17. 02.

1. Die Einwilligung zur Unfruchtbarmachung der über 12 Jahre alten aber noch nicht sterilen zigeunerischen Personen ist anzustreben;
2. Volljährige Personen haben im Falle der Einwilligung eine unterschriftliche oder mit dem Abdruck des rechten Zeigefingers versehene Erklärung abzugeben, die dem Reichskriminalpolizeiamt unter Angabe der Personalien in zweifacher Ausfertigung zu übersenden ist;
3. Bei Minderjährigen über 12 Jahre ist die Erklärung vom gesetzlichen Vertreter abzugeben;
4. Im Falle der Weigerung entscheidet nach Darlegung der Gründe das Reichskriminalpolizeiamt über das zu Veranlassende."

Die Anzahl der in Bremen sterilisierten Sinti ist nicht mehr mit Sicherheit anzugeben, da die Akten darüber vernichtet wurden.[260] Über acht Fälle sind jedoch Akten erhalten.[261] Es ist eine höhere Zahl als acht anzunehmen, da es zum einen zunächst keine Wiedergutmachung für eine Sterilisation gab und somit viele Sinti gar nicht erst den Versuch unternahmen, einen Antrag zu stellen, andere wiederum den entwürdigenden Eingriff nicht erneut Ärzten zur Begutachtung unterbreiten wollten.

Krämer schilderte die polizeiliche Seite des Verfahrens: „In der Praxis sah das so aus, daß die Kriminalpolizeileitstelle von der Reichszentrale ersucht wurde, einen benannten Zigeunermischling vorzuladen und ihn aufzufordern, sich umgehend in einer Krankenanstalt „freiwillig" sterilisieren zu lassen, widrigenfalls er mit „anderen Maßnahmen" rechnen müsse. Eine Bescheinigung über die erfolgte Sterilisierung habe er binnen einer ihm zu stellenden Frist bei der Kriminalpolizei vorzulegen. ... Die „Freiwilligkeit" war natürlich nur ein die Öffentlichkeit täuschendes Aushängeschild. Was mit den für den Weigerungsfall angedrohten „anderen Maßnahmen" gemeint war, brauchte zu dieser Zeit nicht mehr näher erläutert werden. Die Betroffenen wußten genau, daß es für sie nur die Alternative gab: Sterilisierung oder Konzentrationslager!"[262]

Hierbei nutzte Mündtrath seine 'Machtposition' aus, um Menschen zu zwingen, sich ihm gegenüber wohlgefällig zu verhalten. Dies ging in einem Fall

---

[260] Krämer/Siebke, a. a. O., S. 110, Schwarzwälder, a. a. O., S. 465.
[261] StA Bremen 4, 54 - Wiedergutmachung - E 2457, E 2608, E 2960, E 3254, E 3271, E 3455, E 3925, E 11500. Quellen hierfür waren das Entnazifizierungsverfahren gegen Mündtrath und die Wiedergutmachungsakten. Marßolek/Ott, a. a. O., nennen drei Fälle (S. 337).
Mündtrath selber nennt die Zahl 8-10 (StA Bremen 4, 66 - I., Mündtrath, Wilhelm, Entnazifizierungsverfahren).
[262] Krämer/Siebke, a. a. O., S. 110.

sogar bis zu einer sexuellen Nötigung.²⁶³ 1944 bestellte Mündtrath die Ehefrau eines Mannes, der von ihm schon mehrfach wegen der geforderten Unterschrift zur „freiwilligen" Sterilisation vorgeladen worden war, zu sich nach Hause. Nachdem sie eine Flasche Wein getrunken hatten, sagte Mündtrath zu der Frau: „Wenn jetzt eine Einigkeit herrscht zwischen uns, werde ich mein Möglichstes tun, um Ihren Ehemann zu befreien." Nach dem Geschlechtsverkehr fragte die Frau nochmals nach: „Wird mein Mann nun sterilisiert oder nicht." Worauf Mündtrath antwortete: „Nee, ich setze den Bericht dann schon so auf."²⁶⁴

Selbst wenn man der Auffassung sein wollte, daß Mündtrath keine Einflußmöglichkeit auf die Frage hatte, ob jemand unfruchtbar gemacht werden sollte oder nicht, so ist es durchaus möglich, daß er der Frau gegenüber den Anschein erweckt hatte, ihm ständen solche Möglichkeiten offen. Denn an dem sexuellen Kontakt, der aus der Sicht der Frau zu Recht als Nötigung angesehen wurde, gibt es keinen Zweifel. Zudem wurde der Mann dann in der Tat nicht sterilisiert.

Im April 1944 wurden dann die betroffenen Sinti von Mündtrath vorgeladen, und er eröffnete ihnen, daß sie sich im Städtischen Krankenhaus zu sterilisieren hätten. In zwei Fällen erfolgte zwar mehrfach eine Vorladung, die Unfruchtbarmachung bzw. die Verhaftung blieb jedoch aus.²⁶⁵ Der Grund dafür dürfte darin zu sehen sein, daß die Krankenhäuser infolge der Bombenangriffe und dem daraus resultierenden Platzmangel - durch Verletzte und Schäden - sich weigerten, die Eingriffe vorzunehmen.²⁶⁶ In dem Fall einer Frauengruppe, die zur Sterilisation im Städtischen Krankenhaus erschien, 'verweigerten' die

---

[263] Rekonstruiert aus Entnazifizierungsverfahren StA Bremen 4, 66 - I., Mündtrath, Wilhelm, Entnazifizierungsverfahren.
[264] Ebd. Mündtrath bestritt den sexuellen Kontakt nicht. Wohl aber, daß er Einflußmöglichkeiten auf die Entscheidung gehabt hätte, ob jemand unfruchtbar gemacht werden sollte oder nicht.
[265] Gustav M. und Clemens T., Quelle: Entnazifizierungsverfahren. In StA Bremen 4, 54 - Wiedergutmachung - E 3554 sagt Carl Krämer aus, daß ihm ein Fall bekannt sei, bei dem ein Sinto in ein KZ eingewiesen wurde, weil er sich weigerte, sich sterilisieren zu lassen.
[266] Mündtrath in StA Bremen 4, 54 - Wiedergutmachung - E 2608 Helene Trollmann. Deshalb seien auch 'nur' 10 Sinti von den Sterilisationen betroffen gewesen. An anderer Stelle (Entnazifizierungsverfahren) sagte Mündtrath aus, daß er einen Bericht für Berlin abgefaßt habe, „daß im Augenblick keine Sterilisationen vorgenommen werden können, da die Krankenanstalt wegen der Bombenangriffe überfüllt sei." Hiermit hat Mündtrath indirekt auch zu Protokoll gegeben, welche Einflußmöglichkeiten er gehabt hat. Ähnlich ebenso die Aussage eines Sinto (StA Bremen 4, 54 - Wiedergutmachung - E 3272, Robert P.), daß es zu seiner schon vorgesehenen Sterilisation „durch den Totalen Krieg und die fortgesetzten Bombenangriffe" nicht mehr gekommen sei. Und zudem flüchteten sicherlich viele Sinti

Ärzte zunächst den Eingriff, da die Frauen erklärten, ihnen sei gedroht worden, im Falle ihrer Weigerung in das KZ Ravensbrück eingewiesen zu werden.[267]

Die Unfruchtbarmachungen wurden von den Ärzten Dr. Ernst-Hermann Bartels und Oberarzt Dr. Winderlich auf Beauftragung durch Prof. Dr. Hirsch-Hoffmann in der Zeit vom 17. bis 24. Mai 1944 durchgeführt.[268] Die Umstände schilderte ein Sinto und 14jähriges KPD-Mitglied: „Ich wurde auf einen Operationstisch gelegt und an Händen und Füßen dermassen festgeschnallt, daß nach der Sterilisation meine Hände und Füße wie abgestorben waren. Schlimmer konnte man ein Schwein auch nicht zur Schlachtbank führen..."[269] Und ein anderer Sinto berichtete: „Mir wurden in örtlicher Betäubung beide Samenstränge durchgeschnitten..."[270]

In manchen Fällen wurden die Eltern gezwungen, in die „freiwillige" Sterilisation ihrer Kinder bei Erreichen der Geschlechtsreife einzuwilligen. So mußte bereits 1942 Adele Tr.[271] unterschreiben, daß ihre Kinder mit dem Erreichen des 14. Lebensjahres sterilisiert werden. Im Fall von Robert P.,[272] für den der Vater ebenfalls die „Einwilligung" zur Unfruchtbarmachung unterschreiben mußte, kam es nur wegen der Bombenschäden und der damit verbundenen Folgen nicht zur Durchführung des Eingriffs.

Aber auch nach den Sterilisationen konnten die Bremer Sinti und Roma nicht vor weiteren Verfolgungen sicher sein. Deshalb nutzten viele das Chaos gegen Kriegsende, um aus Bremen zu fliehen und sich in den Wäldern zu verstecken. Zu ihnen gehörte Elisabeth B.[273] Ihr Mann, der selber kein Sinto war, fuhr in seiner Verzweiflung nach Berlin, wo er versuchte, die drohende Sterilisation seiner Frau zu verhindern.

Beide durften seit 1936 ihren Beruf nicht mehr ausüben. Der Mann war seit 1939 dienstverpflichtet zur AG-Weser, wohin ihm 1943 seine Frau folgte. Sie mußte in der Ausländerküche Kartoffeln schälen. Frau B. entging den März-Deportationen nach Auschwitz aufgrund ihrer Verheiratung mit einem 'Arier'. Als beide nun im Laufe des Jahres 1944 von einem bevorstehenden

---

[267] StA Bremen 4, 66 - I., Mündtrath, Wilhelm, Entnazifizierungsverfahren. Der Arzt (Dr. Wex) dreht freilich die Aussagen der Frauen so, daß er sie auf ihren ausdrücklichen Wunsch hin sterilisierte, da sie sonst in ein KZ gekommen wären!
[268] Laut Aussagen der Ärzte im Entnazifizierungsverfahren.
[269] Wilhelm R., in: StA Bremen 4, 66 - I., Mündtrath, Wilhelm, Entnazifizierungsverfahren. Für die KPD-Mitgliedschaft: StA Bremen 4, 54 - Wiedergutmachung - E 3925.
[270] Ewald Tr., in: StA Bremen 4, 66 - I., Mündtrath, Wilhelm, Entnazifizierungsverfahren.
[271] In: StA Bremen 4, 66 - I. Mündtrath, Wilhelm Entnazifizierungsverfahren.
[272] StA Bremen 4, 54 - Wiedergutmachung - E 3272.
[273] StA Bremen 4, 54 - Wiedergutmachung - E 3554.

Transport in ein KZ hörten,[274] entschlossen sie sich zur Flucht in den Wald bei Altdorf. Dort standen offenbar mehrere Wohnwagen von Sinti. Um sich verstecken zu können, hoben sie unter einem Wohnwagen eine Erdhöhle[275] aus. Dieses „Loch"[276] war seitlich mit aneinandergeschlagenen Baumstämmen abgedeckt und oben mit Bäumen zugedeckt worden, auf denen noch Laub zur Tarnung verteilt wurde. Der Bunker selbst war mit Stroh ausgelegt und war ungefähr 3 x 1,50m breit und 2m hoch. Im wesentlichen befand sich eine Schlafstätte darin. Dorthin verkroch sich Frau B. bis zur Befreiung, ständig in der Angst lebend, entdeckt zu werden, was ihre Deportation in ein KZ bedeutet hätte, da sie Bremen nicht verlassen durfte.[277] Deshalb hatte sie besondere Furcht vor irgendwelchen Kontrollen „und hielt sich daher vorwiegend in dem Bunker auf,"[278] in dem sie auch ihre Mahlzeiten einnahm. Erst mit dem Ende des Krieges konnte Frau B. sich wieder frei bewegen.

2. 2. Diskriminierung und „zweite Verfolgung"[279] nach 1945

„Unsere faschistische Periode (ist) nicht ohne Vorgeschichte denkbar, und es wäre unrealistisch, anzunehmen, mit dem Ende des Dritten Reiches seien alle in ihm wirksamen Denkstereotype ... und Wertorientierungen erloschen."[280]

Die zurückgekehrten überlebenden Sinti und Roma sahen sich sehr bald nach dem Kriegsende wieder mit einer offenen feindseligen Haltung ihnen gegen-

---

[274] Mündtrath bestätigt in der Akte StA Bremen 4, 54 - Wiedergutmachung - E 3554, daß auch noch nach 1943 Sinti deportiert wurden.
[275] Sie wurden auch von den anderen Sinti als eine Art Bunker mitgenutzt.
[276] So der Schwager W. B., in: StA Bremen 4, 54 - Wiedergutmachung - E 3554, Bl. 49 versus.
[277] Frau B. erhielt nach dem Krieg 600,- DM Wiedergutmachung, die sie sich in einem Prozeß erstreiten mußte. Krämer/Siebke, a. a. O., S. 113 hat dagegen eine recht eigenwillige Ansicht darüber, daß die Sinti den Zwangscharakter der Sterilisationen hervorhoben: „Auch die Behauptung, zwangsweise zu einer Krankenanstalt zwecks Sterilisation gebracht worden zu sein, erwies sich als völlig haltlos. Manche Zigeuner versuchten nach 1945 ihre berechtigten Entschädigungsanträge durch solche Lügen mehr Nachdruck zu verleihen." Dabei hatte Krämer/Siebke, a. a. O., S. 110 doch zuvor selber eingestanden, daß die 'Freiwilligkeit' lediglich auf dem Papier stand.
[278] Aussage des Schwagers, in: StA Bremen 4, 54 - Wiedergutmachung - E 3554, Bl. 49 versus.
[279] Gemeint ist die sogenannte Wiedergutmachung.
[280] Vgl. Mitscherlich, A. und M., Die Unfähigkeit zu trauern, München 1988, S. 130.

über konfrontiert. Ungebrochen hatten die „Denkstereotypen" und Vorurteile der Weimarer Republik und der NS-Zeit überlebt. Zwar wurden die Personen ausgetauscht, da die Strukturen indessen dieselben blieben, erwuchsen daraus Kontinuitäten über den 8. Mai 1945 hinaus. Die Politik schob der Polizei das Problem zu, indem sie die Sinti und Roma in erster Linie zu einem ordnungspolizeilichen „Problem" erklärten. In der Sitzung der Deputation für Innere Verwaltung vom 21. Juli 1948 wurde erklärt: „Im übrigen ist es Aufgabe der Polizei, sich eingehender als bisher mit den Zigeunern, ihrem woher und wohin und ihrer hiesigen Tätigkeit zu befassen. Vor allem aber muss sie verhindern, dass sich die Zigeuner hier länger aufhalten und heimisch werden. Es wird erwartet, dass die Zigeuner dann von selbst weiter ziehen werden."[281] Die Polizei wiederum griff auf rassistische Vorurteile zurück, die nicht erst mit dem Nationalsozialismus aufgetaucht waren, sondern - wie gezeigt - längere Wurzeln hatten.

Das hatte fatale Folgen für die juritische Aufarbeitung der NS-Zeit und für die sog. „Wiedergutmachung". Durch die Entnazifizierung wurden die beteiligten Kriminalbeamten 'entschuldet', und in der „Wiedergutmachung" fanden diese Kriminalberamten ungleich mehr Gehör und wurde ihnen mehr Glauben geschenkt als den Verfolgten.

2. 2. 1. Die Polizei

Am 23. Mai 1946 schilderte der Senator für Justiz und Verfassung, Dr. Spitta, dem Chef der Polizei, Dr. Jordan, „dass das Zigeuner-Unwesen in den ländlichen Teilen Bremens wieder zunehme."[282] Er empfahl zu prüfen, „einmal inwieweit die Behauptung tatsächlich richtig ist und sodann, welche polizeilichen Maßnahmen ergriffen werden können, um die Belästiigungen und Schädigungen der Landbewohner durch Zigeuner zu verhindern."[283]

Oberregierungsrat Dr. Jordan konnte die 'Klagen' bestätigen. Auch der Polizei seien sie vorgetragen worden. Nur leider sähe er z.Zt. keine geeignete Möglichkeit gegen die „Zunahme der Zigeunerplage"[284] vorzugehen, da der ehedem gültige Erlaß Himmlers vom 8. Dezember 1938 durch die Alliierten

---

[281] Stadt- und Polizeimat Bremen 211 - 5 - 14 - 2.
[282] StA Bremen 3 - P. 1. a. Nr. 1146.
[283] Ebd.
[284] Ebd. Schreiben vom 17. Juni 1946.

aufgehoben worden sei. Für „wünschenswert" hielt er es indessen, wenn erneut auf die „bremische Verordnung vom 10. 8. 1933 weitgehend zurückgegriffen werden könnte."[285]

Eben diese Empfehlung machte sich Spitta zu eigen, als er nur drei Tage später die Prüfung „einer Verordnung zur Bekämpfung der Zigeunerplage"[286] veranlaßte. Freilich mußten die Zeitumstände berücksichtigt werden. Von „Zigeunern" war z.B. in dem ersten Entwurf nicht mehr die Rede. Er lautete: „Verordnung zum Schutze der Bevölkerung vor Belästigung durch **Landfahrer** (Hvhbg. d. d. A.)". Zu Erinnerung: das bremische Gesetz von 1933 lautete: „Gesetz zum Schutze der Bevölkerung durch Zigeuner, Landfahrer und Arbeitsscheue". Eine allzu deutliche Anspielung auf die ehemalige Verfolgtengruppe der Sinti und Roma, hätte den Verdacht der alliierten Behörden geweckt, daß erneut gegen die „Zigeuner" mittels eines nationalsozialistischen Gesetzes vorgegangen werden sollte.

Der erste Paragraph dieser Verordnung definierte sodann die Zielgruppe: „1) Landfahrer im Sinne dieser Verordnung ist ohne Rücksicht auf seine Rasse, wer ohne festen Wohnsitz nach Zigeunerart umherzieht..."[287] Damit war der rassistische Grundton dieser Verordnung - bezogen auf die „Zigeuner" - freigelegt. Damit nicht genug, bestimmte Paragraph 9 die Unterbringung in ein Arbeitshaus, um die „Landfahrer zur Arbeit anzuhalten und an ein gesetzmässiges und geordnetes Leben zu gewöhnen."[288] Da Bremen ein solches Haus nicht hatte, schlug Jordan ein Gelände in Farge vor.

Zwar kam es zu dieser Verordnung letztendlich doch nicht,[289] aber die Idee, die „Zigeuner" erneut in einem Lager abzusondern, wurde später verwirk-

---

[285] Ebd. Gemeint ist das „Zigeuner- und Arbeitsscheuengesetz". Siehe Kapitel 2.1.1.
[286] Ebd.
[287] StA Bremen 3 - P. 1. a. Nr. 1146.
[288] Ebd.
[289] Die Verordnung scheiterte, weil keine Einigung mit den anderen Ländern Niedersachsen erzielt werden konnte. Insbesondere die Abschiebepraxis konnte nicht befriedigend gelöst werden. Statt der Verordnung wurde 1956 ein Wohnwagengesetz erlassen, das den Behörden es äußerst effizient ermöglichte, das Aufstellen von Wohnwagen im Stadtgebiet zu verbieten, wenn die öffentliche Sicherheit und Ordnung gefährdet scheinen. Hierzu heißt es in den Anmerkungen zum Gesetz: „Diese Vorschrift ist neu. ... Die zuständigen Behörden erhalten dadurch die Möglichkeit, bereits in den Fällen die Genehmigung oder Zulassung zu versagen, in denen zwar noch keine konkrete Gefahr für die öffentliche Ordnung oder Sicherheit vorliegt, jedoch zu befürchten ist, daß sich die Aufstellung von Wohnwagen störend auswirkt, sei es durch Lärm oder sonstige Belästigungen für die Nachbarschaft usw."Auszug aus dem Senatsprotokoll vom 29. Mai 1956. S.a. StA Bremen 3 - W. 11. Nr. 49b 56.
Insbesondere für Bremerhaven hatte dieses Gesetz eine größere Bedeutung. In Bremen waren die Sinti und Roma zu diesem Zeitpunkt bereits wieder in Lagern untergebracht.

licht und blieb für Bremen bis 1972 bestehen. Als geeignet wurde der Riespott angesehen. Den Grund gab der Chef der Polizei selber an: es ist „unbedingt erforderlich, die Zigeuner so weit wie möglich von der Stadt entfernt unterzubringen, wobei insbesondere in Erwägung gezogen werden muß, daß ein solcher Platz verkehrstechnisch möglichst ungünstig liegt, damit die Zigeuner nur unter größten Schwierigkeiten die Stadt erreichen können. Der 'Riespott' erfüllt in hohem Maße diese Bedingungen."[290]

Der Riespott war allerdings nicht irgendein Gelände, sondern hatte eine erschreckende Vorgeschichte: 1932 wurde im Rahmen des freiwilligen Arbeitsdienstes ein erstes Lager am Riespott errichtet. In der Zeit von 1933 bis 1939 wurden weitere Baracken gebaut. Ab 1939 wurde der Riespott ein Lager für französische, polnische und sowjetische Kriegsgefangene und 1944 ein Außenlager des KZ-Neuengamme. Während der unmittelbaren Nachkriegszeit war es zunächst ein Flüchtlingslager, und ab dem 18. November 1947 wurde das Gelände als Internierungslager genutzt, in dem auch der Leiter der „Dienststelle für Zigeunerfragen", Wilhelm Mündtrath, interniert war.[291]

---

[290] Schreiben des Chefs der Polizei Bremen vom 8. Februar 1949 an den Senator für Innere Verwaltung, in: Senator für Inneres Bremen 122 - 92 - 00.

[291] Zu den erschreckenden Unsensibilitäten in diesem Zusammenhang gehört auch ein Zwischenfall, der sich 1947 in dem Lager ereignete. Im November des Jahres sollte das Lager erneut seine Funktion wechseln. 150 Danziger Flüchtlingsfamilien mußten das Lager räumen, weil es für die zu internierenden Nationalsozialisten benötigt wurde (sie waren zunächst in zwei Bunkern an der Parkallee untergebracht. Als ein größerer Transport aus Süddeutschland angekündigt wurde, mußten die bremischen Behörden Platz schaffen). Dabei kam es am 4. November zu einem grausigen Unfall. Anläßlich der Räumung des Lagers wurden die Baracken mit Zyklon B desinfiziert. Nach der Durchgasung der Baracken wurden die Flüchtlingsfamilien (sie wurden zur Kaserne Huckelriede umquartiert) aufgefordert, sämtliche Sachen zu durchlüften und die Decken und Strohsäcke zusätzlich noch zu klopfen. Wohl weil einige Familien nicht genug gelüftet hatten, erkrankten neun Kinder durch das Einatmen der noch in den Bettdecken und Matratzen befindlichen Gase. Ein eineinhalbjähriges Kind verstarb an den Gasen. Der Durchgasungsleiter Karl Beerens erklärte dazu folgendes (Verlesen in der Debatte vom 21. November 1947 über die Unglücksfälle im Lager Riespott von Senator Ehlers, S. 21f): „Ich bin der Durchgasungsleiter von der Desinfektionsanstalt Bremen. Mitte letzter Woche erhielt ich von Oberdesinfektor Wesel den Auftrag, im Lager Riespott die sieben Danziger Baracken zu vergasen. Es wurde mir hierzu von der Desinfektionsanstalt Blausäure zur Verfügung gestellt (Cyklon B) ... Bevor wir am Donnerstagmorgen mit den Abdichtungsarbeiten in den einzelnen Räumen begannen, habe ich die einzelnen Familien der Baracke 8 durch mündlichen Bescheid gebeten, in den Flur der genannten Baracke zu treten, um ihnen von der diesmaligen Vergasung sowie deren Wirkung und Gefahren Kenntnis zu geben. Soweit ich schätzen kann, waren nicht alle, so doch der größte Teil der Bewohner der fraglichen Baracke zu dieser Belehrung erschienen. Bei dieser Gelegenheit habe ich den Leuten dann davon Kenntnis gegeben, daß in diesem Falle ein viel gefährlicheres Präparat, als bei den früheren von mir durchgeführten Durchgasungen benutzt würde. Ich habe sogar die Leute darauf hingewiesen, daß etwa 2 - 3 Atemzüge zur Tötung eines Menschen genügen und die von mir benutzte Gesamtmenge für die Baracke ausreiche, um etwa 30 - 40 000 Menschen zu töten."

Diese Vorgeschichte alleine hätte schon ausreichen müssen, um das Vorhaben zum Scheitern zu bringen. Dennoch wurden im August 1949 alle im bremischen Stadtgebiet bisher existierenden Lagerplätze aufgelöst und die „Zigeuner" in das „Landfahrerlager Riespott überführt".[292] Hierbei mußte zum Teil Zwang eingesetzt werden, zum Teil mußten einige Wohnwagen mit Zugmaschinen der Polizei ins Lager geschleppt werden, da viele Sinti und Roma keine Pferde oder Zugmaschinen mehr besaßen.[293]

Mit der Errichtung dieses Lagers hatte die Polizei ihr Ziel erreicht: fortan gab es im Stadtgebiet keine „Zigeunerplage" mehr.[294]

Diese Frage wurde erst wieder 1955 akkut, als die Klöckner Werke das Gelände für sich beanspruchten. Wieder begaben sich die Behördenvertreter auf die Suche nach einem 'geeigneten' Standort. Und wieder fanden sie einen Ort, der durch seine Unzumutbarkeit ihnen als der richtige erschien: den Schuttabladeplatz Warturm. In der bremischen Stadtbürgerschaft wurde am 8. Juni 1955 leidenschaftlich über dieses Thema debattiert. Dabei vegriff sich Regierungsdirektor Löbert im Vokabular, als er daran erinnerte: „Die Landfahrer, die heute noch in dem Lager (Riespott, d. A.) ansässig sind, haben sozusagen die erste Stufe der Zivilisation erklommen."[295] Dieses rief unter den Zuhörenden große Heiterkeit hervor, wie das Protokoll vermerkte. Unverhohlen wies Löbert nochmals auf die Vorzüge des Riespotts hin: „Mit der Errichtung

---

Die Mutter des verstorbenen Kindes erklärte (ebd.): „In der Nacht zum 1. 11. 47 haben wir mit den Kindern in der Baracke 15 geschlafen. Am 1. 11. 47 wurde das Zimmer morgens gelüftet, gegen 12 Uhr wurde uns das Betreten gestattet, und bald darauf wurden die Sachen verladen. Um 16.15 Uhr etwa waren wir in Huckelriede. Matratzen und Decken haben wir nicht mehr gelüftet, da uns nicht bekannt war, daß dies nötig sei. Die Kinder haben in der frischen Luft gespielt. Um 20.30 Uhr etwa haben wir die Kinder zum Schlafen in die Betten gelegt und mit den Decken zugedeckt, die entwest worden sind. Am 2. 11. 47 stellten sich um etwa 1 Uhr Krampferscheinungen bei unserem Sohn Herbert ein. Wir sind daraufhin mit ihm an das offene Fenster getreten. Ein Arzt war so schnell nicht zu erreichen. Erst um 7 Uhr kam ein Krankenwagen, nachdem ich einen Polizeibeamten etwa um 4. 30 Uhr um Entsendung eines solchen gebeten hatte. Herbert ist noch während des Transportes zur Krankenanstalt gestorben."
Abschließend erklärte Senator Ehlers (ebd.): „Nach Lage der Sache und den bisherigen Ermittlungen dürfte den an der Durchgasung des Lagers beteiligten Desinfekteuren eine Vernachlässigung bzw. Verschulden nicht beizumessen sein, sondern lediglich letzteres die betreffenden Eltern treffen, weil sie mit aller Wahrscheinlichkeit den Ratschlägen bzw. Anordnungen nicht gefolgt sind und die Kinder in die noch nicht vollkommen gelüfteten und geklopften Decken bzw. Betteile gebettet haben."

[292] Schreiben des Chefs der Polizei Bremen vom 30. Juli 1949 an die Landesgesundheitsverwaltung Bremen. in: Hauptgesundheitsamt Bremen 5100 - 113 - 04/4.

[293] Vgl. Brix-Bericht, S. 8f., in: Stadt- und Polizeiamt Bremen 211 - 5 - 14 - 1.

[294] Ebd., S. 10.

[295] Verhandlungen der Bremischen Stadtbürgerschaft, Nr. 7 vom 8. Juni 1955, S. 147.

des Lagers Riespott wurde aber noch ein weiterer Zweck erreicht. Die auch noch weiterhin in Westdeutschland herumziehenden Zigeunerstämme haben es eigentlich nach der Einrichtung des Lagers nach und nach immer mehr vermieden, Bremen anzulaufen. Die Lage des Platzes draußen war ihnen zu weit entfernt. Außerdem machten ihnen die Einrichtung eines Lagerverwalters und andere Kontrollen das Aufsuchen dieses Platzes doch so unbequem, daß sie es vorzogen, gar nicht mehr nach Bremen zu kommen."[296] Bremen sollte also wieder einmal zigeunerfrei werden.

Andere Redner äußerten sich ähnlich wie Löbert. Ahlers von der DP z.B. erklärte: „Denn ich weiß, man hat schon jahrhundertelang den Versuch gemacht, die Mentalität dieser Menschen zu ändern, wobei ich nicht die Flüchtlinge einbeziehe, die dort wohnen; die sind ein anderer Schlag Menschen. Auch in Bremen ist die Umerziehung nicht möglich gewesen und wird auch nicht möglich werden."[297] Und er ging noch einen Schritt weiter. Eigentlich, so Ahlers, handele es sich gar nicht um Bremer Bürger: „Wenn auch Regierungsdirektor Löbert davon sprach, daß es sich dabei (gemeint sind die Sinti und Roma, d. A.) um Bremer handele, so glaube ich, er hat es nicht in dem Sinne aufgefaßt, als betrachte er ihre Geburt in Bremen als mildernde Umstände für das fahrende Volk. Es handelt sich nun einmal um Nomaden; ... sie können ihrer Eigenart entsprechend nicht seßhafte Bremer Bürger werden"[298] Und Knauer von der FDP schlug sogar vor: „Ich muß auch bedauern, daß man keine Überlegung nach der Richtung angestellt hat: Da das große Klöckner-Gelände in seinem ganzen Umfang erst in Jahren in Anspruch genommen wird, hätte man die Landfahrer von ihrer jetzigen Lagerstätte etwas weiter entfernt in einer äußeren Ecke vielleicht unterbringen können. Vielleicht wäre auch ein Versuch löblich gewesen, weil im Zusammenhang mit dem Klöckner-Projekt ein großer Bedarf an Arbeitern besteht, ihnen einmal eine Spitzhacke oder eine Schaufel in die Hand zu drücken und ernsthaft zu untersuchen, ob sie gewillt sind, auf die Dauer einer ernsthaften Arbeit nachzugehen. Daß dieser Versuch unterblieben ist, muß ich ebenfalls ganz nachdrücklich bedauern."[299] Sodann erinnerte er an die Zweitklassigkeit dieser ethnischen Minderheit: „Ich erlaube mir, noch einen kleinen Unterschied zu machen zwischen diesen Staatsbürgern und den anderen Staatsbürgern. Es sind nun einmal keine erstklassigen Staatsbürger. Verstehen Sie mich bitte recht! Ich rede durch-

---

[296] Ebd., S. 146.
[297] Ebd.
[298] Ebd., S. 150.
[299] Ebd., S. 151f.

aus nicht einer Behandlung das Wort, wie sie diese Gruppe im Dritten Reich erfahren hat, wo sie unter Ausnahmerecht gestanden hat. Ich bin aber auch nicht gewillt, ihnen das Prädikat zu erteilen, daß sie besonders gute Staatsbürger seien."[300]

Diese Aussagen zeugen von einer erschreckenden Unsensibilität und von menschenverachtenden Einstellungen angesichts des Völkermords an den Sinti und Roma lediglich 10 Jahre zuvor.

Nicht unerwähnt sollte jedoch auch bleiben, daß es auch andere Töne gab. Sie kamen bezeichnenderweise von der Rednerin der KPD, Frau Krüger. Sie kritisierte ihre Vorredner mit den Worten: „Man muß doch auch die Menschen, die sich von solch abscheulichen Worten getroffen fühlen müssen, behandeln wir andere Menschen. Man muß doch sagen, sie haben die selben Rechte, hier zu wohnen, wie andere auch."[301] Und Engel von der SPD resümierte: „Ich bin bestürzt über die teilweise hier unausgesprochen gebliebenen und zum Teil offen ... zum Ausdruck gebrachten Werturteile über diese Menschen, um die es sich hier handelt."[302]

Ende Juni 1955 erfolgte die Verlegung des 'Landfahrerlagers' nach Warturm - mit Polizeigewalt. Zuvor hatte der Senat 1.500 DM bereitgestellt, um einigen Sinti und Roma das Wegziehen aus Bremen zu „erleichtern". Ihnen war alles andere lieber als die Aussicht auf diesen Platz zu müssen. Eine von den Behörden durchaus gewollte Entwicklung: „Bei einer gestern bis in die späten Abendstunden geführten Unterhaltung mit den Landfahrern, habe sich herausgestellt, daß ein Teil bereit sei, Bremen zu verlassen, diesen Landfahrern jedoch gewisse Geräte (Fahrgestell, Zugmaschine zum Abtransport, u. ä.) fehlten. Hierfür bitte er, geringe Mittel bereitzustellen. Er habe den Landfahrern gegenüber unmißverständlich zum Ausdruck gebracht, daß nach einem Verlassen Bremens eine Wiederkehr nicht möglich sein werde."[303] Der Senat ermöglichte somit den „Zigeunern" das, was er ihnen als angeblichen „Wandertrieb" unterstellte. In Wirklichkeit war es eine Vertreibung.

Die Lebensverhältnisse in diesem neuen Lager waren menschenunwürdig. Nur durch einen Drahtzaun vom Schuttabladeplatz getrennt, huschten Ratten und anderes Getier über den Platz. Nach Regen standen die Bewohner knöcheltief im Schlamm, die hygienischen Verhältnisse wurden immer wieder bemängelt. Das Hauptgesundheitsamt mahnte Verbesserungen an. Überein-

---

[300] Ebd., Knauer (FDP), S. 151.
[301] Ebd.
[302] Ebd., S. 154.
[303] Auszug aus dem Senatsprotokoll vom 14. Juni 1955, S. 820ff.

stimmend wurde von den Berichterstattern immer wieder betont, daß sie eigentlich verwundert darüber seien, wie reinlich die Behausungen der Bewohner seien.[304]

1970 schließlich lehnte der Senator für das Gesundheitswesen jegliche Verantwortung für ein weiteres Verbleiben auf diesem Platz ab.[305] Erst danach wurden die verbliebenen Familien in Wohnungen über Bremen verteilt untergebracht. Damit war die Zeit der „Zigeunerlager" in Bremen vorbei.

2. 2. 2. Die Entnazifizierung und der späte Versuch einer juristischen Aufarbeitung

Parallel zu dieser diskrimierenden Nachkriegspolitik gegenüber den Sinti und Roma wurde die Aufarbeitung der NS-Verbrechen angegangen. Zunächst mittels der Entnazifizierung, sodann Anfang der 60er Jahre durch ein Ermittlungsverfahren.[306] Das Ergebnis war, um es vorweg zu nehmen, beschämend. Insbesondere die Entnazifizierung einer der hauptverantwortlichen Täter bei der Bremer Kriminalpolizei, Wilhelm Mündtrath, dem langjährigen Leiter des „Zigeunerdezernats", schlug fehl.

Nach der Befreiung vom 8. Mai 1945 verlief seine weitere berufliche Enwicklung zunächst in ruhigen Bahnen: „Nach dem Zusammenbruch im Jahre 1945 war ich zunächst, wie alle anderen Beamten auch, kurze Zeit lang formlos beurlaubt. Ende Mai/Anfang Juni 1945 nahm ich den Dienst bei der Kriminalpolizei in Bremen wieder auf und war wieder im Sittendezernat eingesetzt."[307] Am 17. Oktober 1945 jedoch wurde er auf Anordnung der amerikani-

---

[304] „Fast alle Wohnräume ... waren - soweit es die Umstände erlauben - peinlichst gepflegt. Die Möbelstücke, Betten, Wäsche usw. waren einwandfrei sauber. Besonders wenn man bedenkt, daß bis zu 9 Kinder in den Unterkünften leben, ist es kaum erklärbar, wie es den Eltern gelingt, diese Ordnung und diese Sauberkeit zu halten." Vgl. Schreiben des Hauptgesundheitsamtes vom 6. Januar 1966 an das Stadtplanungsamt, in: Hauptgesundheitsamt Bremen 5100 - 113 - 04/4.

[305] Vgl. Protokoll der Besprechung (am 5. Oktober 1970) vom 7. Oktober 1970, in: Senator für Inneres Bremen 122 - 92 - 00.

[306] Zur Entnazifizierung in Bremen vgl. Meyer-Braun, Renate, Die Bremer SPD 1949-1959, Frankfurt am Main/New York 1982; Fricke, Peter, Der Senator für politische Befreiung, Bremen 1967 (Ms.); Drechsel, Wiltrud Ulrike/Röpcke, Andreas (Hg.), „Denazification", Zur Entnazifizierung in Bremen, Beiträge zur Sozialgeschichte Bremens, Bd. 13, Bremen 1992; Thonfeld, Christoph, Die Entnazifizierung der Justiz in Bremen, in: Zeitschrift für Geschichtswissenschaft, Heft 7 (Juli) 1998, S. 638-656. Noch immer stellt die Entnazifizierung in Bremen und Bremerhaven ein Desiderat dar.

[307] StA Bremen 4, 89/3 - 710, Ermittlungsverfahren gegen Wilhelm Mündtrath.

schen Militärregierung aus dem Dienst entlassen. Eine Beschwerde seinereits dagegen blieb ohne Erfolg. Der Prüfungsauschuß entschied im Februar 1947 (Mündtrath hatte derweil eine Anstellung als Leiter eines amerikanischen Offiziersclubs in Osterholz-Scharmbeck gefunden), daß er als „eifriger Nazi-Unterstützer" zu entlassen sei, da er „eine eine Tätigkeit entfaltet (hat), die mit den Gesetzen der Menschlichkeit nicht in Einklang zu bringen ist. Wenn er auch innerhalb der NSDAP kein offizielles Amt bekleidet hat, so ist sein Verhalten gegenüber den rassisch Verfolgten doch derart gewesen, daß er als Polizei-Beamter in einem demokratischen Staatswesen unter keinen Umständen als tragbar erscheint."[308]

Nach dem Geschilderten war dies ein angemessener Spruch. Bei diesem blieb es jedoch nicht. Zwar wurde Mündtrath im Oktober 1947 nach seiner Vernehmung sofort in Haft genommen und in das Internierungslager Riespott gebracht. Er war als „Hauptschuldiger" verdächtig, an der Verschickung von „Zigeunern" beteiligt gewesen zu sein. Aber die nun anlaufende „Mitläuferfabrik"[309] erfaßte auch Täter wie Mündtrath. Der Weg dahin war freilich verschlungen.

Müntraths Kollegen attestierten ihm, er sei ein korrekter Beamter und ein ordentlicher Mensch. Und zudem bezweifelten sie, daß Mündtrath den eigentlichen Anlaß der Deportation im März 1943 gewußt haben konnte, da es sich offiziell um eine „Umsiedlungsaktion" gehandelt habe. Ebenso schlossen sie es kategorsich aus, daß Mündtrath Sinti damit gedroht haben könnte, sie kämen in ein KZ, wenn sie nicht freiwillig ihrer Zwangssterilisation zustimmten. Carl Krämer, selber später als Mitläufer eingestuft und unmittelbarer Vorgesetzter Mündtraths, erklärte hierzu: „Ich darf hierbei daraufhinweisen, daß bei der Kriminalpolizei auch zur damaligen Zeit noch darauf geachtet wurde, daß dienstliche Anweisungen korrekt ausgeführt wurden, und somit auch das Erreichen einer Maßnahme durch Androhung unter Zwang nicht gestattet war. Mir ist in diesem Zusammenhang niemals zu Ohren gekommen, daß Mündtrath mit Drohungen dieser Art gearbeitet hat, denn dann hätten zumindest disziplinare Maßnahmen gegen Mündtrath ergriffen werden müssen."[310]

Mündtrath selber wies den Vorwurf an anderer Stelle mit den Worten zurück, daß es nicht in seiner „Machtvollkommenheit"[311] gelegen habe, eine

---

[308] StA Bremen 4, 66 - I., Mündtrath, Wilhelm, Entnazifizierungsverfahren.
[309] So der Titel einer Monographie Lutz Niethammers über die Entnazifizierung (Berlin/Bonn 1982).
[310] StA Bremen 4, 89/3 - 710, Ermittlungsverfahren gegen Wilhelm Mündtrath.
[311] StA Bremen 4, 89/3 - 710, Ermittlungsverfahren gegen Wilhelm Mündtrath, Bl. 144.

solche Drohung auszusprechen. Hätte sich einer der Betroffenen geweigert, hätte er dies Berlin gemeldet. Von dort sei dann die Entscheidung gekommen, die betreffene Person in ein KZ zu deportieren. Desweiteren behauptete Mündtrath, zwar habe er von dem Ziel - KZ Auschwitz - der Deportation gewußt, aber er sei davon ausgegangen, daß die Sinti dort angesiedelt werden sollten. Daran habe er geglaubt.[312]

In der Spruchkammerverhandlung im Dezember 1948 wurde noch ein weiterer Vorwurf erörtert. So wurde Mündtrath von den Sinti vorgeworfen, er habe eine Ehefrau zu sexuellen Handlungen erpreßt, damit ihr Ehemann der Zwangssterilisation entgehen könne. Mündtrath wies den intimen Verkehr mit der Frau nicht zurück, wohl aber, daß er irgend einen Einfluß auf die Zwangsterilisationsanordnung hätte nehmen können. Er habe einfach eine „leichte Ader" für Frauen. Das käme wohl durch seine Tätigkeit bei der Sitte, wo er vielen Umgang mit Bardamen gehabt habe.[313]

Der Öffentliche Kläger stellte den Antrag, Mündtrath als „Belasteten" einzustufen und für drei Jahre in ein Arbeitslager einzuweisen. Die Verteidigung wollte Mündtrath als „Mitläufer" eingestuft sehen. Mündtrath selber sagte: „Ich habe nur meinen Dienst gemacht. Ich bin mir keiner Schuld bewußt und möchte wieder Dienst machen."[314]

Die Spruchkammer entschied am 5. Januar 1949, Mündtrath als „Minderbelasteten" einzustufen. Sie sah die sexuelle Nötigung[315] und die Drohungen zum Erreichen der Zustimmung zur Sterilisation als erwiesen an, aber da er in einem Fall einem Opfer geholfen habe,[316] wolle man es bei dem Spruch belassen.

Die Folgen wären für Mündtrath milde gewesen. Zwar hätte er für die Dauer einer Bewährungsfrist nicht anders als in gewöhnlicher Arbeit beschäftigt werden dürfen, aber nach deren Ablauf wäre er automatisch „Mitläufer" und somit weitgehend für unbelastet erklärt geworden.

---

[312] Protokoll vom 20. Dezember 1948, StA Bremen 4, 66 - I., Mündtrath, Wilhelm, Entnazifizierungsverfahren.
[313] 2. Verhandlungstag, StA Bremen 4, 66 - I., Mündtrath, Wilhelm, Entnazifizierungsverfahren.
[314] Ebd.
[315] „Darüber hinaus hat er in einem nachgewiesenen Falle sich die vom Nazismus herausgegebenen Gesetze zu Nutze gemacht, um die seelische Not dieser betroffenen Opfer zur Befriedigung seines angeblichen übernatürlichen Sexualtriebes auszunutzen." Ebd. Aus der Begründung der Spruchkammer.
[316] In einem Fall hat Mündtrath die Entlassung eines Zeugen aus dem Gefängnis bewirkt, weil die Anschuldigungen gegenstandslos geworden waren. Von der Spruchkammer wurde nicht behauptet, daß es sich hierbei um eine Widerstandshandlung handelte.

Beide Parteien gingen jedoch in die Berufung. Der Kläger mit der Begründung, daß „das Verhältnis der Entlastungen zu den mit einer Stetigkeit durch die Tätigkeit des Betroffenen im Zigeunerdezernat sich ziehenden anklagenden Punkten negativ ist"[317] und der Verteidiger im wesentlichen mit den Argumenten, daß erstens Mündraths Vorgesetzte allesamt als Mitläufer eingestuft worden waren, somit „das ausführende Organ nach dem Befreiungsgesetz höher eingruppiert werden soll, als der anweisende Beamte"[318], daß zweitens z.Zt. ein Gesetz in Vorbereitung sei, „um die Zigeuner in ihrer Bewegungsfreiheit, die zu mancherlei Delikten führt, einzuschränken"[319] und daß drittens, was die sexuelle Nötigung anbetrifft, festgestellt werden müsse, „was sämtliche heute noch im Dienst befindlichen Kriminalbeamte ausgesagt haben, daß es hervorstechendes Merkmal der Zigeunerstammes ist, selbst vor Gericht zu lügen bzw. die Tatsachen zu verdrehen."[320]

Mit diesen Argumenten hatte der Verteidiger in der Berufungsverhandlung Erfolg. Am 5. Mai 1949 entschied eine Kammer, daß Mündtrath zu amnestieren sei. Ihrer Ansicht nach waren die Aussagen der Zeugin in bezug auf die sexuelle Nötigung unglaubhaft.[321] Und in bezug auf die Deportation nach Auschwitz vertrat sie die Ansicht: „Im übrigen muß angenommen werden, daß der Betroffene selbst nicht das Bewußtsein haben konnte, welche Folgen die Ausführung der Befehle für die Zigeuner haben würde. ... So wie der Betroffene einmal Prostituierte aus Polen nach Deutschland gebracht hat, so brachte er auch Zigeuner nach Auschwitz in Ausübung eines dienstlichen Befehls, ohne Wissen oder nur glauben zu können, daß diesen Befehlen eine unmenschliche Absicht zu Grunde lag."[322]

Mündtrath nutzte diesen Spruch in der Zukunft, um beständig darauf hinweisen zu können, daß er zu Unrecht mit Vorwürfen konfrontiert worden sei, deren Unhaltbarkeit quasi gerichtlich festgestellt worden seien.

---

[317] StA Bremen 4, 66 - I., Mündtrath, Wilhelm, Entnazifizierungsverfahren.
[318] Ebd.
[319] Ebd.
[320] StA Bremen 4, 66 - I., Mündtrath, Wilhelm, Entnazifizierungsverfahren.
[321] Wörtlich: „Die Vorinstanz glaubte, der Betroffene habe die Zeugin ausgenutzt, als diese wegen ihres Mannes bei dem Betroffenen vorstellig wurde. Nach Auffassung der Berufungskammer ist es wohl reichlich übertrieben, bei einer Zeugin wie der benannten ... von „seelischer Not" zu sprechen. Aus den Aussagen dieser Zeugin und deren ihres früheren Ehemannes ... ist klar zu erkennen, daß diese Zeugin gewiss nicht prüde war und sich wohl herzlich wenig dabei dachte, irgend einem Mann anzugehören. Es wird darum zu Lasten des Betroffenen nicht angenommen werden können, diese Zeugin könne überhaupt ausgenutzt werden." Ebd.
[322] Ebd.

Im Dezember 1951 nahm Mündtrath seinen Dienst bei der Kriminalpolizei wieder auf. Er arbeitete die folgenden sieben Jahre bei der „Fahndung - Anzeigenaufnahme". 1952 wurde Mündtrath nachträglich zu seinem 25jährigen Dienstjubiläum gratuliert. Das lag zwar schon 2 Jahre zurück, aber dennoch ließ man ihm senatorischerseits „Dank und die Anerkennung für die zum Wohle der Allgemeinheit geleisteten Dienste"[323] zukommen.

Und auch die Beförderung blieb nicht aus. Am 7. Oktober 1953 wurde Mündtrath zum Oberkriminalsekretär ernannt. Das war der Lohn war für seine „gute Gesamtveranlagung, seine guten dienstlichen Leistungen und seine Eignung."[324] In den Augen seiner Vorgesetzten war er zudem „willig und fleißig" und erledige „die ihm übertragenen Arbeiten sehr sorgfältig und gründlich."[325]

1958 schließlich trat Mündtrath in den Ruhestand. Bürgermeister Wilhelm Kaisen sprach dem verdienten Beamten in einer Urkunde seinen Dank aus: „Namens des Senats der Freien Hansestadt Bremen spreche ich dem Kriminalobermeister Wilhelm Mündtrath, der nach Erreichen der Altersgrenze mit Ablauf des 31. März 1958 in den Ruhestand tritt, für die der Freien Hansestadt Bremen geleisteten treuen Dienste den Dank aus. Gez. Kaisen."[326]

Mündtrath stand im übrigen mit seinem 'Freispruch' in dem Entnazifizierungsverfahren nicht allein. Auch die übrigen beteiligten Beamten und Ärzte wurden nicht zur Rechenschaft gezogen:
- Regierungsrat Franz Hahn, Leiter der Kriminalpolizeileitstelle, Mitläufer.
- Kriminaldirektor Carl Krämer, Hahns Stellvertreter und Leiter der Inspektion, der das „Zigeunerdezernat" zugeordnet war, Mitläufer.
- Franz Gails, Vorgänger Mündtraths und für die Deportation im Mai 1940 zuständig, Mitläufer.
- Christian Liesmann, leitete einen der Transporte nach Auschwitz, Mitläufer.
- Wilhelm Herzmann, leitete das „Zigeunerdezernat" wenige Monate, Mitläufer.
- Carl Vestweber, Leiter des Kommissariats, dem das „Zigeunerdezernat" unterstand, Mitläufer.
- Klaus Gutermuth, ebenfalls Leiter des Kommissariats, Mitläufer.
- Christian Rohlfing, Leiter des Kommissariats, Mitläufer.

---

[323] Aus der Personalakte des Polizeipräsidiums. (StA Bremen 4, 1/4 - Senatskommission für das Personalwesen - Akten über Zusatzempfänger - Mündtrath, Wilhelm).
[324] Ebd.
[325] Ebd.
[326] Ebd.

- Wilhelm Bolland, vorsitzender Richter des Bremer Erbgesundheitsgerichts, Mitläufer.
- Dr. Ernst Hermann Bartels, führte die Zwangssterilisationen durch, Mitläufer.
- Dr. Wolfgang Wunderlich, sein Kollege, Mitläufer.

Drei Jahre nach Mündtraths Pensionierung erstattete Julius Dickel, Auschwitz-Überlebender und Sinto, am 28. April 1961 gegen Mündtrath Strafanzeige: „Ich bin Zigeuner und wohnte zusammen mit meiner Familie im Jahre 1943 in einem Wohnwagen in Bremen, Stoteler Str. Mein Vater, Matthäus Dickel, war auf der AG-Weser-Werft beschäftigt. Zu meiner Familie gehörte ferner meine Mutter Albertine geborene Neigott sowie meine Schwester Hedwig und meine drei Brüder, Egon, Johannes und Willi. Meine Brüder waren damals 5 bis 14 Jahre alt und meine Schwester ca. 20 Jahre."[327] Am 8. März 1943 wurde die gesamte Familie nach Auschwitz deportiert. Julius Dickel überlebte als einziger: „Nach Kriegsschluß wurde mir mitgeteilt, daß meine Eltern sowie meine Schwester und Brüder in Birkenau vergast seien."[328]

Konkret warf Julius Dickel dem damaligen Kriminalsekretär Mündtrath vor, daß er die Sinti wissentlich falsche Auskünfte über das „Reiseziel" gegeben habe. „Das mache ich ihm zum Vorwurf. Er muß in seiner damaligen Dienststellung mit aller Sicherheit gewußt haben, daß das Ziel unserer Reise ein Konzentrationslager und damit die Vernichtung war. Alle jetzt noch in Bremen lebenden Zigeuner, die Auschwitz überstanden haben, können meine Angaben in allen Punkten bezeugen."[329]

Die Bremer Staatsanwaltschaft begann ihre Ermittlungen wegen Beihilfe zum Mord. Sie konzentrierte ihre Untersuchung aber vor allem darauf, ob Mündtrath „Personen erfaßt und nach Auschwitz oder Birkenau in Kenntnis der Tatsache verbracht hat, daß diese dort getötet werden würden."[330]

Die befragten Sinti bestätigten Dickels Meinung, Mündtrath müsse das wahre Ziel und den wahren Grund der „Reise" gekannt haben. Es waren zumeist die gleichen Zeugen, die schon in dem Entnazifizierungsverfahren ausgesagt hatten. Insofern kamen neue Informationen ans Licht.

Daneben erkundigte sich die Staatsanwaltschaft, ob in der BRD ähnliche Prozesse geplant seien, erbat vom Institut für Zeitgeschichte in München ein

---

[327] Ebd., Bl. 2.
[328] Ebd., Bl. 4.
[329] Ebd., Bl. 4f.
[330] Ebd. Zur Erinnerung: im Spruchkammerverfahren bestritt Mündtrath im März 1943 gewußt zu haben, daß Auschwitz ein Konzentrationslager war.

Gutachten und ließ sich mehrere Dokumente zuschicken u.a. den Schnellbrief zum „Auschwitz-Erlaß" Himmlers vom 29. Januar 1943.[331] Schließlich wurde Mündtrath selber vernommen. Die Vernehmung währte ganze zwei Tage. Zwei Themenbereiche standen hierbei im Vordergrund. Der erste behandelte die Zwangssterilisationen: „Herr Mündtrath, in diesen Zeugenaussagen kommt immer wieder zum Ausdruck, daß Sie bei der Einholung der freiwilligen Einverständniserkläung zur Sterilisation, den Zigeunermischlingen gedroht haben sollen, sie würden in ein Konzentrationslager kommen, wenn sie nicht unterschreiben würden. Was können Sie dazu sagen? - Antwort: Ich kann nur sagen, daß diese Aussagen unwahr sind. Ich habe niemals einem Zigeunermischling damit gedroht, er würde in ein KZ kommen, wenn er sein freiwilliges Einverständnis zur Unfruchtbarmachung nicht gibt. Eine solche Drohung lag erstens nicht in meiner Machtvollkommenheit und hätte außerdem meinen dienstlichen Anweisungen widersprochen. Die dienstliche Anweisung zu diesem Komplex ging dahin, daß, wenn der Zigeunermischling sich weigert, die Erklärung zu unterschreiben, seine Weigerungsgründe anzugeben seien. Daraufhin entschied die Reichszentrale in Berlin darüber, was mit dem Betreffenden geschehen sollte. Mir ist ... jedoch erstens kein Fall bekannt, daß eine Weigerung erfolgte, und zweitens, daß von Berlin aus von der Reichszentrale irgendwelche Maßnahmen angeordnet wurden. Ich kann mir nicht erklären, warum verschiedene Zeugen mich in dieser Hinsicht wahrheitswidrig belasten. Ich darf jedoch auf mein Spruchkammer-Verfahren hinweisen, wo das ebenfalls der Fall war, daß ich von verschiedenen Zigeunern belastet wurde und die Wahrheit dieser Behauptungen nicht festgestellt werden konnte."[332]

Nach dieser Auslassung Mündtraths war das Thema für die Staatsanwaltschaft offenbar erledigt, denn die Zwangssterilisationen wurden fortan nicht mehr verfolgt.

Der zweite Befragungsschwerpunkt faßte nun die Umstände der Deportationen vom März 1943 ins Auge. Mündtrath dazu: „Wenn ich heute gefragt werde, was ich im einzelnen bei dieser Aktion gemacht habe, so kann ich nach einigen Überlegungen erklären, daß ich lediglich untergeordnete Sachbear-

---

[331] Ausführungsanweisung des sogenannten Auschwitz-Erlasses Himmlers vom 16. Dezember 1942, der die Deportation der „Zigeunermischlinge, Ròm-Zigeuner und nichtdeutschblütige Angehörige zigeunerischer Sippen balkanischer Herkunft" in das Konzentrationslager Auschwitz vorsah. In der Ausführungsanweisung wird festgelegt, wie die Deportationen durchzuführen sind. In ihm wird nochmals ausdrücklich erwähnt, daß die Deportationen in das Konzentrationslager Auschwitz führen.
[332] Ebd., Bl. 144f.

beiteraufgaben ausgeführt habe."³³³ Nachdem man ihm den Schnellbrief vorgelesen hatte, antwortete er: „Ich erkläre, daß ich mich nicht erinnern kann, diesen Schnellbrief seinerzeit gelesen zu haben oder daß er mir inhaltlich auf dienstlichem Wege bekanntgeworden ist. Wenn im Betreffvermerk dieses Briefes von der Einweisung von Zigeunermischlingen in ein Konzentrationslager die Rede ist, so erkläre ich nochmals, daß ich nur gewußt habe, daß eine Umsiedlung der Zigeunermischlinge erfolgen sollte. - Auf Vorhalt: Wie erklären Sie sich, daß Ihnen als Zigeunersachbearbeiter der Krim. Leitstelle Bremen ein solcher grundsätzlicher Befehl nicht bekannt geworden ist? - Antwort: Ich möchte annehmen, daß es sich um einen geheimen Befehl gehandelt hat, den ich als kleiner Beamter nicht zu sehen bekam. Ich weiß auch nicht, ob mein damaliger Kommissariatsleiter Hagen den Befehl gekannt hat. - Auf Befragen: Mir ist nicht bekannt, welche leitenden Beamten der Kripoleitstelle Bremen befugt waren Geheimsachen zu bearbeiten."³³⁴ Mündtrath untertrieb natürlich ganz enorm, was seine Rolle anbetraf. Er war nicht einfach ein „kleiner Beamter" - er war der Leiter der „Dienststelle für Zigeunerfragen" und als solcher selbstverständlich in die diversen Verfolgungsmaßnahmen eingeweiht.

Abschließend gab Mündtrath sein Unverständnis zu Protokoll: „Ich bin ... entrüstet, daß nunmehr, nachdem ich trotz allem in Ehren aus dem Dienst ausgeschieden bin, gegen mich nochmals ein Strafverfahren eingeleitet wird. Für mich bildet dieses Verfahren eine erheblich nervliche Belastung. ... Ich bitte deshalb darum, daß dieses Verfahren möglichst bald zum Abschluß gebracht wird, damit ich und auch meine letztlich betroffene Ehefrau wieder in Ruhe leben können."³³⁵

Rückendeckung erhielt Mündtrath von Carl Krämer. Dieser erklärte, daß er sich an den Schnellbrief zwar erinnern könne, daß aber niemals Mündtrath mit der Durchführung dieser Deportation beauftragt worden sei. „Sicher werden wir damals beraten haben, welcher Beamte in leitender Stellung mit dieser Aktion zu beauftragen wäre, weil ja Mündtrath als Zigeunersachbearbeiter und seinem Dienstgrad als Kriminalsekretär die Sache nicht überschauen konnte. Ich weiß aber noch genau, daß sodann der Krim. Kommissar Hagen, der meiner Inspektion angehörte, mit der Durchführung der Aktion betraut wurde."³³⁶

---

[333] Ebd., Bl. 145.
[334] Ebd., Bl. 148.
[335] StA Bremen 4, 89/3 - 710, Ermittlungsverfahren gegen Wilhelm Mündtrath, Bl. 149.
[336] Ebd. Auch zu den Zwangssterilisationen wurde Krämer vernommen. Mit einigem Zynismus stellte er fest, „daß mir kein Fall erinnerlich ist, daß in Bremen ein Zigeunermischling die freiwillige Unfruchtbarmachung verweigerte, und somit sind mir auch keine Fälle bekannt, daß von der Reichszentrale Maßnahmen angeordnet werden mußten." Ebd. In einem Wie-

Eine Befragung des mittlerweile in München ansässigen Hans Hagen bestätigte diese Darstellungen.

Anfang 1962 erhielt Julius Dickel die Mitteilung über die Einstellung des Ermittlungsverfahrens. Sie lautete: „Der Beschuldigte bestreitet, seinerzeit gewußt zu haben, daß die zum Transport zusammengestellten Menschen in Auschwitz vernichtet werden sollten. Das Gegenteil konnte nicht festgestellt werden. Die Verbringung von Zigeunermischlingen nach Auschwitz ist nicht von Mündtrath ausgegangen, sondern - für das Reich einheitlich - vom Reichskriminalpolizeiamt in Berlin. Grundlage dieser Aktion war ein Schnellbrief des Reichssicherheitshauptamtes vom 29. Januar 1943, der die Verlegung bestimmter Zigeunergruppen in Konzentrationslager vorsah, aber nichts über das weitere Schicksal dieser Menschen, insbesondere auch keinen Hinweis darauf enthielt, daß sie einmal vernichtet werden sollten. ... Der Brief wurde den mit der Aktion betrauten Stellen als „Geheime Reichssache" zugeleitet. Er ist deshalb, wie der Kriminaldirektor a. D. Krämer, der damalige Vorgesetzte des Beschuldigten, weiß, nicht vollinhaltlich den einzelnen Sachbearbeitern seiner Dienststelle zur Kenntnis gebracht worden. Das besagt, daß der Beschuldigte, wie er unwiderlegt angibt und nach den damaligen Gepflogenheiten der nationalsozialistischen Machthaber glaubhaft ist, zunächst überhaupt nicht gewußt haben wird, daß der Transport in ein Konzentrationslager geleitet werden sollte ... Die Aktion war seinerzeit als „Umsiedlungsaktion" nach Polen getarnt. Ihre Durchführung ließ weder für die Opfer noch für mit der Durchführung der Aktion betraute Polizeibeamte - noch dazu in nachgeordneten Stellungen - erkennen, daß unschuldige Menschen ermordet werden sollten."[337]

Den Ermittlungsbeamten war indessen eine Panne unterlaufen - vermutlich ohne ihr Wissen. Der Schnellbrief vom Januar 1943 lag ihnen nicht vollständig vor. In der urspünglichen Fassung hatte er noch drei Anlagen. Die erste Anlage stellte die *Haftanordnung* dar. Sie mußte sorgfältig ausgefüllt, einschließlich eines Abdrucks des rechten Zeigefingers des Opfers und der Kommandantur des KZ Auschwitz übergeben werden. Auf der Vorderseite befand sich unter Punkt 1 der Text: „1. Auf Grund des Befehls des Reichsführer-SS vom 16. 12. 1942 wird der nachstehend genannte Zigeunermischling in das Zigeunerlager (KL Auschwitz) überführt."[338] Mit an Sicherheit grenzender

---

dergutmachungsverfahren hatte Krämer allerdings ausgesagt, daß ihm ein Fall bekannt sei, wo ein Sinto sich geweigert hatte (StA Bremen 4, 54 - Wiedergutmachung - E 3554, Elisabeth B.).
[337] Ebd., Bl. 183f.
[338] Zitiert nach Wippermann, Wolfgang, Das Leben in Frankfurt zur NS-Zeit, Bd. II, Frankfurt am Main 1986, S. 112.

Wahrscheinlichkeit wurden diese Dokumente auch in Bremen verwendet. Da Mündtrath selber einen Transport begleitete, wußte er natürlich auch um das Ziel.

Zu den Zwangssterilisationen ist zu sagen, daß sie nur aus dem Schnellbrief erklärlich waren, stand doch unter III.: „III. Soweit der unter II 3-9 angeführte Personenkreis von der Einweisung in das Konzentrationslager ausgenommen wird, ist wie folgt zu verfahren:
1. Die Einwilligung zur Unfruchtbarmachung der über 12 Jahre alten aber noch nicht sterilen zigeunerischen Personen ist anzustreben ...
4. Im Falle der Weigerung entscheidet nach Darlegung der Gründe das Reichskriminalpolizeiamt über das zu Veranlassende."[339]

Exakt darauf beriefen sich Mündtrath und seine Mittäter und kann somit als weiteres Indiz dafür gewertet, daß Mündtrath der Schnellbrief bekannt war.

Allein die Frage, ob Mündtrath gewußt haben konnte, daß die Sinti zu einem späteren Zeitpunkt in Auschwitz ermordet würden, konnte er mit halbwegs gutem Gewissen verneinen. Obgleich ihm und seinen Kollegen klar gewesen sein mußte, was die Einweisung in ein KZ bedeutete. Unterschrieben sie doch schon vor dem März 1943 die Todesmeldungen der KZ-Kommandaturen aus anderen KZ. Außerdem war Mündtrath rassenbiologisch geschult. Die Konsequenzen seines Handelns waren - wie gezeigt - gewollt.

Julius Dickel wollte sich mit dieser Entscheidung nicht zufrieden geben. Er legte Beschwerde ein. Mittlerweile war bei der Oberstaatsanwalt das Gutachten vom Institut für Zeitgeschichte aus München eingetroffen. Das Institut empfahl zunächst das beigelgte Gutachten Buchheims über die Deportationen vom Mai 1940 zu lesen und desweiteren Hans-Joachim Döring vom Institut für Kriminologie und Strafvollzugskunde der Universität Freiburg i.B. zu befragen. Er sei ein Experte auf diesem Gebiet.

Das Gutachten wurde nicht weiter beachtet. Dafür sagte Döring am 4. April 1962 aus: „Die weitere Behandlung der Zigeunermischlinge im Zigeunerlager innerhalb des KL. Auschwitz ist mir für diesen Zeitpunkt mit hinreichender Sicherheit nicht bekannt. Man kann nur aus Angaben Dritter und der damaligen Behandlung im KL. Auschwitz, soweit es die Zigeuner betrifft, schließen, daß zu *dieser Zeit* (Hvhbg. i. O., d. A.) eine Vernichtung der Zigeuner und Zigeunermischlinge noch nicht geplant worden sein dürfte. ... Trotz einer auftretenden Epidemie im Zigeunerlager und sehr schlechten hygienischen Zuständen kann man auf Grund mehrerer Angaben ehemaliger Häftlinge feststellen, daß die Behandlung der Zigeuner im Zigeunerlager Birkenau im Verhältnis zu

---

[339] Ebd.

der Behandlung und teilweise auch der Verpflegung etwas besser war als die der übrigen Häftlinge. ... Ferner ist zu berücksichtigen, daß die Zigeuner monatelang, von wenigen Ausnahmen abgesehen, im Gegensatz zu den anderen Lagerinsassen, nicht zur Arbeit eingesetzt wurden. Eine weitere Besonderheit bestand darin, daß die Zigeuner familienweise untergebracht worden sind. Es ist allgemein bekannt, daß die übrigen Personen, insbesondere auch die Juden, bereits bei der Einlieferung nach Geschlechtern getrennt wurden. Eine Auswahl aus Deutschland stammender Zigeuner, die bereits bei der Einlieferung in die Gaskammern geschickt wurden, ist mir nach mehrjährigen Untersuchungen nicht bekanntgeworden. Ferner hat man einen kleinen Kinderspielplatz mit einem Karussell und ähnlichem Gerät eingerichtet. Aus diesen Feststellungen geht mit einer gewissen Wahrscheinlichkeit hervor, daß eine Vernichtung der eingewiesenen Zigeuner zu *diesem Zeitpunkt* (Hvhbg. i. O., d. A.) kaum beabsichtigt gewesen sein durfte. Jedenfalls halte ich es für nahezu ausgeschlossen, daß ein mit der Überführung von Zigeunern beauftragter Kriminalbeamter bereits damals begründeten Anlaß hatte aus Befehlen oder Maßnahmen herauszuschließen, daß diese Zigeuner in Auschwitz vernichtet werden sollten."[340]

Dörings Aussage stellte den damaligen Forschungsstand dar. Die positive Folge für Mündtrath war, daß der Oberstaatsanwalt erneut das Ermittlungsverfahren einstellte und entsprechend am 28. September an Julius Dickel schrieb: „Die auf Ihre Beschwerde wieder aufgenommenen Ermittlungen haben den Verdacht, daß sich der Beschuldigte der Beihilfe zum Mord schuldig gemacht hätte, nicht bestätigt. Gegen Mündtrath könnte ich strafrechtlich nur dann erfolgreich vorgehen, wenn nachgewiesen wäre, daß er beim Transport von Zigeunermischlingen aus Bremen am 8. März 1943 ins Konzentrationslager Auschwitz gewußt hat, daß die dort hinverlegten Menschen einmal getötet werden würden. Dies läßt sich schon um deswillen nicht feststellen, weil eine mit Hilfe des Instituts für Zeitgeschichte in München vorgenommene Überprüfung ergeben hat, daß zu der damaligen Zeit die Vernichtung von Zigeunermischlingen noch gar nicht beabsichtigt war. ... Tatsachen, die eine Beihilfe zum Mord erweisen, haben auch die weiteren Ermittlungen nicht ergeben. Ich habe daher das Verfahren erneut eingestellt."[341] Mal abgesehen davon, daß

---

[340] StA Bremen 4, 89/3 - 710, Ermittlungsverfahren gegen Wilhelm Mündtrath. Döring unterscheidet zwischen „deutschen Zigeunern und ausländischen Zigeunern". So unterschlägt er die 1.700 Zigeuner, die bereits im März in Auschwitz vergast wurden und die aus Bialystock, Polen, stammten. Vorher waren sie als Typhusverdächtige isoliert worden. Vgl. Münzel, Mark/Streck, Bernhard (Hg.), Kumpania und Kontrolle, Giessen 1981, S. 69ff.
[341] StA Bremen 4, 89/3 - 710, Ermittlungsverfahren gegen Wilhelm Mündtrath, Bl. 241f.

nicht das Gutachten Buchheims solche Behauptungen aufstellte, sondern Döring, war eine schier unüberwindliche Hürde offenbar geworden. Zu fragen ist nämlich, wie Mündtrath zu beweisen gewesen wäre, daß er „beim Transport ... ins Konzentrationslager Auschwitz gewußt hat, daß die dort hinverlegten Menschen einmal getötet werden würden."[342] Man kann als gesichert unterstellen, daß Mündtrath gewußt hat, daß die „Hinverlegung" in ein KZ den Tod bedeuten konnte - aber nicht mußte. Aus der Rückschau der Dinge stellt sich das Geschehen anders dar. Aber ist es auch justiziabel?

Mündtrath hingegen resümierte abschließend: „Mir persönlich tut es leid, daß vielleicht durch meine Mitwirkung Zigeunern oder Zigeunermischlingen Unrecht geschehen ist. Ich konnte mich damals jedoch den gegebenen dienstlichen Anweisungen nicht widersetzen, habe mich jedoch stets bemüht, den betroffenen Personen menschlich die besten Ratschläge zu geben."[343]

2. 2. 3. Die sog. „Wiedergutmachung" - Die „zweite Verfolgung"[344]

„Damit ist zu gleich gesagt, wie der Gesetzgeber das Gesetz aufgefaßt und angewendet wissen will, nämlich im Geiste einer weitherzigen und großzügigen Wiedergutmachung des geschehenen Unrechts unter Berücksichtigung aller durch das Gesetz zugunsten der Verfolgten gegebenen Möglichkeiten."
(aus der Präambel des Bundesentschädigungsgesetzes - BEG).

Der Begriff „Zweite Verfolgung" bezieht sich z.B. auf die Verwendung der Täterakten in den Wiedergutmachungsverfahren. Hinzu kommt, daß als „Zeugen" die Kriminalbeamten hinzugezogen wurden, die die Verfolgung organisiert und durchgeführt hatten.[345] Zu guter Letzt mußten die überlebenden Opfer, weil die Akten vernichtet worden waren, sich an ihre ehemaligen Peiniger wenden, um von ihnen entsprechende Bescheinigungen zu erhalten. Manchmal waren dies Opfer, die zuvor noch in den Entnazifizierungsverfahren gegen ihre Ver-

---

[342] Ebd.
[343] Ebd., Bl. 149.
[344] U.E. wird der Begriff in der Literatur zum ersten Mal von Fritz Greußing, Das offizielle Verbrechen der zweiten Verfolgung, in: Zülch, Tilmann, a. a. O., S. 192-198 verwendet. Das Kapitel entstand zum Teil durch Mitarbeit von Detlef Marzi.
[345] „Soweit Zigeuner den Konzentrationslagern entkommen konnten und nach dem Kriege nach Bremen zurückkehrten, half er (gemeint ist Carl Krämer, d. A.) ihnen trotz vernichteter Akten mit seinem erstaunlichen Gedächnis bei der Durchsetzung von Entschädigungsansprüchen.", in: Krämer/Siebke, a. a. O., S. 16 (aus der Einleitung, die nicht von Carl Krämer selbst stammte, sondern vermutlich von den Herausgebern (ohne Namensnennung)).

folger ausgesagt hatten. Ein Sinto schilderte die Situation Ende 1947:[346] „1945 kurz nach dem Umsturz kam ich wieder nach Bremen und suchte mit meinem Bruder Johann St. ... Herrn Mündtrath in seinem Dienst im Polizeihaus Bremen auf. Von uns wurde seitens der KL-Betreuungsstelle Bremen, Schüsselkorb 3, eine Bescheinigung verlangt, wielange und weshalb wir im KZ gewesen sind. Diese Bescheinigung konnte uns nur Herr Mündtrath ausstellen, welcher die Verhaftung vorgenommen hatte. Aus diesem Grunde suchten wir ihn auf. Im Korridor des Polizeihauses trafen wir denselben bereits. Als wir ihm dann unser Anliegen vorbrachten, wollte er uns mit den kurzen Worten abfertigen, er hätte mit der Sache nichts zu tun und wäre hierfür nicht verantwortlich. Hierauf sagte mein Bruder: „Aber meine Frau und meine Kinder konnten Sie ins KZ bringen und vernichten lassen" und geriet dabei in Wut und gab Mündtrath einige Ohrfeigen, worauf dann einige amerikanische Polizisten dazwischen kamen..."[347]

Als der Leiter des Bremer Wiedergutmachungsamtes, Regierungsrat Hennings, in den 50er Jahren die Auffassung vertrat: „„...dass in Zigeunersachen Zurückhaltung geübt werden solle, da gerade diese Kreise nachgewiesenermassen in weit überwiegenden Fällen aufgrund ihres Lebenswandels aus Sicherungsgründen inhaftiert worden sind"[348] stellte das zwar keine Bremer Besonderheit dar, drückte indessen eine Haltung aus, die das nationalsozialistische Unrecht über Jahrzehnte quasi festschrieb. Das hätte nicht so sein müssen, wie die Geschichte der Wiedergutmachung an den Sinti und Roma in Bremen zeigt. Es gab Interpretationsspielraum, der allerdings zumeist zu Ungunsten der verfolgten Sinti genutzt wurde.

Bereits am 22. Februar 1950 wurde in dem Runderlaß E 19 für die Wiedergutmachungsbehörden in Baden-Württemberg festgelegt: „Die Prüfung der Wiedergutmachungsberechtigung der Zigeuner und Zigeuner-Mischlinge nach den Vorschriften des Entschädigungsgesetzes hat zu dem Ergebnis geführt, daß der genannte Personenkreis überwiegend nicht aus rassischen Gründen, sondern wegen seiner asozialen und kriminellen Haltung verfolgt und inhaftiert worden ist. ...

---

[346] Aussage von W. T. T. vom 15. Dezember 1947, in: StA Bremen 4, 66 - I., Mündtrath, Wilhelm, Entnazifizierungsverfahren, Bl. 70.
[347] Die Familie St. wurde im März 1943 von Bremen nach Auschwitz deportiert. Die 35jährige Ehefrau von St. starb mit fünf Kindern im Alter von fünf bis vierzehn Jahren in Auschwitz. Lediglich ein Sohn überlebte. Er sagte im Entnazifizierungsverfahren gegen Mündtrath aus.
[348] StA Bremen 4, 54 - Wiedergutmachung - E 591, Bl. 81/82.

Aus diesen Gründen ordnen wir hiermit an, daß Wiedergutmachungsanträge von Zigeunern und Zigeunermischlingen zunächst dem Landesamt für Kriminal-Erkennungsdienst, Stuttgart-O., Fuchsstraße 7 zur Überprüfung zugeleitet werden. Das Landesamt Stuttgart wird seine Ermittlungen in Zusammenarbeit mit dem Zentralamt für Kriminal-Identifizierung und Polizeistatistik in München und der Kriminal-Hauptstelle, Landfahrerpolizeistelle der Landespolizei in Karlsruhe durchführen."[349]

Die unterstellte „Asozialität" und „Kriminalität" der Sinti und daß somit ihre NS-Verfolgung nicht rassisch bedingt sei, blieb jahrzehntelang die Streitfrage. Zwar konnte an dem „Auschwitz-Erlaß" Himmlers und den sich daran anschliessenden Deportationen im März 1943 nicht an deren rassistische Motivation gezweifelt werden, die Frage aber, ob Sinti und Roma auch schon vor 1943 rassisch verfolgt wurden, verneinten die Wiedergutmachungsbehörden in der Regel.

Am 7. Januar 1956 bestätigte der Bundesgerichtshof diese Auffassung.

Erst 1963 wurde dieses Urteil revidiert. Nunmehr sah es der Bundesgerichtshof als erwiesen an, daß die Verfolgungsmaßnahmen aus Gründen der Rasse am 8. Dezember 1938 mit dem Runderlaß Himmlers, der die „Zigeunerfrage aus dem Wesen der Rasse" heraus regeln sollte, begannen.

Dieser Hintergrund ist wichtig, um die Entscheidungen des Bremer Landesamtes einordnen zu können.

Die Erforschung dieser Geschichte ermöglichte in Bremen[350] ein glücklicher, aber auch sehr bezeichnender Umstand: um über Einzelfallaussagen hinaus zu kommen, ist eine entsprechende Quellenbasis unabdingbar. Beispielsweise werden in Niedersachsen z.Zt. die Akten an das Hauptstaatsarchiv abgegeben. Dort sind sie in aller Regel lediglich über den Namen und nicht über den Verfolgungsgrund abrufbar. In Bremen dagegen war in den Eingangsbüchern[351] des Bremer Landesamtes für Wiedergutmachung hinter jedem „zigeunerischen Antragssteller" ein rotes „Z" hinzugefügt.[352] So konnten

---

[349] Wiedergutmachungsanträge der Zigeuner, Runderlaß E 19 des Finanzministers von Baden-Württemberg an die Wiedergutmachungsbehörden, AZ: 202/1330, vom 22. Februar 1950, abgedruckt in: Rose, Romani, Bürgerrechte für Sinti und Roma, Heidelberg 1987, S. 49.

[350] Vgl. zu Bremen: Marßolek/Ott, a. a. O., Jansen, Hans G./Meyer-Braun, Renate, Bremen in der Nachkriegszeit, Bremen 1990, S. 197-217.

[351] StA Bremen 4, 54 - Wiedergutmachung, Nr. 161 - 166, Eingangsbücher.

[352] Rote „Z" wurden auch zur Kennzeichnung der Personenakten der Polizei verwendet. In einer kleinen Anfrage der GRÜNEN, die am 1. Oktober 1985 in der Bürgerschaft beantwortet wurde, lautete Frage 4: „Warum wurden Bremer-Sinti-Wiedergutmachungsakten mit „Z"

411 Antragssteller ermittelt werden, bei denen es sich sehr wahrscheinlich um Sinti handelte.[353]

Hieraus ergibt sich die Untergliederung dieses Kapitels: nach einem kurzen Überblick über die Geschichte des Bremer Landesamtes für Wiedergutmachung, wird in einer quantifizierenden Analyse versucht, das Gesamtergebnis zu ermitteln. Sodann werden repräsentative Einzelfälle dargestellt.[354]

2. 2. 3. 1. Die Geschichte der Wiedergutmachung in Bremen - Eine Skizze

Die Verfolgten wurden nach 1945 nicht warmherzig empfangen. Ein Mitarbeiter der sog. KL-Betreuungstelle, die zunächst die Versorgung der Überlebenden übernahm, drückte dies sehr drastisch aus:[355] „KL-Entlassene haben in der letzten Zeit erheblich zu leiden unter dem Haß solcher Menschen, die noch im nationalsozialistischen Fahrwasser segeln. ... Es wird behauptet, fast alle KL-Entlassenen seien 'Verbrecher' gewesen..."

Die Betreuungsstellen konzentrierten sich zunächst darauf, den Opfern medizinische Versorgung zu vermitteln, ihnen bei der Beschaffung von Lebensmitteln und Kohlen zu helfen oder Wohnungen zu vermitteln. Zudem gab es in Geschäften und Behörden weitere Vergünstigungen, sofern der Betroffene einen KL-Ausweis vorlegen konnte.

Zwei Gesetze regelten die Wiedergutmachungsfrage 1947 genauer: das Rückerstattungsgesetz, mit dem vor allem Vermögenswerte entschädigt werden sollten und das Gesetz zur Bildung eines Sonderfonds zum Zwecke der

---

gekennzeichnet? Antwort: Mit Z gekennzeichnete Akten sind nicht bekannt", in: Landesamt für Wiedergutmachung Bremen - 408 - (5) - 50 - 11/13, 2. Ordner.

[353] Die Signaturen der Akten im Landesamt lauten: 408 - (5) - 50 - 11/13, drei Aktenordner Sinti betreffend (1. Ordner 1959-1980, 2. Ordner ab 1981, 3. Ordner „Ernst") und 408/00/00 bzw. 408/00/01 allgemein das Landesamt betreffend.

[354] Zur Geschichte der Wiedergutmachung allgemein siehe vor allem Herbst, Ludolf/Goschler, Constantin (Hg.), Wiedergutmachung in der Bundesrepublik Deutschland, München 1989, Pross, Christian, Wiedergutmachung, Der Kleinkrieg gegen die Opfer, herausgegeben vom Hamburger Institut für Sozialforschung, Frankfurt am Main 1988. Zu der speziell Sinti und Roma betreffenden Problematik: Fritz Greußing, Das offizielle Verbrechen der zweiten Verfolgung, in: Zülch, Tilmann, a. a. O., S. 192-198, Rose, Romani, Bürgerrechte für Sinti und Roma, Heidelberg 1987, Krausnick, Michael, Wo sind sie hingekommen? Der unterschlagene Völkermord an den Sinti und Roma, Gerlingen 1995, Spitta, Arnold, Entschädigung für Zigeuner? Geschichte eines Vorurteils, in: Herbst, Ludolf/Goschler, Constantin (Hg.), a. a. O.

[355] Ebd.

Wiedergutmachung vom 23. Oktober 1947.[356] Es sah Zahlungen an Betroffene vor, „wenn sie an ihrer Gesundheit, an ihrem Leben, ihrer Freiheit oder ihrem Vermögen unter der nationalsozialistischen Gewaltherrschaft auf Grund ihrer Rasse, Religion, weltanschaulichen oder politischen Überzeugung Schaden gelitten haben."[357]

Die KL-Betreuungsstelle erhielt am 1. April 1948 einen neuen Namen: sie hieß nun Amt für Wiedergutmachung. Als Leiter fungierte der bisherige Leiter der Betreuungsstelle, Wandschura. Zukünftig umfaßte der zu betreuende Personenkreis „Kämpfer gegen den Faschismus und ... Opfer dieses Systems."[358] Hierzu gehörten - nach Wandschura - neun Kategorien, unter ihnen „Teilnehmer der Erhebung des 20. Juli 1944",[359] Emigranten, Zwangssterilisierte, Juden und „Zigeuner". Letztere mit dem Nachsatz, daß sie „einer geregelten Beschäftigung nachgehen und kriminell nicht belastet sind."[360]

Ein „Fünferausschuß" beriet die Anträge, ein „Dreierauschuß", vom Senat eingesetzt, fungierte als Beschwerdeinstanz.

Die Bilanz für das Jahr 1948 liest sich so: 1701 Personen wurden in Bremen und Bremerhaven betreut, darunter 250 Frauen.[361] Alle Verfolgten zusammengerechnet hatten eine Haftzeit von 2860 Jahre verbüßt. Ausgezahlt wurden rund eine Milion RM, 300.000 wurden zusätzlich von privater Seite zur Verfügung gestellt. Im Durchschnitt erhielt jeder Betreute 500 RM.

Wandschura erwartete für den 1. Januar 1949 das Inkrafttreten eines neuen Gesetzes. Er versprach sich davon, daß „damit ... der bisherige Maßstab für Beihilfen, nämlich der Notstand, abgelöst (wird) durch den rechtlichen Anspruch. Es ist zu erwarten, daß damit die Wiedergutmachung in ihr endgültiges Stadium eintritt."[362]

Im August 1949 wurde das Amt neustrukturiert. Mittlerweile in der Zuständigkeit des Senators für Wohlfahrt und Arbeit, hieß es nunmehr „Landesamt für Wiedergutmachung" unterteilt in die Rückerstattungs- und Entschädigungsbehörde. Leiter dieses neuen Amtes wurde Regierungsdirektor Müller.

---

[356] Einen Überblick über den Stand der Wiedergutmachungsgesetzgebung bis Juni 1948 in: Landesamt für Wiedergutmachung 408/00/00 und 408/00/01. Daraus entnommen auch die beiden erwähnten Gesetze.
[357] Ebd.
[358] Landesamt für Wiedergutmachung 408/00/00 und 408/00/01.
[359] Ebd.
[360] Ebd.
[361] Landesamt für Wiedergutmachung 408/00/00 und 408/00/01. Aus dem Tätigkeitsbericht des Amtes für Wiedergutmachung für das Jahr 1948.
[362] Ebd.

Wandschura leitete indessen nur noch die Entschädigungsbehörde (Tanger die Rückerstattungsbehörde). Die Hintergründe dieser Veränderungen sind unbekannt.

Bereits ein Jahr später schien sich eine ernsthafte Krise anzubahnen. Politisch Verfolgte hatten sich darüber beschwert, daß einige Mitarbeiter „überspitzt formalistisch und menschlich unzureichend seien."[363] Zudem traten die Behörden in eine gewisse Konkurrenz zu einander, indem die eine die Entscheide der anderen nochmals prüfte, was ansich nicht ihre Aufgabe war. Kritisch vermerkte ein Bericht, daß es dem „Amt bisher nicht gelungen (sei), seine Angelegenheiten nach den Gesichtspunkten einer ordentlichen Verwaltung zu führen, und zwar trägt sie immer noch mehr den Charakter einer KL-Betreuungsstelle, als den Charakter einer mit der Bearbeitung von Wiedergutmachungsangelegenheiten beauftragten Behörde."[364] Indirekt wurde auch der Leiter der Entschädigungsbehörde, Wanschura, kritisiert, „der die Dinge mehr unter politischen Gesichtspunkten behandelt"[365] und es unbedingt eines „erfahrenen Verwaltungsbeamten"[366] bedürfe.[367] Es wurde eine verwaltungstechnische Reorganisation vorgeschlagen, wobei der Leiter der neuen Behörde nach wie vor - und trotz der schwierigen juristischen Materie - ein 'politischer Kopf' sein sollte: „Die Aufgaben des Landesamtes sind ihrem Charakter nach so hochpolitischer Art, daß demgegenüber die Bewertung der an sich auch bedeutsamen juristischen Seite als zweitrangig bezeichnet werden muß. Es kommt bei der Besetzung der Stelle seines Leiters mehr als bei anderen Dienststellen also ausschlaggebend darauf an, daß der Leiter eine Persönlichkeit ist, die nicht nur das Recht richtig anwendet, sondern vor allem auch das Vertrauen des von ihm betreuten Personenkreises oder dessen Vertretung im Grundsatz besitzt."[368]

Dennoch sollte die Leitung der Unterbehörde 'Entschädigung' einem erfahrenen Verwaltungsbeamten übertragen werden.

Dieser Empfehlung folgte der Senator für Arbeit und Wohlfahrt offenbar nur zum Teil. 1953, mit dem Inkrafttreten des Bundesentschädigungsgesetzes, wurden die Landesämter Rückerstattung und Entschädigung zu einem einheit-

---

[363] Ebd.
[364] Ebd.
[365] Ebd.
[366] Ebd.
[367] In den Einzelfallakten konnten wir nicht einen Fall feststellen, der der berichteten Kritik entsprechen würde. Wir stellten lediglich 'Interpretationsspielräume' fest, die sich für die Betroffenen verhängnisvoll auswirkten.
[368] Ebd., S. 9f.

lichen 'Landesamt für Wiedergutmachung Bremen' zusammengefaßt. Dessen Leiter wurde der Verwaltungsamtmann Hennings. Der 'politische Kopf' war vom Tisch. Treffend wird das bei Marßolek/Ott so formuliert: „Wir können ... nur feststellen, daß, ähnlich wie bei der Entnazifizierung, im Laufe der Zeit das Verwalten von Schicksalen die politische Bedeutung des Gesetzes in den Hintergrund treten ließ."[369] Und ergänzend dazu heißt es in einer Anmerkung: „Die Akten zeigen deutlich, daß viele Sachbearbeiter, die sich zunächst äußerst engagiert für die Betroffenen einsetzten, Mitte der 50er Jahre resignierten, da sie sich zunehmend auf verlorenem Posten sahen."[370] Für die Wiedergutmachung an den Sinti und Roma trifft dies ebenso zu. Hennings hatte sich schon recht früh entschlossen, - ähnlich wie in anderen Behörden auch[371] - den Sinti und Roma eine Entschädigung zu verweigern, da sie - wie es hieß - „nachgewiesenermassen in weit überwiegenden Fällen aufgrund ihres Lebenswandels aus Sicherungsgründen inhaftiert worden"[372] seien.

Ein „Vermerk" das Sachbearbeits K. vom 26. November 1956 verdeutlicht diese Haltung eindrücklich: „Am heutigen Tage habe ich in den Entschädigungssachen Rosa Sch., Anna W. und Julius D.[373] Herrn Reg. Rat Hennings Vortrag gehalten unter der Darlegung der jeweiligen Tatbestände mit dem Hinzufügen, dass m. E. in den fraglichen Fällen eine Soforthilfe gewährt werden müsse, da die Voraussetzungen des § 1 BEG in vollem Umfange erfüllt sind. Die Inhaftierungen haben am 8. 3. 1943 stattgefunden. Eine Asozialität wäre erwiesenermassen nicht gegeben, da in den fraglichen Fällen durch Zeugenvernehmungen festgestellt wäre, dass die Antragsteller durchweg vor der Inhaftierung laufend in Arbeit gestanden haben.

Herr Reg. Rat Hennings entgegnete darauf, dass auch in diesen Fällen im Hinblick auf die Stellungnahme anderer Länder weiteres abgewartet werden müsste. RA Dr. Dr. Zschauer sei mitzuteilen, dass die Amtsleitung sich abwartend verhielte und er sich daher gedulden müsse. Herr Reg. Rat Hennings gab zu erkennen, dass in Zigeunersachen Zurückhaltung geübt werden solle, da

---

[369] Marßolek/Ott, a. a. O., S. 451.
[370] Ebd., Anmerkung 44, S. 514.
[371] Das Hamburger Landesamt für Wiedergutmachung vertrat eine andere Auffassung. Demach waren die Deportationen im Mai 1940 bereits rassisch bedingt. Vgl. Landesamt für Wiedergutmachung, 408 - (5) - 50 - 11/13. Protokolle der „Konferenzen der Entschädigungsreferenten der Länder. Niedersachsen vertrat ab Oktober 1962 diese Auffassung, während in Bremen der Senator für Arbeit am 8. Juni 1964 *anordnete*, nunmehr auch die Zeit vor 1943 als rassische Verfolgung anzusehen. Ebd.
[372] StA Bremen 4, 54 - Wiedergutmachung - E 2626, Vermerk vom 26. November 1956.
[373] Aus datenschutzrechtlichen Gründen anonymisiert.

gerade diese Kreise nachgewiesenermassen in weit überwiegenden Fällen aufgrund ihres Lebenswandels aus Sicherungsgründen inhaftiert worden sind."[374]

In der Anfangsphase hatte das Landesamt - unter Wandschura - allerdings noch eine andere Haltung vertreten, wie aus einem Zwischenbericht des Bremer Landesamtes an das Rheinland-Pfälzische Landesamt vom Februar 1950 hervorgeht. Er befaßte sich mit der „Anerkennung der Zigeuner und Wiedergutmachung".[375] Es vertrat die Auffassung, daß ab 1938 die rassische Verfolgung begann. Spätestens jedoch mit den Deportationen im Mai 1940, „da hier ganze Familien erfaßt wurden, so ist also eine Verhaftungswelle aus rassischen Gründen erfolgt."[376] Zu dieser Auffassung war das Landesamt durch das Befragen der Betroffenen gekommen. „Wir hoffen, damit alles getan zu haben, um einmal den Betroffenen gerecht zu werden und zum anderen das Renomee der Geschädigten überhaupt der Öffentlichkeit gegenüber zu wahren."[377]

In der Folgezeit wurde mehr den lediglich 'mitgelaufenen' Tätern geglaubt, wodurch die Sichtweise sich veränderte.[378] Und es wurden als 'Gegenbeweise' die Akten der Täter genutzt und ihre Sprache ungeprüft übernommen. Von 195 untersuchten Fällen wurden 14 mal die Personenakten verwendet.[379] Stand in diesen Akten als Deportationsgrund (Einweisungsgrund in ein KZ) „Asozialität", so war es nun an den Sinti, das Gegenteil zu beweisen. Es ist im übrigen zu bezweifeln, daß die betroffenen Personen, die nun Antragsteller und nicht mehr Betreute waren, von der Verwendung dieser Täterakten überhaupt wußten.

Entschädigungen, Wiedergutmachung für „Zigeuner" war zudem in der Bevölkerung äußerst unbeliebt. Unter der Überschrift „Unvereinbar mit unserer

---

[374] StA Bremen 4, 54 - Wiedergutmachung - E 2626.
[375] Landeshauptarchiv Koblenz, Best. 540,1, Nr. 981.
[376] Ebd., S. 1.
[377] Ebd., S. 4.
[378] So z.B. ein Schreiben Carl Krämers vom 13. Juli 1949 an das Landesamt für Wiedergutmachung, in: StA Bremen 4, 89/3 - 710, Ermittlungsverfahren gegen Wilhelm Mündtrath, Bl. 150-156. Das Schreiben ist in den Akten des Landesamtes nicht gefunden worden. Sehr häufig wurden die Kriminalbeamten in Prozessen vernommen oder bestätigten schriftlich die Verhaftung einiger Sinti.
[379] StA Bremen 4, 54 - Wiedergutmachung - E 2626/4 (ohne Personenakten-Nummer der Polizei), E 10880 (Nr. 147399), E 4743 (Nr. 144516), E 11640 (Nr. 185647), E 11500 (Nr. 171933), E 2632 (o. N.), E 10795 (Nr. 234273), E 11627 (o. N.), E 2239 (Nr. 163648), E 2960 (o. N.), E 2457 (o. N.), E 7302 (Nr. 133080), E 3272 (Nr. 109223), E 9526 (Nr. 246008).

Not" erschien am 14. September 1949 im Weser-Kurier: „Es erscheint mir angesichts des unverschämt herausfordernden Verhaltens der Zigeuner ... doch reichlich paradox, daß diese Leute je Tag und Kopf fünf DM Unterhalt und als nachträgliche Entschädigung mehrere Tausend DM je Familie erhalten. Eine solche Regelung ist unvereinbar mit der Not unserer Ostvertriebenen und Körpergeschädigten..." Von fünf DM „Unterhalt" konnte natürlich keine Rede sein. Es handelte sich hierbei um die Entschädigung für jeden Tag in einem Konzentrationslager.

Der Weser-Kurier erhielt daraufhin zahlreiche Zuschriften, die die Redaktion zusammenfaßte: „Aus Unterredungen mit W-K-Lesern und aus Leserzuschriften geht hervor, daß man sich zwar nicht gegen die gesetzlich festgelegte Haftentschädigung für die früher im KZ inhaftierten Zigeuner wendet, wohl aber, daß es auffalle, wie sehr seit einiger Zeit Zigeuner gerade in Bremen mit neuen Kraftwagen in Erscheinung treten. „Unsere gehbehinderten Körperbeschädigten hingegen haben heute keinen Krankenfahrstuhl und zuweilen nicht einmal das tägliche Brot", so heißt es in einem Leserbrief."[380] Sicherlich sind solche Stimmen für sich genommen nicht repräsentativ. Vor dem Hintergrund des bisher Gesagten, erscheinen sie allerdings als durchaus zutreffende Wiedergabe einer die Sinti und Roma diskriminierenden Haltung.

Kennzeichnend für die zweite Phase der Bremer Wiedergutmachung kann folgende Chronologie angesehen werden:

- ab 1951 versuchte Hennings zunächst, die Deportationen im Mai 1940 als nicht-rassische Verfolgungen zu erklären. Hierfür ging er bis vor den Bundesgerichtshof (BGH).
- am 12. November 1953 urteilte das Oberlandesgericht Bremen, daß alle Anträge in Bremen abzulehnen seien.
- am 14. Januar 1955 urteilte das Bremer Landesgericht, daß eine rassische Verfolgung ab dem 16. Dezember 1942 anzunehmen sei.
- noch im Oktober desselben Jahres riet Hennings „...in Zigeunersachen" sich abwartend zu verhalten, auch wenn die Antragsteller im März 1943 nach Auschwitz depotiert worden seien.
- am 7. Januar 1956 urteilte der BGH, daß von einer rassischen Verfolgung erst ab dem 16. Dezember 1942 auszugehen sei.
- im März 1956 widersprach das Bremer Landgericht dem BGH.
- mit der Anweisung des Senators für Arbeit 1964, nunmehr auch die Zeit vor 1942 als rassische Verfolgung anzuerkennen, endet die zweite Phase der Wiedergutmachung in Bremen.

---

[380] Weser-Kurier, Leserbrief, vom 21. September 1949.

- spätestens seit dem 7. September 1956 wurden Anträge von Sinti und Roma, die in Bremerhaven gestellt worden waren, nach Bremen übersandt.[381]

Die Schlußphase stellte die Wiederrücknahme der „unanfechtbaren Entscheidungen" dar.

2. 2. 3. 2. Quantifizierende Analyse

Wie schon erwähnt, waren in den Eingangsbüchern[382] des Bremer Landesamtes für Wiedergutmachung insgesamt 411 Anträge bzw. Eingänge mit einem roten „Z" gekennzeichnet. Davon betrafen insgesamt 195 die Verfolgung im Bremer Kripoleitstellengebiet.[383] Hiervon wiederum verteilten sich 133 auf die Verfolgung in Bremen, 51 auf die Verfolgung in Bremerhaven, 10 auf Oldenburg und einer auf Verden.

Werden die Anträge (auf Bremen bezogen) nach den verschiedenen Verfolgungsarten aufgeschlüsselt, so ergibt sich folgendes Bild:
- 115 Anträge bezogen sich auf die Deportation in das KZ Auschwitz vom März 1943
- 8 Anträge bezogen sich auf eine Zwangssterilisation.
- 1 Antrag auf Grund der Verhaftungswelle „Arbeitsscheu Reich" im Sommer 1938.
- 9 Anträge bezogen sich auf andere Verfolgungsarten.

Unter denjenigen, die einen Antrag wegen der Deportation im März 1943 stellten, befanden sich nur 15, die die Verfolgung überlebt hatten.[384] Die restlichen 100 waren vornehmlich Angehörige oder Erbberechtigte.

Die Anerkennungsquote als „rassisch Verfolgter" schwankte je nach Verfolgungsart. Der Antragsteller,[385] der im Sommer 1938 in ein KZ deportiert

---

[381] StA Bremen 4, 54 - Wiedergutmachung - E 8327 Alma P., Schreiben des Leiters der Außenstelle Bremerhaven, Bl. H 13. „Da es sich bei den Obengenannten um Zigeuner handelt und derartige Anträge gemäß Ihrer Anweisung von der dortigen zuständigen Stelle bearbeitet werden, übersenden wir Ihnen aus diesen Gründen anliegend die obigen Entschädigungsakten."

[382] StA Bremen 4, 54 - Wiedergutmachung, Nr. 161 - 166, Eingangsbücher.

[383] 23 Antrgsteller waren keine Sinti und 193 Fälle betrafen andere Verfolgungsstädte wie Köln, Hamburg oder die östlichen Gebiete.

[384] Ein anderes Ergebnis gilt für Bremerhaven, wo die hauptsächlichste Verfolgungsmaßnahme der Nationalsozialisten die Deportation im Mai 1940 war: hier waren von 41 Antragstellern 33 auch die Verfolgten.

wurde, wurde nicht anerkannt. Er sei nicht aus rassischen, sondern aus asozialen Gründen deportiert worden - entschied das Amt. Hierzu war seine Personenakte der Kripo ausgewertet worden.

Zwar erhielten die Antragsteller in den Fällen der Zwangssterilisation[386] zu 75% eine Wiedergutmachung, aber lediglich 3 wurde der körperliche Eingriff auch als Körperschaden anerkannt. Hierfür benötigten die Antragsteller allerdings im Durchschnitt 13 Jahre. Die Entschädigung bezog sich zumeist auf Schaden an Vermögen oder Schaden an Freiheit.

In den 9 Fällen,[387] wo andere Verfolgungen vorlagen, wurde in 4 Fällen eine Entschädigung versagt.[388] Die anderen Antragsteller benötigten zwischen 12 und 14 Jahren für die Durchsetzung ihrer Ansprüche.

Bei den Deportationen im März 1943 ergab sich lediglich eine Anerkennungsquote von 61%. Von den 45 abgelehnten Antragstellern waren 44 nicht mit den Verfolgten identisch.[389] In 24 Fällen stellten die Geschwister einen Antrag. Hierfür sah das BEG indes keine Entschädigung vor. In drei Fällen starb der Antragsteller, in sechs Fällen fehlten die Erbscheine und 12 Fälle ließen sich unterschiedlichen Begründungen zuordnen.[390]

Die häufigste Kombination bei den Anträgen lautete: Schaden an Freiheit, Schaden im beruflichen Fortkommen bzw. Ausbildung und Soforthilfe. Wenn ein Antragsteller Auschwitz und andere KZ überlebt hatte, erhielt er im Durchschnitt 3.450 DM für den erlittenen Freiheitsschaden, 10.000 DM für den Ausbildungsschaden bzw. Schaden im beruflichen Fortkommen und 6.000 DM an Soforthilfe. Ließen die Opfer Hab und Gut zurück, wurden im Durchscnhitt 18.000 DM ausgezahlt.[391]

Die Opfer brauchten zwischen 2 und 20 Jahren für die Anerkennung ihrer Freiheitsschaden. 55 Fälle wurden genauer untersucht:

---

[385] StA Bremen 4, 54 - Wiedergutmachung - E 2632.
[386] StA Bremen 4, 54 - Wiedergutmachung - E 3271, E 3455, E 2960, E 3554, E 3925, E 2608, E 2457, E 11500.
[387] StA Bremen 4, 54 - Wiedergutmachung - E 3272, E 10795, E 2151, E 11627, E 3263, E 2239, E 2852 und E 11619.
[388] Ebd., E 10795 (stirbt vor der Entschädigung), E 11625 (Frist nicht eingehalten), E 11627 und E 2239 (Verlassen der Stadt ohne Genehmigung, keine rassische Verfolgung - nach Meinung der Behörde).
[389] Einzige Ausnahme: E 11637. Der Fall ließ sich nicht eindeutig klären.
[390] Das konnte z.B. die Nichtzuständigkeit des Bremer Landesamtes sein (E 2933), daß Fristen nicht eingehalten wurden (E 11728 und E 11622), der Antragsteller oder Verfolgte Mitglied der NSDAP war (E 3872) oder daß Anträge zurückgezogen wurden (E 11664, E 11730).
[391] StA Bremen 4, 54 - Wiedergutmachung - E 11665.

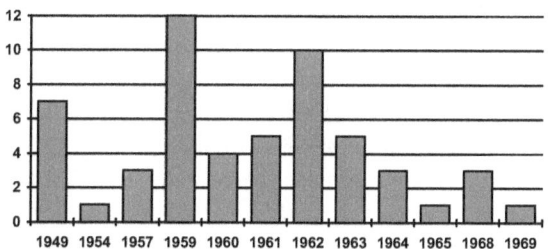

(7 Fälle - 1949,[392] 1 Fall - 1954, 3 Fälle - 1957, 12 Fälle - 1959, 4 Fälle - 1960, 5 Fälle - 1961, 10 Fälle - 1962, 5 Fälle - 1963, 3 Fälle - 1964, 1 Fall - 1965, 3 Fälle - 1968, 1 Fall - 1969).

Dieses Ergebnis spiegelt im wesentlichen die Rechtsprechung wider: zunächst die erste Phase der Wiedergutmachung vor 1950 mit einer ersten hohen Anerkennungsquote, dann nach dem Urteil des BGH 1956 und die sich häufenden Bescheide im Vorfeld der erneuten BGH Entscheidung.

Als Resümee kann festgehalten werden, daß die Anerkennungsquote bei 61% lag[393] und daß die Antragsteller dafür im Durchschnitt 10 Jahre brauchten. Daß das mitunter mit sehr viel Demütigungen und Schmerz verbunden sein konnte, werden die Schilderungen der Einzelfälle zeigen.

2. 2. 3. 3. Einzelfälle

Die sog. Wiedergutmachung uferte für die überlebenden Opfer mitunter zu einer bürokratischen Ochsentour aus, die sie zermürben und resignieren lassen konnte. Anhand des Falles eines Sinto, dem ein Ingenieursstudium verweigert wurde, werden auch die behördeninternen Differenzen deutlich.[394] Erst 1960 stellte der Mann seinen Entschädigungsantrag. Zur Begründung seines Antrags auf Schaden in der Ausbildung fügte er einen Bericht seiner Mutter bei, die die Versuche der Eltern schilderte, ihrem Sohn den Besuch einer weiterführenden Schule zu ermöglichen: „...mit seinem 14. Lebensjahr haben wir ihn von der Schule genommen. Ich glaube mich zu erinnern, daß ich mich seiner-

---

[392] Da diese Fälle ungewöhnlich früh entschieden wurden werden sie genannt: Ebd., E 2220, E 1188, E 591, E 1255, E 2526, E 1010, E 2508.
[393] Ohne Härteregelung oder andere nachträgliche Korrekturen. Absolute Zahlen: von 133 lediglich 81 Anerkennungen.
[394] StA Bremen 4, 54 - Wiedergutmachung - E 3272.

zeit mit dem Klassenlehrer des Jungen ... unterhalten habe und daß uns von diesem gesagt wurde, daß eine weitere Fortbildung meines Jungen wegen unserer nichtarischen Abtsammung schwierig, wenn nicht sogar unmöglich würde. ... Es fehlte uns eigentlich auch schon bei Abschluß der Lehre meines Jungen der Mut, uns noch um irgendetwas zu bemühen."[395]

Ein Sachbearbeiter des Amtes befürwortete den Antrag, vor allem da „sein Zeugnis und seine jetzige Beschäftigung beweisen, daß er die Fähigkeiten zur Aufnahme eines Studiums besitzt."[396] Diese Empfehlung ging an die Amtsleitung, die ihrerseits die Rechstabteilung des Amtes einschaltete. Es wurde auf die einschlägige Rechtssprechung verwiesen. Es „wird generell davon ausgegangen, dass die bis Ende 1942 gegen die Zigeuner ergriffenen Maßnahmen nicht auf Rassegründen, sondern auf ihrem überwiegend asozialen Verhalten beruhen. ... Der Antragsteller hat zwar behauptet, seine Nichtaufnahme beim Technikum habe ausschließlich in rassischen Gründen ihre Ursache gehabt. ... Es steht lediglich fest, daß jüdische Mischlinge seit 1937 nur noch bis zur Höhe eines gewissen Prozentsatzes angenommen wurden. ... Vorher (vor dem 1. März 1943, d. A.) bestand nicht die Absicht, Zigeuner schlechthin vom kulturellen und wirtschaftlichen Leben Deutschlands auszuschliessen, wie allgemein in der bisherigen Rechtssprechung festgestellt wurde. ... Es wird ... ein ablehnender Bescheid zu erteilen sein."[397] Die Amtsleitung wollte entsprechend entscheiden, aber dennoch wurde weiter ermittelt. Vier Zeugen sagten aus, „daß seine (des Vaters, d. A.) Bemühungen, seinen Sohn am Technikum zum Ingenieurstudium unterzubringen, erfolglos verlaufen sind, und zwar wegen der zigeunerischen Abstammung."[398] Außerdem zog man zwei Gutachter zu Rate. Einer stellte im Sinne des Antragstellers fest, „dass ein Deutschblütiger mit derselben Vorbildung und unter denselben Voraussetzungen die Bau- und Ingenieursschule hätte besuchen können"[399], das andere erhob Bedenken: „Es ist ... aufgrund der Aussage der Mutter nicht nachgewiesen, daß eine regelrechte Ablehnung der Aufnahme an der Ingenieursschule stattgefunden hat. ... Danach wird es so gewesen sein, daß die Eltern ... wohl an eine Ausbildung ... gedacht haben und sicher auch wohl Er-

---

[395] Ebd., Bl. 18, 4. November 1960.
[396] Ebd., Bl. 28, 4. Januar 1961.
[397] Ebd., Bl. 29f., 9. Januar 1961.
[398] Ebd., Bl. 45, 14. April 1961.
[399] Ebd., B. 46f., 25. April 1961.

kundigungen deswegen eingezogen haben, aber diese Vorbereitungen, wenn auch aus rassischen, nicht zum Abschluß gebracht wurden."**400**

Dieses Gutachten schien der Amtsleitung zu entsprechen. In der Begründung des ablehnenden Bescheides hieß es: „...es ist jedoch nicht mehr nachzuweisen, daß von der erforderlichen Fachschule eine Aufnahme aus Gründen der Rasse, d.h. wegen seiner zigeunerischen Abstammung abgelehnt worden ist..."**401**

Der Sinto legte Widerspruch ein, in dessen Anschluß es zu einem Prozeß kam, in dem er sich selbst vertrat. Für ihn gab es an der Chronologie des Völkermords an den Sinti und Roma keinen Zweifel: „Der Zeitpunkt März 1943 ist nach meiner Ansicht nicht der Beginn der rassischen Verfolgung, sondern der Anfang der systematischen Ausrottung. Die rassische Verfolgung fing nach meiner Erfahrung viel eher an. Jeder Zweifler sollte ein paar der damaligen Ausgaben des „Stürmers" lesen. Daß Juden und Zigeuner das gleiche Schicksal zugedacht war, wußte jeder normale Mensch. Nur der Zeitpunkt der Vollstreckung war vorher nicht bekannt. Für mich bestand von 1940-1945 keinerlei Aussicht oder Möglichkeit, auf berufliches Fortkommen. Die einzige Aussicht war Auschwitz."**402**

Das Landgericht entschied für den Antragsteller. Es dauerte allerdings nochmals drei Jahre, bis der Mann die üblichen 10.000 DM ausgezahlt bekam.

Ergänzend zu den auseinanderdriftenden Haltungen zwischen einigen Sachbearbeitern und der Amtsleitung ein weiteres Beispiel. Am 26. November 1956 schrieb Sachbearbeiter K. in einem Vermerk: „Am heutigen Tage habe ich in den Entschädigungssachen..., A. W., ...Herrn Reg. Rat Hennings Vortrag gehalten unter Darlegung der jeweiligen Tatbestände mit dem Hinzufügen, dass m.E. in den fraglichen Fällen eine Soforthilfe gewährt werden müsse, da die Voraussetzungen des § 1 BEG in vollem Umfange erfüllt sind. Die Inhaftierungen haben am 8. 3. 1943 stattgefunden. Eine Asozialität wäre erwiesenermaßen nicht gegeben, da in den fraglichen Fällen durch Zeugenvernehmungen festgestellt wäre, dass die Antragsteller durchweg vor der Inhaftierung laufend in Arbeit gestanden haben.

Herr Reg. Rat Hennings entgegnete darauf, dass auch in diesen Fällen im Hinblick auf die Stellungnahme anderer Länder weiteres abgewartet werden müsste. RA. Dr. Dr Z. sei mitzuteilen, dass die Amtsleitung sich abwartend verhielte und er sich daher gedulden müsse. Herr Reg. Rat Hennings gab zu

---

400 Ebd., Bl. 49, 22. Juni 1961.
401 Ebd., Bl. 55, 22. August 1961.
402 Ebd., Bl. 4, R-Akte, 21. September 1961.

erkennen, dass in Zigeunersachen Zurückhaltung geübt werden solle, da gerade diese Kreise nachgewiesenermassen in weit überwiegenden Fällen aufgrund ihres Lebenswandels aus Sicherungsgründen inhaftiert worden sind."[403]

Ein weiteres Beispiel einer bürokratischen Entscheidungspraxis ist in dem Fall des vermutlich in Auschwitz in der Nacht vom 2. auf den 3. August vergasten Martin St. zu sehen.[404] Seine überlebenden Eltern beantragten einen Schaden auf Ausbildung, der abgelehnt wurde. In dem Bescheid stand: „Von diesem Schulbesuch ist der Verfolgte vom Tage seiner Inhaftierung an aus rassischen Gründen ausgeschlossen worden. Der Bundesgerichtshof hat jedoch in seinem Urteil vom 12. 12. 1968 ... eindeutig festgestellt, daß eine Entschädigung wegen Ausbildungsschadens nicht beansprucht werden kann, wenn der verfolgte Minderjährige bereits verstorben war, bevor sein Eintritt in das Erwerbsleben rechtlich möglich gewesen wäre. Maßgeblich ist der Zeitpunkt, in dem seine Volksschulpflicht geendet hätte. ... Der Verfolgte ist vor der Beendigung der Schulpflicht im Alter von 7 Jahren und 10 Monaten für tot erklärt worden, so daß ein Eintritt in das Erwerbsleben nicht mehr erfolgen konnte."[405]

In einem anderen Fall[406] wurde einer Sinteza schlicht und einfach abgesprochen, jemals eine Schulausbildung angestrebt zu haben. Im Mai 1940 war sie als damals dreijährige nach Polen verschleppt worden. Fünf Jahre verbrachte das Kind in diversen Konzentrationslagern und war bei Kriegsende acht Jahre alt. Ein Schulbesuch nach 1945 war ihr aus gesundheitlichen Gründen nicht möglich. Dazu der Amtsleiter Hennings in dem ablehnenden Bescheid: „Sie hat sich somit ihrer Schulpflicht entzogen, ohne hierfür die behördlicherseits erforderliche Genehmigung zu haben. ... Es ist nach dem Vorstehenden davon auszugehen, daß die Antragstellerin eine Schulausbildung nicht erstrebte, was im allgemeinen bei Zigeunern bzw. Zigeunermischlingen üblich ist, und infolgedessen auch ... aus rassischen Gründen keinen Schaden erlitten hat."[407]

Ohnmächtig versuchte ein Rechtsanwalt 1966 dem entgegen zu wirken: „Die Neubearbeitung des Falles hat sich vor allem auf die Tatsache zu stützen, daß die Antragsteller nach Rücksiedelung in das Bundesgebiet weder geistig

---

[403] StA Bremen 4, 54 - Wiedergutmachung - E 591, Vermerk vom 26. November 1956, Bl. 82.
[404] StA Bremen 4, 54 - Wiedergutmachung - E 9854.
[405] Ebd., Bl. 64ff., 17. April 1969.
[406] StA Bremen 4, 54 - Wiedergutmachung - E 2044.
[407] Ebd., Bl. 70ff.

noch physisch in der Lage waren, hier ihrer Schulpflicht zu genügen. Da sie im Alter von nur 3 Jahren nach Polen deportiert worden sind und hier die folgenden, für die geistige Entwicklung maßgebenden Jahren verbracht haben, waren sie im Herbst 1945 der deutschen Sprache noch nicht mächtig. ... Sodann ist offenkundig, daß ihr Gesundheitszustand nach der Deportation und der jahrelangen Haftzeit derart reduziert war, daß die Antragsteller ohnehin aus diesen Gründen allein die Schule nicht hätten besuchen können."[408]

Nach 28 Jahren - 1989 - wurden der Frau in einem Vergleich 10.000 DM zuerkannt.

Mitunter grenzten die Ablehnungsbescheide an juristische Spitzfindigkeiten, die bei den Opfern Wut und Enttäuschung hervorriefen und sie in ihrer Haltung bestärken, noch immer zu einer diskriminierten Minderheit in Deutschland zu gehören. Im folgenden Fall[409] ging es um die Auszahlung einer Soforthilfe. Auf sie hatte jeder Anspruch, der die deutsche Staatsangehörigkeit besaß, mindestens drei Jahre in einem KZ gefangengehalten wurde und seinen Wohnsitz im Geltungsbereich des Gesetzes hatte. Die Sintezza war seit 1940 in dem Frauenkonzentrationslager Ravensbrück inhaftiert. Behördlicherseits wurden die Angaben der Frau mit ihrer Personalakte bei der Kripo abgeglichen. Die NS-Beamten hatten sie als sog. „Asoziale" stigmatisiert und dies als Einweisungsgrund angegeben. Die Amtsleitung lehnte daraufhin den Antrag ab: „Hierbei wurde von der Überlegung ausgegangen, daß von den damaligen Machthabern wegen der erfolglosen Besserungsversuche in Heimen und Erziehungslagern bei der Antragstellerin eine längere Haft zur Sicherung oder Besserung für notwendig gehalten sein mag. Besonders im Kriege dürfte ein besonderes Sicherungsbedürfnis der Allgemeinheit vor Personen mit gemeinschaftswidrigen Verhalten, auch Jugendlichen, eine wesentliche Rolle gespielt haben. Die Inhaftierungszeit der Antragstellerin vor dem 1. Januar 1943 war somit verfolgungsunabhängig."[410]

Um es nochmals deutlich zu machen: bis zum 1. Januar 1943 (16. Dezember 1942: Auschwitz-Erlaß Himmlers) befand sich die Frau als „Asoziale" in dem FKL Ravensbrück. Ab diesem Zeitpunkt war sie plötzlich - in dem gleichen KZ - eine rassische Verfolgte.[411]

---

[408] Ebd., Bl. 104, 2. Februar 1966.
[409] StA Bremen 4, 54 - Wiedergutmachung - E 11500.
[410] StA Bremen 4, 54 - Wiedergutmachung - E 11500, Bl. 110, Bescheid vom 29. September 1969.
[411] Auch als „Asoziale" verfolgte Menschen waren rassische Verfolgte. Diese Auffassung hat sich indessen erst in den letzten Jahren durchgesetzt.

Der Vorwurf der „Asozialität" konnte auch Kinder erfassen. F. St.[412] war als 13jähriger mit seinen Eltern nach Auschwitz deportiert worden. Hierzu hieß es behördlicherseits: „Wahrscheinlich kann der Antragsteller als Verfolgter nicht anerkannt werden, weil er mit seinen Eltern als Asozialer in Haft genommen wurde. ... Als der Antragsteller 1945 entlassen wurde, war er 14 Jahre alt. Es wurde ihm wiederholt die Möglichkeit gegeben, etwas zu lernen und ein ordentliches Leben zu führen. Er ist fortgelaufen und von 1945-1951 viermal straffällig geworden. Wenn er eine Ausbildung nicht erreichte, ist es eigenes Verschulden. Daß asoziale Gründe für die Inhaftierung maßgeblich waren, hat sein Lebenswandel nach 1945 bewiesen."[413]

Ähnlich war die Haltung der Behörde auch noch ein Jahr später: „Der Vorgenannte und sein Vater sind ... inhaftiert, weil die Familie St. den Anforderungen der Gemeinschaft an ein geordnetes Zusammenleben nicht entsprochen hat. ... Der Vorgenannte hat - beeinflußt durch die Asozialität seines Elternhauses - den Schulzwang unbeachtet gelassen und hat seinen Hang zum Nichtstun nach 1945 erwiesenermaßen fortgesetzt."[414]

All diese Entscheidungen wurden vor dem Hintergrund einschlägiger Urteile vor den Gerichten bis hin zum BGH getroffen. Die Schuld einzelner, z.B. Behördernleiter, an der Wiedergutmachungspraxis ist dadurch wesentlich eingeschränkt. Gleichwohl soll das letzte Beispiel zeigen, daß hierfür eine Mischung aus diskriminierenden, mitunter rassistischen Haltungen und Vorurteilen kombiniert mit einer sehr engen administrativen, bürokratischen Auslegung des Bundesentschädigungsgesetzes verantwortlich war, die ihren Niederschlag zwar ganz allgemein in der Gesellschaft hatte, aber das Wirken des Einzelnen nicht entschuldigt. P. W.[415] war als 14jährige im Mai 1940 von Bremerhaven aus nach Polen deportiert worden. Regierungsrat Dr. Ortmann aus der Rechtsabteilung vertrat die Auffassung, daß es sich hierbei um eine rassische Verfolgung gehandelt habe. Dem wurde vehement von seinem Kollegen Dr. Hergl in der gleichen Abteilung widersprochen. Dr. Hergl hatte zudem eine umfangreiche Expertise zu diesem Themenkomplex ausgearbeitet, die heute in den Akten des Landesamtes nicht wiedergefunden werden konnte. Hergl schrieb: „Wie auf Seite 51 meiner Ausarbeitung aufgeführt, gehört auch die Glaubwürdigkeit des Antragstellers und der Zeugen zu einem wesentlichen Punkt, zu dem Stellung genommen werden muss. Die Unterschiede in den

---

[412] StA Bremen 4, 54 - Wiedergutmachung - E 9526.
[413] Ebd., Bl. 5, 6. November 1954.
[414] Ebd., Bl. 17, 26. August 1955.
[415] StA Bremen 4, 54 - Wiedergutmachung - E 8072.

Aussagen beziehen sich auf Wohnsitz, Liegenschaften (Haus), was geschah mit dem Vater? Vorstrafen des Vaters und der Mutter?"[416] Dr. Ortmann seinerseits widersprach dieser Auffassung: „Solange man der Antragstellerin das Gegenteil nicht beweisen oder sie sonst ins Unrecht setzen kann, wird man ihrem Vorbringen aus dem Gesichtspunkt der Wiedergutmachung folgen müssen. ... Was der Aufenthalt und das Eigentum des Erzeugers der Antragstellerin, seine Vorstrafen hier für eine Rolle spielen, ist mir im Augenblick nicht klar."[417]

Vorerst wurde dem Rechtsanwalt der Antragstellerin mitgeteilt, daß man sich noch etwas gedulden möge: „Die Bearbeitung der Akte wurde ... von der ... Rechtsabteilung fortgesetzt, da es sich um eine Zigeunersache handelt und es sich 1) um schwirige Fragen handelte und 2) auf eine einheitliche Entschädigungspraxis Wert gelegt werden musste. Es ist dann von der Rechtsabteilung ein Teilbescheid im Entwurf angefertigt worden, gegen den von der Amtsleitung verschiedentliche Bedenken erhoben werden mussten..."[418]

Nach einiger Zeit fragte der bearbeitende Sachbearbeiter an, ob nicht entschieden werden könne, da „nach alledem (gemeint sind die Ermittlungen, die u.a. erbrachten, daß „die Asozialität der damals 14jährigen Antragstellerin ... sich bisher nicht nachweisen lassen",[419] d. A.) nunmehr Ihre Bedenken ausgeräumt sein (dürften)."[420] Dr. Ortmann äußerte seinerseits sein Bedauern für „die Verzögerungen."[421] Statt einer Entscheidung fand am 11. Oktober 1955 eine Besprechung zwischen Amtsleiter Hennings, seinem Stellvertreter Lüken und Dr. Hergl statt. Thema war die Bearbeitung der Anträge von „Zigeunern". „Nach längerer Besprechung hat Herr RR. Hennings dahingehend entschieden, dass bei den Anträgen von Zigeunern davon auszugehen ist, dass die Umsiedlungen und Inhaftierungen, die vor 1942 vorgenommen worden sind, auf Grund sicherheitspolizeilicher Massnahmen erfolgten oder auf Massnahmen gegen Asoziale zurückzuführen sind. Wenn nicht ganz einwandfrei erwiesen ist, dass die Inhaftierungen aus rassischen Gründen erfolgten, sollen grundsätzlich ablehnende Bescheide erteilt werden. In der Begründung soll auf die vorliegende Rechtssprechung Bezug genommen werden und ferner die

---

[416] StA Bremen 4, 54 - Wiedergutmachung - E 8072, Bl. 28, 23. März 1955.
[417] Ebd., Bl. 30, 2. April 1955.
[418] Ebd., Bl. 33, 15. Juni 1955.
[419] Ebd., Bl. 41, 27. Juli 1955.
[420] Ebd., Bl. 57, 9. September 1955.
[421] Ebd., Bl. 60, 16. September 1955.

gesetzlichen Bestimmungen, auf Grund deren seinerzeit die Umsiedlungen bezw. Inhaftierungen erfolgten, angeführt werden."[422]

Entsprechend fiel die Ablehnung des Antrages aus: „Zum anderen geschah die Inhaftierung in den Lägern aus arbeitsmässigen Gründen, da das Arbeitseinsatzproblem im Jahre 1940 infolge des Krieges eine besondere Aktualität erreicht hatte. Die den Zigeunern anhaftenden asozialen Eigenschaften, wie sie sich aus der Art ihrer Lebensgestaltung - Umherziehen, Erwerb des Lebensunterhalts durch hausieren, betteln und dergl. - ergaben, hatten bereits vor der sog. NS-Machtergreifung gesetzliche Maßnahmen gegen die Zigeuner zur Folge, die die Sesshaftmachung bezw Überführung in einen geregelten Arbeitsprozeß erreichen sollten. ... Die die Zigeuner insbesondere betreffenden Maßnahmen bezweckten, zur Erfüllung von Kriegsaufgaben auch fremdrassige Volksgruppen unter einer Sonderbehandlung zu erfassen. Es handelt sich hierbei nicht um Verfolgungen aus Gründen der Rasse, sondern um die besonders straffe Heranziehung Fremdvölkischer zur Arbeit, wobei die Rassen- und Volkstumszugehörigkeit nur das Erfassungsmerkmal bildete."[423]

Das Bremer Landgericht entsprach in einem Urteil 1956 allerdings der Antragstellerin - im Gegensatz zum BGH - und sah eine rassische Verfolgung bereits seit 1940 als gegeben an. Darüber hinaus erkannte es eine Herabstufung der Sinti und Roma zu Staatsangehörigen niederen Rechts seit 1935 an.[424]

Damit wollte sich Dr. Hergl nicht zufrieden geben und empfahl, dagegen in die Berufung zu gehen, „da sich die Zigeuner einer Sesshaftmachung und somit der Anpassung an die sesshafte Bevölkerung widersetzt haben, galten sie und gelten sie als asozial..."[425]

Am 20. Februar 1957 entschied das Hanseatische Oberlandesgericht, daß die rassische Verfolgung erst ab dem 1. März 1943 begann.

---

[422] Ebd., Bl. 61.
[423] Ebd., Bl. 63, 12. November 1955.
[424] Ebd., R-Akte, Bl. 20, 9. März 1956.
[425] Ebd., Bl. 33.

3. Die Verfolgung der Sinti und Roma in Bremerhaven

Die Geschichte der Diskriminierung, Verfolgung und Vernichtung der Bremerhavener Sinti und Roma unterschied sich in fast allen Punkten von der Bremens, wenngleich das Ergebnis - die fast vollständige Auslöschung dieses Teils der Bremerhavener Bevölkerung - identisch war. Bremerhaven strebte es bis 1945 - im Gegensatz zu Bremen - nicht an, 'zigeunerfrei' zu werden. Über die Kaiserzeit, Weimarer Republik und die Anfangsjahre der NS-Zeit lebten wesentlich mehr Sinti und Roma in Bremerhaven als in Bremen, und das nicht nur prozentual im Verhältnis zu den Einwohnern, sondern auch absolut. Leider liegen uns genaue Zahlen hierfür nicht vor.

Der Grund für die größere Anzahl dürfte in der weniger rigorosen Politik des Magistrats gegenüber den Bremerhavener Sinti zu sehen sein, ohne daß nun aber sogleich daraus geschhlossen werden könnte, in Bremerhaven seien die Sinti als Mitbürger geachteter gewesen. Vermutlich wurden sie lediglich geduldet.

In Bremerhaven gab es zudem in der NS-Zeit einen anderen Verfolgungsschwerpunkt. Die Deportation im Mai 1940 war für die Bremerhavener Sinti der eigentliche Beginn der Vernichtung. Nach dem Mai 1940 wohnten offenbar nur noch wenige Sinti in der Stadt.

Als überraschend kann jedoch die Entwicklung nach 1945 angesehen werden. Der erste Unterschied betrifft die Entnazifizierung. Während der Öffentliche Kläger in Bremen für den Leiter der „Dienststelle für Zigeunerfragen", Wilhelm Mündtrath, die Einstufung als „Belasteter" forderte, verlangte sein Bremerhavener Kollege die Einstufung L.'s, des für Bremerhaven zuständigen Kriminalbeamten, der zudem rangniedriger fungierte, als „Hauptschuldiger". Ein Unterschied in der Praxis, der im übrigen auf die gesamte Entnazifizierung anzuwenden ist. In Bremerhaven wurde deutlich 'schärfer' entnazifiziert als in Bremen. Es gab weniger „Mitläufer" (88%) als in Bremen (92%), dafür aber mehr „Minderbelastete" (7,22% - 4,1% in Bremen) und mehr „Belastete" (1,94% - 1,11% in Bremen), während der Anteil der „Hauptschuldigen" in etwa gleich lag (0,15% in Bremerhaven - 0,19% in Bremen).[426]

Der zweite überraschende Unterschied betrifft die Wiedergutmachung. Schon sehr früh gelang es den Bremerhavener Sinti und Roma, daß die De-

---

[426] Die Zahlen stellen das Ergebnis einer Auswertung der sog „Betroffenen-Kartei" im Bremer Staatsarchivs (StA Bremen 4, 66 - XXIV. a. + b.) dar, die 52.697 Karteikarten umfaßt.

portation im Mai 1940 als rassische Verfolgung anerkannt wurde, u.a. weil ein Kriminalbeamter entsprechendes schriftlich bestätigte. Erst als die Bremer Behörde unter Hennings eingriff, änderte sich diese Wiedergutmachungspraxis.

Gemeinsam ist beiden Städten, daß sie nach 1945 versuchten, die Sinti und Roma aus der Stadt zu drängen, oder zumindest den Zuzug weiterer zu verhindern und den in der Stadt Verbliebenen keine allzu großen 'Annehmlichkeiten' zu bereiten. Für Bremerhaven ist diese Politik gegenüber der Zeit vor 1945 neu. Vermutlich, weil die Stadt, nunmehr quasi als Stadtstaat, abschieben konnte, ohne auf die sie umgebenden Gebiete Rücksicht nehmen zu müssen.

3. 1. Vor 1938 - Von der Diskriminierung zur Verfolgung

Die Quellenlage ist für diesen Zeitraum besonders unbefriedigend.[427] Allem Anschein nach wohnten schon in der Weimarer Republik mehr Sinti in Bremerhaven als z.B. in Bremen. Einen Hinweis darauf gibt die Antwort der städtischen Polizeiverwaltung auf eine Umfrage des Deutschen Städtetages vom 18. November 1929.[428] Die erste, bezeichnenderweise sogleich diskriminierende Frage: „Hat die Stadt unter dem Zuzug von Zigeunern zu leiden?"[429] bejahte die Polizeiverwaltung. Daß dieses 'Leiden' indes nicht so groß gewesen sein kann, zeigt der Umstand, daß die Stadt über keine Polizeiverordnung o.ä. bzgl. Sinti und Roma verfügte. Sie wurde vermutlich nicht benötigt. Dennoch fragte der Magistrat beim Deutschen Städtetag nach, ob nicht eine Mitgliedsstadt über ihre Erfahrungen bei der Anwendung einer solchen Verordnung berichten könne.[430] Zugleich entwickelte die Polizeiverwaltung eigene Vorschläge zur „Behandlung der Zigeunerfragen".[431] Sie gipfelten darin, den „Zigeunerweibern ein Wandergewerbeschein"[432] möglichst nicht zu erteilen, da „der ganze Handel der Zigeunerweiber ... nichts als eine verkappte Bettelei"[433] sei.

---

[427] Im Bremerhavener Stadtarchiv fand sich nur ein Schriftstück: Wesermünde 623/11/1.
[428] LA Berlin Rep. 142/1, Nr. StB 2266.
[429] Ebd.
[430] Ebd.
[431] Ebd.
[432] Ebd.
[433] Ebd.

Desweiteren mußte eine angebliche „Furcht der Frauen, vornehmlich der Landfrauen, vor Zigeunern und deren Weibern"[434] herhalten, um die Maßnahmen zu rechtfertigen. Es fällt dabei auf, daß neben dem bekannten, diskriminierenden Vokabular, Ängste mobilisiert wurden, die auf alte Vorurteile zurückgreifen.

Als einziges Dokument der städtischen Polizeiverwaltung war die Beschwerde einer Bewohnerin der Notwohnungen in der Spadener Straße 27 vom 12. Oktober 1924[435] zu finden: „Es erscheint die Ehefrau Sonneborn, Spadenerstr. 27, und trägt vor: „In der Waschküche für die Notwohnungen im Hause Spadenerstr. 27 haben sich seit etwa 8 Tagen Zigeuner eingenistet. Diese Zigeuner haben die Tür zur Waschküche erbrochen. Ich bitte für die Entfernung der Gesellschaft zu sorgen.""

Bevor jedoch die staatlichen Organe eingreifen konnten, waren die Sinti, wobei es dahingestellt sein mag, ob es sich tatsächlich um „Zigeuner" handelte, wieder weitergezogen.

Insgesamt deuten die wenigen Quellen und Dokumente bzw. das Fehlen z.B. irgendwelcher Verordnungen daraufhin, daß die Sinti in Bremerhaven relativ unbehelligt leben und wohnen konnten. Manche waren bereits seit dem Anfang des Jahrhunderts in Bremerhaven ansässig. Vornehmlich wohnten die Bremerhavener Sinti in Lehe.[436] Hier sollen sich „Zigeunerviertel" befunden haben, die „seßhafte Zigeuner beherbergten und durchreisende Zigeuner an sich zogen."[437] Es wird sich hierbei um Privatplätze gehandelt haben, auf denen Wohnwagen standen. Einige dieser Plätze befanden sich am Lotjeweg, Langener Landstraße, Spadener Straße und Moorweg. Bremerhaven war bei den Sinti beliebter als beispielsweise Bremen, weil die Polizei hier nicht so eifrig darum bemüht war, ihnen das Leben und Wohnen in der Stadt zu verleiden. Schätzungsweise lebten ca. 100 Sinti in Bremerhaven.

---

[434] Ebd.
[435] Stadtarchiv Bremerhaven, Wesermünde 623/11/1.
[436] Der Kriminalsekretär Paul W. bezeichnete Lehe als „Hochburg der Zigeuner" schon vor dem Ersten Weltkrieg, Aussage in: StA Bremen 4, 66 - I. L., Friedrich, Entnazifizierungsverfahren.
[437] So der Regierungspräsident Stade in einem Schreiben vom 5. September 1963 an die Bremer Finanzdirektion, in: StA Bremen 4, 42/3 - 34, Rückerstattungsansprüche von Zigeuner im allgemeinen.

3. 2. Der 16. Mai 1940 - Die Deportationen beginnen

Über die ab 1938 beginnende, sich deutlich verschärfende Verfolgung der Sinti und Roma sagte der Leiter des Erkennungsdienstes, Kriminalkommissar August Baden, aus: „Im Jahr 1938 erließ das Reichskriminalpolizeiamt einen Erlaß zur Erfassung der Zigeuner. Aufgrund dieses Erlasses haben wir dann noch im selben Jahr erkennungsdienstliche Maßnahmen gegen in Bremerhaven wohnende Zigeuner durchgeführt, u.a. sind sie von uns fotografiert worden und es sind Fingerabdrücke gemacht worden. Nach Durchführung dieser Maßnahmen erhielten die Zigeuner einen Ausweis. Diese Erteilung der Ausweise diente dazu, den Aufenthaltsort der Zigeuner sicherzustellen. Es wurde den Zigeunern jeweils bei der Ausgabe der Ausweise erklärt, daß sie den Ausweis stets bei sich zu führen hätten, und den Aufenthaltsort ohne polizeiliche Erlaubnis nicht zu verlassen hätten. Außerdem wurde ihnen protokollarisch eröffnet, daß sie, wenn sie diesen Maßnahmen zuwiderhandelten, in ein Gefängnis eingewiesen werden würden."[438] Mit dem Wort „Gefängnis" beschönigte Baden die angedrohten Folgen, um sich nicht selber zu belasten, denn es drohte die Einweisung in ein KZ. Außerdem vermengte Baden die Erfassung der Sinti und Roma 1938 mit dem Festsetzungserlaß im Oktober 1939.

Zuständig für diese Verfolgungsmaßnahmen waren in Bremerhaven zum einen der bereits erwähnte Kriminalkommissar und Leiter des Erkennungsdienstes August Baden und zum anderen sein Mitarbeiter Kriminalsekretär Friedrich L. Baden, 1896 geboren, kam als 16jähriger nach der Volksschule und einer Ausbildung zum Maschinenschlosser zur Polizei. Während des Ersten Weltkriegs war er auf Torpedobooten in der Nord- und Ostsee eingesetzt. 1919 wurde er Polizeiwachtmeister, 1923 Kriminalassistent und 1925 Kriminalsekretär. Nach seinem Parteieintritt am 1. Mai 1933 wurde er nochmals dreimal befördert: 1935 zum Obersekretär, 1941 zum Kriminalinspektor und 1945 schließlich zum Kriminalkommissar. Er verwaltete die „Zigeunerakten" in Bremerhaven, die allesamt bei einem Bombenangriff am 18. September 1944 vernichtet wurden. Seine „Qualifikation" für diese Arbeit leitete sich wie im Falle der Errichtung der Bremer „Dienststelle für Zigeunerfragen" aus seinen Spezialkenntnissen auf dem Gebiet des Erkennungsdienstes, den er seit 1923/24[439] leitete, ab. Zuständig für „die Kontrolle der Zigeuner"[440] war in

---

[438] Aussage, in: StA Bremen 4, 54 - Wiedergutmachung - E 7406, Bl. 58f.
[439] Laut Aussage Badens, in: StA Bremen 4, 54 - Wiedergutmachung - E 7406, Bl. 58.
[440] Aussage Baden, in: StA Bremen 4, 54 - Wiedergutmachung - E 8400.

Bremerhaven das 4. Kommissariat bei der Kriminalpolizei dessen Leiter Baden war.

Über die Arbeitsweise der beiden Beamten berichtete die Sintezza B. Th.: „Nachdem dies geschehen war (ihr wurden die Fingerabdrücke abgenommen, d. A.), sollte ich sofort fotografiert werden. Ich mußte auf einem Holzschemel Platz nehmen, dann trat L. an mich heran, zog mir eigenmächtig sämtliche Haarklemmen aus meinem Haar, zerzauste mir mein Haar vollkommen, zog es mir ins Gesicht und unter höhnischen Bemerkungen sowie heftigem Schimpfen mußte ich mich fotografieren lassen, daß man ohne weiteres den Eindruck großer Verwahrlosung von mir gewinnen und annehmen mußte. Dem äußeren Aussehen nach rein verbrecherischer Art, wurde dieses Bild von mir aufgenommen..."[441]

Die nächsten Maßnahmen begannen Anfang 1940. „Im Jahr 1940, und zwar zu Anfang des Jahres, erschien auf unserer Dienststelle ein Herr Dr. Ritter vom Reichskriminalpolizeiamt Berlin mit einem Mitarbeiterstab. Er hatte die Aufgabe, die von uns bei der Kriminalpolizeileitstelle Bremen eingereichte Liste über die in Bremerhaven wohnenden Zigeuner zu überprüfen;[442] dazu vernahm er auf unserer Dienststelle jeden auf der Liste aufgeführten Zigeuner persönlich."[443] Wenige Monate später begannen die Deportationen. Hierzu wieder der verantwortliche Kriminalbeamte August Baden:[444] „Am frühen Morgen dieses Tages (16. Mai 1940, d. A.) holten unsere Beamten sämtliche Zigeuner aus ihrer Wohnung. ... Diese Zigeuner wurden dann zur Zentralstelle nach Hamburg überwiesen. Über den weiteren Verlauf der Maßnahmen kann ich keine Angaben machen. Uns wurde darüber nichts mitgeteilt. Ich habe nämlich lediglich die Zigeuner nach Hamburg begleitet und bin, nachdem ich sie dort abgeliefert hatte, nach Bremerhaven zurückgekehrt. Als die Zigeuner ... von unseren Beamten aus ihren Wohnungen abgeholt wurden, wurde ihnen

---

[441] Aussage B. Th., in: StA Bremen 4, 66 - I., L., Friedrich, Entnazifizierungsverfahren. Diese sog. erkennungsdienstliche Behandlungen führten manchmal zu seltsamen Folgen. So mußte der 10jährige Joseph W. sich für sein Fortbleiben vom Schulunterricht entschuldigen. Die Begründung wurde unter dem 22. August 1939 auf seinem Personalbogen festgehalten: „...kommt zu spät mit der Entschuldigung, er hätte auf der Polizei seinen Fingerabdruck abgeben müssen." (in: StA Bremen 4, 54 - Wiedergutmachung - E 7407). Es bedarf keiner allzu großen Phantasie, um sich die Reaktionen der Mitschüler oder aber des Lehrpersonals auf eine solche 'Entschuldigung' vorstellen zu können. Zumal der Grund für die erkennungsdienstliche Behandlung nicht angegeben wurde, und somit der Eindruck erweckt wird, als wäre der Mitschüler kriminell.
[442] „Rassisch zu begutachten" ist wohl der richtigere Ausdruck.
[443] Aussage Baden in: StA Bremen 4, 54 - Wiedergutmachung - E 7406, Bl. 58f.
[444] Aussage, in: StA Bremen 4, 54 - Wiedergutmachung - E 7406.

nur erlaubt, Bettzeug mitzunehmen. Bargeld und Schmuckstücke wurden ihnen von den Beamten abgenommen. Die übrigen Sachen, Wohnwagen, soweit vorhanden, und größere Gegenstände blieben zurück. ... Sie sollen später im Versteigerungslokal des Herrn Kempfe in Bremerhaven-Lehe, Am Altmarkt, versteigert worden sein."

In Bremerhaven wurden an diesem Morgen etwa 100[445] Sinti verhaftet. Ca. 15 Kriminalbeamte führten die Verhaftungen, die morgens um 3 Uhr begannen, durch. Die Besprechung der Verhaftungsaktion erfolgte zwei Tage zuvor. Die Beamten trafen sich früh morgens auf dem Gänsemarkt in Lehe und verteilten sich dann über die Stadt.[446] Die Namen der teilnehmenden Beamten waren: August Baden, Jakob Hübenthal, Georg Hahnert, Heinrich Pust, Richard Sertel, Hans Alph, Heinrich von Heiden, August Hahnel, Julius Hoyer, Friedrich Böhm, Brück, Lücke, Grimm, Schaper und Münzel.[447]

Von ihren Wohnorten wurden die Sinti zunächst zum Polizeigefängnis in der Karlsburg, am alten Hafen, gebracht. Hier wurden sie in drei Gefängniszellen weggeschlossen. In jeder Zelle befanden sich ca. 30-35 Personen. Der Gefängniswärter Georg H. verstieg sich später zu der Aussage, daß die Gefangenen „sich dort frei bewegen konnten. ... Sie genossen die volle Freiheit."[448] Während die Kriminalbeamten jegliche Gewaltanwendung abstritten, sagten viele Sinti aus, daß es während des ca. acht Stunden dauernden Aufenthalts im Gefängnis mehrfach zu Auseinandersetzungen gekommen war. Zum einen gab es während dieser Zeit keine Verpflegung, zum anderen wollten die Frauen verständlicherweise die Toiletten in den Zellen nicht benutzen. Offenbar auf Druck der Sinti durften sie dann im Verlauf des Vormittags in den Hof des Gefängnisses.

Gegen Mittag wurden die verhafteten Sinti, denen die Kriminalbeamten heuchlerisch erzählt hatten, sie würden nach Polen umgesiedelt und dort Wohnungen und Arbeit gestellt bekommen, in zwei großen Autobussen, mindestens einer davon war von der Straßenbahn, gepfercht und nach Hamburg gefahren. Ein kleineres Polizeiauto begleitete den Konvoi. Während der Fahrt

---

[445] Nach Zimmermann, Michael, Deportation ins „Generalgouvernement". Zur nationalsozialistischen Verfolgung der Sinti und Roma aus Hamburg, in: Hamburg in der NS-Zeit. Ergebnisse neuerer Forschungen, Hamburg 1995 (Forum Zeitgeschichte), S. 151ff., wurden in Bremen, Winsen an der Aller, Bremervörde und Wesermünde insgesamt 160 Sinti 'verhaftet' (S. 157).
[446] Aussage Reinhard v. D., in: StA Bremen 4, 66 - I., L., Friedrich, Entnazifizierungsverfahren.
[447] Ebd. Vornamen der letzten fünf nicht bekannt. Weitere konnten nicht festgestellt werden.
[448] Aussage, in: StA Bremen 4, 66 - I., L., Friedrich, Entnazifizierungsverfahren.

mußten sie in sitzender Stellung (Schneidersitz) verharren. Die Fenster der Autobusse waren geschlossen.[449] Zwischen Bremervörde und Hamburg, bei Horneburg, durften die gefangenen Sinti, während sie von Polizisten „mit lose unterm Arm"[450] hängenden Karabiner bewacht wurden, austreten.

In Hamburg angekommen, diente ein Schuppen des Fruchthofs im Hafen als Sammellager, wo sie sich nochmals fünf Tage aufhielten. Einige Sinti wurden wieder zurück nach Bremerhaven geschickt, darunter Angehörige der Familie Adler.[451] Das Gelände im Hamburger Hafen war mit einem Strick eingezäunt. Nochmals wurden sie registriert und schließlich in Personenzüge der Reichsbahn nach Polen abtransportiert.

Unter den im Mai 1940 deportierten Sinti und Roma befand sich auch das fünfjährige Kind W. E.[452] und sein Bruder. „Wir waren gerade 5 Jahre alt als ... 1940 alles, die ganze Familie auseinandergerissen wurde, um somit in Güterwagen in verschiedene KZ-Lager verschleppt zu werden. Womit uns zum 2. Mal die Mutter und der Vater brutal entrissen wurden. Denn sie blieben in Oranienburg bei Berlin bzw. seine Frau (womit er seine Mutter meinte, d. A.) ist ... in Auschwitz gestorben. Ende 1941 wurde mein Bruder auf dem Transport Lublin - Ravensbrück von uns getrennt, um nach Auschwitz eingeliefert zu werden. Somit mußte meine Großmutter ... alles ersetzen. ... Es konnte kommen was wollte, ich habe mich unter ihren langen Röcken versteckt. Da war mein Zufluchtsort, sie war mein alles auf Erden. Sie hat mir das Leben erhalten, als ich am Ende an Typhus erkrankte ..."[453] 1945 kehrte der mittlerweile 10jährige Junge nach Deutschland zurück. Bei einer Körpergröße von 1, 33 Meter wog er 21 Kilo.

Nach der Deportation im Mai 1940 wohnten fast keine Sinti und Roma mehr in der Stadt. Die örtliche Behörde hatte die Deportation genutzt, um die Stadt nahezu 'zigeunerfrei' zu machen.

Als Beispiel dafür, wie den zurückgebliebenen Sinti gezielt die wirtschaftliche Basis ihrer Existenz entzogen wurde, seien zwei Fälle angeführt, in denen die Wandergewerbescheine eingezogen wurden. Auf die Beschwerde von Franziska H. über die Versagung ihres Wandergewerbescheines vom 8. Februar 1940 schrieb der Polizeipräsident in Wesermünde am 23. Mai 1941 an

---

[449] Aussage Max Reichert, in: StA Bremen 4, 66 - I., L., Friedrich, Entnazifizierungsverfahren. Worunter wohl zu verstehen ist, daß sie verdunkelt waren.
[450] Aussage Friedrich Böhm, in: ebd.
[451] Aussage H. Adler, in: StA Bremen 4, 66 - I., L., Friedrich, Entnazifizierungsverfahren.
[452] Angaben aus: StA Bremen 4, 54 - Wiedergutmachung - E 7071.
[453] Ebd.

den Regierungspräsidenten in Stade:[454] „Zu der Beschwerde der Zigeunerin Franziska H. ist folgendes zu berichten: Franziska H. geb. F. in Wesermünde-Lehe ... gilt laut Feststellung der Forschungsstelle des Reichsgesundheitsamtes in Berlin als *Zigeunermischling* (Hrvhbg. i. O., d. A.). Nach der Ausführungsanordnung des Reichskriminalpolizeiamtes in Berlin vom 1. 3. 1939 zum Runderlaß des Reichsführers SS vom 8. 12. 1938, betr. Bekämpfung der Zigeunerplage..., sind Wandergewerbescheine allen Zigeuner zu versagen, wenn sie als Deckmantel zur Begehung strafbarer Handlungen, insbesondere der typischen Zigeunerdelikte, in denen das Brauchtum der Zigeuner eine Rolle spielt, benutzt werden könnten (Betteln, Wahrsagen, Gesundbeten pp.). ... Am 18. 3. 1941 stellte die H. einen erneuten Antrag. ... Die Geheime Staatspolizei - Staatspolizeistelle Wesermünde -, die um ihre Stellungnahme ersucht wurde, teilte am 6. 5. 1941 mit, daß gegen die Erteilung eines Wandergewerbescheines für die H. aus grundsätzlichen Erwägungen Bedenken bestünden. ... Es muß darauf hingewiesen werden, daß es sich bei der H. um eine frech auftretende Person und typische Zigeunerin handelt, die s. Zt. nur von der Evakuierung verschont geblieben ist, weil ihr verstorbener Ehemann (Zigeunerehe) schwer erkrankt war und dringend der Pflege bedurfte. ... Es ist bekannt, daß Zigeuner ihre alten Gewohnheiten nicht aufgeben, das deutsche Volksempfinden steht aber den Zigeunergewohnheiten ... ablehnend gegenüber. Ich bitte daher die Beschwerde abzulehnen."

Dieses Zusammenwirken der Gestapo in Wesermünde, der Kriminalpolizei in Bremen, der Rassenhygienischen Forschungsstelle Ritters in Berlin und des Regierungspräsidenten in Stade hatte 'Erfolg': der Wandergewerbeschein wurde nicht erteilt.[455]

In dem Fall des Sinto Walter A. wurde ein Jahr später genauso entschieden. Sowohl die Kripoleitstelle Bremen als auch die Gestapo Wesermünde lehnten die Genehmigung eines Wandergewerbescheines mit dem Hinweis ab, daß Walter A. „laut gutachterlicher Äußerung der Rassenhygienischen Forschungsstelle Berlin Dahlem Nr. 12198 vom 17. November 1941 als Zigeunermischling mit überwiegendem zigeunerischen Blutanteil anzusehen ist."[456] Dem schlossen sich der Polizeipräsident Wesermünde und der Regierungspräsident Stade an.

---

[454] StA Stade Rep. 180 G II, Nr. 764.
[455] Im übrigen ist dies ein deutlicher Beweis dafür, daß die Entziehung der Wandergewerbescheine aus rassischen Gründen erfolgte. Wohingegen in den Wiedergutmachungsverfahren von Seiten der Behörden genau dies häufig bestritten wurde.
[456] StA Stade Rep. 180 G II, Nr. 764.

3. 3. Die Deportation nach Auschwitz im März 1943

Die Zahl der im März 1943 nach Auschwitz deportierten Sinti und Roma aus Bremerhaven ist nicht mehr genau zu bestimmen. Sie kann auf ca. 15 Menschen geschätzt werden, wobei sehr viele Mitglieder der Familie Pohl darunter waren, desweiteren Mitglieder der Familien Adler und Steinbach. Genauso schwierig ist es anzugeben, wieviele in Auschwitz ermordet wurden. Das Gedenkbuch bietet hierfür nur eine recht ungenaue Hilfestellung, da es nur die in Auschwitz getöteten Sinti verzeichnet und nicht diejenigen, die später in anderen Lagern ermordet wurden. Dennoch kann für die uns bekannten Bremerhavener Sinti gesagt werden, daß mindestens über 50% von ihnen allein schon in Auschwitz vernichtet wurden.

Die Bremerhavener Sinti und Roma gehörten zu dem dritten Transport, der Bremen verließ und am 14. März 1943 Auschwitz erreichte. Der Transport umfaßte die Nummern Z 3083 - Z 3123 im Männerbuch und Z 3446 - Z 3473 im Frauenbuch. Die uns sicher bekannten Namen lauten:
3099[457] Steinbach, Erich (†), 3120 Pohl, Walter (†), 3121 Pohl, Friedrich, 3122 Pohl, Oswald (†), 3460 Steinbach, Martha, 3461 Steinbach, Rosa (†), 3465 Adler, Hedwig, 3466 Adler, Luisa, 3467 Adler, Irene, 3472 Adler, Anne, 3473 Adler, Anna (†), 3498 Pohl, Alma, 3499 Pohl, Rosalette (†), 3500 Pohl, Luise (†), 3450 Herzberg, Franziska (†).

Diese Zahl gibt nur die untere Grenze an, da es Fälle gab, in denen Sinti nach Auschwitz deportiert wurden, ohne im Gedenkbuch erwähnt zu werden.[458] Hierzu gehörte Wilhelm L., der am 8. März 1943 von L. abgeführt wurde. „Herr L. hat meinem Sohn noch geholfen, die Koffer zu tragen."[459] Angeblich war er nach Oberschlesien in ein Bergwerk dienstverpflichtet worden. „Aber er ging nach Auschwitz und kehrte nie mehr zurück. Diesen Morgen werde ich nie vergessen. Trotz vieler Anfragen meines Vaters an die Leitung von Auschwitz bekamen wir nie eine Nachricht."[460]

---

[457] Die Nummer, die eintätowiert wurde. Kreuz in der Klammer bedeutet: in Auschwitz ermordet.
[458] Für Bremen z.B. Otto Blum. Er wird im Gedenkbuch nicht erwähnt, schrieb aber einen Brief aus Auschwitz an seine Familie in Bremen. Die Deportationen im März 1943 beziehen sich immer auf den Himmler-Erlaß bzw. den Schnellbrief. Nicht erwähnt werden Sinti, die nach Auschwitz gebracht wurden, weil sie z.B. „unerlaubterweise" die Stadt verlassen hatten.
[459] Aussage Maria W., in: StA Bremen 4, 66 - I., L., Friedrich, Entnazifizierungsverfahren.
[460] Brief vom 16. März 1959 an das Landesamt für Wiedergutmachung Bremen, in: Privatbesitz von F. W.

Die Verhaftungen begannen am frühen Morgen wie die Sintezza Martha R. berichtet: „Bei meiner Festnahme im März 1943 wohnte ich in der Pragerstr. 98. Zur genannten Zeit erschienen gegen 5. 30 Uhr zwei Beamte, und zwar ein uniformierter und einer in Zivil, in meiner Wohnung, die mich davon verständigten, dass ich mit zum Amt kommen mußte. Was ich dort sollte, darüber konnten mir die Beamten keine Auskunft geben. Ich wurde allerdings darauf hingewiesen, daß es wohl einige Tage nach Bremen ginge und ich aus diesem Grunde das Notwendigste einpacken müsste für mich und für meine beiden Kinder."[461] Nicht nur Martha R. wurde über das wahre Ziel des bevorstehenden Transportes im unklaren gelassen. Einer anderen Frau erklärten die Kriminalbeamten: „Es geht zu Aufräumarbeiten nach Polen."[462]

Auf dem Bremischen Amt angekommen, wurden den Sinti und Roma die Wertgegenstände abgenommen. „Nachdem alle Personen vernommen waren, es mag gegen 10 oder 10.30 Uhr gewesen sein, wurden wir mit dem Gefangenentransportwagen nach Bremen gefahren. Um die Mittagszeit kamen wir in Bremen an. Während der Fahrt saßen wir Frauen auf einer Bank, während auf der Bank gegenüber die Männer Platz genommen hatten. ... Nach dreitägigem Aufenthalt in Bremen wurden wir in das Lager Auschwitz gebracht."[463] Während dieser Deportation starb ein fünf Monate altes Kind aus Bremerhaven,[464] was ohne Zweifel auf die unmenschlichen Transportbedingungen zurückzuführen ist.

Verantwortlich für diese Deportation waren der Kriminalsekretär Friedrich L. und August Baden, der Leiter der Verhaftungen und des Transports nach Bremen, wie beide u.a. 1957 im Amtsgericht Bremerhaven aussagten.[465] Über 50 Jahre später hatte L. jedoch keine Erinnerung mehr an sein damaliges Handeln.[466]

---

[461] Aussage, in: StA Bremen 4, 66 - I., L., Friedrich, Entnazifizierungsverfahren.
[462] Aussage Josefa A., in: Ebd.
[463] Aussage Martha R., in: Ebd.
[464] StA Bremen 4, 54 - Wiedergutmachung - E 8327.
[465] StA Bremen 4, 54 - Wiedergutmachung - E 8400, 9. September 1957.
[466] Wir stellten ihm schriftlich einige Fragen. Auf die Frage: Können Sie bestätigen, daß Sie im März 1943 ca. 20 Bremerhavener Sinti nach Bremen fuhren? antwortete er: Nein. Ebenso wußte er nicht mehr, daß die Sinti auf dem Schlachthof gesammelt wurden. Wohl aber erinnerte er sich an die damalige Sprachregelung, die der Vertuschung des wahren Zieles galt: Wußten die Menschen, daß es nach Auschwitz gehen würde? Nein, hier wurde nur davon gesprochen, daß die Sinti in den entvölkerten Ostgebieten angesiedelt werden sollten. Auf die Frage: Meinen Sie, daß die Bremerhavener Sinti in erster Linie sozial angepaßt lebten? antwortete er: z. T. ja, hatten z. T. feste Wohnung. Der Begriff „sozial angepaßt" stammt aus dem Schnellbrief vom Februar 1943. Ihmzufolge sollten alle „sozial angepaßt" lebenden Sinti von der Deportation ausgeschlossen sein. Da aber nach dem März 1943 kaum noch Sinti in

3. 4. Zwangssterilisationen in Bremerhaven

Auch in Bremerhaven wurden nach dem gleichen Muster wie in Bremen Zwangssterilisationen[467] durchgeführt. Sie fanden im Sommer 1944 statt. Über die Zahl der von dem Eingriff bedrohten Sinti kann nur spekuliert werden. Baden selber gibt an, mehrere Frauen vor der Unfruchtbarmachung gerettet zu haben, weil er nach Berlin meldete, daß sie in der Stadt nicht auffindbar seien.[468] Es ist somit anzunehmen, daß viele Bremerhavener Sinti sich gegen die drohende Sterilisation durch Flucht oder ähnlichem zur Wehr setzten.

Die Sintezza E. W.[469] gab an, daß sie, ihre Schwester und ihre Mutter 1944 zum Städtischen Krankenhaus Mitte mußten. Baden drohte ihnen, sie „beim nächsten Transport"[470] mitzuschicken, für den Fall, daß sie sich weigerten. Der Vater setzte durch, daß die Kinder zunächst unbehelligt blieben. Ob die Mutter jedoch unfruchtbar gemacht wurde, ist unklar.

Sicher bekannt ist nur der Fall eines Sinto.[471] Er wurde von Dr. Willing sterilisiert. Auch ihm wurde für den Fall seiner Weigerung die Einweisung in ein KZ angedroht.[472] Seine Frau entging dem Eingriff, weil sie hochschwanger war.

3. 5. Die gescheiterte 'Vergangenheitsbewältigung' - Die Bremerhavener Sinti und Roma nach 1945

Nach und nach kehrten die Überlebenden des Völkermords nach der Befreiung aus den Lagern in ihre Heimatstadt zurück. Sehr bald mußten sie jedoch feststellen, daß sie von der Mehrheitsbevölkerung noch immer als nur geduldete Bürger der Stadt angesehen wurden. Ungebrochen hatten die üblichen Vorur-

---

Bremerhaven wohnten, ist davon auszugehen, daß die Kriminalpolizei entgegen der Auffassung des mitverantwortlichen Beamten die Ansicht vertrat, es gebe keine Ausnahmen in Bremerhaven.
[467] Zwangssterilisationen nach dem „Gesetz zur Verhütung erbkranken Nachwuchses" wie sie für Bremen nachgewiesen werden konnten, gab es in Bremerhaven offenbar nicht. Recherchen diesbezüglich anhand eines Abgleichs von Namenslisten im Bremerhavener Stadtarchiv führten jedenfalls zu keinem anderen Ergebnis.
[468] StA Bremen 4, 66 - I., Baden, August, Entnazifizierungsverfahren.
[469] Brief liegt mir vor.
[470] Ebd.
[471] Walter A.
[472] Aussage, in: StA Bremen 4, 66 - I., L., Friedrich, Entnazifizierungsverfahren.

teile überlebt. Auch in Bremenhaven bestand sehr bald die Politik des Magistrats darin, Sinti und Roma aus der Stadt abzudrängen, indem man ihnen möglichst schlechte Bedingungen zur Verfügung stellte.

Diese Vorgehensweise verwundert ein wenig. Denn in der Weimarer Republik und noch in der NS-Zeit bis 1938 waren die Behörden in Bremerhaven nicht so rigoros gegen diesen Teil der Bremerhavener Bürger vorgegangen. Dennoch ist festzustellen, daß die Behörden in Bremerhaven sich, wenn auch geringfügig, nicht so ablehnend gegenüber den Sinti und Roma verhielten. So gelang es anfangs den Bremerhavener Sinti wesentlich schneller eine Entschädigung zu erhalten, zum Teil dadurch begründet, daß ihnen die Polizeibehörden bereitwillig Bescheinigungen ausstellten, die ihre rassische Verfolgung ab dem Mai 1940 bestätigten. Schwieriger wurde es erst in dem Augenblick, als die Bremer Behörde diese Zuständigkeit über Entschädigungsansprüche von Sinti und Roma ansich zog.

Ähnlich schienen zunächst die Entnazifizierungsverfahren gegen die Kriminalbeamten August Baden und Friedrich L. zu verlaufen. D.h., daß es zunächst so aussah, als wenn im Gegensatz zu Bremen nunmehr die verantwortlichen Beamten verurteilt werden würden. Da das Verfahren Badens mit der Spruchkammerverhandlung gegen L. gekoppelt war, wird zunächst die Verhandlung gegen L. geschildert werden, obwohl Baden sein Vorgesetzter war.

3. 5. 1. Die Entnazifizierung

Zunächst wurde L. in seinem Vorstellungsverfahren am 21. April 1947 „für nominell und arbeitswürdig erklärt",[473] wobei er seine Parteimitgliedschaft damit zu erklären versuchte, daß er 1937 zum Parteieintritt gezwungen worden sei: „Nach seinen Angaben haben höhere Vorgesetzte auf den Eintritt in die NSDAP gedrungen. Diesem Druck ist er erlegen. Auch sein Kirchenaustritt ist hierauf zurückzuführen."[474] Aufgrund ähnlicher Fälle ist dagegen anzunehmen, daß L. befürchtete, zukünftig bei Beförderungen übergangen zu werden. Die 'Belohnung' für derlei Charakterschwäche läßt sich an seiner Karriere ablesen: war er 1932 noch Polizeioberwachtmeister, stieg 1934 bereits zum Kri-

---

[473] StA Bremen 4, 66 - I., L., Friedrich, Entnazifizierungsverfahren.
[474] Ebd.

minalassistenten, 1938 zum Kriminaloberassistenten und 1943 schließlich zum Kriminalsekretär auf.[475]

Im September formulierte der Öffentliche Kläger, basierend auf einer Anzeige der VVN,[476] die Klageschrift gegen L.[477] Ihm lagen schriftlich die Zeugenaussagen von sieben Sinti vor, die entweder im Mai 1940 oder im März 1943 deportiert, zwangssterilisiert oder schikaniert worden waren. Der Öffentliche Kläger kam zu dem Ergebnis, „dass der Betroffene sein Amt als Krim. Beamter missbrauchte, indem er rassisch Verfolgte misshandelte und beschimpfte."[478] Hierfür sollte L. als 'Hauptschuldiger' eingestuft werden.[479] L. selber schätzte sich eher als 'Mitläufer' ein.[480]

Das Verfahren litt in der Folgezeit unter zwei Schwierigkeiten: zum einen mußte es mehrfach vertagt werden, weil die geladenen Sinti ihre Aussagen nicht mündlich wiederholen konnten, da sie auf Reisen waren. Zwar wurden sie durch eine Bekanntmachung in der Nordsee-Zeitung und im Weser-Kurier aufgerufen, sich zu melden, eine Zeugenladung über das Radio lehnte der Befreiungssenator Dr. Alexander Lifschütz indes mit der Begründung ab, sie würde 2.000 RM kosten, und im übrigen seien die schriftlichen Erklärungen zu berücksichtigen.[481] Außerdem wurde L. von den meisten Sinti die Beteiligung an den Deportationen im Mai 1940 vorgeworfen, wodurch er mit den Mißhandlungen und Schikanen während der Verhaftungen in Bremerhaven und des Transportes nach Hamburg in Verbindung gebracht wurde. Den Aussagen der Sinti standen die Aussagen der Polizeibeamten gegenüber, die L. bei der Deportation im Mai 1940 nicht gesehen haben wollen. Unzweifelhaft ist dagegen

---

[475] Ebd. Aus dem Meldebogen.

[476] Mitglieder der VVN fuhren damals in der Stadt umher, um die Menschen zu ermutigen, etwaige NS-Verbrecher anzuzeigen. Der Öffentliche Kläger in Bremerhaven war auf die Aussagen der Sinti angewiesen, weil ansonsten keine Akten zur Verfügung standen. In Bremerhaven waren nach 1945 alle „Zigeunerakten", die bei der Erkennungsdienststelle geführt wurden, vernichtet. Sie verbrannten bei dem Luftangriff auf die Stadt am 18. September 1944. Baden persönlich überzeugte sich davon, daß ebenso in Bremen alle Akten über die Bremerhavener Sinti vernichtet waren (Aussage Baden in: StA Bremen 4, 54 - Wiedergutmachung - E 7406, Bl. 58f.).

[477] Offenbar wurde zeitgleich von Seiten der Staatsanwaltschaft gegen L. und Baden ermittelt. Grundlage war auch hier die Anzeige der VVN. Die Ermittlungen wurden eingestellt. Die Ergebnisse dieser Ermittlungen sind nicht bekannt, da die Akten laut Schreiben der Oberstaatsanwaltschaft Bremerhaven vom 25. Januar 1994 nicht mehr auffindbar sind.

[478] StA Bremen 4, 66 - I., L., Friedrich, Entnazifizierungsverfahren.

[479] Es zeigt sich hier die allgemein feststellbare Tendenz, daß in Bremerhaven das Befreiungsgesetz wesentlich rigoroser angewendet wurde als in Bremen. Zur Erinnerung: der Öffentliche Kläger in Bremen forderte im Falle Mündtraths, ihn als Belasteten einzustufen.

[480] StA Bremen 4, 66 - I., L., Friedrich, Entnazifizierungsverfahren. Aus dem Meldebogen.

[481] StA Bremen 4, 66 - I., L., Friedrich, Entnazifizierungsverfahren.

seine Beteiligung an den Verhaftungen im März 1943. Um die Opfer in Sicherheit zu wiegen, wurde ihnen erzählt, es ginge „zu Aufräumarbeiten nach Polen."[482] Allerdings will wiederum ein Polizeibeamter L. auch bei diesen Verhaftungen nicht gesehen haben.[483]

In dieser Situation entschied der Öffentliche Kläger zu beantragen, L. als Mitläufer einzustufen. Nach seiner Auffassung hatten die Sinti nicht die Wahrheit gesagt. Wieder einmal kamen somit altbekannte Vorurteile zum Vorschein. Vorurteile, wie sie z.B. ebenso der *Ausbilder* Friedrich L.'s unaufgefordert zu Protokoll gab: „Ich bin fast 40 Jahre bei der hiesigen Kriminalpolizei tätig gewesen und zwar war ich die ganze Zeit in Lehe stationiert. Lehe galt schon in den früheren Jahren als Hochburg der Zigeuner. Sie war es schon vor dem ersten Weltkrieg und ist es immer gewesen, bis die Zigeuner vorübergehend eine Zeitlang von den Nazis weggebracht waren. Ich habe dauernd in den ganzen Jahrzehnten mit den Zigeunern zu tun gehabt und kenne sie deshalb ganz genau ... Grundsätzlich sind Aussagen von Zigeunern mit grösster Vorsicht zu geniessen. a) Nach meinen Erfahrungen haben ca. 95% aller Zigeuner, mit denen ich zu tun gehabt habe, sich als unwahrhaftig gezeigt. ..."[484]

Es versteht sich von selbst, daß der Verteidiger L.'s sich der Meinung des Öffentlichen Klägers anschloß und forderte, daß L. zu amnestieren sei. Dennoch wurde die Verhandlung lediglich vertagt und im Juni 1948, nach der Anhörung der Zeugen, unter denen diesmal überwiegend Sinti waren, zum Abschluß gebracht. Offenbar war der Öffentliche Kläger nach der Anhörung der Zeugen, die im wesentlichen die Vorwürfe wiederholten, von der Schuld L.'s nunmehr überzeugt, da er erneut die Einstufung als Hauptschuldiger verlangte: „Es wird allgemein gesagt, dass die Zigeuner unglaubwürdig sind. Das kann aber nur ein Nazi so sagen. ... Daher muß ich den Antrag stellen, den Betroffenen in die Gruppe I der Hauptschuldigen einzustufen und ihn auf die Dauer von 7 Jahren in ein Arbeitslager einzuweisen."[485] Der Verteidiger forderte die Einstufung nach 3A 3b,[486] da keine Beweise für die Mißhandlungen vorlägen.

---

[482] Ebd. Selbst in einem Schreiben vom 11. Februar 1994 behauptete L. noch immer, nur gewußt zu haben, „daß die Sinti in den entvölkerten Ostgebieten angesiedelt werden sollten."

[483] Heinrich P., in: StA Bremen 4, 66 - I., L., Friedrich, Entnazifizierungsverfahren.

[484] Paul W., in: Ebd.

[485] Ebd.

[486] Nach dem „Gesetz zur Befreiung von Nationalsozialismus und Militarismus" vom 9. Mai 1947 (in: Gesetzblatt der Freien Hansestadt Bremen 1947, Nr. 19, S. 67ff.) besagte der Artikel 3A, 3b, daß gegen Beschuldigte nicht vorgegangen werden sollte, wenn ihr „jährliches steuerpflichtiges Gesamteinkommen in jedem der beiden Kalenderjahre 1943 und 1945 3.600 RM nicht überstieg und deren steuerpflichtiges Vermögen im Jahre 1945 20.000 RM

Der Betroffene selber sah sich als unschuldig an: „Ich bin 22 Jahre im Dienst gewesen, nie gerügt und getadelt worden. Ich habe gegen keinen Zigeuner meine Hand erhoben. Das ist die reine Wahrheit."[487]

Der Spruch der Entnazifizierungskammer war dann doch einigermaßen überraschend. Nicht die Mißhandlungen während der Verhaftungen im Mai 1940, an denen L. sehr wahrscheinlich nicht beteiligt war, standen im Vordergrund der Entscheidungsbegründung, sondern die Gewalt, derer L. sich schuldig gemacht hatte, ohne physisch zu mißhandeln: „Die Spruchkammer ist auf Grund des Tatbestandes zu der Überzeugung gekommen, dass der Betroffene die Zigeuner tatsächlich völkerrechtswidrig behandelte. ... Der Betroffene hat auf Befragen, wo die Zigeuner geblieben sind, ihren Verwandten, insbesondere aber der Zeugin Josefa A., gesagt, dass die Kinder nach Auschwitz zur Vergasung gekommen seien. Darin liegt schon eine Brutalität gegen das Empfinden einer Mutter."[488] Deshalb wurde L. als Belasteter eingestuft, und er sollte für drei Jahre in ein Arbeitslager eingewiesen werden.

Eine empfindliche Schwächung erfuhr der Spruch allerdings dadurch, daß die Haftstrafe quasi zur Bewährung ausgesetzt wurde, denn L. sollte diese drei Jahre unter 'Polizeiaufsicht' stehen.[489] Sowohl der Verteidiger als auch der Öffentliche Kläger legten gegen diesen Spruch Berufung ein. Wobei letzterer zur Begründung darlegte, daß L. noch immer im Amt sei und somit die Möglichkeit habe, „die ihn belastenden Zigeuner zu beaufsichtigen..."[490] Zudem stellte er fest, daß der Verteidiger L.'s zugleich Berufungsrichter an der Bremerhavener Spruchkammer war, und somit natürlich nicht zu erwarten war, daß ein 'objektives' Urteil gesprochen werden würde. Zwar entschied dann ein anderer Berufungsrichter, aber die Tatsache alleine wirft ein bezeichnendes Licht auf die Praxis der Entnazifizierung, insbesondere bei den Berufungsverfahren.

Am 7. Oktober 1948 wurde L. in der schriftlichen Berufungsverhandlung als Mitläufer eingestuft, da er aber bestimmte Einkommensgrenzen nicht überschritten hatte, nach Artikel 3A 3b des Gesetzes amnestiert. In der Begründung hieß es, daß die Aussagen der Sinti „fast alle in sich widerspruchsvoll"

---

nicht überstieg" (Ebd.) und sie keiner Organisation angehörten, die vom Internationalen Militärtribunal als verbrecherisch eingestuft worden war. Der Antrag entsprach dem des Kriminalbeamten Wilhelm Mündtrath in Bremen.
[487] StA Bremen 4, 66 - l., L., Friedrich, Entnazifizierungsverfahren.
[488] Ebd.
[489] Eine Auslegung, die im Gesetz gar nicht vorgesehen war. Allein deshalb hätte der Spruch vermutlich keinen Bestand gehabt.
[490] StA Bremen 4, 66 - l., L., Friedrich, Entnazifizierungsverfahren.

und „in vielen Punkten nicht richtig"[491] waren. Die Berufungskammer ging auf den Spruch der ersten Instanz mit seiner wichtigen und richtigen Feststellung, daß L. „völkerrechtswidrig" handelte, gar nicht weiter ein, sondern qualifizierte pauschal die Aussagen der Sinti ab. Zudem wurde aus dem Umstand, daß die Kriminalbeamten als Zeugen etwas anderes als die Opfer aussagten, automatisch auf eine Entlastung L.'s geschlossen: „Die Widersprüche in den Aussagen sind heute schon so weitgehend, dass eine Aufklärung derselben unmöglich erscheint. ... Es braucht deshalb über die Glaubwürdigkeit der Belastungs- oder Entlastungszeugen kein Urteil gefällt werden. Schon das objektive Bild, das die beiderseitigen Aussagen erbracht haben, ist so, dass von einem Beweis, wie er im Sinne des Gesetzes erforderlich ist, nicht mehr gesprochen werden kann..."[492] Deutlich ist das 'schlechte Gewissen' der Berufungskammer in der Begründung des Spruches spürbar. Aus 'Mangel an Beweisen' wurde L. amnestiert.

Zwei Tage später bescheinigte der Vorsitzende der Berufskammer, daß „gegen die Wiedereinstellung des Friedrich L. in sein bisheriges Amt ... keine Bedenken"[493] mehr beständen. Daher war auch L. noch nahezu 50 Jahre später der Auffassung, daß er „nie entlassen" worden war, sondern „ca. 3 Wochen beurlaubt" gewesen sei, und „nach erfolgreicher Klärung eines Mordfalles meinerseits wieder weitere Diensttätigkeit"[494] habe ausüben können.

Wie Mündtrath in Bremen wurde auch L. noch befördert. Nach eigenem Bekunden war er 1965 bei seiner Pensionierung nur „ein kleiner Obersekretär."[495]

Die Amnestierung L.'s hatte unmittelbare Auswirkungen auf das zur gleichen Zeit eingeleitete Spruchkammerverfahren gegen den Kriminalkommissar und Vorgesetzten L.'s, August Baden. Die pauschale Abqualifizierung der Zeugenaussagen der Sinti durch die Berufungskammer veranlaßte den Öffentlichen Kläger im Falle Badens im Dezember 1948 seine Berufung zurückzuziehen: „Gegen den Betroffenen war auf Grund der Belastungen ein Verfahren als Hauptschuldiger eingeleitet. Da sich in dem angelehnten Verfahren L. vor der Berufungskammer ergeben hat, dass sich die Zeugenaussagen der Zigeuner

---

[491] Ebd.
[492] Ebd.
[493] Ebd.
[494] Brief vom 11. Februar 1994 an die Autoren.
[495] Ebd.

als widersprechend und unglaubwürdig[496] erwiesen haben, konnte die Angelegenheit nicht weiter verfolgt werden. Die weiteren Belastungen sind anonym abgegeben und daher nicht zu werten."[497] Daß die „weiteren Belastungen" anonym vorgebracht wurden, läßt vermuten, daß die Zeugen mittlerweile verunsichert waren, da sie erkennen mußten, daß die Täter ohne größere Strafe davonkamen, ja, sogar noch oder wieder im Dienst waren, wie der Öffentliche Kläger ja im Falle L.'s monierte. Ebenso überrascht die Rücknahme der Berufung und die daraus resultierende Einstellung des Verfahrens. Während bei L. die Hauptfrage im Vordergrund stand, ob er an den Verhaftungen im Mai 1940 dabei gewesen war, lag der Fall bei Baden anders. Seine Teilnahme, ja, Federführung bei den Verhaftungen war unbestritten. Was bleibt waren die Mißhandlungen, wobei es den Sinti zum Nachteil ausgelegt wurde, daß nicht alle über die Mißhandlungen berichten konnten,[498] was insofern natürlich ist, als daß nicht jeder alles berichten konnte und sicherlich auch unterschiedlich behandelt wurde. Daß einige Sinti und Roma die Mißhandlungen nicht bestätigen konnten wurde aber so ausgelegt, als würde das den Aussagen widersprechen.

Es hätte somit keinen Grund für eine vorzeitige Einstellung des Verfahrens gegeben, zumal der Vorwurf „völkerrechtswidriges Verhalten" durchaus hätte aufrecht erhalten werden können. Hinzukommt, daß Baden bereits 1933 in die NSDAP eingetreten war, was einmal zu seiner Einstufung als Mitläufer im April 1948[499] und zu der Entscheidung im Prüfungsverfahren zwei Jahre zuvor[500] führte, ihn als „beschäftigungsunwürdig" einzustufen. Da Baden in beiden Verfahren sich gerade über seinen Parteieintritt äußerte, bzw. ihn zu rechtfertigen versuchte, sei aus dieser Begründung ausführlicher zitiert:[501] „Als nun im Jahre 1933 die NSDAP zur Macht gelangte, war ich natürlich in banger Sorge, daß man mich wegen meiner früheren Zugehörigkeit zur SPD[502] evtl. fortjagen würde. Die Gefahr hierzu war jedenfalls sehr groß. Hinzu kam unglücklicherweise, daß mein damaliger Vorgesetzter - Kriminalrat Schorn - altes

---

[496] Es war ein schriftliches Verfahren. D.h. neues Material wurde nicht berücksichtigt. Es waren die gleichen Aussagen wie in der Instanz zuvor!
[497] StA Bremen 4, 66 - I., Baden, August, Entnazifizierungsverfahren.
[498] Abgesehen von den Polizeibeamten, die von keinen Mißhandlungen wußten. Sonst hätten sie sich selber belastet.
[499] Wobei Baden 500 RM Sühne zu zahlen hatte. Vgl. StA Bremen 4, 66 - I., Baden, August, Entnazifizierungsverfahren.
[500] 25. April 1946, in: ebd. Zudem war er seit Mai 1945 von seinem Amt suspendiert.
[501] Ebd.
[502] Die SPD konnte die Mitgliedschaft nicht bestätigen. Ebd.

Mitglied des NSDAP war und sich sehr scharf für die Partei einsetzte. So entschloß ich mich unter einem gewissen Zwang dann nach endlosen Überlegungen und Erwägungen zum Eintritt in die NSDAP." Baden verschwieg indes, daß er angegben hatte, im November 1932 die DNVP gewählt zu haben, und somit zumindest große Sympathien für die neuen Machthaber ein Jahr später bekundet hatte.[503]

Sein Parteieintritt, „ohne daß ich hierzu jemals den Wunsch hatte",[504] führte u.a. dazu, daß Baden die Karriereleiter herauffiel. War er zum Zeitpunkt seines Parteieintritts 1933 noch Kriminalsekretär, so wurde er am 1. Januar 1945 nach mehreren Beförderungen bereits zum Kriminalkommissar ernannt. Aus einer Beurteilung vom 25. Juli 1941 geht hervor, daß er charakterlich geradezu ideal den Anforderungen der Nationalsozialisten entsprach: „Baden ist ein gerader und aufrichtiger Charakter. Er ist fleißig und strebsam und scheut vor keiner Arbeit zurück. ... Seine Stärke liegt auf dem Gebiet des Erkennungsdienstes.[505] ... Er versteht es, sich in die Lage des einzelnen Volksgenossen zu versetzen, kann aber auch, wenn nötig, energisch und durchgreifend auftreten. ..."[506]

Baden ließ es nicht nur bei der recht verdrehten Begründung seiner NSDAP-Mitgliedschaft, sondern er beanspruchte für sich, Widerstand geleistet zu haben: „...dass ich den Parteiinteressen bewußt entgegen gearbeitet habe, kann ich dadurch beweisen, daß ich u.a. in mehreren Fällen vom Reichsgesundheitsamt Berlin zur Sterilisierung aufgegebenen Zigeunerinnen als „in Wesermünde unauffindbar" melden ließ."[507] Von Beweisen kann indes keine Rede sein, da sich z.B. keine Sintezza bereit erklärte, für Baden auszusagen, geschweige denn sich Unterlagen darüber finden ließen, da die Akten vernichtet wurden. Weiterhin kann man das Ganze auch bei größtem Wohlwollen nicht als 'Widerstand' bezeichnen, wenn das Opfer sich der drohenden Sterilisation z.B. durch Flucht, wie aus Bremen bekannt, entzieht, oder aber die Polizei ihre 'Aufgabe' nicht mehr erfüllen kann, weil die Krankenhäuser überfüllt sind, und die NS-Ordnung aufgrund des 'heimkehrenden' Krieges in heller Auflösung begriffen ist.[508]

---

[503] Ebd. Geht aus dem Fragebogen hervor.
[504] Ebd.
[505] Auch der erste Leiter der Bremer „Dienststelle für Zigeunerfragen" kam aus dem Erkennungsdienst.
[506] Personalakte August Baden.
[507] StA Bremen 4, 66 - I., Baden, August, Entnazifizierungsverfahren.
[508] Immerhin läßt diese Aussage den Schluß zu, daß auch in Bremerhaven mehrere Sinti von Zwangssterilisationen betroffen waren und nicht nur der eine uns bekannte Fall.

All diese Erklärungsversuche Badens verhinderten seine „Beschäftigungsunwürdigkeit" nicht, ebenso blieben seine Versuche, sich wegen einer Krankheit vorzeitig in den Ruhestand versetzen zu lassen, fruchtlos, da der Bürgermeister die Auffassung vertrat, einen entlassenen Beamten nicht in den Ruhestand versetzen zu können.[509]

Als die Anzeigen der Sinti bekannt wurden, erging gegen Baden ein Haftbefehl, wodurch ihm eine Inhaftierung im 'Riespott'[510] bevorstand. Baden gelang es, dieser Haft durch die Attestierung seiner Haftunfähigkeit durch einen Arzt zu entgehen. Selbstverständlich war er sich zu keinem Zeitpunkt einer Schuld bewußt, wie aus einer Haftbeschwerde unschwer zu ersehen ist: „Ich bin stets ehrlich und unbescholten durchs Leben gegangen, bin mir auch jetzt durchaus keiner Schuld bewußt und denke gar nicht daran, auf Grund unwahrer Angaben einiger weniger durch die damalige Umsiedlung betroffener Zigeuner die Flucht zu ergreifen..."[511] Mal abgesehen davon, daß Baden log, als er behauptete, die Sinti und Roma seien im Mai 1940 „umgesiedelt" worden, ergriff er sehr wohl die Flucht. Schon während des Entnazifizierungsverfahrens strebte Baden eine Versetzung in den Ruhestand an. Offenbar hoffte er, dadurch einer Sühne oder sogar einer Verurteilung zu entgehen. Im Sommer 1949 empfahl ihm ein Arzt die gewünschte Versetzung,[512] der dann bereits im Mai entsprochen wurde.[513] 25 Jahre später starb August Baden am 9. Juni 1974 in Bremerhaven.[514]

Zu den Tätern, die für die Verfolgungen der Sinti und Roma im Nationalsozialismus mitverantwortlich waren, gehören neben den Kriminalbeamten ebenso die Ärzte, die die Zwangssterilisationen durchführten. In Bremerhaven mußte sich Dr. Waldemar Willing vor einer Spruchkammer verantworten.[515] Sie stufte ihn als Mitläufer ein. Als Sühne hatte er 2.000 RM zu zahlen.[516] Er

---

[509] StA Bremen 4, 66 - I., Baden, August, Entnazifizierungsverfahren. Baden versuchte vermutlich durch seine Versetzung in den Ruhestand, seine Pensionsansprüche zu retten. Wäre er im Falle einer hohen Verurteilung noch im Dienst gewesen, hätte er sie verloren.
[510] Internierungslager in Bremen. S. Kapitel 2. 2. 1.
[511] StA Bremen 4, 66 - I., Baden, August, Entnazifizierungsverfahren.
[512] Aus der Personalakte.
[513] Ebd.
[514] Der weit überwiegende Teil der an den Deportationen beteiligten sonstigen Kriminalbeamten wurde nach 3A 3b amnestiert und nur einige wenige als Mitläufer eingestuft.
[515] StA Bremen 4, 66 - I., Dr. Willing, Waldemar, Entnazifizierungsverfahren. Geboren am 8. Januar 1897. Es liegen zwar keine Spruchkammerakten vor, dafür ist aber das Prüfverfahren gut dokumentiert.
[516] Ebd. 12. März 1948.

selber hatte sich in dem Meldebogen als Entlasteter gesehen.[517] Hierbei konnte er sich auf das Ergebnis des Prüfverfahrens zwei Jahre zuvor beziehen, in dem er als „beschäftigungswürdig" mit der Begründung eingestuft wurde:[518] Dr. Willing habe sich „unter Gefährdung seiner Stellung aktiv gegen den Nationalsozialismus eingesetzt" und „dem als fanatischen Nazi bekannten Denunzianten des Krankenhauses Widerstand gegen die angestrebte NS. Propaganda (Rassentheorie, Bereinigung der Bibliothek usw.) entgegengesetzt".[519] Dennoch hatte er gemäß des herrschenden Rassenwahns der Nationalsozialisten Sinti und Roma zwangssterilisiert.

Dies fand ebenso keine weitere Erwähnung, wie ihm auch die Tatsache, daß er seit Mai 1933 Mitglied der NSADP und SA war, nicht negativ ausgelegt wurde. Schließlich hatte er „entscheidend dafür gesorgt, daß der christliche Geist im Krankenhaus gewahrt blieb."[520] Insgesamt befand der Ausschuß, daß „Dr. Willing ... eine Persönlichkeit (ist), die aus dem üblichen Rahmen herausfällt. Er erfreut sich wegen seiner guten charakterlichen Haltung und seiner hervorragenden Leistungen als Arzt, insbesondere als Chirurg, weit über die Grenzen der Unterweser hinaus eines großen Ansehens."[521]

Für die verantwortlichen Täter, Kriminalbeamte und Ärzte, war damit die Gefahr gebannt, für ihr Handeln zur Verantwortung gezogen zu werden. Für die Sinti und Roma begann dagegen der entwürdigende Weg der Wiedergutmachung.

3. 5. 2. Die sog. „Wiedergutmachung"

Ähnlich wie auch in Bremen mußten die überlebenden Sinti in Bremerhaven sich an ihre ehemaligen Verfolger wenden, um ihre berechtigten Entschädigungsansprüche durchsetzen zu können. Da nahezu sämtliche Akten, die ihre Verfolgung hätten dokumentieren können, vernichtet waren, blieb ihnen nichts

---

[517] Als Entlasteter konnte nur gelten, wer nachgewiesenermaßen Widerstand geleistet hatte und dadurch Nachteile in Kauf nehmen mußte. Lt. Abschnitt I, Artikel 13 des Gesetzes zur Befreiung vom Nationalsozialismus und Militarismus vom 9. Mai 1947, in: Gesetzblatt der Freien Hansestadt Bremen, 1947, Nr. 19, 14. Mai 1947.
[518] StA Bremen 4, 66 - I., Dr. Willing, Waldemar, Entnazifizierungsverfahren. 17. September 1946.
[519] Ebd.
[520] Ebd.
[521] Ebd.

anderes übrig, als die Kriminalbeamten Baden und L. aufzusuchen, um von ihnen bestätigt zu bekommen, wann und weshalb sie eben von diesen Beamten in die Konzentrationslager deportiert worden waren.

Anfangs gab es Unterschiede in der Anwendung und Durchführung des Wiedergutmachungsverfahrens zwischen Bremen und Bremerhaven. So hatten die Sinti und Roma zunächst keine großen Schwierigkeiten, ihre rassische Verfolgung ab dem Mai 1940 anerkannt zu bekommen. Ganz im Gegensatz zu Bremen, wo bei vielen schon die Verfolgung ab März 1943 abgelehnt wurde. Ein Grund für den Unterschied war, daß in Bremerhaven der Polizeipräsident Bescheinigungen ausstellte, die die rassische Verfolgung ab Mai 1940 bestätigten.

Die Bremerhavener Wiedergutmachungsbehörde schloß sich dieser Auffassung an, was zur Folge hatte, daß den betroffenen Sinti schon nach relativ kurzer Zeit die Entschädigung 1949 ausgezahlt wurde. Diese Durchführungspraxis änderte sich in Bremerhaven in dem Augenblick, als die Bremer Behörde alle Verfahren, die Sinti und Roma betrafen, ansich zog.[522] Das bedeutete, daß nunmehr auch die Bremerhavener Sinti der viel schärferen Auslegung des BEG durch die Bremer Behörden ausgesetzt waren.

Anfang der sechziger Jahre wurde die Bremerhavener Behörde ganz aufgelöst. Es wurden vor Ort nur noch Sprechstunden abgehalten. Die Bearbeitung aller Wiedergutmachungsanträge erfolgte in Bremen.

Auf den ersten Blick scheinen die allermeisten Wiedergutmachungsanträge der Bremerhavener Sinti mit einem positiven Bescheid abgeschlossen worden zu sein. Von den 195 durchgesehenen Anträgen, bezogen sich 51 auf Bremerhaven, wobei die Anträge, die sich auf die rassische Verfolgung seit dem Mai 1940 bezogen mit 41 Fällen in der Mehrzahl waren. Sieben Anträge betrafen Sinti, die im März 1943[523] deportiert worden waren, zwei bezogen sich auf andere Verfolgungen[524] und ein Fall betraf eine Zwangssterilisation.[525]

---

[522] Bereits 1956 muß die Bremer Behörde für die Anträge der Sinti und Roma aus Bremerhaven zuständig gewesen sein, wie aus dem folgenden Schreiben der Nebenstelle Bremerhaven vom 21. Februar 1957 (der Antrag wurde 1956 gestellt) ersichtlich ist: „Anliegend übersenden wir Ihnen die obige Entschädigungsakte mit der Bitte um weitere Bearbeitung, da es sich im vorliegenden Fall um Zigeuner handelt (das Wort 'Zigeuner' ist rot unterstrichen, d. A.).", in: StA Bremen 4, 54 - Wiedergutmachung - E 8400, Bl. 5.
[523] StA Bremen 4, 54 - Wiedergutmachung - E 11630, F. H.; E 8401, R. St.; E 8400, E. St.; E 8574/2, H. A., E 8327 und A. P., L. A., I. A.
[524] Leben in der Illegalität. B. Th.'s Kinder, StA Bremen 4, 54 - Wiedergutmachung - E 8121, H. M. und E 8148, H. G. M.
[525] StA Bremen 4, 54 - Wiedergutmachung - E 7422, W. A.

Von diesen insgesamt 51 Anträgen wurde in 46 Fällen eine Wiedergutmachung ausgezahlt. Lediglich im Falle der Zwangssterilisation, den beiden Fälle einer anderen Verfolgung[526] und in zwei Deportationsfällen vom Mai 1940[527] erging ein negativer Bescheid.

Zunächst seien die Anträge, die sich auf die Deportation vom Mai 1940 bezogen und positiv entschieden wurden, genauer untersucht. Wie in Bremen wurden mehrere Anträge in einem gestellt. Sie verteilen sich wie folgt auf die verschiedenen Kategorien:

a) Schaden an Freiheit: 38
b) Schaden an Gesundheit (Rente): 7
c) Schaden an Ausbildung: 13
d) Schaden im beruflichen Fortkommen: 9
e) Schaden an Leben: 3
f) Soforthilfe: 22.

In einem Fall[528] wurde lediglich ein Schaden an Leben beantragt und anerkannt, so daß 38 Fälle bleiben, die Schaden an Freiheit beantragten.

Die Mehrfachnennungen erklären sich dadurch, daß ein Verfolgter in einem Antrag mehrere Schäden geltend machen konnte. In ca. 50% aller bewilligten Anträge wurde die Kombination a) + c) + f)[529] und a) + d) + f)[530] beantragt. D.h. den Verfolgten wurden in der Regel 7.585 DM für den Schaden an Freiheit, 10.000 DM für den Ausbildungsschaden und 3.000 DM an Soforthilfe ausgezahlt, wobei die Geldzahlungen bei Schäden im beruflichen Fortkommen derart schwankten, daß eine durchschnittliche Zahlenangabe nicht sinnvoll ist. Ebenso wurden die Fälle, in denen eine Rente bewilligt wurde, nicht im Durchschnitt angegeben, weil die Geldsumme wenig aussagekräftig ist.

In den 41 untersuchten Anträgen aufgrund der Deportation im Mai 1940 waren in nur acht Fällen die Antragsteller mit dem Verfolgten nicht identisch.[531] Daraus läßt sich ableiten, daß von den 41 im Mai 1940 deportierten Sinti 33, die in Bremerhaven einen Antrag stellten, überlebt hatten und ihre Ansprüche geltend machten.

---

[526] Leben in der Illegalität.
[527] StA Bremen 4, 54 - Wiedergutmachung - E 11991, Josef E., Grund: nicht fristgerecht. StA Bremen 4, 54 - Wiedergutmachung - E 7343, Grund: Bescheid geht nicht aus der Akte hervor.
[528] StA Bremen 4, 54 - Wiedergutmachung - E 11577.
[529] 10 Mal.
[530] Acht Mal.
[531] Ganz anders als bei den Anträgen auf Grund der Deportation im März 1943.

Soweit das Ergebnis einer ersten quantitativen Auswertung der vorliegenden Anträge bezüglich der Deportationen im Mai 1940. Auf eine Auffälligkeit sei indes noch hingewiesen. In 22 von 31 nach der Zeitspanne zwischen Antragstellung und Bescheid erfaßten Fällen wurde der Schaden an Freiheit 1949 innerhalb weniger Monate ausgezahlt. Die anderen Anträge (Ausbildungsschaden, Soforthilfe, Schaden im beruflichen Fortkommen) wurden erst erheblich später entschieden. Im Durchschnitt betrug die Zeitspanne zwischen Antrag und Bescheid sage und schreibe zehn Jahre! D.h. die Anträge wurden zumeist in den sechziger Jahren entschieden.

Wie wenig aussagekräftig indes Durchschnittszahlen sind, belegen folgende Beispiele:

1) E 2044, Waltraut R. Frau R. benötigte 22 Jahre, um für einen Ausbildungsschaden entschädigt zu werden. 1967 wurde ihr Antrag zum ersten Mal abgelehnt. 1989 erhielt sie in einem Vergleich 10.000 DM. Ihre Entschädigung für den Schaden an Freiheit bekam sie bereits 1949 ausgezahlt. Das bedeutete, daß Frau R. insgesamt 40 Jahre um ihre Entschädigungsansprüche kämpfte.

2) E 7406, Maria W. Frau W. erhielt die erste Entschädigungszahlung für den Schaden an Freiheit 1949. Für ihren Schaden an Gesundheit mußte sie 12 Jahre lang prozessieren, für den im beruflichen Fortkommen 16 und für die Soforthilfe neun Jahre. Insgesamt 17 Jahre, von 1949 bis 1966, kämpfte Frau W. um ihren berechtigen Ansprüche.

Deutlich ist der Bruch zwischen den Jahren 1949 und den sechziger Jahren zu erkennen, der mit der Anerkennungspraxis der Bremer Behörde, die ja auch alle Bremerhavener Fälle an sich gezogen hatte, zu erklären, nicht aber zu verstehen ist. Die Bremer Behörde zahlte keine Entschädigung, sie hat zahlen *müssen*, gegen ihre gewaltigen Widerstände wie das ebenfalls für Bremen gezeigt werden konnte.

Das positive Ergebnis - Anerkennungsquote von über 90%[532] aller Anträge - ist somit nicht der Behörde zu verdanken, sondern mußte von den überlebenden Opfern und deren Familienangehörigen langwierig erstritten worden. Die Kompliziertheit der Entschädigungsproblematik machte die Inanspruchnahme von Rechtsanwälten notwendig. Der Erfolg eines Widerspruches wurde damit auch von dem Einsatz Dritter abhängig.

Die quantifizierende Analyse der Fälle der Verfolgten, die im März 1943 nach Auschwitz deportiert wurden, bestätigt die bisher getroffenen Feststellungen nachdrücklich. In allen sieben Fällen wurde ein Antrag auf Entschädigung

---

[532] Absolute Zahlen: 51 Anträge, 46 positive Bescheide.

für den Schaden an Freiheit gestellt. Einmal wurde gleichzeitig ein Antrag auf Soforthilfe gestellt. In allen Fällen wurde den Verfolgten Wiedergutmachung gezahlt.

Lediglich in drei Fällen erhielten die Antragsteller die volle Summe ausgezahlt. Der Grund dafür war, daß sie überlebt hatten. Somit bekamen sie 3.900 DM. Viermal waren die Antragsteller überlebende Eltern, Verwandte usw. Da die 'Lebensbedingungen' in dem Vernichtungslager Auschwitz ungleich härter waren, blieben die ausgezahlten Entschädigungssummen sehr gering. In einem Fall[533] erhielt die Mutter für ihren in Auschwitz ermordeten Sohn 600 DM, da das zum Zeitpunkt der Deportation gerade zwei Monate alte Baby nach vier Monaten an den Bedingungen im Lager zugrunde ging.[534]

Die Anträge wurden später gestellt als in den Fällen aufgrund der Deportationen im Mai 1940. Und die Zeitspanne zwischen Antragstellung und Bescheid war sehr groß, wobei hinzu kommt, daß im Gegensatz zu den Mai-Fällen vorerst keine Entschädigung ausgezahlt wurde, da das Bremer Landesamt für Wiedergutmachung eine rassische Verfolgung der Sinti und Roma zunächst verneinte. In dem Fall von Franziska H. dauerte das Verfahren 18 Jahre![535]

---

[533] StA Bremen 4, 54 - Wiedergutmachung - E 8400.
[534] Folgende Rechnung: pro Monat in Auschwitz 150 DM. Viermal 150 DM = 600 DM.
[535] StA Bremen 4, 54 - Wiedergutmachung - E 11630.

4. Die Verfolgung der Sinti und Roma in den niedersächsischen Gebieten des Bremer Kripoleitstellengebietes

Die Verfolgungssituation in den niedersächsischen Gebieten des Bremer Kripoleitstellengebiets unterschied sich in einem wesentlichen Punkt zu dem Stadtstaat Bremen: während die Bremer Politik besonders in der Anfangszeit des NS darauf abzielte, Bremen 'zigeunerfrei' zu machen, und das vornehmlich auf Kosten der Bremen umgebenden Gebiete, konnten die Landkreise in Niedersachsen schwerlich zu diesem Mittel der Abschiebepolitik greifen, da sie sofort in Konflikte mit den Nachbarkreisen verwickelt wurden.

Erst mit dem „Festsetzungserlaß" von 1939 änderte sich die Situation grundlegend. Nunmehr mußte die Stadt Bremen den Zuzug von Sinti und Roma zulassen, während die Landkreise die Abschiebungen weitgehendst einstellten. Nur weitgehendst deswegen, weil es bezeichnende Ausnahmen gab. Z.B. in Edewecht, wo in einem absurd anmutendem Theater, die Polizei der Landkreise die Wohnwagen der Sinti heute von A nach B und morgen wieder zurück verschoben, wie in dem Kapitel 4. 2. 2. 2. 3. sehr eindrücklich geschildert wird.

Zu dem Bremer Kripoleitstellengebiet gehörten neben Bremerhaven die Landkreise Verden, Rotenburg, Osterholz-Scharmbeck, Wesermarsch, Oldenburg, Friesland, Ammerland, Cloppenburg, Vechta, Weener, Leer, Norden, Aurich, Wittmund und die Städte Delmenhorst, Oldenburg und Emden. Eine Ausnahme stellte Wilhelmshaven dar. Es gehörte selber zum Bremer Kripoleitstellengebiet, verwaltete aber als eigenständige Polizeistelle einige Landkreise. Zudem wechselte die Zuständigkeit für manche Landkreise während der NS-Zeit. War in dem Runderlaß[1] des Innenministers für das Reich und Preußen vom 20. September 1936 betreffend der „Neuordnung der staatlichen Kriminalpolizei" noch der Regierungsbezirk Stade als zum Bremer Kripoleitstellengebiet zugehörig bezeichnet, so regelte der Runderlaß[2] des Reichsführers SS und Chef der Deutschen Polizei vom 1. September 1937 betreffend die „Neuordnung der staatlichen Kriminalpolizei" das Bremer Zuständigkeitsgebiet neu. Nunmehr wurde die Kriminal-Abteilung in Wilhelmshaven zur Kriminalpolizeistelle erhoben mit der Zuständigkeit für die Kreise Aurich, Norden, Wittmund und Leer, sowie Friesland und Ammerland, und die Kripoleitstelle Bremen er-

---

[1] Hier zitiert aus: Kreisarchiv Verden, 3/13a (Kriminalpolizei 1929-1935).
[2] Ebd.

hielt im Tausch für den Regierungsbezirk Stade die Zuständigkeit für die Grafschaft Hoya und die braunschweigische Enklave Thedinghausen. Insgesamt gesehen konnte das Gebiet der Bremer Zuständigkeit somit zwar grob umrissen werden, aber einige Unsicherheiten bleiben bestehen.

Bevor wir uns jedoch der Verfolgung in der NS-Zeit zuwenden, soll an dem Beispiel einer Erlaßsammlung aus dem 17. Jahrundert die Dimension der jahrhunderte dauernden Verfolgung von Sinti und Roma aufgezeigt werden.

In der Einleitung zu dieser Studie wurde der Reichstagsbeschluß vom 4. September 1498 erwähnt, durch den alle Sinti und Roma „uß den landen teutscher nacion"[3] vertrieben werden sollten. Außerdem wurden sie zu Vogelfreien erklärt, was bedeutete, daß jedermann sie schlagen, ja, selbst töten konnte, ohne dafür bestraft zu werden. Diese „sol daran nit gefrevelt noch unrecht getan haben."[4]

Dieser Beschluß wurde in der Folgezeit durch mehrere deutsche Fürsten erneuert und in sog. „Zigeunergesetzen" aufgenommen. Ein Beispiel eines solches Fürstenbeschlusses findet sich in der „Policey - Teich - Holtz - und Jagt - Ordnung" der Herzogtümer Bremen und Verden, die im Jahr 1732 in Stade veröffentlicht wurde.[5] Sie umfaßt zu den Verfolgungen von Sinti und Roma neben der sie betreffenden „Policey-Ordnung" weitere Erlasse aus den Jahren 1688, 1699, 1705, 1708, 1716, 1717, 1719 und 1720. Die „Policey-Ordnung" selber muß aus der Zeit vor 1688 datieren. Insgesamt dokumentiert diese Erlaßsammlung ein äußerst grausames Kapitel Verfolgungsgeschichte der Sinti und Roma in dem Gebiet zwischen Weser und Elbe, zu dem neben den Landkreisen Verden, Rotenburg, Wesermarsch, Bremervörde usw. auch die Städte Stade und Buxtehude gehörten.[6]

Unter Kapitel 15 der „Policey-Ordnung" befindet sich unter der Anordnung „Von Zigeunern und frembden muthwilligen Bettlern" folgender Wortlaut:[7] „obwol aus fürtrefflichen Confiderationen, und hochbewegenden wichtigen Ursachen, nicht allein in verschiedenen Reichs-Abschieden und Policey-

---

[3] Deutsche Reichstagsakten unter Maximilian I., Bd. 6: Reichstage von Lindau, Worms und Freiburg 1496-1498. Bearbeitet von Heinz Gollwitzer, Göttingen 1978, S. 737.

[4] Ebd.

[5] Im „Institut für Heimatforschung" in Rotenburg einzusehen.

[6] Die Herzogtümer Bremen und Verden gingen aus den Erzbistümern hervor. Seit 1648 - und in dem hier behandelten Zeitraum - waren sie schwedisch besetzt. Bremen nahm darin eine zwischen Autonomie und Abhängigkeit pendelnde Rolle ein. S. hierzu Schwarzwälder, Herbert, a. a. O., 1995, Bd. I., S. 318-425.

[7] Der Herzogthümer Bremen und Verden Policey - Teich - Holtz - und Jagt - Ordnung, Stade 1732, S. 52-56.

Ordnungen, sondern auch in etlichen nach einander in Unseren Rahmen von Unserer Regierung derenfals publicierten Edicten, ernstlich und heilsamlich constituiret, daß das unnütze und böse Gesindkein, so man sonst die Zigeuner oder Tartarn nennet, so wol in dem ganzen heiligen Römischen Reich Teutscher Nation, als auch in diesen Unsern Herzogthümern, nicht gelitten, sondern weggewiesen, abgeschaffet und ihnen kein Durchzug noch Unterschleiff verstattet werden solle; So ist jedoch am Tage, daß ohngeachtet solcher heilsamen Verordnungen, nach wie vor, die lose Leute, in diese Unsere Herzogthümer mehrmahlen hereindringen, und nicht allein Unsern Unterthanen durch btrügliche Rencke Schaden zu fügen, besondern auch durch ihr ertichtetes Wahrsagen den gemeinen mann zu Aberglauben reitzen, und dadurch Sünde über Unser Land und Leute Häuffen.

§1. Als Wir aber mit Gott dermahlig entschlossen, solchem Übel und Unwesen durchaus nicht länger nachzusehen, sondern selbigem ein-für allemahl nachdrück- und zureichlich abzuhelfen; So ordnen, setze und befehlen Wir, aus hoher Landes Obrigkeit Macht, bey schwerer unnachläßiger Straffe, hiemit, und wollen, daß alle und jede Obrigkeiten auff dem Lande und in Städten, oberwehnte Zigeuner und ihren Anhang, so fern sie hinkünftig weiter in diesen Unseren Herzogthümern Gebiethe kommen wolten, nicht herin lassen, weniger ihnen einigen Durchzug oder Ablager und Einlogirung verstatten, sondern dieselbe stracks ab- und zurück weisen, auch ihnen, daß sie sich dieser Unser Lande gänzlich entäussern, und darinn nicht finden lassen sollen, andeuten, auch sich keinige Paßporten, die sie etwa vorweisen möchten, weder etwas anders, daran verhindern, noch abhalten lassen, weniger ihnen einiges sicheres Geleit und Paßport selbigen ertheilen, oder auch gar in Unsere Kriegsdienste auffnehmen sollen.

§2. Und damit Wir Unsere ernstliche Meinung und ungnädiges Mißfallen wider diese Leute, durch deren zu Gott in den Himmel schreyende Laster, das Land verunreiniget wird, umb so viel mehr zuerkennen geben; So declariren Wir hiemit öffentlich, daß Wir die wider diese Zigeuner in des heiligen Reichs PoliceyOrdnung gemachte Verordnung, worinnen sie für Vogelfrey geachtet werden, hiedurch nicht wollen aufgehoben, sondern vielmehr selbiger datin inhaeriret haben, daß wann jemand gegen diese Zigeuner in diesen Unserer Landen hinkünftig mit der That handeln oder fürnehmen würde, selbiger daran nicht gefrevelt noch unrecht gethan haben; Auch asie hinführo durch heimliche und unvermerckte Einpracticirung sich allhie einfinden solten, alsdann ihnen ihr Haab und Gut genommen und sie, sampt Weib und Kindern ad Operas publicas condemniret und adgiret (in etwa: zu Zwangsarbeit, öffentlicher Arbeit verurteilt und verpflichtet, d. d. A.) und da auch solches nicht helffen wolte, mit dem Leben gestraffet werden sollen..."

Fast wortwörtlich wiederholte diese „Policey-Ordnung" den Reichstagsbeschluß von 1498. An diesem lebensbedrohlichen Vertreibungsdruck änderte sich in folgenden Jahrzehnten nichts. Regelmäßig ermahnten Erlasse und Verordnungen, die Sinti zu vertreiben oder ihnen das Überschreiten der Grenzen nicht zu erlauben. Notfalls sollten sich ganze Dörfer zusammenschließen, um die Familien zu vertreiben. Um diesen Erlassen mehr Nachdruck zu verleihen, wurde den Beamten ein Bußgeld angedroht, wenn sie nicht die Vertreibungen vornahmen. Dieses Bußgeld erhöhte sich von 50 auf 100 Gulden, für solche „Bediente, welche die Zigeuner hereinlassen" - wie es in dem Register des Buches heißt. Auch waren „Fuhrleute und Überführer so selbige ins Land bringen zu bestraffen."

1716[8] wurden durch ein erneutes Edikt die Verfolgungsmaßnahmen spezifiziert. Die „Zigeuner" sollten nunmehr sofort in Haft genommen werden. Hierbei konnten die „Beamten, Gerichtsheren und Magistraten" sich durch benachbarte Ämter und Gerichte helfen lassen, notfalls sogar auf die „regulirten Trouppen" zurückgreifen - „mit so viel Mannschaft als es nöthig und verlanget wird." Bei der Gefangennahme konnte mit aller Gewalt vorgegangen werden - zumal mit der Gegenwehr der Sinti gerechnet wurde: „ ... mögen die Unserigen Feuer auf dieselbe geben und sich aller nöthigen Mittel gebrauchen sich dieses Gesindel zu bemächtigen." Mit den gefangenen Menschen sollte dann wie folgt verfahren werden: die Kinder unter 10 Jahren wurden ihnen angenommen und „bey gute Christliche Leute" untergebracht, „damit sie daselbst erzogen und in ihrem Christenthum begründet werden mögen."[9] Die Kosten hierfür wollte die Regierung übernehmen. „Alte Leute, so zu keiner Arbeit mehr tüchtig und Weiber über fünf und zwanzig Jahren" wurden aus dem Land „gejaget".[10] Sollten sie zurückkehren, drohte ihnen, „mit dem Strang vom Leben zum Tode gebracht"[11] zu werden. Genauso wurde mit den Frauen unter 25 Jahren und „Knaben, welche noch keine schwere Arbeit thun können" verfahren.

Der letzte Punkt betraf die Männer: „Aeltere und gesunde Manns Leute aber sollen Zeit Lebens ad operas publicas condemnirete seyn und nacher Lüneburg und Hameln gebracht werden."[12]

---

[8] Ebd., S. 964ff.
[9] Ebd., S. 966.
[10] Ebd.
[11] Ebd.
[12] Ebd.

4. 1. Die Verfolgung der Sinti und Roma in den Landkreisen Verden und Rotenburg

Für die *Stadt Verden* läßt sich festhalten, daß nur vereinzelt Sinti und Roma erwähnt werden. Laut einer brieflichen Mitteilung von Herrn J. Weidemann lebten am 9. November 1940 vierzehn Sinti in Verden, wie er im Stadtarchiv Verden ermitteln konnte. Sie gehörten ganz überwiegend zu der Familie W. Nach unseren Recherchen zog diese Familie erst 1940 nach Verden, wie aus einer Wiedergutmachungsakte im Bremer Staatsarchiv hervorgeht.[13] Ein 15jähriges Mitglied der Familie begann 1938 eine Lehre als Konditor, die er aber 1940 mit dem Hinweis auf seine „zigeunerische Abstammung" abbrechen mußte. In Verden versuchte er bei dem Konditor E. eine Anstellung zu bekommen, aber das Arbeitsamt lehnte dies ab und zwangsverpflichtete ihn, seinen Bruder und seine Eltern zu Arbeiten in den Niedersachsenwerken. Der Vater mußte in den Munitionswerken Barme/Dörverden arbeiten. Gegen Ende des Krieges sollten er und seine Bruder zwangssterilisiert werden. Um diesem Eingriff zu entgehen, flüchtete er. Aus seiner Sicht war der „verantwortliche Leiter der Rassenverfolgung ... Kriminalinspektor Engelke. Er berief sich aber immer auf Anordnungen von Kommissar Mündtrath vom Polizeipräsidium in Bremen als Vorgesetzten."[14]

Im *Landkreis Verden* traten Sinti, so wie sie die Polizeibehörden wahrzunehmen pflegten, nämlich als 'wanderndes Volk', im Kaiserreich, in der Weimarer Republik und auch in der NS-Zeit kaum in Erscheinung. Noch 1936 meldete die Gendarmerie-Inspektion Verden an den Landrat, „dass im Kreise Verden seit etwa zwei Jahren Zigeuner kaum noch in Erscheinung treten."[15] Als Grund gab die Gendamerie-Inspektion ihr restriktives Vorgehen an, welches dazu geführt habe, „dass die Zigeuner den Kreis Verden völlig meiden oder allerschnellstens durchziehen."[16] Sie empfahlen ihr Vorgehen auch anderen Landkreisen.

An dieser Vorgehensweise scheint sich über die Jahre der nationalsozialistischen Verfolgung nicht viel geändert zu haben. 1938, anläßlich der Verhaftungswelle „Arbeitsscheu Reich" im Sommer des Jahres, meldete der Landrat die Verhaftung von „15 Personen (davon 4 Zigeuner)", die „am 21. Juni

---

[13] StA Bremen 4, 54 - Wiedergutmachung - E 11271.
[14] Ebd., Bl. 6.
[15] Kreisarchiv Verden 3/18d - Sicherheitspolizei, Zigeuner, 1870-1942, Schreiben vom 23. Januar 1936.
[16] Ebd.

1938 der Kriminalpolizeileitstelle Bremen zugeführt"[17] wurden. Es handelte sich hierbei um Mitglieder der Familie W., deren weiteres Schicksal in dem Kapitel 2. 1. 3. beschrieben ist.

Als im Dezember 1938 durch die Erfassung der Sinti und Roma ein entscheidener Schritt in Richtung Vernichtung dieser ethnischen Minderheit erfolgte, vermeldete der Landrat Verden der Kriminalpolizeileitstelle Bremen für seinen Landkreis: „Fehlanzeige".[18]

Auch von dem Ablauf der Deportationen vom Mai 1940 war der Landkreis Verden nicht betroffen. Ein Schreiben der Bremer Zentrale an den Landrat offenbart indes die Rolle des stellvertretenden Leiters der Kripoleitstelle, Carl Krämer. In seinem Buch berichtete er in der Rückschau: „Insgesamt aber wurde dieses Unternehmen (gemeint ist die Deportation im Mai 1940, d. A.) ... zu einem großen Fehlschlag. ... Die Wehrmacht griff ein und schickte alle Zigeuner ... nach Deutschland zurück."[19] In dem Schreiben an den Landrat forderte Krämer indes „Zigeunerlager oder -unterkünfte nach ... Zurückgekehrten (zu) durchsuchen",[20] da sie unerlaubterweise zurückgekehrt und somit in polizeiliche Vorbeugungshaft zu nehmen seien.

In der *Stadt Rotenburg* waren Sinti und Roma offenbar seit der Kaiserzeit bis zur NS-Zeit kaum oder gar nicht anzutreffen.[21] Für den Landkreis Rotenburg ließ sich dagegen feststellen, daß sich häufig Sinti aus dem „Rheinland, Pommern und Bremen"[22] hier aufhielten. Kontinuierlich wurde über die 'Klagen' der Anwohner berichtet.

Seit den zwanziger Jahren befand sich ein Halteplatz für Sinti und Roma in Visselhövede.[23] Von hier aus wurden im Sommer 1938[24] einige Sinti ver-

---

[17] Kreisarchiv Verden 3/15b - betr. Vorbeugende Verbrechensbekämpfung 1933-1939, Schreiben des Landrats Verden an den Regierungspräsidenten in Stade vom 7. Juli 1938.
[18] Kreisarchiv Verden 3/18d - Sicherheitspolizei, Zigeuner, 1870-1942, Schreiben des Landrats vom 26. April 1939 an die Bremer Kriminalpolizeileitstelle.
[19] Krämer/Siebke, a. a. O., S. 111.
[20] Kreisarchiv Verden 3/18d - Sicherheitspolizei, Zigeuner, 1870-1942, Schreiben der Kriminalpolizeileitstelle Bremen an den Landrat Verden vom 13. November 1940.
[21] Wohl gibt es eine Akte (Stadtarchiv Rotenburg 2/II. Polizeiwesen A. Sicherheitswesen. Nr. 1 Betr. das Zigeuner-Unwesen), aber in ihr finden sich für die Weimarer Republik lediglich die bekannten Beschwerden, daß die „Zigeuner" nicht schnell genug abgeschoben werden (1922) und einige wenige Schreiben der Kriminalpolizeileitstelle betr. der Ausfertigung von Wandergewerbescheinen (in: 2/VII. Polizeiwesen. B. 2).
[22] Institut für Heimatforschung, Rotenburg III. 35. 2. I. 235, Schreiben des Gendarmerie-Postenbereichs Scheeßel an den Gendarmerie-Abteilungsbereich Rotenburg vom 17. Oktober 1937.
[23] Ebd. Schreiben des Magistrats von Visselhövede an den Landrat Rotenburg vom 17. März 1938.

haftet und in das KZ Sachsenhausen verschleppt. Es ist daher zu vermuten, daß die dort lebenden Sinti festgeschrieben und hauptsächlich von den Deportationen im Mai 1940 betroffen waren. Wielange der Halteplatz während der NS-Zeit noch genutzt wurde und wieviele Menschen dort lebten, ist unbekannt.

4. 2. Die Verfolgung der Sinti und Roma in Oldenburg und Ostfriesland

Der folgende Abschnitt wird sich thematisch mit der Geschichte der Verfolgung und Vernichtung der Sinti und Roma im Gebiet zwischen Weser und Ems auseinandersetzen, genauer im Land Oldenburg, Landesteil Oldenburg und dem ehemaligen Regierungsbezirk Aurich, Ostfriesland, welcher seinerzeit zum Land Preußen (Provinz Hannover) gehörte. Beide Gebiete waren während des Nationalsozialismus auf der Polizeiebene dem Kriminalpolizeileitstellengebiet Bremen zugeordnet. Der für diesen Abschnitt relevante Zuständigkeitsbereich des übergeordneten „Zigeunerdezernats" in Bremen betrifft im Einzelnen das Gebiet der heutigen Landkreise Oldenburg, Wesermarsch, Friesland, Ammerland, Cloppenburg, Vechta, Leer, Norden, Aurich, Wittmund sowie der Städte Oldenburg, Delmenhorst, Emden und Wilhelmshaven.[25] Ist im folgenden Text

---

[24] S. dazu die Interviews Nr. 9 und Nr. 55/1, in: Zentralnachweis zur Geschichte von Widerstand und Verfolgung 1933-1945 auf dem Gebiet des Landes Niedersachsen (ZNW), Interviewsammlung Projekt „Aufarbeitung der Verfolgungsgeschichte von Sinti und Roma in Konzentrationslagern, Lagern und Ghettos, die sich auf dem Territorium des Landes Niedersachsen befanden", fortan nur ZNW, Interviewsammlung des Projektes.

[25] Aufgrund von Gebietsreformen sind die untersuchten Landkreise nicht zwangsläufig mit den heutigen, gleichnamigen Kreisen identisch. Für Oldenburg gilt die Bezeichnung Landkreis erst ab dem 1. Januar 1939, zuvor gliederte sich das Land in Ämter, deren Zuschnitt sich von heutigen unterscheidet. Dementsprechend wurde der Landrat mit Amtshauptmann bezeichnet. Zwischen den Landkreisen Oldenburg, Ammerland (Westerstede), Wesermarsch (Ämter Butjadingen, Brake und Elsfleth) und der Stadt Delmenhorst fand ein Gebietsaustausch statt. Die Ämter Cloppenburg und Friesoythe wurden zum Landkreis Cloppenburg, die Ämter Jever und Varel zum Landkreis Friesland zusammengeschlossen. Mit der Auflösung des hannöverschen Kreises Grafschaft Hoya, später (ab 1932) Landkreis Syke, wurde der Landkreis Oldenburg 1974 um die heutige Samtgemeinde Harpstedt erweitert. Die Gemeinde Stuhr im damaligen Landkreis Oldenburg wurde dem Landkreis Diepholz (Syke) zugeschlagen. Die Oldenburgischen Landesteile Lübeck (Eutin) und Birkenfeld wurden 1937 Preußen angegliedert. Sie fallen nicht in den Zuständigkeitsbereich der späteren Kriminalpolizeileitstelle Bremen und sind daher kein Gegenstand dieser Betrachtung. Im Gegenzug zu diesem Gebietsaustausch fiel die preußische Exklave Wilhelmshaven an Oldenburg. Die Landkreise Weener und Emden verschwanden bereits 1932 von der Landkarte. Das Kreisgebiet Weener wurde dem Landkreis Leer, das Gebiet Emdens den Kreisen Leer und Norden zugewiesen. Emden selbst wurde kreisfreie Stadt. Der Kreis Norden sei-

die Rede von „Oldenburg", so ist damit zunächst das „Land Oldenburg" gemeint. Das Gebiet des ehemaligen „Regierungsbezirks Aurich" wird im Text auch als „Ostfriesland" bezeichnet. „Ostfriesland" ist dabei sowohl die geographische, als auch historische Bezeichnung. Die Bezeichnung „Niedersachsen" wird für den Zeitraum vor 1945 als geographische Eingrenzung verwendet und umfaßt in seiner Bedeutung das Gebiet des 1946 durch die britische Militärregierung gegründeten Bundeslandes.

Daß hier „Zigeuner" gelebt haben, daß dort ein Zigeunerplatz war, daran erinnern sich nur wenige in Oldenburg und Ostfriesland. Erkennbare Spuren haben die Sinti kaum hinterlassen. Geblieben ist eine Mischung aus diffusen Vorurteilen gegenüber den „braunen Gesellen,"[26] die man fürchtete, und der Romantisierung ihres fahrenden Lebens. Die Quartiere in denen sie gelebt haben, werden nicht selten noch heute als „Problemstadtteile" oder „anrüchig" bezeichnet. Andere dagegen wohnten, unerkannt als Sinti, denn offensichtlich entsprachen sie dem Bild nicht, das man sich von ihnen machte, in durchaus bürgerlichen Quartieren. Die alten Standplätze wurden mit den Jahren bebaut, oder sie dienen inzwischen als Rast- und Parkplätze für die Urlauber auf dem Weg zur Nordseeküste.

An wenigen Orten nur wird im Weser-Ems-Gebiet an die Opfer von Verfolgung und Vernichtung im Nationalsozialismus unter den Sinti gedacht. In der Stadt Oldenburg erinnert ein unauffälliger Gedenkstein nahe dem ehemaligen Lagerplatz am Ziegelhof (Friedhofsweg) an die von dort vertriebenen Sinti aus Oldenburg. Im März 1943 war der Ziegelhof einer der regionalen Ausgangspunkte der großen „Zigeuner"deportation nach Auschwitz. Unweit des Ziegelhofgeländes wurde in einem Industriegebiet eine Straße nach der Oldenburger Sinti-Familie Mechau benannt. Fast alle Mitglieder der Großfamilie Mechau wurden in den Konzentrationslagern ermordet.

Mit der Familie Mechau wurden mehr als siebzig Personen im März 1943 von Oldenburg nach Auschwitz deportiert. Nur wenige kehrten zurück. Die genaue Anzahl der Sinti, die in Oldenburg und Ostfriesland gelebt haben, kann aus den Akten nicht ermittelt werden. Nicht jede Familie trat auch als Sinti in der Öffentlichkeit auf. Einige Familien werden zwar von den Rassebio-

---

nerseits wurde in den siebziger Jahren mit dem Kreis Aurich vereinigt. Ein Versuch, die Kreise Wittmund und Friesland zusammenzuführen, scheiterte. Im Zuge der niedersächsischen Gebietsreform von 1978 wurde der Regierungsbezirk Aurich aufgelöst. Gemeinsam mit den Regierungsbezirken Osnabrück und Oldenburg bildet er nun den Regierungsbezirk Weser-Ems mit Sitz in Oldenburg.

[26] Die „braunen Gesellen" waren ein vor allem in der ostfriesischen Presse seinerzeit sehr beliebtes Synonym für Sinti. Bei der älteren Bevölkerung findet dieser Ausdruck noch heute seine Anwendung.

logen in die Kategorien „Zigeunerisch" oder „Zigeunermischling" eingestuft und registriert, werden dann aber aufgrund ihres angepaßten Lebensstils oder einer Ehe mit einem „Arier" von einer Verfolgung offensichtlich ausgenommen. Andere Familien treten als Reisende in den Berichten fast aller untersuchten Ämter und Landkreise auf. Ein bestimmter Wohnort dieser Sinti läßt sich, auch nach dem Festsetzungserlaß 1939, oft nicht ausmachen. Daneben kommt es zu Überschneidungen, einzelne von uns ermittelte Familien lassen sich nicht einem Ort zuordnen. Familien, die zunächst in Altenoythe, im heutigen Landkreis Cloppenburg, gemeldet waren, werden bald darauf als Bremer Sinti festgenommen und deportiert. Namentlich konnten für die Jahre von 1938 bis 1943 wenig mehr als dreihundert Sinti in Oldenburg und Ostfriesland ermittelt werden. Diese Zahl ist natürlich nur ein Ausriß der tatsächlichen Population. Mindestens neun weitere Familien, von denen uns nicht mehr als ihre Namen bekannt sind, reisten ohne festen Wohnsitz durch das Gebiet. Von anderen Familien kann aus der Überlieferung geschlossen werden, daß eine nicht weiter bezifferbare Anzahl Angehöriger mit ihnen lebte.[27]

Es sollen jedoch nicht nur die Jahre des Nationalsozialismus dargestellt, sondern darüberhinaus die Kontinuitäten in der Planung und Durchführung staatlicher Maßnahmen der „Zigeunerbekämpfung" vom Kaiserreich und der Weimarer Republik bis in die frühen Nachkriegsjahre nachgezeichnet werden. Die Inangriffnahme einer polizeilichen Erfassung, Diskriminierung und Verfolgung der reisenden Sinti setzte bereits im Jahre 1886 mit der Aufstellung eines ersten Kataloges der „Maßnahmen zur Bekämpfung des Zigeunerunwesens" in Preußen ein. Das Land Oldenburg folgte darin, indem es sich bei der Erstellung der entsprechenden Verordnungen strikt an den von Preußen gegebenen Vorgaben orientierte.[28] Die Vorschriften wurden im Kaiserreich bis in die letz-

---

[27] Diese Erhebung bezieht sich zunächst allein auf die Identifizierung und Zuordnung der in den Quellen erwähnten Sinti. Entsprechende Listen finden sich in StA Oldenburg, Best. 231-6, Nr. 55 und 56, Landkreis Cloppenburg, StA Oldenburg, Best. 231-2A, Nr. 132, Landkreis Ammerland, StA Oldenburg, Stadtarchiv Vechta, Best. 262-11, Nr. 907, StA Hamburg - 331 - 1 II Polizeibehörde II, 466, Gemeindearchiv Zetel, Meldekartei, Bremer Zeitung vom 27. Juni 1943, Gedenkbuch, a. a. O. und Heuzeroth, G., Vom Ziegelhof nach Auschwitz, Oldenburg 1985, S. 249ff.

[28] Dies wundert nicht, sieht man die politische, wie ökonomische Abhängigkeit Oldenburgs von Preußen. Im Gefolge des Preußisch-Österreichischen Konfliktes ging Oldenburg 1866 ein enges Bündnis mit Preußen ein. Die Verzahnung ging soweit, daß 1867 das Oldenburgische Militär in die preußische Armee eingegliedert wurde. Oldenburg hatte für Preußen eine strategische Bedeutung, nachdem es im Jadevertrag 1853 an Preußen ein Gebiet für dessen Marinehafen Wilhelmshaven abtrat.

ten Jahre der Weimarer Republik beständig weiterentwickelt, um eine Überwachung der Sinti mit dem Ziel ihrer baldigen Vertreibung sicherzustellen.[29]

Mit Beginn der nationalsozialistischen Herrschaft steigerte sich die bisherige Politik der Diskriminierung, Überwachung und Vertreibung in dem Maße, daß sich die Verfolgung auf einen Genozid hinbewegte. In Oldenburg wurde die Verfolgung der Sinti durch die politische Entwicklung begünstigt. Schon früh wurde die Regierung in Oldenburg von den Rechtsparteien, die das Völkische zum Prinzip erhoben, beherrscht. Nach den Wahlen 1932 wurde der Nationalsozialist Carl Röver Ministerpräsident des Landes Oldenburg. Es gehörte damit zu den Deutschen Ländern, in denen die NSDAP bereits vor der Gleichschaltung 1933 nach Wahlen die Landesregierung stellte. Auch in Ostfriesland wuchsen die Nationalsozialisten im Windschatten der Wirtschaftskrise, die diese strukturschwache Region besonders traf, rasch zu einer festen Größe an.

Bereits das Vokabular, das seitens der Gemeinde- und Kreisverwaltungen gegenüber den Sinti geführt wurde, zeigte die Verachtung, mit der man ihnen hier begegnete. Seit Erstellung der ersten Berichte und Verordnungen war stets vom Auftreten von „Zigeunerbanden" oder einer durch sie verursachten „Landplage" die Rede. Ihnen wurde häufig eine „freche Aufdringlichkeit" und latente Neigung zur Gewalt unterstellt, wenn sie nicht schon sofort mit Diebstahl und Raub in Verbindung gebracht wurden. Die entsprechenden Akten führten die Kreise unter der bezeichnenden Überschrift „Zigeunerunwesen". Diesen Sprachstil behielten die Verwaltungen bis in die fünfziger Jahre, also über das Ende des Nationalsozialismus hinaus, bei.[30]

Während der als „Umsiedlungsaktion" verschleierten Deportation im Mai 1940 wurden erstmals ganze Familien aus dem Weser-Ems-Gebiet in ein Lager bei Belzec im damaligen Generalgouvernement (Polen) verschleppt. Aus diesem Lager gelang einer größeren Anzahl Sinti jedoch die Flucht und Rückkehr in das Oldenburgische. Ein Großteil der Flüchtlinge wurde aber erneut verhaftet und nach Polen zurückgeführt. Im März 1943 folgte schließlich in Ausführung des „Auschwitz-Erlasses" Himmlers vom 16. Dezember 1942 eine letzte große Deportation von Sinti in das Zigeunerlager Auschwitz. Vom Lager auf dem Ziegelhof brachte man die Sinti von Oldenburg zum Sammellager auf dem Gelände des Bremer Schlachthofs. Andere Sinti transportierte man von ihrem Aufenthaltsort direkt nach Bremen. In Auschwitz wurden von den Olden-

---

[29] Zur Entstehung der „Maßnahmen zur Bekämpfung des Zigeunerunwesens" vgl. Hehemann, Rainer, a. a. O., S. 244ff.
[30] Die angeführten Beispiele wurden den Akten des Landkreises Cloppenburg im StA Oldenburg, Best. 231-6, Nr. 55, Landkreis Cloppenburg, entnommen.

burger Deportierten, wie in den Namenslisten im Gedenkbuch der Sinti und Roma im Konzentrationslager Auschwitz dokumentiert, Kinder, Alte und Schwache unmittelbar nach ihrer Ankunft ins Gas geschickt. Nur junge und kräftige Sinti entkamen, in den Lagern zur Zwangsarbeit herangezogen, ihrer Ermordung. Nur wenige überlebten, für den Rest ihres Lebens von den Qualen gezeichnet, die Hölle deutscher Konzentrationslager.

Einige Quellen leiten für das Oldenburger Münsterland (die heutigen Landkreise Cloppenburg und Vechta) aus dem dort stark auftretenden Katholizismus eine Sonderstellung ab. Der Nationalsozialismus konnte hier, anders als im übrigen Oldenburg, bei den Wahlen zunächst keine absolute Stellung einnehmen. Bis zur Gleichschaltung und dem Verbot jeder Opposition 1933 blieb das „Zentrum" die bestimmende Kraft. Zu einer Auflehnung innerhalb der katholischen Bevölkerung kam es nach dem sogenannten „Kreuzerlaß" vom November 1936. Darin befahl der oldenburgische Minister des Inneren, Julius Pauly, die Entfernung konfessioneller Zeichen aus Schulen und öffentlichen Verwaltungsgebäuden. Gegen den Erlaß wurde von den Kanzeln gepredigt, Unterschriften gesammelt und Petitionen bei der Regierung in Oldenburg eingereicht. Die Gemeindeverwaltungen meldeten, daß sie den Erlaß nicht umsetzen konnten. Eine Veranstaltung in Cloppenburg mit Gauleiter Röver wurde zur Demonstration. Lautstark forderten die Cloppenburger ein klärendes Wort zur Sache. Um die offensichtliche Niederlage noch abzuwenden, blieb Röver keine Möglichkeit, als den „Kreuzerlaß" zurückzunehmen.[31]

Wenn sich die Kirche auch nicht offen für die verfolgten Sinti einsetzte, zu tief saßen die Vorurteile, so muß jedoch für die Stadtgemeinde Cloppenburg festgehalten werden, daß von hieraus, gemessen an der regional nachgewiesenen Sinti-Population, nur wenige Personen deportiert wurden. Die Anwesenheit der Sinti stieß zweifelsfrei nicht auf ungeteilte Zustimmung in der Bevölkerung, doch gibt es eindeutige Anzeichen dafür, daß angesichts der mit den Kriegsjahren voranschreitenden Mordmaschinerie Sinti von Seiten der örtlichen Bevölkerung beschützt, versteckt oder zumindest gewarnt wurden. Größere Gruppen von Sinti konnten als Zwangsarbeiter in den kriegswichtigen Betrieben der Stadt Cloppenburg das 'Dritte Reich' überstehen. Bereits zuvor läßt sich ein Aufbegehren der Angehörigen, insbesondere der Ehefrauen von Cloppenburger Sinti, gegen die Verhaftungen während der Aktion „Arbeits-

---

[31] Siehe dazu Kuropka, J., Für Wahrheit, Recht und Freiheit, Gegen den Nationalsozialismus, Vechta 1983, S. 64ff. Kuropkas Ausführungen werden durch eine reichhaltige Dokumentensammlung ergänzt.

scheu Reich", 1938, nachweisen.[32] Für die anderen Regionen des Oldenburger Münsterlandes kann hier eine Sonderrolle nicht nachvollzogen werden.

Während in den größeren Städten innerhalb des Kriminalpolizeileitstellengebietes, also in den Städten Oldenburg, Delmenhorst und Wilhelmshaven, viele Akten mit dem Herannahen der alliierten Truppen von den Polizeistellen selbst vernichtet wurden und damit auf ewig verloren sind, kann die Verfolgung und Vernichtung der Sinti und Roma im Nationalsozialismus anhand von Aktenbeständen auf der Kreisebene zum Teil rekonstruiert werden. Die überaus unterschiedliche Quellendichte ermöglicht eine zumindest regional detaillierte Darstellung der Ereignisse. Als besonders ergiebig im Sinne dieses Forschungsvorhabens erwiesen sich die Aktenbestände der Ämter bzw. Landkreise Cloppenburg, Vechta und Ammerland im Niedersächsischen Staatsarchiv Oldenburg. Hier läßt sich das Zusammenspiel einzelner Gemeinden und Kreise mit der Kriminalpolizeileitstelle in Bremen nachzeichnen.

Zentrale Quellen zur Dokumentation der Verfolgungsgeschichte der Sinti im Oldenburgischen sind die Aktenbestände der Polizei- und Gesundheitsverwaltungen der Ämter bzw. Landkreise im Niedersächsischen Staatsarchiv Oldenburg. Unter den Titeln „Bevölkerungs- und Fremdenpolizei", „Wanderer, Bettler, Vagabunden und Zigeuner" sowie „Vorbeugende Verbrechensbekämpfung, Asoziale und Arbeitsscheue" fand sich für die Oldenburgischen Ämter bzw. Landkreise Cloppenburg, Vechta, Ammerland und Friesland verwertbares Aktenmaterial. Die unter dem Titel „Gesetz zur Verhütung erbkranken Nachwuchses" untersuchten Akten der oben genannten Kreisverwaltungen ergaben dagegen ein höchst unterschiedliches Bild. Hier war es vor allem der Bestand des Amts, später Landkreises, Cloppenburg, mit dessen Hilfe das behördliche Vorgehen bei den Zwangssterilisationen von Sinti im Jahr 1944 dokumentiert werden kann. Akten zur allgemeinen Polizeiverwaltung lagen für das Amt Westerstede, später Landkreis, Ammerland, sowie Amt (Landkreis) und Stadt Vechta vor. Diese Bestände wiesen jedoch zum Teil große Lücken auf. So befanden sich im Bestand des Amts Westerstede zwar die Aktendeckel der Personalakten von allen Beamten, jedoch waren diese ohne Inhalt. Entsprechende Akten der Stadt und des Kreises Oldenburg liegen nicht vor. Glei-

---

[32] ZNW, Nr. 62 und StA Oldenburg, Best. 231-6, Nr. 55 und Nr. 56, Landkreis Cloppenburg. Vgl. auch Heuzeroth, G., a. a. O., S. 260. Er schreibt dazu: „Fest steht jedenfalls, daß nirgends im Deutschen Reich so wenige Sinti umgebracht oder in Konzentrationslager verschleppt wurden wie im Cloppenburger Raum." Den Vergleich („nirgends im Deutschen Reich") kann Heuzeroth jedoch nicht stichhaltig belegen. Die Archivmaterialien können diese These nur zum Teil stützen. In anderen Teilen des Landkreises, etwa in Barßel, wurden alle ortsansässigen Sinti deportiert und ermordet.

ches gilt für die Ämter Butjadingen, Brake und Elsfleth, sowie den aus ihnen hervorgegangenen Landkreis Wesermarsch. Wohl finden sich die diesbezüglichen Bestände im Aktenplan des Landkreises verzeichnet, nicht jedoch im entsprechenden Findbuch. Das Niedersächsische Staatsarchiv Oldenburg gibt an, diese Akten nicht zu besitzen. Es steht zu vermuten, daß ein großer Teil der Polizeiakten in den Städten Oldenburg und Delmenhorst, wo die Gestapo Außenstellen unterhielt, 1945 vernichtet wurde. Für den Zeitraum von 1920 bis 1928 lag eine Akte zur Oldenburgischen Ordnungspolizei vor. In dieser Akte befindet sich der „Fall Christ": der Sinto Christ beschwerte sich beim Kommandeur der Ordnungspolizei wegen eines ungesetzlichen Übergriffes auf seine Familie durch einen Polizisten. Weitere Akten und Hinweise fanden sich in geringem Umfang in den Beständen der Stadtarchive von Jever, Delmenhorst, Brake und dem Gemeindearchiv Zetel. Keinerlei verwertbare Hinweise konnten dagegen in den kommunalen Archiven von Cloppenburg, Varel und Bockhorn[33] gefunden werden. Hervorzuheben ist an dieser Stelle das Interesse und Entgegenkommen der lokalen Archivverwaltungen in Delmenhorst, Brake und Zetel.

Neben dem ehemaligen Land Oldenburg bildete Ostfriesland, d.h. der seit 1866 wieder preußische Regierungsbezirk Aurich, das zweite Großgebiet des Kriminalpolizeileitstellengebietes Bremen. Für die Aktenhaltung zeichnet hier vorrangig das Niedersächsische Staatsarchiv Aurich verantwortlich. Dort finden sich neben den Akten der Polizeiverwaltung des Regierungsbezirks, die nur sehr grobe Aussagen über in Ostfriesland seßhafte Sinti zulassen, die Bestände der Stadtarchive von Aurich und Norden. Ein geringerer Bestand konnte im Stadtarchiv Wittmund ausgemacht werden. Die aufgrund von Interviewhinweisen angefragten Kommunalarchive der Stadt Weener und der Gemeinde Südbrookmerland konnten keine verwertbaren Hinweise geben. Das Kreisgesundheitsamt Aurich in Norden hält zwar Erbgesundheitsakten in einem sogenannten „Sippenarchiv". Von dort konnten jedoch keine verwertbaren Hinweise auf Sinti in Ostfriesland in diese Untersuchung aufgenommen werden.

Weitere Quellen fanden sich in den Aktenbeständen des Landesarchiv in Berlin, der Staatsarchive in Bremen und Hamburg, sowie in Hannover, im Niedersächsischen Hauptstaatsarchiv und beim Niedesächsischen Landesver-

---

[33] Die Gemeinden Zetel, Neuenburg und Bockhorn im Landkreis Friesland waren von 1934 bis 1947 zur Gemeinde „Friesische Wehde" zusammengeschlossen. Die in Bockhorn, dem damaligen Gemeindesitz, erhofften Hinweise zu den Sinti im Landkreis Friesland fanden sich zum Großteil im Gemeindearchiv Zetel.

waltungsamt, Amt für Wiedergutmachung. In den Archiven der heutigen Landkreise Osterholz-Scharmbeck und Diepholz, die zum Teil ebenfalls zum Kriminalpolizeileitstellengebiet Bremen gehörten, finden sich dagegen keine Hinweise auf Sinti.

Einige der hier angeführten Archivbestände aus dem Niedersächsischen Landesverwaltungsamt in Hannover, den Staatsarchiven in Oldenburg und Bremen, insbesondere die Akten der Wiedergutmachung und der Gesundheitsverwaltung, unterliegen gesetzlichen Schutzfristen für persönliche Daten. Einige Namen von Betroffenen und Beteiligten mußten daher im Text anonymisiert werden.

Größere Forschungsarbeiten zur Verfolgung und Vernichtung der Sinti und Roma im Nationalsozialismus in Oldenburg und Ostfriesland sind bislang, abgesehen von der Veröffentlichung Günter Heuzeroths „Vom Ziegelhof nach Auschwitz" (Oldenburg, 1985), ausgeblieben. Heuzeroth beruft sich in erster Linie auf von ihm geführte Interviews mit Oldenburger Sinti. Archivquellen, wie sie dieser Untersuchung zugrundeliegen, vernachlässigt er. Bei Heuzeroth vereinzelt auftretende Überlieferungsfehler können anhand dieser Studie korrigiert und Aussagen präzisiert werden.

Die unter dem Titel „Der lange Weg der Sinti in Ostfriesland" (Meppen, 1982) von Karl Farr vorgelegte Studie zu den Lebensbedingungen der Sinti in der Stadt Leer bezieht sich zunächst auf die Nachkriegszeit. Zur Verfolgungsgeschichte beläßt es Farr bei allgemeinen Bemerkungen. Bereits diese grobe Darstellung ist ebenso lücken- wie fehlerhaft. Auf die regionale Verfolgungsgeschichte der Sinti in Ostfriesland geht Farr nicht ein.

Zwei weitere mit Unterstützung des Niedersächsischen Verbandes der Sinti in Hannover herausgegebene Untersuchungen zur Verfolgungsgeschichte der Sinti in Niedersachsen, „Ach, Schwester, ich kann nicht mehr tanzen..." (Hannover, 1990) von Wolfgang Günther und „Es war menschenunmöglich" (Hannover, 1995) von Cornelia Maria Hein und Heike Krokowski können ebenfalls kein Material zur Rekonstruktion der regionalen Ereignisse in Nordwestniedersachsen bieten. Während sich die Arbeit von Günther vorrangig mit der Lagerhaft in Bergen-Belsen beschäftigt, versuchen Hein und Krokowski anhand von Interviews, Verfolgungsbiographien nachzuzeichnen. Die Interviews, die sich in der Veröffentlichung von Hein und Krokowski finden, wurden fast ausschließlich mit Sinti aus Hannover und dem südlichen Niedersachsen, sowie mit Sinti, die erst nach 1945 nach Niedersachsen gekommen sind, geführt. Bei der an dieser Untersuchung beteiligten Niedersächsischen Landeszentrale für politische Bildung, Zentralnachweis zu Geschichte von Widerstand und Verfolgung können darüberhinaus die Transkripte weiterer Interviews mit Sinti eingesehen werden. Hier finden sich tatsächlich vier Texte, welche Aufschluß über Lebensbedingungen und Verfolgungsgeschichte der Sinti in Südoldenburg und Ostfriesland geben können. Zu diesen Texten gehört neben dem eigentlichen Interviewtranskript jeweils eine übergreifende Zusammenfassung des Gesamttextes. Die vorliegenden Interviews wurden z.T. anonymisiert. Einer der dort Interviewten, Walter Stanoski Winter, hat mit Unterstützung von Thomas W. Neumann und Michael Zimmermann seine Erinnerungen unter dem Titel „WinterZeit" (Hamburg 1998) veröffentlicht.

In seiner Monographie „Menschen im Landkreis Oldenburg, 1918 bis 1945", (Oldenburg, 1995) widmet Werner Meiners dem „weitaus weniger bekannten Schicksal" der verfolgten Sinti ein eigenes Kapitel. Unter der Überschrift „Durch die Hölle von Birkenau, Die vergessenen Opfer der 'Endlösung'" faßt er die bereits bei Heuzeroth veröffentlichten Erkenntnisse zusammen. Aus der Region kann Meiners als neue Ergebnisse lediglich einige Beispiele rassistischer Berichterstattung aus der „Wildeshauser Zeitung" von 1933 bis 1939 anfügen.

4. 2. 1. Die Diskriminierung und Verfolgung der Sinti und Roma in Oldenburg und Ostfriesland im Kaiserreich und in der Weimarer Republik, 1871 - 1933

Die Diskriminierung und Verfolgung der Sinti und Roma in Oldenburg und Ostfriesland läßt sich bis in das 18. und 19. Jahrhundert zurückverfolgen. Die Sinti wurden bei sogenannten 'Kloppjadgen' aus den Dörfern vertrieben. Im Kaiserreich schließlich institutionalisierten die Regierungen in Oldenburg und Ostfriesland die Vertreibung „nicht seßhafter Zigeuner" durch den Erlaß entsprechender Polizeiverordnungen. Den Gemeinden lag daran, die meist als Viehhändler oder Kleingewerbetreibende reisenden Sinti möglichst rasch über die Gemeinde- oder Kreisgrenze abzuschieben. Anfangs richteten sich diese „Maßnahmen gegen das Zigeunerunwesen" nicht allein gegen Sinti, sondern auch gegen andere „Landfahrer." Die Bevölkerung brachte den Sinti, wie Denunziationen und Zeitungsartikel belegen, allerlei Vorurteile entgegen. Die Polizei wurde zur strengen Durchführung der Verordnungen ermutigt. In den Jahren der Weimarer Republik verschärften die nordwestdeutschen Landkreise ihre Polizeiverordnungen. Nur selten wagten Sinti, wie der Sinto August Christ, sich gegen eine ungerechte Behandlung durch die Polizei aufzulehnen. Christ erstattete im Sommer 1927 Anzeige gegen den Oberwachtmeister Wispeler, der ihn und seine Familie, um der Aufforderung weiterzuziehen, Nachdruck zu verleihen, mit der Waffe bedroht hatte. Die als 'Norder Modell' bekannt gewordene Polizeiverordnung von 1928 sollte die Sinti durch die Erhebung eines hohen Standgeldes abschrecken. Denjenigen, die dennoch kamen, sollte der Aufenthalt unbequem gemacht werden, um sie zur Weiterreise zu drängen. Abseits der Ortschaften gelegene Standplätze wurden eingerichtet. Ein Aufenthalt von mehr als drei Tagen sollte nicht gestattet werden.

4. 2. 1. 1. „Vagabundenjagden..., die im Volksmund 'Kloppjagden' genannt wurden" - Erlasse und Verbote gegen Sinti und Roma in Oldenburg und Ostfriesland vor 1871

Einem roten Faden gleich zieht sich das Moment der Verfolgung durch die Geschichte der Sinti und Roma. Und ihre Geschichte ist eine Geschichte der Diskriminierung und Vertreibung. Von frühester Zeit an, waren gegen „Zigeuner" gerichtete Maßnahmen eine Angelegenheit der Polizei. Bis zur Reichsgründung 1871 galten in den Deutschen Ländern höchst unterschiedliche Edikte und Erlasse gegen Sinti. Von einer flächendeckenden Verfolgung konnte zu dieser Zeit nicht die Rede sein.[34] Für unseren Untersuchungsraum lassen sich entsprechende Verordnungen ausführlich für das Jeverland, dem späteren Landkreis Friesland, nachweisen. In der wechselvollen Geschichte des Jeverlandes finden sich erste urkundliche Spuren vom Umgang mit Sinti im „Anhalt Zerbstschen Zigeuneredikt" vom 16. November 1722.[35] In der Zeit der Zugehörigkeit zum Fürstentum Anhalt-Zerbst (1667 bis 1793) wurden noch weitere Verordnungen „Zigeuner" betreffend erlassen.[36] Dies läßt entweder auf ein vermehrtes Auftreten von Sinti im Jeverland jener Jahre schließen oder aber

---

[34] Hehemann, Rainer, a. a. O., S. 243.
[35] StA Oldenburg, Stadtarchiv Jever, Best. 90-54, Nr. 12, Anhalt Zerbstsches Zigeuneredikt, 1723 - 1725, vgl. hierzu Kenrick, D./Puxon, G., Sinti und Roma, Die Vernichtung eines Volkes im NS-Staat, Göttingen 1981, S. 39. Kenrick und Puxon weisen für diesen Zeitraum weitere, gegen Sinti und Roma gerichtete Gesetze aus dem Oberrheinischen (Kenrick und Puxon präzisieren hier nicht, wahrscheinlich ist Baden gemeint) sowie aus Frankfurt nach.
[36] StA Oldenburg, Stadtarchiv Jever, Best. 262-4, Nr. 134, Verordnungen: Buchstabe Z: Zölle/Zigeuner, 1722 - 1732, Weitere Bestände zum allgemeinen Bettlerwesen finden sich in StA Oldenburg, Stadtarchiv Jever, Best. 262-4, Nr. 4514, Polizeiverordnungen gegen Dieberei, Bettelei, Werbung, 1614 - 1793, Best. 262-4, Nr. 5042, Register der Hausarmen, Listen der wöchentlich zum Betteln zugelassenen Kinder, 1640 - 1795.

darauf, daß nunmehr das 'Problem' angegangen werden sollte. In Oldenburgischer Zeit wurde aus dem Jeverland von herumziehenden Landstreichern und dem Ein- und Durchzug „fremder Vaganten" berichtet.[37] Für das „Einbringen" fremder Bettler wurden Prämien gezahlt.[38] Über „Vagabondenjagden im Münsterlande" des Jahres 1754 wußte Pastor Willoh aus Vechta in einem Beitrag für das Oldenburger Jahrbuch im Jahre 1909 zu berichten. Bei den dort beschriebenen Aktionen wurden im Südoldenburgischen jedoch keine „Heiden", gemeint waren „Zigeuner", angetroffen.[39]

Ein im Jahr 1937 veröffentlichter Propagandaartikel der nationalsozialistischen Ostfriesischen Tageszeitung versuchte die Verfolgung der Sinti und „vagabundierenden Juden" historisch zu „begründen." Im Staatsarchiv Aurich sammelte der Autor dieses rassistischen Artikels, Heinrich Drees, vorgebliche Beweise für seine These, daß Sinti und „vagabundierende Juden die Provinz Hannover und Ostfriesland unsicher machen." Penibel listete er für den Zeitraum von 1765 bis 1803 diverse Durchzüge von Diebesbanden in Ostfriesland auf. Dabei unterstellte er stets, daß deren Mitglieder „Juden und Zigeuner" seien. „In den ostfriesischen Städten, besonders in Aurich", schrieb Drees, nicht ohne seine Zustimmung zu verhehlen, „wurden ständig Vagabundenjagden abgehalten, die im Volksmunde auch 'Kloppjagden' genannt wurden. Bei diesen Kloppjagden wurde viel Diebesgut beschlagnahmt und auch viele Juden über die Grenze gejagt."[40]

---

[37] StA Oldenburg, Stadtarchiv Jever, Best. 262-4, A Nr. 249, Landstreicher, Betteljuden, Ein- und Durchzug fremder Vaganten, 1814 - 1858.
[38] StA Oldenburg, Stadtarchiv Jever, Best. 262-4, Nr. 9174, Prämien für das Einbringen fremder Bettler, 1848 - 1865.
[39] Willoh, K., Vagabondenjagden im Münsterlande, in: Oldenburger Jahrbuch, Bd. 17., Oldenburg 1909, S. 147ff.
[40] Stadtarchiv Wittmund, „Juden, Zigeuner und Diebesbanden werden zur Landplage, Wie Ostfriesland sich gegen den Zuzug landfremden Gesindels wehren mußte", Ausschnitt aus der Ostfriesischen Tageszeitung, OTZ, von 1937 (ohne genaue Datumsangabe - bei der OTZ handelte es sich um das Parteiorgan der Nationalsozialisten in Ostfriesland). Die Begriffe 'Jude', 'Betteljude' und 'Zigeuner' erscheinen bei Drees identisch, d.h. sie zielen auf nur eine undifferenziert dargestellte Personengruppe. Der Begriff der „Kloppjagd" findet sich noch heute im Wortschatz des Niederländischen bzw. Ostfriesischen. Während van Dales Handwoordenboek ihn als „Treib- und Hetzjagd" ausgibt, findet Kramers Woordenboek eine deutlichere Entsprechung: „organisierte Verfolgung von Menschen."

4. 2. 1. 2. Die Diskriminierung und die Institutionalisierung der „Zigeunerverfolgung" in den Ländern Oldenburg und Ostfriesland zur Zeit des Kaiserreichs

Mit der Reichsgründung unter der Führung Preußens setzte erstmals eine Politik der systematischen Verfolgung und Vertreibung der „Zigeuner" ein. Die Länder Bayern, Baden und Preußen[41] erließen erste Verordnungen, um die Reisetätigkeit der Sinti auf ihrem Territorium einzudämmen. Den übrigen Ländern, so sie von Sinti bereist wurden, dienten diese Verordnungen als Maßstab für das eigene Vorgehen gegen diese. Bei „Bedarf" wurden entsprechende Anteile in das jeweilige Landesrecht aufgenommen und bestehende Vorschriften verschärft. In der Berichterstattung dieser Zeit wurde schließlich der Begriff der „Zigeunerplage" geprägt.[42]

Wieviele Sinti in jenen Jahren tatsächlich in Oldenburg und Ostfriesland[43] gelebt haben, läßt sich anhand der vorliegenden Archivalien nicht ermitteln. Der erste Versuch einer planmäßigen Erfassung aller „nicht seßhaften Zigeuner" wurde erst 1927 unternommen.[44] Viele Sinti bereisten als Pferde- oder Viehhändler die Märkte in Oldenburg und Vechta, Leer, Aurich und Esens. Andere versuchten als Schausteller oder Kleingewerbetreibende ihr Auskommen zu sichern.[45] Die Berichte über das Auftreten reisender Sinti hielten sich meist an allgemeine Formulierungen. Über durchziehende „Zigeunerbanden" oder „Horden" wurde dort geklagt. Über die Berichte hinaus, können durch die Ausweisung von Standplätzen sowie der Folge und Schärfe neuer Verordnungen, nur Vermutungen über das regionale Auftreten von Sinti angestellt werden.[46]

---

[41] Die folgenden Betrachtungen werden sich im Einklang mit der thematischen Eingrenzung des Kapitels allein auf die Darstellung der für die Provinz Hannover relevanten Preußischen Verordnungen, bzw. deren Oldenburgische Pendants beschränken.

[42] Hehemann, a. a. O., S. 244. Die Länder bzw. freien Städte, welche anscheinend nur selten Ziel reisender Sinti waren, verzichteten häufig auf umfangreiche Verordnungen.

[43] Für Ostfriesland liegt ein weiteres Zeugnis unter dem Titel „Ostfriesland und das Zigeunerthum" vor, veröffentlicht im Ostfriesischen Monatsblatt für provinzielle Interessen, 1/10 Jg. 1873, S. 421ff.

[44] Eine Abschrift der Anordnung des Oldenburgischen Ministeriums des Inneren vom 15. November 1927 findet sich in StA Oldenburg, Best 231-6, Nr. 55, zu Landkreis Cloppenburg. Für Preußen vgl. Hehemann, Rainer, a. a. O., S. 273.

[45] ZNW, Interview Nr. 62, Walter Winter, weitere diesbezügliche Hinweise bei Heuzeroth, G., a. a. O., S. 249ff.

[46] Entsprechende Berichte und Anweisungen des Oldenburgischen Staatsministeriums, Departement des Inneren, finden sich u.a. im StA Oldenburg, Stadtarchiv Jever, Best. 262-4,

In der gemeinsamen Betrachtung weisen Oldenburg und Ostfriesland die Besonderheit auf, zwei unterschiedlichen politischen Räumen zuzugehören. Während Oldenburg ein selbständiges deutsches Land[47] war, stellte Ostfriesland den preußischen Regierungsbezirk Aurich. Für die Betrachtung der staatlichen „Zigeunerbekämpfung" bedeutet dies, daß in Ostfriesland, als Landesteil Preußens, die preußischen Vorschriften galten. Die in Oldenburg geltenden Verordnungen folgten jedoch, auch wenn sie als Oldenburgische Verordnungen veröffentlicht wurden, meist dem preußischen Vorbild. Das Ziel dieser frühen Bestimmungen, die sowohl in Preußen als in Oldenburg im Jahre 1886 ihre erste detaillierte Ausformulierung fanden, lag in einer Erschwerung und Behinderung des Umherziehens von Sinti. Diese Bestimmungen schrieben de facto ein Sonderrecht für die Behandlung von Sinti fest. Ausländische „Zigeuner", und das waren alle die ihre Reichszugehörigkeit nicht einwandfrei belegen konnten, was aufgrund mangelnder Papiere häufig der Fall war, sollten sofort ausgewiesen werden. Im Gefolge dieser Verordnung wurde damit erstmals ausdrücklich zwischen reichsdeutschen und ausländischen „Zigeunern" unterschieden. Unter den inländischen „Zigeunern" sollte die „Bandenbildung" unterbunden werden. Gemeint war damit das Reisen in größeren Gruppen- oder Familienverbänden. Zentrales Thema in dieser Verordnung waren die Hinweise zur Vergabe von Wandergewerbescheinen, welche den Sinti zum oft beklagten Leidwesen so mancher Bürgermeister und Amtsvorsteher erlaubten, im Schutze des Gesetzes nach ihrer Art Umherzuziehen und Handel zu betreiben. Die Vergabe der Wandergewerbescheine wurde damit zu einem Schlüsselinstrument der „Zigeunerbekämpfung."[48] Das Gesetz schrieb den Nachweis eines festen Wohnsitzes vor. Einen als Winterquartier genutzten Wohnsitz konnten die meisten Sinti vorweisen. Die Überprüfung dieser Angaben oblag jedoch dem Ermessen der Polizei, die im Einvernehmen mit den örtlichen Behörden den Nachweis häufig als nicht ausreichend im Sinne der Bestimmungen ansah. Ohne ausreichenden Nachweis der Reichszugehörigkeit

---

Nr. 10908, Stadtarchiv Delmenhorst, Nr. 1882, für Ostfriesland in StA Aurich, Rep. 16/1, Nr. 1062.

[47] Aufgrund der politischen, militärischen und ökonomischen Abhängigkeit von Preußen, die seit dem Preußisch-Österreichischen Konflikt 1866 sich beständig enger gestalteten, handelte es sich um eine mehr formelle denn faktische Selbständigkeit Oldenburgs.

[48] Der Text der Verordnung zur „Bekämpfung des Zigeunerunwesens" in der Version des Oldenburgischen Staatsministeriums, des Departements des Inneren vom 23. September 1886 findet sich u.a. im StA Oldenburg, Stadtarchiv Jever, Best. 262-4, Nr. 10908 und Stadtarchiv Delmenhorst, Nr. 1882, vgl. Hehemann, Rainer, a. a. O., S. 246f. In Preußen datierte der Erlaß, herausgegeben vom Ministerium des Inneren, laut Hehemann, vom 30. April 1886.

und ohne Wandergewerbeschein liefen sie Gefahr, jederzeit über die Landesgrenzen weitergeschoben zu werden. Es ist ein bezeichnender Widerspruch, wenn die preußische „Zigeunerpolitik" durch den vorgeblichen Versuch dieselben seßhaft zu machen, also eine Assimilierung der Sinti betonte, in der Praxis aber mit allen Mitteln versuchte, eine dauerhafte Wohnsitznahme zu verhindern.[49]

In einem Schreiben des Oldenburgischen Staatsministeriums, des Departements des Inneren, an Ämter (Kreisverwaltungen) und Magistrate der Städte vom 27. September 1902 wurde diese Politik gegenüber den Sinti bestätigt. Abermals wurde unter Bezug auf die Verfügungen von 1886 auf die „strenge Handhabung aller zulässigen Mittel" gegenüber den „Zigeunern und nach Zigeunerart Reisenden" hingewiesen. „Insbesondere werden die Behörden der Grenzbezirke dafür Sorge zu tragen haben, dass Zigeuner, die sich nicht durch vollkommen ordnungsgemäße Papiere als Deutsche Reichsangehörige auszuweisen vermögen, an den Grenzen des Herzogthums (Oldenburg, d. A.) festgehalten oder dorthin zurückgeschoben werden, um so zu bewirken, dass diese reichsausländischen Zigeuner schneller wieder an eine zur Ueberschreitung geeignete Stelle der Reichsgrenze gelangen."[50] Für die Oldenburgische Praxis bedeutete dies, daß „ausländische Zigeuner" zunächst in die Preußische Provinz Hannover abgeschoben wurden. Dies geschah, wie spätere Hinweise belegen, auch in umgekehrter Richtung.[51] „Was die einheimischen Zigeuner anlangt, so ist vor Allem sorgfältig den - in letzter Zeit mehrfach beobachteten - Versuchen, hier Wandergewerbescheine zu erlangen, entgegenzutreten. Die Zigeuner bemühen sich vielfach die Behörden über ihre Zigeunereigenschaft zu täuschen, spiegeln durch Miethen einer Wohnung und Anmeldung in einer Gemeinde den Besitz eines festen Wohnsitzes vor und benutzen auch die zwischen den Zigeunern vorhandene Aehnlichkeit, um mit Personenbeschreibung versehene Papiere Anderer für sich zu gebrauchen." An dieser Stelle zeigt sich erneut die Bedeutung der Vergabe von Wandergewerbescheinen im Kanon der Maßnahmen gegen das „Zigeunerunwesen." Das

---

[49] Zimmermann, Michael, Verfolgt, vertrieben, vernichtet, Die nationalsozialistische Vernichtungspolitik gegen Sinti und Roma, Essen 1989, S. 16, Zimmermann, Michael, Rassenutopie und Genozid, Hamburg 1996, S. 44ff., vgl. Hehemann, Rainer, a. a. O., S. 246f.

[50] StA Oldenburg, Stadtarchiv Jever, Best. 262-4, Nr. 10908, Schreiben des Oldenburgischen Staatsministeriums vom 27. September 1802 an die Städte und Kreise des Landes.

[51] Siehe dazu StA Aurich, Rep. 16/1, Nr. 1062, Berichte des Landkreises Wittmund, von wo aus „Zigeuner" über die Kreisgrenze in das Oldenburgische Amt Friesland abgeschoben wurden.

Ministerium machte deutlich, daß Versuche von Sinti, einen Wandergewerbeschein zu erlangen, nicht opportun und daher nach Möglichkeit abschlägig zu bescheiden waren. Den Sinti wurden von vornherein Betrugsabsichten bei der Antragstellung unterstellt. Im Zweifel war daher der „Polizeidirection stets über die vermuthete Zigeunereigenschaft des Antragenden Mittheilung zu machen, da nach einem Ersuchen des Reichskanzlers auch bei inländischen Zigeunern in deren Wandergewerbeschein ein Hinweis auf die Zigeunereigenschaft des Inhabers aufzunehmen ist."[52]

In den Folgebestimmungen aus dem Jahre 1905 wurde in Oldenburg erwogen diese Vorschriften dahingehend zu erweitern, daß die reisenden Sinti einen Nachweis ihrer Reisetätigkeit zu führen haben.[53] Mit der preußischen Verordnung von 1906 wurde vorrangig die Ausweitung der polizeilichen Überwachung der „Zigeuner" angestrebt. Die „Bestimmungen zur Bekämpfung des Zigeunerunwesens" von 1906 für Oldenburg, die der preußischen Verordnung folgten, erschienen ein Jahr darauf als Heftchendruck der Hofdruckerei Littmann.[54] Das vorgebliche Ziel, die Sinti über die Assimilation seßhaft zu machen, verkommt darin endgültig zur inhaltsleeren Floskel. Alle weitergehenden Bestimmungen stehen diesem Ziel entgegen. Man versuchte nunmehr, die Sinti durch die Erhebung von Standgeldern oder die Versagung der Erlaubnis zu Schaustellungen zu vertreiben. Bei Zuwiderhandlungen wurden Geldstrafen angesetzt. Konnten die Sinti diese nicht begleichen, sollten „rigoros" ihre Wagen und Pferde verpfändet werden.[55] Derartige „Exekutivstrafen" konnten ebenfalls verhängt werden, um die Sinti am „Weiterziehen in größeren Banden" zu hindern.[56] Bei den vorgeschlagenen Maßnahmen handelte es sich um „Vorbeugende Maßnahmen" und „Unterdrückende Maßnahmen." Die „Vorbeugenden Maßnahmen" umfaßten die besondere Sorgfaltspflicht bei der Ausgabe von Ausweispapieren an Sinti sowie die Zwangsunterbringung von „verwahrlosten Zigeunerkindern" in Fürsorgeeinrichtungen, wobei die im Bezirk wohnenden Zigeunerkinder ebenso streng zu überwachen wären wie die

---

[52] StA Oldenburg, Stadtarchiv Jever, Best. 262-4, Nr. 10908, Schreiben des Oldenburgischen Staatsministeriums vom 27. September 1802 an die Städte und Kreise des Landes.
[53] StA Oldenburg, Stadtarchiv Jever, Best 262-4, Nr. 10908, Verfügung des Oldenburgischen Staatsministeriums, Departement des Inneren, von 1905, diese Verfügung findet sich ebenso im Stadtarchiv Delmenhorst, Nr. 1882.
[54] „Bestimmungen zur Bekämpfung des Zigeunerunwesens", Oldenburg 1907, Druckerei Ad. Littmann, Hoflieferant, hier zitiert nach StA Oldenburg, Best. 231-5, Nr. 75, zu Landkreis Vechta.
[55] Hehemann, Rainer, a. a. O., S. 262ff. Hehemann bezieht sich weiter auf die preußische „Anweisung zur Bekämpfung des Zigeunerunwesens" vom 17. Februar 1906.
[56] Ebd., S. 11.

Durchreisenden. Zu den „unterdrückenden Maßnahmen" muß neben der „dauernden polizeilichen" Überwachung, das „nachdrückliche Einschreiten" gegenüber straffälligen Sinti gerechnet werden.[57]

Den Kommunen erschien dieses Vorgehen nicht 'erfolgversprechend'. Die Oldenburgische Staatsregierung wurde zu einem entschlossenen Handeln gegenüber den Sinti aufgefordert. Nur einschneidende Strafen, wie sie der Landstreicherparagraph im Strafgesetzbuch bereits vorsieht, so der Tenor in den Gemeinden, würde die „Zigeuner" von ihrer Gegend fernhalten. Stellvertretend sei hier ein Schreiben der Stadt Delmenhorst an die Oldenburgische Staatsregierung vom 19. September 1906 wiedergegeben: „Der Stadtmagistrat (von Delmenhorst, d. A.) hält die Anweisung bzw. die Verfügungen für nicht erforderlich. Es soll jedoch bemerkt werden, daß ein Erfolg unseres Erachtens nur bei strenger Handhabung derselben möglich ist, auch wird es zweckmäßig sein, die Amtsanwälte und Amtsgerichte auf die Bedeutung der Angelegenheit erneut hinzuweisen, um möglichst *hohe Strafen* zu erzielen. Es wird als besonderer Mangel empfunden, daß die gesetzlichen Strafbestimmungen wg. Landstreichens nicht zur Anwendung gebracht werden."[58]

Bürger der Stadt Vechta wandten sich mit einer Eingabe vom 21. März 1911 an die Regierung in Oldenburg, um sich über das Auftreten von „Zigeunern" während des Vechtaer Stoppelmarktes zu beschweren. Hierin zeigt sich, wie die südoldenburgische Landbevölkerung zu den „Zigeunern" stand. Sie empfanden die Sinti als lästig und kriminell. Die Petitionäre forderten von der Landesregierung die Festlegung und Durchsetzung kürzerer Aufenthaltszeiten. Sie schrieben: „Hier auf dem Stoppelmarkt, der viele Anwohner hat, halten zeitweise immer Zigeuner. Wenn wir bei dem Magistrat vorstellig werden, so finden wir kein Gehör. Es ist uns Landleuten unmöglich aus dem Hause zu gehen, um den Acker zu bestellen, wenn das Gesindel hier liegt. Ist die Frau allein zu Hause, dringt die Hälfte der Gesellschaft von der Diele, die andere Hälfte durch die Seitentür ins Haus und stiehlt alles. Zeitweise liegen die Zigeuner 6 Wochen hier. Am vorigen Sonntag waren vier Wagen hier, dieselben sind heute Mittwoch wieder da."[59] Unterschrieben wurde dieser Brief von zwanzig „gehorsamen" Untertanen.

---

[57] Ebd., S. 6ff.
[58] Stadtarchiv Delmenhorst, Nr. 1882, Schreiben des Magistrats der Stadt Delmenhorst an das Großherzögliche Staatsministerium, Departement des Inneren zu Oldenburg, vom 19. September 1906, Hervorhebung im Original.
[59] StA Oldenburg, Stadtarchiv Vechta, Best. 262-11, Nr. 907, Eingabe Vechtaer Bürger an das Großherzögliche Staatsministerium in Oldenburg vom 21. März 1911.

Nachdem sich diese Klagen häuften, daß weiterhin viele inländische Sinti mit einem gültigen Wandergewerbeschein ausgestattet umherreisten und somit keinen Anlaß für ein polizeilichen Einschreiten boten, wurde begonnen, über eine Verschärfung der Vergabekriterien der Wandergewerbeerlaubnisse nachzudenken. Die Verfügung des preußischen Innenministers von 1911 zur Erteilung von Wandergewerbescheinen an Sinti erweiterte den Ermessensspielraum der Behörden dergestalt, daß jeder Antrag abschlägig beschieden werden konnte. Vor allem eine strenge Auslegung dieser Vorschrift trieb viele Sinti ohne ihr Zutun in die Illegalität, die wiederum eine ständige Kriminalisierung nach sich zog.[60]

Im Jahre 1912 wurde von Reichsinnenminister Bethmann-Hollweg eine neue Verordnung zur „Zigeunerfrage" zur Beratung vorgeschlagen.[61] Der Regierungspräsident der Provinz Hannover forderte schon wenige Tage darauf die „schleunigste Umsetzung" der von Bethmann-Hollweg vorgeschlagenen Polizeiverordnung.[62] Nur wenige Monate später wurde diese neue Polizeiverordnung im „Amtsblatt der königlich-preußischen Regierung" veröffentlicht. Die Verordnung wurde als Beisatz zu § 137 in das Gesetz zur allgemeinen Landesverwaltung für die Provinz Hannover von 1883 aufgenommen.[63] Demnach war Sinti das Reisen in „Gruppen" bzw. „Horden" verboten (§ 1). Unter einer „Horde" waren hiernach mehrere Familien bzw. Personen, die mit Familien die nicht die ihre sind, reisen, zu verstehen (§ 2). Personen, die dieser Verordnung zuwiderhandelten, konnten mit einer Geldstrafe bis zu RM 60,- oder einer Haftstrafe bis zu 14 Tagen belegt werden (§ 3). Die Verordnung trat am 1.Juni 1912 in Kraft (§ 4).

---

[60] Hehemann, Rainer, a. a. O., S. 269f.; dort insbesondere S. 269, Anmerkung 3.
[61] StA Aurich, Rep. 16/1, Nr. 1062, Schreiben des Reichsministeriums des Inneren vom 17. Februar 1912 an die Regierungspräsidenten. Das Schreiben wurde von Bethmann-Hollweg persönlich abgezeichnet.
[62] StA Aurich, Rep. 16/1, Nr. 1062, Schreiben des Regierungspräsidenten der Provinz Hannover an den Regierungspräsidenten des Bezirks Aurich vom Februar 1912.
[63] StA Aurich, Rep. 16/1, Nr. 1062, Amtsblatt der königlich-preußischen Regierung, Stck. 21, Aurich, den 24. Mai 1912, darin Nr. 479: Polizeiverordnung zu § 137, Gesetz zur allgemeinen Landesverwaltung vom 30. Juli 1883 der Provinz Hannover.

4. 2. 1. 3. Die Diskriminierung und Verfolgung der Sinti und Roma in Oldenburg und Ostfriesland in der Weimarer Republik

„Daß sie nicht im Umherziehen der Bevölkerung zur Last fallen" - Die Diskriminierung und Verfolgung der Sinti und Roma in Oldenburg in der Weimarer Republik

In der Weimarer Republik wurden die im Kaiserreich erprobten „Maßnahmen zur Zigeunerbekämpfung" fortgeführt. Dabei stand ein Ausbau der Überwachung reisender Sinti,[64] ebenso wie die Praxis der Erteilung von Wandergewerbescheinen im Vordergrund des behördlichen Interesses.[65] Insbesondere in den ländlichen Räumen wurde begonnen, gemeindeeigenes oder zu dem Zwecke angemietetes Land durchreisenden Sinti gegen die Entrichtung eines Standgeldes als Lagerplatz zur Verfügung zu stellen.[66] Die Stadt Jever im Oldenburgischen Amt Friesland erließ 1921 eine Polizeiverordnung, die festlegte, daß ein Standgeld von 100,- Mark pro Tag und Wagen zu zahlen sei, „sobald sie (die „Zigeuner", d. A.) im Stadtgebiet lagern."[67] Darin hieß es: „Zigeuner und sonstige mit Wohnwagen umherziehende Händler, die den äußeren und inneren Stadtbezirk der Stadt Jever betreten, dürfen nur auf den von der Polizei zugewiesenen Plätzen halt machen."[68] Man glaubte damit zweierlei Ziele erreichen zu können. Zum einen sollte verhindert werden, daß Sinti unkontrolliert im Stadtgebiet lagerten, zum anderen hoffte man, daß die exorbitante Höhe des verlangten Standgeldes die Sinti zur raschen Weiterreise treiben würde.

Die Berichte über das Auftreten von Sinti knüpfen in Tonfall und Konsequenz nahtlos an jene aus dem Kaiserreich an. Im Juni 1924 schrieb das Oldenburgische Innenministerium an die Verwaltungen der Kreise: „Es sind hier Klagen über Widersetzlichkeiten von Zigeunern gegen Sicherheitsorgane und die über Nichtbefolgung der gegebenen Anweisungen in bezug auf die zuge-

---

[64] Hehemann, Rainer, a. a. O., S. 271ff.
[65] Vgl. hierzu das Heft Nr. 4 der Zeitschrift „Die Polizei" vom 20. Mai 1923, „Wandergewerbeschein und Legitimationskarte", S. 53-56, in: StA Aurich, Rep. 16/1, Nr. 1062.
[66] Entsprechende Vermerke finden sich u.a. in den Protokollen der Stadtratssitzungen der Städte Jever und Vechta in StA Oldenburg, Stadtarchiv Jever, Best. 262-4, Nr. 10908, Protokolle des Stadtrates Jever von 1921, StA Oldenburg, Best. 262-11, Nr. 907, diverse Protokolle des Stadtrates von 1920/21
[67] StA Oldenburg, Stadtarchiv Jever, Best. 262-4, Nr. 10908, Auszug aus dem Protokoll der Stadtratssitzung vom 9. Juni 1921, Tagesordnungspunkt 6.
[68] StA Oldenburg, Stadtarchiv Jever, Best. 262-4, Nr. 10908, Aushangzettel von 1921.

wiesenen Lagerplätze vorgebracht worden. Das Ministerium nimmt Veranlassung, auf eine scharfe Ueberwachung der Zigeuner und ihrer Lagerplätze hinzuweisen. Verstösse gegen die gegebenen Anordnungen und Verstösse gegen die öffentliche Ordnung sind unnachsichtig zu verfolgen. Grössere Banden und Wagenzüge sind möglichst zu trennen oder über die Landesgrenze abzuschieben. Die Behörden haben sich dabei gegenseitig mit ihren polizeilichen Kräften zu unterstützen."[69] Aufgrund dieser und weiterer ähnlicher Berichte aus den Ämtern erarbeitete die Verwaltung des Amtes (Landkreis) Cloppenburg zur Ausfertigung an die Gemeindevorstände und Gendarmeriestandorte Anfang 1925 eine regionale Durchführungsbestimmung.[70] Darin wurde zunächst ein „Überhandnehmen der Zigeunerplage in der letzten Zeit" zum Anlaß genommen, ein „schärferes Eingreifen seitens der zuständigen Behörden" zu fordern. Der in diesem Entwurf verwandte Begriff des „Zigeuners" trifft nicht allein die „eigentlichen Zigeuner," sondern „auch solche Personen, die ihrer äußeren Erscheinung, Lebensweise und Beschäftigung nach als Zigeuner anzusprechen sind."[71] Grundlage dieses Entwurfs sind wiederum unverkennbar die „Bestimmungen zur Bekämpfung des Zigeunerunwesen" von 1906. Ausländische „Zigeuner" sollten demnach unverzüglich festgenommen und aus dem Reichsgebiet ausgewiesen werden. Zu den inländischen „Zigeunern" hieß es, „daß sie nicht im Umherziehen der Bevölkerung zur Last fallen" dürfen. Ausweispapiere durften „Zigeunern" nur ausgestellt werden, „wenn über die

---

[69] StA Oldenburg, Best. 231-6, Nr. 55, Landkreis Cloppenburg, Schreiben des Oldenburgischen Ministeriums des Inneren an die Kreisverwaltungen vom 27. Juni 1924. Im Mai 1923 wurde, nach dem gescheiterten Versuch eine parlamentarische Regierung zu bilden, ein Beamtenministerium eingesetzt. Vgl. Schaap, K., Oldenburgs Weg ins 'Dritte Reich', Oldenburg 1983, S. 29f.

[70] StA Oldenburg, Best. 231-6, Nr. 55, Landkreis Cloppenburg, Entwurf einer Durchführungsbestimmung des Amtes Cloppenburg an sämtliche Gemeindeverwaltungen und Gendarmeriestandorte von 1925.

[71] Ebd. Vgl. hierzu Hehemann, Rainer, a. a. O., S. 242f. Hehemann merkt an, daß der Rechtsbegriff des „Zigeuners" bis zur Unterscheidung von „Zigeunern" und Landfahrern in den behördlichen Bestimmungen stets über die ethnische Zugehörigkeit zum Volk der Sinti hinausging. Das bislang betonte Kriterium war die Nichtseßhaftigkeit einer Person. Für die polizeiliche Praxis bedeutete diese neue Unterscheidung, daß die Sinti zudem als „Fremdvolk" verfolgt wurden. Hehemann zitiert die „Leitsätze für die Polizeikonferenz vom 22. bis 24. 4. 1925" in Karlsruhe. Das entsprechende Folgedokument, eine gebundene Zusammenfassung der Referate und Beschlüsse der Tagung der D. K. K. (Deutschen Kriminalpolizeilichen Kommission) vom 11. bis 13. Oktober 1926 in Berlin, liegt im StA Oldenburg, Best. 231-6, Nr. 55 vor. Der Referent, Regierungsrat von Merz, München, nimmt darin ausdrücklich Bezug auf die Karlsruher Leitsätze von 1925, ohne diese jedoch in den für diesen Punkt relevanten Abschnitt zu wiederholen. Dieser Einschränkung zum Trotz beruft sich auch der Novembererlaß von 1927 noch einmal ausdrücklich auf das Kriterium der Nichtseßhaftigkeit. Die Verfolgung der Nichtseßhaften, deren Grundstein man hier legt, wird als Verfolgung sog. „Asozialer" in der NS-Zeit ihren Höhepunkt finden.

Persönlichkeit des Antragstellers und seine Reichs- oder Staatsangehörigkeit keine Zweifel bestehen. Führungszeugnisse sind Zigeunern bei vorübergehendem Aufenthalte nicht auszustellen." Dies galt ebenso für die zur Aufnahme einer vorübergehenden Beschäftigung notwendigen Bescheinigung der Gemeinden. Damit sollte erreicht werden, daß durchreisende Sinti sich in Ermangelung einer Erwerbsmöglichkeit zur Weiterreise veranlaßt sahen.[72]

Kinder reisender Sinti sollten, da „die Verhältnisse unter denen sie aufwachsen, häufig ihre sittliche und körperliche Verwahrlosung zur Folge" hätten, der Fürsorgererziehung zugeführt werden. Weiter wird auf die Erfüllung der Schulpflicht gedrungen. Um die Fürsorgeerziehung durchzusetzen, wurden die Gemeinden darauf hingewiesen, daß bei der Beantragung derselben das „Wanderleben der Zigeuner" als Begründung nicht ausreiche. Zwar sollten die Bestimmungen vorrangig reisende Sinti treffen, jedoch in Anbetracht der im Kreise wohnhaften Sinti wurde gefordert, daß nach „dieser Richtung hin die minderjährigen Kinder der im Bezirke *wohnenden* Zigeuner" gleichfalls zu überwachen seien.[73]

Die Sinti sah man im Cloppenburger Entwurf undifferenziert als potentielle Straftäter an. Eine Auswahl „vorzugsweise" begangener Delikte wurde sogleich angeführt: Landfriedensbruch, Brandstiftung, Diebstahl, Entwendung von Nahrungsmitteln, unberechtigtes Fischen, Bettelei, Verletzung der Aufsichtspflicht gegenüber den eigenen Kindern, Landstreicherei, unbefugte Ausübung eines Wandergewerbes sowie Verstöße gegen die Wegeordnung. In bezug auf die Delikte der Bettelei und Landstreicherei wurde der Gendarmerie eine weitausgelegte Interpretationshilfe gegeben. Bereits „das Anbieten minderwertiger Erzeugnisse oder Leistungen zum offenbaren Zweck der Erlangung von Almosen schließt den Tatbestand des Betteln nicht aus." Der Landstreicherei konnten auch Personen bezichtigt werden, die im Besitz von Pässen waren, wenn sie sich „zwecklos im Lande umhertreiben, weder genügende Unterhaltungsmittel haben noch sich ernsthaft, aber vergeblich um die Erlangung eines redlichen Erwerbes bemühen."[74]

Die Gendarmerie erhielt den Auftrag, „die Zigeunerbanden dauernd polizeilich zu überwachen." Reisende Sinti waren dem Kreisamt und den Gendarmerieposten entlang der vermuteten Reiseroute, „auf schnellstem, nötigenfalls

---

[72] StA Oldenburg, Best. 231-6, Nr. 55, Landkreis Cloppenburg, Entwurf einer Durchführungsbestimmung des Amtes Cloppenburg an sämtliche Gemeindeverwaltungen und Gendarmeriestandorte von 1925, vgl. hierzu Hehemann, Rainer, a. a. O., S. 242f.
[73] Ebd. Hervorhebung im Original.
[74] Ebd.

telefonischem Wege" zu melden. Dabei hatten die Gendarmen vorrangig dafür zu sorgen, „daß die Zigeuner ohne Aufenthalt zu nehmen, weitergeleitet werden." Sie sollten also, dem St. Florianspinzip folgend, über die Landesgrenze in die Provinz Hannover oder die benachbarten Kreisgebiete abgeschoben werden. Zur Durchsetzung der Weiterreise wurde den Gendarmen in der Cloppenburger Verordnung die Anwendung des § 17b der Ausführungsbestimmungen zur Wegeordnung anempfohlen. Hiernach war das Abstellen von Wagen auf öffentlichen Straßen und Wegen nur für Kurzaufenthalte gestattet. Ausdrücklich verwies die Kreisverwaltung darauf, daß die Sinti kein Recht auf einen mehr als 24stündigen Aufenthalt hätten. „Eine polizeiliche Erlaubnis zum Längerstehenlassen ist nicht zu erteilen," hieß es lakonisch. Lagerten Sinti dennoch auf gemeindeeigenem Grund, so wurde die Erhebung eines „angemessenen Standgeldes" angeregt, um so die Weiterreise zu forcieren.[75]

Im Januar 1926 legte der Gendarmeriestandort Cloppenburg ein Verzeichnis der zur Anzeige gebrachten Sinti für das Jahr 1925 vor. Wegen Übertretung der Wegeordnung wurden insgesamt elf als „Zigeuner" ausgewiesene Personen angezeigt.[76] Weitere zehn Personen wurden aufgrund von Verstößen gegen die Wegeordnung und das Forst- und Feldpolizeigesetz angezeigt. Von den Betroffenen bezeichnete die Gendarmerie vier Personen ausdrücklich als „Zigeuner." Die übrigen Personen wurden als „Händler" ausgewiesen.[77] Unter ihnen fanden sich mindestens zwei Personen, die unter den Nationalsozialisten als „Zigeuner" verfolgt wurden.[78]

Nachdem ein Runderlaß des preußischen Innenministers im November 1927[79] die planmäßige Erfassung von reisenden Sinti und fliegenden Händlern angeordnet hatte, folgte die Oldenburgische Staatsregierung dem bereits nach wenigen Tagen. Der Oldenburgische Innenminister Dr. Driver wies die Gendarmeriebeamten an, diese planmäßige Erfassung „aller nicht seßhaften Zi-

---

[75] StA Oldenburg, Best. 231-6, Nr. 55, Landkreis Cloppenburg, Entwurf einer Durchführungsbestimmung des Amtes Cloppenburg an sämtliche Gemeindeverwaltungen und Gendarmeriestandorte von 1925.

[76] StA Oldenburg, Best. 231-6, Nr. 55, Landkreis Cloppenburg, Schreiben des Gendarmeriestandortes Cloppenburg an das Amt Cloppenburg vom 17. Januar 1926, insgesamt werden dort unter 1. zwölf Anzeigen aufgelistet, davon ist eine Doppelnennung. Die Personen waren Mitglieder der Familien Bamberger (Hamburg und Werl), Weiß (Werl), Leimbeek (Bremen), Schwarz und Mettbach (beide „ohne Wohnung").

[77] Ebd. Angezeigt wurden Mitglieder der Familien Friedrich (Herford), Weiß (Werl), Pöppelmeier und Wimmert (beide „ohne Wohnung").

[78] Ebd. Gemeint sind Wimmert, aus Cloppenburg, und Wiegand, hier „ohne Wohnung" registriert, später Edewechterdamm.

[79] Hehemann, Rainer, a. a. O., S. 273f.; der Runderlaß des Preußischen Innenministers datierte vom 3. November 1927.

geuner oder nach Zigeunerart herumziehenden Personen" in der Zeit vom 23. bis 26. November durchzuführen. Dabei, so sah es die Anweisung vor, seien „allen vorgenannten Personen, soweit sie das 6. Lebensjahr vollendet haben, Fingerabdrücke zu nehmen." Die Fingerabdruckbögen waren in doppelter Ausführung anzufertigen. Ein Exemplar ging an das Ministerium in Oldenburg, das andere wurde den registrierten Sinti als Ausweisbescheinigung mitgegeben. Soweit dies, aus Kostengründen, möglich war, wurde der Bescheinigung ein Lichtbild angeheftet. Die reisenden Sinti hatten diese Bescheinigung nun bei jeder weiteren Kontrolle vorzulegen und durch die Gendarmerie abstempeln zu lassen.[80] Auf der Bescheinigung selbst hieß es dazu im besten Bürokratendeutsch: „Wer diese Bescheinigung nicht bei sich führt, setzt sich der Gefahr aus, falls begründete Zweifel über seine Persönlichkeit bestehen, zur Feststellung seiner Persönlichkeit unter den gesetzlichen Voraussetzungen vorläufig festgenommen zu werden."[81]

Die meisten Sinti reisten mit ihrem Familienverband, also auch mit ihren schulpflichtigen Kindern. Ein geordneter Schulbesuch bildete jedoch angesichts der Lebensbedingungen unterwegs und der ständigen polizeilichen Repression die Ausnahme. Mit der Begründung, die Sinti zu einer „sesshaften Lebensweise" zu führen, ordneten die Oldenburgischen Ministerien für Kirchen und Schulen sowie Inneres an, daß „Zigeunerkinder" ihrer Schulpflicht am Wohnsitz der Eltern nachzukommen hätten. Die bisherige Praxis, nach der „Zigeuner ihre Kinder in die Schulen derjenigen Orte schicken, die sie auf ihren Wanderungen berühren und sich von den Lehrern bestätigen lassen, dass die Kinder an den besonders bezeichneten Tagen die Schule besucht haben," sollte nicht länger geduldet werden. Den Volksschullehrern wurde verboten, entsprechende Bescheinigungen auszustellen.[82] Ausdrücklich wurde in der Anordnung die unerwünschte Praxis des katholischen Oberschulkollegium in Vechta, den Besuch der Schulen in den durchwanderten Orte zu gestatten,

---

[80] StA Oldenburg, Best. 231-6, Nr. 55, Landkreis Cloppenburg, Abschrift einer Verfügung des Ministeriums des Inneren, Oldenburg, den 15. November 1927, anliegend eine Musterbescheinigung, blanko.

[81] StA Oldenburg, Best. 231-6, Nr. 55, Landkreis Cloppenburg, Abschrift einer Verfügung des Ministeriums des Inneren, Oldenburg, den 15. November 1927. Schlußtext der beiliegefügten Musterbescheinigung.

[82] StA Oldenburg, Best. 231-6, Nr. 55, Landkreis Cloppenburg, Schreiben des Ministeriums der Kirchen und Schulen und Ministerium des Inneren vom 26. Juli 1928, betr. Erteilung von Schulunterricht an Kinder umherziehender inländischer Zigeuner, nebst Abschrift der gesonderten Mitteilung an das katholische Oberschulkollegium in Vechta vom 1. August 1928. Das Schreiben weist einen entlarvenden Freudschen Schreibfehler auf: im Eingangstext ist die Rede von der „Bekämpfung des Zigeunerwesens", die übliche Zwischensilbe „un" fehlt hier und wurde erst später per Hand hinzugefügt.

angemahnt. Jede von hier erteilte „Erlaubnis an wandernde Personen ... wird hiermit zurückgezogen."[83] Die rechtlichen Mittel zur Durchsetzung der Schulpflicht am Wohnort bot die Reichsgewerbeordnung, die es Wandergewerbetreibenden verbot, Kinder unter 14 Jahren mitzuführen. Ein Wandergewerbeschein sollte, hieß es in der Anordnung, nicht erteilt werden, wenn der „Antragsteller schulpflichtige Kinder hat, für deren Unterhalt nicht genügend gesorgt ist." Diese Bestimmung eröffnete den Behörden eine willkommene Möglichkeit, reisenden Sinti den notwendigen Wandergewerbeschein zu verweigern.[84]

Diese Bestimmungen lieferten die Sinti weitestgehend der Willkür der Gendarmerie aus. Diese machte, wie in ihren Protokollberichten nachzulesen ist, aus ihrer Verachtung für das „fahrende Volk" keinen Hehl.[85] Für das Land Oldenburg läßt sich nur ein einziger Fall nachweisen, in welchem ein Sinto sich über Polizeiwillkür beschwerte. Der aktenkundige Vorfall ereignete sich im Sommer 1927 im Gendarmeriebezirk Vechta. Der Gendarmeriekommissar Rodiek und der ihm zugeteilte Oberwachtmeister Wispeler stießen bei Daren an der Landstraße von Vechta nach Löningen auf vier Wagen der Sinti-Familien Henkel und Christ. Die Sinti waren auf dem Weg nach Lingen (Ems), als sie von Rodiek und Wispeler zur raschen Weiterreise über die Kreisgrenze bei Addrup aufgefordert wurden.[86]

Am folgenden Tag, dem 22. Juli 1927, unternahm Wispeler eine Rundfahrt mit dem Fahrrad durch den Bezirk. Wie aus den Akten hervorgeht, behauptete er, diese aus eigenem Antrieb durchgeführt zu haben. Bei Hausstette traf er die Sinti an, die dort, entgegen der Anweisung weiterzureisen, lagerten. Erneut schickte Wispeler sie auf den Weg in Richtung der Kreisgrenze, um seine Inspektion fortzusetzen. Auf seinem Rückweg nach Vechta beobachtete er die Familie Henkel auf einem Acker nahe der Straße. Nach der Darstellung Wispelers, der auf Wilhelm Henkel zuging, stahlen sie Wurzeln vom Acker.

---

[83] Ebd. Hiervon seien die Hauptlehrer bzw. Rektoren zu unterrichten. Die insbesondere im Schulwesen sich manifestierenden Gegensätze zwischen dem katholischen Südoldenburg und dem evangelischen Nordoldenburg zeigen sich in Ansätzen bereits hier. Vgl. dazu Kuropka, J., a. a. O., S. 12 und S. 104.

[84] Ebd. Vor allem der Begriff des 'genügenden Unterhalt' wird rechtlich nur unzureichend definiert und erweitert somit den Ermessensspielraum der antragsentscheidenden Behörde vehement.

[85] StA Oldenburg, Best. 205, Nr. 5, Kommandeur der Ordnungspolizei, Ermittlungen gegen den Polizeioberwachtmeister Wispeler 1927/28. Diensttagebuch und die Vernehmungen vom Januar 1928.

[86] StA Oldenburg, Best. 205, Nr. 5, Kommandeur der Ordnungspolizei, Ermittlungen gegen den Polizeioberwachtmeister Wispeler 1927/28, Protokoll der Vernehmung Wispelers durch Polizei-Oberleutnant Wegener am 16. Januar 1928 in Oldenburg. Die erwähnte Landstraße ist die heutige Landstraße L 43 von Vechta nach Essen (Olbg).

Darauf zur Rede gestellt, entspann sich zwischen Wispeler und Henkel ein scharfer Wortwechsel, an dem sich auch Henkels Familie lautstark beteiligte. Der Wachtmeister zog dabei seinen Säbel, um „den drohenden Angriff abzuwehren."[87] Im folgenden behauptete er, einige Hiebe lediglich mit der flachen Seite des Säbels ausgeteilt zu haben. Während Wispeler glaubte, daß sich die Situation durch die vermeintliche Abreise der Henkels beruhigt habe, und er die Zeugenaussage des Landwirts Westerkamp (oder Westerhoff) aus Hausstette aufnahm, erschienen plötzlich Wilhelm Henkel und August Christ. Beide waren, laut Wispeler, mit Knüppel und Beil bewaffnet. Zu seiner Verteidigung griff er ein weiteres Mal zum Säbel. Darüber hinaus drohte er mit dem Gebrauch der Schußwaffe, bevor er schließlich entkommen konnte. Auch die Sinti brachen auf. Vor der Wirtschaft Wernsing in Addrup wurden sie von zur Verstärkung gerufenen Gendarmen aufgehalten. Die Durchsuchung der Wagen nach Waffen, bei der es zu einer erneuten Auseinandersetzung kam, blieb erfolglos.[88] August Christ, der von Polizeikommissar Rodiek zunächst festgenommen wurde, erhob bei der Staatsanwaltschaft Oldenburg Beschwerde gegen die Beamten wegen Körperverletzung. Aus seiner Sicht wurden Frau Henkel, deren Kind und er, August Christ, von Wispeler nach dem Wortgefecht tätlich angegriffen.[89]

Der Beschwerde Christs ging man nur äußerst schleppend nach. Der Wachtmeister Wispeler wurde erst fünf Monate nach Eingang der Beschwerde zu den Vorwürfen vernommen. Nach Kräften versuchten die Ermittler der Polizei, im Corpsgeist einander treu, das Vorgehen Wispelers zu rechtfertigen. Die Oberstaatsanwaltschaft übernahm, ohne eine weitere Befragung der Beschwerdeführer und Zeugen zu erwägen, die Ermittlungsergebnisse der Polizei. Das Verfahren gegen Wispeler und Rodiek wurde am 23. Februar 1928 erwartungsgemäß eingestellt. In seiner Begründung berief sich Staatsanwalt Wilde auf einen mangelnden Tatbestand. Er schrieb: „Die angestellten Ermittlungen haben keine Anhaltspunkte für das Vorliegen einer strafbaren Handlung auf Seiten der Beschuldigten ergeben. Die Angaben der Anzeigeerstatter, die Beschuldigten hätten ihre Amtsgewalt überschritten, d.h. in Ausübung ihres Amtes eine Frau und ein Kind vorsätzlich körperlich misshandelt, werden durch

---

[87] Ebd.
[88] Ebd.
[89] StA Oldenburg, Best. 205, Nr. 5, Kommandeur der Ordnungspolizei, Ermittlungen gegen den Polizeioberwachtmeister Wispeler 1927/28. Schreiben des Polizei-Majors von der Hellen vom 10. Februar 1928 an den Berittführer der Gendarmerie in Vechta, Oltmanns. Darin findet sich ein Hinweis zur Rekonstruktion der weiter nicht protokollierten Beschwerde „des Zigeuners August Christ und der Frau Henkel, geb. Christ."

die Angaben der Beschuldigten und durch die Aussagen der Zeugen Themann und Westerkamp widerlegt."[90] Von einem fairen Verfahren kann hier nicht gesprochen werden. Die entlastenden Aussagen der beschuldigten Polizisten wurden, ganz im Sinne der Bestimmungen zur „Bekämpfung der Zigeunerplage", ungleich höher bewertet als die Beschwerde des „Zigeuners Christ".[91] Widersprüche und Unklarheiten in den dokumentierten Aussagen Wispelers unterschlug diese Entscheidung. Wispeler selbst gab zu Protokoll, er sei sich „nicht bewußt, ausser Henkel und Christ noch sonst jemand geschlagen zu haben." Ausgeschlossen erscheint dies nach dem Wortlaut dieser Aussage aber keineswegs.[92] Die Rundfahrt wird durch seine Vorgesetzten nachträglich zur Dienstverrichtung erklärt, obwohl die ersten Aussageprotokolle ein eigenmächtiges Handeln Wispelers belegen.[93]

Für den Oberwachtmeister Wispeler hatte der Vorfall dennoch ein ordnungsrechtliches Nachspiel. Den Ermittlern gelang es zwar durch eine großzügige Interpretation der Fakten, die Vorwürfe der Sinti zunächst zu entkräften. Aber die vorhandenen Widersprüche reichten im Falle Wispeler zu weiteren, internen Ermittlungen wegen eines Verstoßes gegen die Dienstvorschriften aus. Wispeler erhielt eine Disziplinarstrafe in Form eines einfachen Verweises und eine Geldstrafe von fünf RM wegen unerlaubten Tragens eines Säbels.[94]

---

[90] StA Oldenburg, Best. 205, Nr. 5, Kommandeur der Ordnungspolizei, Ermittlungen gegen den Polizeioberwachtmeister Wispeler 1927/28. Entscheidung des Oberstaatsanwalts in Oldenburg in der Beschwerdeangelegenheit des Zigeuners August Christ gegen den Gendarmeriekommissar Rodiek und den Polizeioberwachtmeister Wispeler vom 2. März 1928, Az. II 1113/27.

[91] StA Oldenburg, Best. 205, Nr. 5, Kommandeur der Ordnungspolizei, Ermittlungen gegen den Polizeioberwachtmeister Wispeler 1927/28. Der explizite Hinweis auf den Auftrag zur „Bekämpfung der Zigeunerplage" der Ordnungspolizei findet sich in der Bekanntgabe und Begründung der Verfahrenseinstellung durch den Polizei-Oberst und Kommandeur der Ordnungspolizei Wantke vom 13. Februar 1928.

[92] StA Oldenburg, Best. 205, Nr. 5, Kommandeur der Ordnungspolizei, Ermittlungen gegen den Polizeioberwachtmeister Wispeler 1927/28. Protokoll der Vernehmung Wispelers durch Polizei-Oberleutnant Wegener am 16. Januar 1928 in Oldenburg.

[93] StA Oldenburg, Best. 205, Nr. 5, Kommandeur der Ordnungspolizei, Ermittlungen gegen den Polizeioberwachtmeister Wispeler 1927/28. Schreiben des Polizei-Majors von der Hellen vom 10. Februar 1928 an den Berittführer der Gendarmerie in Vechta, Oltmanns. Darauf folgte die Abschrift einer Einschätzung Oltmanns, die auf eine Eigenmächtigkeit Wispelers schließen läßt. Wispeler selbst bestreitet sein Handeln ohne Befehl nicht. Bereits in der ersten Vernehmung vom 16. Januar 1928 gibt er an, die Rundfahrt aus eigenem Antrieb unternommen zu haben.

[94] StA Oldenburg, Best. 205, Nr. 5, Kommandeur der Ordnungspolizei, Ermittlungen gegen den Polizeioberwachtmeister Wispeler 1927/28. Verhängung einer Disziplinarstrafe gegen Polizeiobermeister Wispeler durch die Ordnungspolizei in Oldenburg vom 13. Februar 1928.

Diese Strafe wurde wenige Tage darauf durch den Kommandeur der Ordnungspolizei Wantke „erlassen und somit ... aufgehoben."[95]

Über die Krisenjahre der ausgehenden zwanziger Jahre schlugen einige Sinti-Familien ein festes Quartier in Oldenburg auf. Den Sommer über verdingten sich insbesondere die jüngeren Familienmitglieder in der Landwirtschaft oder den Oldenburgischen Torfwerken längs des Küstenkanals. In der Moorkolonie Edewechterdamm teilten sich die Familien Schwarz, Krause und Petermann einen festen Platz, auf welchem sie in ihren Wohnwagen lebten. Therese Schwarz, die dieses berichtet, wurde selbst 1926 in Friesoythe geboren. Ihre Familie reiste nur selten. Nur zum Winter, wenn die Torfarbeiten eingestellt werden mußten, fuhren sie nach Oldenburg, um in der Stadt zu überwintern.[96] Die Familie von Artur Anton fand ihr Winterquartier bei Cloppenburg. Sein Vater betrieb eine Korbmacherei als Wandergewerbe. Ein Bruder des Vaters, Hermann Krause, reiste mit seinem Marionettentheater durch Norddeutschland. Krause wohnte bis in die dreißiger Jahre in Hinte im Kreis Emden.[97]

Die „Überhandnahme des Zigeunerunwesens" in Ostfriesland nach 1918

Bereits bald nach Beendigung des Ersten Weltkrieges, im Jahr 1921, verschärfte sich die Verfolgung der „Zigeuner" auf dem Gebiet Preußens erneut. Der Oberregierungspräsident der Provinz Hannover verwies aufgrund von Klagen über eine „Überhandnahme des Zigeunerunwesens" auf die Bestimmungen von 1906. Demnach hob das Innenministerium der Provinz erneut die Bedeutung der Vergabe von Wandergewerbescheinen bei der Verfolgung der „Zigeuner" hervor. Es wurden hier weitere Einschränkungen gefordert.[98] Schließlich ersuchte das Regierungspräsidium in Aurich die Ortspolizeibehörden, dem „im erschreckenden Maße" zunehmenden „Zigeunerunwesen" mit einer konsequenten Anwendung der entsprechenden Polizeiverordnungen entgegenzu-

---

[95] StA Oldenburg, Best. 205, Nr. 5, Kommandeur der Ordnungspolizei, Ermittlungen gegen den Polizeioberwachtmeister Wispeler 1927/28. Erlaß der Disziplinarstrafe gegen Polizeiobermeister Wispeler durch den Kommandeur der Ordnungspolizei in Oldenburg, Wantke, vom 10. März 1928.
[96] ZNW, Nr. 28, Therese Schwarz, Zusammenfassung S. 7, Transkript S. 1f.
[97] ZNW, Nr. 30, Interview mit Artur A., Transkript, S. 2f.
[98] StA Aurich, Rep. 16/1, Nr. 1062, Schreiben des Oberregierungspräsidenten in Hannover an die Bezirksregierung Aurich, vom 7. Oktober 1921, vgl. Hehemann, Rainer, a. a. O., S. 271f.

wirken. Die „Zigeuner" seien von Polizei oder Landjägern auf ihren Reisen „ständig unter Aufsicht zu halten." Als „wirksames Mittel" die „Zigeuner" zu einer raschen Weiterreise zu animieren, empfahl der Regierungspräsident, ihnen „das Lagern nur an solchen Stellen zu gestatten, die ungünstig liegen, weit von Wasser und von Geschäften entfernt." Sollten „Zigeuner" in größeren Gruppen zu den jeweiligen Markttagen anreisen, bot das Regierungspräsidium den örtlichen Polizeikräften Unterstützung durch die Schutzpolizei an. Von den Ortspolizeibehörden erwartete die Bezirksregierung Berichte über die Umsetzung der genannten Maßnahmen.[99]

Auf die Anfrage des Regierungspräsidenten von 1921 bestätigte der Landkreis Aurich in einer knappen Mitteilung, daß die Lagerplätze im Kreisgebiet ausgewiesen wurden. Der örtliche Landjägerposten sei unterrichtet worden.[100] Ausführlicher fiel die Antwort des Magistrats der Stadt Aurich aus. Wegen der dort stattfindenden Pferdemärkte hielten sich häufiger Sinti in der Stadt auf. „Die Zigeuner, die an den Markttagen nach hier kommen, betreiben sämtlich Pferdehandel und brauchen deshalb keinen Wandergewerbeschein, trotzdem sind die meisten mit Gewerbeschein versehen. Seitdem in den Landbezirken des Landkreises Aurich und der übrigen Kreise des Regierungsbezirkes den Zigeunern der Aufenthalt unbequem gemacht wird, sind auch hier weniger Zigeuner erschienen. Wir halten uns nicht für befugt die Zigeuner von den Märkten hier fortzutreiben. Ein längerer Aufenthalt vor oder nach den Markttagen, wird ihnen hier nicht gestattet. Bei Lage der örtlichen Verhältnisse waren besondere Maßnahmen nicht nötig."[101]

In einer Meldung von 1923 betonte der Landrat von Aurich, daß zur Durchführung der zeitraubenden Begleitung der reisenden Sinti die vorhandenen Polizeikräfte in den Tagen vor und nach größeren Märkten nicht ausreichen. „Bis die Zigeuner eingesehen haben, daß sie in Ostfriesland keine Gelegenheit mehr haben, sich frei zu bewegen," schrieb der Landrat, sollte die Schutzpolizei mit den Aufgaben der Überwachung der Sinti betraut werden.[102]

---

[99] StA Aurich, Rep. 16/1, Nr. 1062, Schreiben des Regierungspräsidenten in Aurich an die Ortspolizeibehörden vom 31. Oktober 1921. Das Gebiet der Stadt Wilhelmshaven wurde in dieser Angelegenheit dem Landkreis Wittmund unterstellt.
[100] StA Aurich, Rep. 16/1, Nr. 1062, Schreiben des Kreises Aurich vom 16. Juni 1922 an den Regierungspräsidenten in Aurich, Az. 5068.
[101] StA Aurich, Rep. 16/1, Nr. 1062, Schreiben des Magistrats der Stadt Aurich vom 3. Mai 1922 an den Regierungspräsidenten in Aurich, Az. 2095.
[102] StA Aurich, Rep. 16/1, Nr. 1062, Schreiben des Landrats von Aurich vom 18. Januar 1923 an den Regierungspräsidenten in Aurich, Az. 7413.

Aus dem *Landkreis Wittmund* wurde vor allem von durchreisenden Sinti berichtet. In ihrer Mehrzahl waren dies reisende Pferde- und Viehhändler, die den Markt in Esens besuchten. Esens bot gute Voraussetzungen für den Pferde- und Viehhandel. Viele, überwiegend jüdische Viehhändler hatten sich dort niedergelassen.[103] Mit seinem Frühjahrs- und Herbstmarkt ist Esens noch heute ein traditioneller Marktplatz. Regional bedeutende Verkehrswege durchschneiden sowohl das Kreisgebiet, wie auch die Städte Esens und Wittmund. Diese werden mit den umliegenden Städten und Märkten Aurich, Norden, Jever und Oldenburg verbunden. Wer vom Auricher Markt nach Jever wollte, mußte Wittmund passieren. Daß unter diesen Durchreisenden Sinti waren, hielt der Wittmunder Landrat in seiner Anordnung an sämtliche Gemeindebehörden 1921 fest: „In der letzten Zeit macht sich im Kreise, insbesondere auf den Hauptdurchgangsstraßen ein starkes Anwachsen von Zigeunerdurchzügen bemerkbar, die sich vielfach zur rechten Landplage auswachsen. Die Landstraßen werden durch die vielen willkürlich gewählten Lagerplätze der Zigeuner häufig stark verunreinigt, und die Pächter der Grasnutzung an den Straßenböschungen, -vielfach kleine Leute-, durch das Weiden der frei herumlaufenden Pferde, Ziegen und Schafe der Zigeuner empfindlich geschädigt. Auch bedeuten die vielerorts wahllos an den Straßen angezündeten und zuweilen schlecht gelöschten Lagerfeuer und Kochstellen, zu denen vielfach Straßenbaumaterial verschleppt wird, bei trockener Jahreszeit eine Gefahr hinsichtlich des Entstehens von Bränden." Der Landrat ersuchte die Gemeindebehörden, „den durchziehenden Zigeunern in Zukunft einen von der Gemeinde für einen etwaigen Aufenthalt bestimmten Platz zur Verfügung zu stellen." Um jedoch einen längerfristigen Aufenthalt der Sinti zu verhindern, wies der Landrat die Gemeinden an, dafür Sorge zu tragen, „daß Zigeuner ihren Aufenthalt in der Gemeinde nicht über 24 Stunden hinaus ausdehnen." Um dies zu erreichen, sei es notwendig, so der Landrat, den Sinti ihren Aufenthalt nach Möglichkeit zu erschweren. Er schlug vor, ihnen „einen unbequemen Standplatz außerhalb der Gemeinde" zuzuweisen und ihnen „Lebensmittelmarken, hauptsächlich Brot- und Zuckermarken," wir befinden uns in den Nachkriegsjahren, zu verweigern, sofern keine ordnungsgemäße Bescheinigung über ein Wandergewerbe vorgelegt werden kann. Eine weitere Überlegung zielte auf die Erhebung eines Standgeldes ab.[104]

---

[103] Rokahr, G., Die Juden in Esens, Aurich 1994, S. 166ff.
[104] Stadtarchiv Wittmund, Schreiben des Landrats vom 1. August 1921 an sämtliche Gemeindebehörden, Az. I. 5528.

In einer Stellungnahme für das Regierungspräsidium in Aurich wurde diese Politik der Ausgrenzung und Vertreibung noch einmal bekräftigt. Der Landrat in Wittmund faßte seine Grundsätze zusammen. Er habe den Gemeinden empfohlen, „den Zigeunern den Aufenthalt in ihrer Gemeinde durch Anweisen eines unbequemen Standplatzes, durch Verweigerung von Lebensmitteln und durch Erhebung eines hohen Standgeldes nach Möglichkeit zu erschweren." Sinti, die dennoch länger im Kreisgebiet bleiben wollten, mußten im schlimmsten Falle mit der zwangsweisen Abschiebung über die Kreisgrenze rechnen. Für das erste Halbjahr 1922 vermerkte der Landrat, daß „in letzter Zeit ... mehrfach Zigeuner über die Kreisgrenze abgeschoben" wurden.[105] Bereits im Jahr darauf vermeldete der Landrat erste Erfolge bei der Umsetzung der polizeilichen Maßnahmen. Die Sinti wurden zur raschen Weiterreise aufgefordert. In seinem Bericht hieß es dazu: „In letzter Zeit sind auch im Kreis Wittmund wiederholt größere Zigeunerbanden beobachtet worden. So wurde noch vor etwa acht Tagen ein größerer Trupp von Aurich kommend über die Kreisgrenze nach dem Oldenburgischen abgeschoben. Die Zigeuner erschienen besonders einige Tage vor und nach den Auricher Märkten. Bislang ist es den Landjägern noch ausnahmslos gelungen, sie schnell über die Kreisgrenzen abzuschieben. Die zuständigen Polizeibeamten werden vor dem bevorstehenden Eintreffen rechtzeitig in Kenntnis gesetzt."[106] Mit der Abschiebung ins Oldenburgische, d.h. ins benachbarte Jeverland, wurde nicht allein eine Kreis-, sondern zugleich eine Landesgrenze überschritten. Es ist daher nicht verwunderlich, daß diese Praxis die Zustimmung des preußischen Regierungspräsidenten in Aurich fand.

Nicht alle Gemeinden stellten jedoch geeignete Standplätze zur Verfügung. So mahnte der Regierungspräsident die Ortspolizeibehörden des Kreises Wittmund im Frühjahr 1928: „Mit Beginn der wärmeren Jahreszeit ist auch wieder mit dem vermehrten Auftreten von Zigeunerbanden zu rechnen. Ein Vorkommnis im vergangenen Jahr hat gezeigt, daß nicht überall für Lagerplätze, die den Verkehr nicht behindern, und eine ausreichende Bewachung gewährleisteten, Vorsorge getroffen war. Ich ersuche daher ergebenst rechtzeitig, für geeignete Lagerplätze Sorge tragen zu wollen."[107] Der Landrat schloß sich dieser Ermahnung an, indem er seine rigorosen Standpunkte zur „Zigeunerpo-

---

[105] StA Aurich, Rep. 16/1, Nr. 1062, Antwortschreiben des Landrats von Wittmund vom 31. Mai 1922 an den Regierungspräsidenten in Aurich, Az. 3637.
[106] StA Aurich, Rep. 16/1, Nr. 1062, Schreiben des Landrats von Wittmund vom 8. Oktober 1923 an den Regierungspräsidenten in Aurich, Az. 7905.
[107] Stadtarchiv Wittmund, Schreiben des Regierungspräsidenten in Aurich vom 4. April 1928 an die Ortspolizeibehörden, Az. I D. 2714.

litik" bekräftigte. Die Gemeindeverwaltungen wurden darauf eingeschworen, daß „den Zigeunern ... für einen etwaigen Aufenthalt stets ein *bestimmter* Platz zur Verfügung zu stellen" sei. „Eine schriftliche Erlaubnis zum Verweilen in der Gemeinde ist grundsätzlich nicht zu erteilen," sowie „von jedem Zuzug von Zigeunern" dem Landjägerposten zwecks Überwachung sofort Kenntnis zu geben."[108]

Sinti hielten sich in Nordwestdeutschland nicht nur auf der Durchreise auf, vielen war (und ist) dieser Landstrich eine Heimat. Im Interview mit Cornelia Maria Hein und Heike Krokowski weist der Sinto Walter Stanoski Winter auf seinen Geburtsort Wittmund hin. „Ich bin nämlich Ostfriese," sagt er, „ich bin da geboren."[109] Ein Großteil der Sinti verfügte über einen festen Wohnsitz in Oldenburg bzw. Ostfriesland, an welchem die Familien polizeilich gemeldet waren. Die meisten Reisenden verließen den nordwestdeutschen Raum nur selten. Artur Anton aus Oldenburg umreißt das damalige Reisegebiet seiner Eltern mit „Ostfriesland, Oldenburg, Leer, Bremer Raum, Hannover."[110] Der Familie Anton bot der Wohnsitz ein Winterquartier, während andere weitestgehend assimiliert lebten, nicht anders als ihre Nachbarn. Vor allem Alte und Kinder blieben vor Ort. Zumeist besuchten die Kinder dort die Schule oder trugen mit Gelegenheitsarbeiten zum Lebensunterhalt der Familien bei.

Die Familie Johann Winter besaß in der Stadt Wittmund ein Haus. Dazu gehörte ein Hof, der, der Beschreibung folgend, ausreichend Abstellplatz für Wohnwagen auswies. Johann Winter betrieb einen Pferdehandel. Neben den Sinti waren vor allem die ortsansässigen Juden am Pferdehandel beteiligt. Walter Winter, ein Sohn Johann Winters, berichtet, daß der Pferdehändler Cohen, dessen Bruder ein Nachbar der Familie Winter war, seinen Vater zum Compagnion machen wollte. Dieser lehnte das Angebot jedoch ab und verließ Wittmund im Winter 1927/28.[111] Er verkaufte sein Haus an einen Wittmunder Stellmacher, der ihm dafür einen großen Wohn- und einen Transportwagen zimmerte. In ihrer Straße in Wittmund lebte die Familie integriert. Walter Winter

---

[108] Stadtarchiv Wittmund, Schreiben des Landrats von Wittmund vom 23. April 1928 an sämtliche Gemeindebehörden, Az. I. 3559, Hervorhebung im Original.

[109] ZNW, Nr. 62, Interview mit Walter Winter, Transkript, S. 43.

[110] ZNW, Nr. 30, Interview mit Artur A., Transkript S. 1. In Süddeutschland oder im Ausland sei, so Artur A., seine Familie nie gereist.

[111] ZNW, Nr. 62, Interview mit Walter Winter, Transkript S. 43. Vgl. Winter, W. S., Winter-Zeit, Hamburg 1996, S. 11f. Hier heißt es bei Winter, der Nachbar Cohn sei „Pferdeschlachter" gewesen. Andere Nachbarn seien Zimmerleute gewesen. Zur jüdischen Einwohnerschaft der Stadt Wittmund, insbesondere der Familie Cohen vgl. Reyer, H./Tielke, M., Hg., Frisia Judaica, Beiträge zur Geschichte der Juden in Ostfriesland, Aurich 1991, S. 175f.

schildert, daß sie von Nachbarn eingeladen wurden, „zum Tee da, wie die Ostfriesen so waren, ... so richtig familiär da, nich, die ganze Straße."[112]

Der Umzug nach Oldenburg fiel in den harten Winter der Jahreswende 1927/28. Die widrigen Witterungsverhältnisse wurden von Überschwemmungen, Mißernten und der sich zuspitzenden Agrarkrise begleitet. Während die Nationalsozialisten begannen, die unzufriedenen Massen auf den Straßen zu mobilisieren, waren andere vollauf mit der Sicherung ihres kargen Unterhalts beschäftigt.[113] Auch Familie Winter war auf die Unterstützung durch die Wohlfahrt angewiesen. Die Familie, zu der sich noch andere Sinti gesellten, wuchs auf zwölf Personen an. Ihr erstes Domizil in Oldenburg war ein Kohlenschuppen in Osternburg. Dort, in einem traditionellen Arbeiterstadtteil, standen die Krisenjahre im Zeichen der aufkeimenden politischen Auseinandersetzungen. Walter Winter berichtet von der Straßenschlacht zwischen Kommunisten und SA in Osternburg. Die Kommunisten hat er in angenehmer Erinnerung, denn „die waren gut für uns. Die haben uns da (in den Krisenjahren, d. A.) gut unterstützt."[114]

Schließlich besserte sich die Lage der Familie. Johann Winter kaufte um das Jahr 1929 ein Stück Land in Tweelbäke bei Oldenburg. Dort baute die Familie an, was sie zum Leben brauchte. Heuwiesen sorgten für das Auskommen der Pferde. Die Eltern, die einen Wandergewerbeschein besaßen, gingen darüberhinaus mit Textilien hausieren. Später wechselten sie mit einer Schießbude in das Schaustellergewerbe.[115] Walter Winter unterlag der Residenzschulpflicht, d.h. er durfte nicht mit seinen Eltern reisen. In seiner Oldenburger Schulzeit nahm sich ein Lehrer besonders seiner an. Jener Lehrer Kordes wollte die Talente seines Schülers fördern, doch nahm Johann Winter seinen Sohn mit der Aufhebung der Residenzschulpflicht mit der nationalsozialistischen Regierungsübernahme in Oldenburg wieder aus der Schule heraus. Es

---

[112] ZNW, Nr. 62, Interview mit Walter Winter, Transkript S. 43f.
[113] Schaap, K., a. a. O., S. 38ff. Die notwendige Neuverschuldung und zuletzt der Preissturz für Schweinefleisch führten zur Krise der Oldenburgischen Landwirtschaft. Am 26. Januar 1928 kam es schließlich zu einer ersten Großkundgebung mit 40.000 Teilnehmern auf dem Pferdemarkt in Oldenburg. Die Nationalsozialisten wußten diesen Protest geschickt für ihre Zwecke zu vereinnahmen. Vgl. zudem S. 72, für „Deutschlands Ehre, Freiheit und Brot" wirbt die NSDAP in Oldenburg siegesgewiß auf einem Plakat für das „kommende dritte Reich." Die Nationalsozialisten versprachen den Bauern ein „freies" Bauerntum auf „freier deutscher Scholle."
[114] ZNW, Nr. 62, Interview mit Walter Winter, Transkript S. 44, zu den politischen Auseinandersetzungen in Osternburg, vgl. Schaap, a. a. O., S. 90.
[115] ZNW, Nr. 62, Interview mit Walter Winter, Transkript S. 44f. und S. 47f. Die Ortschaft Tweelbäke zählt zur Stadtgemeinde Oldenburg.

wurde wieder ein Schulbuch geführt und Walter Winter besuchte die Schulen am Ort der Wanderschaft.[116]

Nicht immer war das Verhältnis zwischen Ostfriesen und Sinti so entspannt, wie es Walter Winter eingangs beschrieb. Im Februar des Jahres 1929 berichtete der Anzeiger für Harlingerland über einen Zusammenstoß zwischen einer „Zigeunerin" und einem Bauern in Poggenkrug an der Landstraße von Aurich nach Wittmund.

Unter der Überschrift „Poggenkrug: Zigeuner" berichtet der Anzeiger: „Kommt da gestern so eine schöne Braune in ein Haus und bietet Spitzen zum Verkauf an. Als die Hausfrau nicht gewillt ist, den Schund zu kaufen, wird die Braune aufdringlich und verlangt Hafer usw. für das Pferd. Da auch das nicht gegeben wird, kommen Verwünschungen und böse Prophezeiungen für Menschen und Vieh. Es sollen innerhalb neun Tagen die besten Tiere sterben. Da wird es der Hausfrau doch zu bunt, denn sie war allein mit zwei Kindern und sie läßt ihren Mann rufen. Der hört sich die Sache an und wird von der schönen Braunen als ein guter Vater und ein guter sehr viel besserer Mensch als die Frau gepriesen. Aber da, o´ Schreck, wird die Holde an die frische Luft befördert. Nun werden lauter Lügen dem Gespannführer erzählt. Drohungen werden laut, aus denen man heraushört, daß die 'Geizhälse niedergeschossen' werden sollen und desgleichen mehr. Es ist bedauerlich, daß die an einsamen Landstraßen wohnenden Anlieger sich so wenig gegen derartiges Gesindel schützen können."[117]

In Stil und Tonfall kann dieser Artikel als exemplarisch für die damalige Berichterstattung über „Zigeuner" in den Ostfriesischen Zeitungen gelten. Die „Zigeuner" werden als frech und unverschämt beschrieben, während die Bauersfamilie als häuslich und rechtschaffend auftrat. Alle bekannten Vorurteile bediente der Artikel. Die Sintezza ist eine „schöne Braune," die mit Kurzwaren hausieren geht. Nachdem das Geschäft nicht zustande kam, entspann sich zwischen ihr und der Bäuerin ein Streit, in welchen schließlich auch die Männer hineingezogen wurden. Für den Berichterstatter gab es dabei keinen Zweifel an der Schuldfrage. Die Sintezza sei „aufdringlich" und erzähle „lauter Lügen". Der geschilderte Einzelfall wird schließlich verallgemeinert. Aus einer

---

[116] Ebd. S. 45f. Vgl. Winter, a. a. O., S. 15f. Die Residenzschulpflicht bezieht sich auf den Erlaß des Oldenburgischen Ministeriums für Kirchen und Schulen vom 26. Juli 1928. Der Erlaß besagte, daß schulpflichtige Kinder an ihrem Wohnsitz die Schule besuchen müssen. Vgl. Anmerkungen 83 und 84 dieses Kapitels.

[117] Anzeiger für Harlingerland vom 1. Februar 1929, „Poggenkrug: Zigeuner", hier zitiert nach StA Aurich, Rep. 16/1, Nr. 1062, Anlage zum Ermittlungsprotokoll des Landratsamtes von Wittmund (6. März 1929).Wortgetreue Wiedergabe des Artikels.

Sinti-Familie wird ein „derartiges Gesindel," vor dem die bedauernswerten Bauern „so wenig" Schutz erfahren.[118]

Weniger blumig, doch nicht minder einseitig, urteilte das Landratsamt in den Ergebnissen seiner Ermittlungen zu dieser Begebenheit. Anfang des Jahres wollte eine „Zigeunerin" auf dem Hof von Johann Reiners in Poggenkrug „Band und Spitze" verkaufen. Nachdem die Ehefrau des Bauern den Ankauf ablehnte, wurde „das Zigeunerweib frech und schimpfte." Als die „Zigeunerin" schließlich noch Heu für die Pferde verlangte, wurde dies von Reiners ebenso abgelehnt und die Frau vom Hof gewiesen.[119]

Der Magistrat der Stadt Esens nahm laut seinem Bericht an das Regierungspräsidium ebenfalls eine harte Haltung gegenüber den Sinti ein. Sie, die sie zu den Markttagen anreisten, wurden dort „unter strengster Aufsicht gehalten" und seien „baldmöglichst weiterzutreiben." Gemäß der Anregung durch den Landrat in Wittmund, setzte die Gemeinde die Höhe des Standgeldes mit 100 Mark fest.[120]

Genehmigte Lagerplätze gab es in Esens nach einer Meldung an das Regierungspräsidium in Aurich jedoch keine, wodurch faktisch die Erhebung eines Standgeldes entfiel. Dennoch beschrieb der Magistrat eine „Zigeunerplage." Die Sinti ließen sich auf Privatgelände nieder, was ein Einschreiten der Stadt erheblich erschwerte. Der Magistrat beklagte sich: „Wir haben zu der unerläßlichen Bekämpfung des Zigeunerunwesens eine Polizeiverordnung betr. der Aufstellung von Wohnwagen in der Stadt Esens für erforderlich gehalten. Die Zustimmung durch den Herrn Regierungspräsidenten durch die Verfügung vom 27.8. d. J. - I. D. 3058 blieb aber versagt."[121] Die bislang getroffenen Maßnahmen sah der Magistrat der Stadt Esens als ungenügend an, „weil sie ein Einschreiten der Polizei in einzelnen Fällen nicht unnötig machen ..., und die Durchführung spezieller Maßnahmen i. d. R. mehrere Tage erfordert, so daß die Zigeuner leicht zu einem mehrtägigen Aufenthalt in Esens kommen können."[122]

---

[118] Ebd.
[119] StA Aurich, Rep. 16/1, Nr. 1062, Schreiben des Landrats in Wittmund vom 6. März 1929 an den Regierungspräsidenten in Aurich.
[120] StA Aurich, Rep. 16/1, Nr. 1062, Antwortschreiben des Magistrats der Stadt Esens vom 9. Juni 1922 an den Regierungspräsidenten, ohne Aktenzeichen.
[121] StA Aurich, Rep. 16/1, Nr. 1062, Schreiben des Magistrats der Stadt Esens vom 28. Oktober 1929 an den Regierungspräsidenten in Aurich. Das darin zitierte Dokument vom 27. August 1929, fehlt in den Akten des StA Aurich. Auch die Stadtarchive von Esens und Wittmund konnten das Dokument nicht vorlegen.
[122] Ebd.

In Angelegenheiten der „Maßnahmen gegen das Zigeunerunwesen" wurde das Gebiet des preußischen Marinestützpunktes *Wilhelmshaven* dem Landkreis Wittmund unterstellt.[123] Auf Anfragen des Regierungspräsidenten in Aurich (von 1922 und 1930) wurde von der Polizei in Wilhelmshaven nur mit „Fehlbericht" bzw. dem einfachen Satz: „In Wilhelmshaven sind Zigeunertrupps seit mehreren Jahren nicht mehr gewesen" geantwortet.[124] Als Garnisons- und Werftstandort bildete Wilhelmshaven keinen tradtionellen Marktplatz. Überdies befindet sich Wilhelmshaven in einer geographischen Randlage, abseits der damaligen Durchgangsstraßen.

Die Kreisverwaltung in *Emden* widersprach in dem Bericht von 1921 dem Eindruck einer erkennbaren Zunahme der Anzahl reisender Sinti. Dem Regierungspräsidium in Aurich wurde gemeldet, daß „von einer Zunahme der Zigeunerplage ... im Landkreise Emden keine Rede sein (kann, d. A.). Jm Laufe des Winters haben sich keine Zigeunerbanden hier sehen lassen. Dies ist auf die geographische Lage des Landkreises Emden zurückzuführen, der nicht von den Durchgangsstraßen der Zigeuner durchschnitten wird."[125] Diese Einschätzung teilte der Magistrat der Stadt Emden. Dem Bericht der Kreisverwaltung fügte er hinzu, daß „in den letzten Jahren ... Zigeuner hier wenig in Erscheinung getreten" seien. Auch auf den Märkten wurden keine Sinti registriert. Die eigenen Polizeikräfte, so schließt die Meldung in Bezug auf den Maßnahmenkatalog, hielt der Magistrat für ausreichend.[126]

Erst im September 1923 traten, laut den entsprechenden Berichten an das Regierungspräsidium in Aurich, im Kreisgebiet Emden „inländische Zigeuner" häufiger auf. Gegen Straftäter werde „mit besonderem Nachdruck eingeschritten," versicherte der Landrat dem Regierungspräsidenten. Die Gewerbeausübung wurde von Landjägern ständig überwacht. „Der Erfolg war der, daß sich die Banden sehr schnell verzogen." Ausländische „Zigeuner" hielten sich laut dieser Meldung nicht im Kreisgebiet auf. Mahnend sieht sich der Landrat von Emden genötigt, die Bezirksregierung darauf hinzuweisen, daß die Poli-

---

[123] Siehe Anmerkung 99.
[124] StA Aurich, Rep. 16/1, Nr. 1062, Schreiben der Polizeiverwaltung Wilhelmshaven vom 31. Mai 1922 an den Regierungspräsidenten in Aurich, Az. P 6557/21 bzw. Schreiben der Polizeidirektion Wilhelmshaven vom 12. November 1930 an den Regierungspräsidenten in Aurich
[125] StA Aurich, Rep. 16/1, Nr. 1062, Schreiben der Kreisverwaltung Emden vom 26. Mai 1922 an den Regierungspräsidenten in Aurich.
[126] StA Aurich, Rep. 16/1, Nr. 1062, Schreiben des Magistrats der Stadt Emden vom 17. Juni 1922 an den Regierungspräsidenten in Aurich.

zeistation der Stadt Emden bereits zum zweiten Male Sinti „nicht vorschriftsmäßig der Landjägerstation übergeben" habe.[127]

Ein aufsehenerregender Zwischenfall wird aus dem Jahr 1923 berichtet. In der Rubrik „Aus dem Landkreise" titelte die Emder Rhein und Ems Zeitung reißerisch mit der Schlagzeile „Im Kampf mit den Zigeunern."[128] In Harsweg im Norden der Stadt Emden[129] war es zu gewalttätigen Zusammenstößen zwischen Anwohnern und Sinti gekommen. Dem Bericht der Rhein und Ems Zeitung zufolge lagerten Sinti mit insgesamt 17 Wagen in Harsweg.[130] In deutlich diskriminierendem Ton schrieb die Rhein und Ems Zeitung weiter: „Bekanntlich zeigten sich diese unsteten und flüchtigen braunen Kinder der Pußta überall dort, wo sie auftauchen, als recht unangenehme Gäste, ganz besonders aber, wenn sie in größeren Horden auf der Bildfläche erscheinen." Der Bericht wirft ihnen vor, sie hätten Lebensmittel „requiriert," womit der unbekannte Autor dieser Zeilen die Sinti unzweifelhaft als dreiste Diebe darstellen will. Aus den anfänglichen „Meinungsverschiedenheiten" anläßlich eines Handels entspann sich ein, so der Zeitungsbericht, „forschfröhlicher Kampf," in dessen Verlauf die Sinti „scharfe Schüsse" aus ihren Gewehren abgegeben haben sollen. Schließlich habe man „Meister Petz," gemeint ist wahrscheinlich ein Tanzbär,[131] ohne Maulkorb auf die Gegner losgelassen. Nachdem die Polizei in Emden gerufen wurde, flohen die Sinti mit ihren Wagen in Richtung der Stadt Norden. Die durch Schutzpolizei und Küstenwehr verstärkte Polizei stellte die flüchtigen Sinti bei Georgsheil im Kreis Aurich. Nach Angaben der Rhein und Ems Zeitung müssen die meisten Männer bereits während der Fahrt

---

[127] StA Aurich, Rep. 16/1, Nr. 1062, Schreiben des Kreises Emden vom 28. September 1923 an den Regierungspräsidenten in Aurich.
[128] Rhein und Ems Zeitung, Nr. 228 vom 2. Oktober 1923, Emden, hier zitiert nach StA Aurich, Rep. 16/1, Nr. 1062.
[129] Seinerzeit gehörte der Ortsteil Harsweg zur Gemeinde Hinte im Landkreis Emden. Erst nach den Kreisreformen kam Harsweg zur nunmehr Kreisfreien Stadt Emden.
[130] In der weiteren Beschreibung dieser Sinti geht der Autor im besonderen auf die mitreisenden Frauen ein, die im Bericht höhnisch „Pußtadamen" genannt werden. Er hebt dabei deren Gewohnheit, „türkische Pfeifen" zu rauchen, hervor. Unklar bleibt, ob es sich hierbei um eine realistische Beschreibung, die im weitesten Sinne auf eine entsprechende Tradition rumänischer Roma, den Kaldereli, den Kesselflickern, schließen ließe, handelt oder ob sich der Autor dieses Details, welches zugleich ein klassisches Vorurteil gegenüber den „Zigeunerinnen" beinhaltet, allein aus Gründen der Ausschmückung bediente.
[131] „Bärenführer" traten den weiteren Unterlagen des Regierungspäsidiums in Aurich zufolge häufiger in Ostfriesland auf. Vgl. StA Aurich, Rep. 16/1, Nr. 1062, dort finden sich zwei diesbezügliche Vermerke: in einer Notiz ohne Datum wird auf umherziehende Bärenführer aus Smyrna (heute Izmir), Kleinasien, hingewiesen. Eine Notiz des Landjägerposten in Westrhauderfehn, Kreis Leer, vom 7. August 1929, berichtet dem Regierungspräsidenten in Aurich vom „ungebührlichen Verhalten des Bärenführers Petrovich."

von den Wagen gesprungen sein, um so abseits der Wege zu entkommen. Dennoch nahm die Polizei zehn Personen fest. Die Durchsuchungsaktion in Georgsheil wurde am Folgetag wiederholt. Zwölf weitere Personen wurden festgenommen. Ergänzend lieferte die Rhein und Ems Zeitung eine weitere Episode, welche die im Bericht angestellten Schlüsse über das Verhalten der Sinti bestätigen sollte. Einige Tage vor dem eskalierenden Konflikt in Harsweg sei es zwischen Sinti und Anwohnern im benachbarten Suurhusen zu Streitigkeiten gekommen. In der Bäckerei W. Peters boten die „Zigeunerinnen" statt Geld eine „Bezahlung durch Wahrsagen" an, auf die der Bäcker verzichtete. Daraufhin sollen zwei von ihnen ein Weißbrot gestohlen oder, wie es der Bericht formuliert, „ohne weiteres weggenommen" haben. Die Zeitung vermutete, daß es sich bei diesen „Zigeunern" um jene Personen handelte, die Tage zuvor an der Holländischen Grenze abgewiesen worden waren. Von Leer aus waren sie dann nach Emden „abgeschoben" worden.[132]

Auch die Ostfriesenzeitung berichtete über die Ereignisse von Harsweg. Sie faßte den Vorfall in einer kurzen Meldung zusammen: „Am Sonnabend Nachmittag kam es auf dem Gelände Hinte-Harsweg zu einer regulären Schlacht zwischen Einwohnern und Zigeunern, die derart heftig war, daß von Emden zum Schutz Militär und Schutzmannschaften anrücken mußten. Diese Hilfstruppe nahm zehn der Zigeuner fest und packte sie auf ein Automobil, daß die Gefangenen in das hiesige Gerichtsgefängnis zur Untersuchungshaft abführte. Die Zigeuner wollten von den Feldern in Hinte-Harsweg die Früchte entwenden. Da die Einwohner dies nicht zulassen wollten, kam es zu der argen Schlägerei."[133]

Erwartungsgemäß nüchterner erschien der Zwischenfall im offiziellen Bericht der zuständigen Landjägerstation in Suurhusen. Der Bericht wiederholte dabei den Vorwurf des Landrats von Emden der häufig nicht vorschriftsgerechten Übergabe der „Zigeuner" durch die Emder Stadtpolizei, welche in diesem Fall die „schweren Ausschreitungen" erst ermöglichte. Ein ebenfalls an der Polizeiaktion beteiligter Landjägermeister aus Wolthusen hatte sich laut Bericht aus diesem Grund bereits in Emden beschwert.[134] In der Anzeigeschrift der Landjägerei Suurhusen gegen die zehn inhaftierten Sinti (deren Namen nicht überliefert sind) wegen „Waffengebrauch, Körperverletzung und

---

[132] Die Angaben folgen der Rhein und Ems Zeitung Nr. 228 vom 2. Oktober 1923, Emden, StA Aurich, Rep. 16/1, Nr. 1062.
[133] Ostfriesenzeitung vom 30. September 1923, hier zitiert nach StA Aurich, Rep. 16/1, Nr. 1062.
[134] StA Aurich, Rep. 16/1, Nr. 1062, Bericht der Landjägerstation Suurhusen vom 1. Oktober 1923 an den Landrat des Kreises Emden.

Betteln" erfolgte schließlich eine Rekonstruktion des Tatherganges. Der Streit nahm seinen Ausgang im Stellwerkerhaus von Harsweg an der Bahnstrecke von Emden nach Norden. Die, nach der Anzeigschrift, „angezechten" Arbeiter Ommen aus Uttum, Röpker aus Hinte, Hake und Freese, beide aus Westerhusen, sowie die Bahnwärter Jhnen und Oldenburger gerieten über die Bezahlung von Waren mit einigen Zigeunerfrauen in Streit. Als Ommen eine der Frauen anging, kamen dieser ihr Mann und weitere Sinti zur Hilfe. Im Verlauf des Handgemenges wurde Ommen aus einem Fenster gestoßen. Die hinzugeeilten Hinrich Meints aus Osterhusen und Hinderik Hinrichs aus Pilsum wurden laut Anklage „schwer gemißhandelt und beschossen," und Weet Ellen aus Harsweg mit einem Knüppel geschlagen. Als weitere Zeugen nennt die Anzeige Christoph Schumacher und dessen Tochter Carla, den Maler Janssen und Frau, Kohler aus Harsweg sowie Rudolf Hinderiks und die Bahnwärterfrau Jhnken.[135]

Für das *Kreisgebiet Leer* wurde dem Regierungspräsidium in Aurich auf dessen Anfrage von 1921 durch den Landrat mitgeteilt, daß „zur energischen Bekämpfung des Zigeunerunwesens ... die Landjägerei des Kreises aufgefordert worden" sei. Jedoch seien „in der Berichtszeit ... besonders hervorzuhebende Fälle nicht eingetreten. Einmal sind vier Landjägereibeamte der städtischen Polizeiverwaltung bei einer Revision von Zigeunerwagen auf dem Marktplatze zugeteilt worden."[136] Der Kreis Weener[137] machte eine entsprechende Meldung: „Zigeunerbanden kommen hier nur selten durch und zwar nur im Durchgangsverkehr. Dieselben werden von einem Landjäger übernommen und an der Kreisgrenze einem dortigen Landjäger übergeben. Besondere Erfahrungen sind nicht gemacht worden. Trotzdem sind die Landjäger bei der letzten Dienstversammlung erneut mit den Bestimmungen bekannt gemacht worden."[138] Beide Beispiele unterstreichen die Umsetzung der Vertreibungs- und Überwachungspolitik gegenüber den Sinti.

Eine detailliertere Auskunft über die Durchführung der Vorschriften wurde in diesem Zusammenhang von der städtischen Polizeiverwaltung in Leer

---

[135] StA Aurich, Rep. 16/1, Nr. 1062, Anzeigschrift der Landjägerei Suurhusen vom 1. Oktober 1923.
[136] StA Aurich, Rep. 16/1, Nr. 1062, Schreiben des Landrats von Leer vom 21. Juni 1922 an den Regierungspräsidenten in Aurich, Az. 5346.
[137] Der Landkreis Weener wurde 1932 dem Landkreis Leer angegliedert. Im Folgenden werden die Ereignisse beider Landkreise zusammengefaßt. Zur Kreisreform vgl. Deeters, W., a. a. O., S. 97
[138] StA Aurich, Rep. 16/1, Nr. 1062, Schreiben des Landrats von Weener vom 17. Mai 1922 an den Regierungspräsidenten in Aurich, Az. L. 2848.

gegeben. In ihrem Bericht schilderte die Polizeiverwaltung die oben angesprochene „Revision": „Unter Hinzuziehung einer Anzahl Landjäger ist im Herbst vorigen Jahres gelegentlich eines Pferdemarktes bei einer großen Zigeunertruppe früh morgens eine eingehende Durchsuchung sämtlicher Wagen sowie Insassen nach Waffen pp. vorgenommen worden. Mit Ausnahme einiger junger Burschen, welche angeblich erst kurz vorher von den Zigeunern als Pferdeknechte angenommen sein wollten, waren sämtliche Mitglieder des Trupps im Besitz ordnungsgemäßer Papiere. Die nicht im Besitz von Papieren befindlichen Personen wurden festgenommen und wegen Verdachts der Landstreicherei dem Gerichtsgefängnis zugeführt. Waffen wurden nicht vorgefunden, ebenfalls befanden sich keine schulpflichtigen Kinder bei dem Trupp."[139] Der Erfolg dieser Polizeiaktion war ein vermindertes Auftreten von Sinti in Leer. Anläßlich der Pferdemärkte reisten nur Sinti an, die im Besitz ordnungsgemäßer Papiere und in ihrer ganzen Aufmachung als reisende Pferdehändler anzusprechen waren.[140] Die Reisekosten, welche für die Begleitung von Sinti durch die Polizei anfielen, wurden, wie ein Schreiben der Städtischen Polizeiverwaltung Leer belegt, beim Regierungspräsidium in Aurich abgerechnet.[141]

Im Herbst 1923 berichtete der Landrat in Leer von zwei Vorgängen um „Zigeuner". Im ersten Fall wurde dem Regierungspräsidenten knapp die Bestrafung von fünf Sinti wegen „Weidefrevel" mitgeteilt.[142] Andere Sinti wurden über Detern nach Oldenburg bzw. Papenburg „weiterbefördert."[143] Damit wurden sie nicht nur über die Kreisgrenze hinaus abgeschoben, sondern zugleich in die Zuständigkeit des Landes Oldenburg bzw. des Regierungsbezirk Osnabrück. Die praktizierte Vertreibungspolitik führte ihrerseits zu neuen Konflikten mit den benachbarten Landkreisen. Die Streitigkeiten unter den Kreisbehörden eskalierten insbesondere dort, wo die Kreisgrenze zugleich zwei Regierungsbezirke oder Länder trennte. Der Landrat in Leer beschwerte sich 1929 wiederholt beim Regierungspräsidenten in Aurich über die Praxis der Landjägerei Papenburg, „Zigeuner" nach Völlen im Kreis Leer abzuschieben. Papenburg,

---

[139] StA Aurich, Rep. 16/1, Nr. 1062, Schreiben der Städtischen Polizeiverwaltung Leer vom 17. Juni 1922 an den Regierungspräsidenten in Aurich.
[140] Ebd.
[141] StA Aurich, Rep. 16/1, Nr. 1062, Kostenrechnung der Städtischen Polizeiverwaltung Leer vom 16. Oktober 1923 an den Regierungspräsidenten, Az. 3868. Die Forderung begründete sich auf „ausgeführte Zigeunertransporte" durch die Polizeibetriebsassistenten Erkens, Kunzmann, Meyer und van Lengen ein.
[142] StA Aurich, Rep. 16/1, Nr. 1062, Schreiben des Landrats von Leer vom 6. Oktober 1923 an den Regierungspräsidenten in Aurich.
[143] StA Aurich, Rep. 16/1, Nr. 1062, Schreiben des Landrats von Leer vom 13. Oktober 1923 an den Regierungspräsidenten.

gerade südlich der Kreisgrenze von Leer gelegen, unterstand dem Regierungspräsidium in Osnabrück. Die Papenburger Landjäger begründeten die Abschiebungen damit, „daß der für Papenburg zuständige Lagerplatz sich in Völlen befinde." Der Leeraner Landrat versuchte weitere Abschiebungen, welche „ohne Rücksicht auf die etwa schon begonnene Dunkelheit" vollzogen wurden, mit Deckung des Regierungspräsidiums in Aurich zu verhindern. „Die Bevölkerung in Völlen," hieß es weiter, sei dadurch „sehr beunruhigt." Der Landrat verwies auf die nach seinem Erachten nicht sichergestellte Überwachung der „Zigeuner". Zudem wies er auf die nächtens nur unzuverlässig arbeitenden Telefone hin, die eine geregelte Übergabe der „Zigeuner" unmöglich machten.[144]

Aufschluß über die Haltung der Bevölkerung im Landkreis Leer gegenüber den Sinti gibt ein Artikel im Leeraner Anzeigenblatt aus dem Sommer 1925. Dort wurde die Ortschaft Remels als „Das Zigeunerdorf" beschrieben. Remels, das verkehrsgünstig an den Landstraßen nach Leer, Aurich und Oldenburg liegt, wurde zum bevorzugten Standplatz. Das Anzeigenblatt schrieb: „Sobald der Frühling ins Land gezogen ist, tauchen sie wieder auf, die braunen Gesellen mit Kind und Kegel immer in Zügen von drei, fünf, sieben und mehr Wagen. Hausierend, bettelnd, stehlend ziehen sie durchs Dorf, bei Abweisung häufig frech werdend. So geht es den ganzen Sommer hindurch, nur zu den Märkten verschwinden sie auf einige Tage. Ist denn keine Abhilfe gegen diese Plage? Warum immer gerade Remels? (Es sind die schlechtesten Früchte nicht, woran die Welpen nagen. Der Schriftleiter.)"[145]

Eine „bessere Kontrolle der umherziehenden Zigeuner" - Das sogenannte 'Norder Modell' und seine Folgen

Im ostfriesischen Norden sah man sich nach Angaben der Kreisverwaltung nicht mit Sinti konfrontiert. Der Landrat gibt zu Protokoll: „Besondere Erfahrungen sind noch nicht gemacht worden, da seit dem Erlaß der dortigen Verfügung, Meldungen über die Anwesenheit von Zigeunern im hiesigen Kreise nicht eingegangen sind."[146] Auch in der Stadt Norden traten zunächst keine

---

[144] StA Aurich, Rep. 16/1, Nr. 1062, Schreiben des Landrats von Leer vom 11. Mai 1929 an den Regierungspräsidenten in Aurich.
[145] Leeraner Anzeigenblatt, Nr. 183, vom 7. August 1925, „Remels - Das Zigeunerdorf," hier zitiert nach StA Aurich, Rep. 16/1, Nr. 1062.
[146] StA Aurich, Rep. 16/1, Nr. 1062, Schreiben des Landrats in Norden vom 26. Juni 1922 an den Regierungspräsidenten in Aurich.

Sinti auf. „Seit einem Jahr haben sich im hiesigen Bezirk keine Zigeuner aufgehalten, weil hier in Norden keine Pferdemärkte abgehalten wurden,[147] heißt es dazu von Seiten des Magistrats. Im folgenden Jahr, 1923, berichtete das Landratsamt dann von sechs durchziehenden Wagen, dennoch blieb Norden, wie es in diesem Schreiben weiter formuliert wurde, „ziemlich verschont."[148]

Um so mehr mag es verwundern, daß gerade die Kreisverwaltung Norden im Oktober 1928 eine richtungweisende Bestimmung zur „besseren Kontrolle der umherziehenden Zigeuner" aufstellte.[149] Darin ordnete der Landkreis Norden die Einrichtung von drei festen Standplätzen in Marienhafe, Hage und Dornum an. Für die dort lagernden Sinti bestand zum Zweck der ständigen Überwachung eine Meldepflicht beim örtlichen Landjägerposten. Generell sollte „im Interesse der Bevölkerung" ein Lager nicht länger als eine Nacht gestattet werden. Das Standgeld betrug 5 RM pro Nacht.[150] Diese Handhabe wurde als „Norder Modell" schließlich von weiteren Kreisen im Nordwesten übernommen. Gegen das Modell erhoben sich wenige Stimmen. Der Magistrat der Stadt Norden begründete seine Zweifel an der Wirksamkeit einer Standgelderhebung. Man fürchtete dort, daß eine Umkehrung des eigentlichen Zieles eintreten könnte und Norden ein Zufluchtsort für „Zigeuner" werde. Durch die Zahlung des Standgeldes könnten die Sinti ein befristetes Bleiberecht fordern, was nicht im Interesse der Stadt läge.[151] Doch das Modell des Landkreises setzte sich durch. Nach der Einführung eines Standgeldes kamen, nach Bericht des Landrates in Norden, weniger „Zigeuner" in den Kreis.[152]

Dem „Norder Modell" der Zuweisung eines geeigneten Standplatzes sowie der Erhebung eines Standgeldes folgten rasch die benachbarten Landkreise Aurich, Wittmund und Emden. Der Kreis Aurich verlangte nunmehr vor dem Aufrücken auf einen genehmigten Standplatz ein Standgeld in der Höhe von 5

---

[147] StA Aurich, Rep. 16/1, Nr. 1062, Schreiben des Magistrats der Stadt Norden vom 20. Juni 1922 an den Regierungspräsidenten in Aurich.
[148] StA Aurich, Rep. 16/1, Nr. 1062, Schreiben des Landrats in Norden vom 18. September 1923 an den Regierungspräsidenten in Aurich.
[149] StA Oldenburg, Best. 231-6, Nr. 55, Landkreis Cloppenburg, Abschrift eines Schreibens des Landrats in Norden vom 25. Oktober 1928 an die Gemeindevorstände des Kreises, die Durchführungsbestimmungen zur „Kontrolle umherziehender Zigeuner" beinhaltend. Unter StA Aurich, Rep. 16/1, Nr. 1062, findet sich eine von 1929 datierende Zusammenfassung der Bestimmungen des Landrats zur Kenntnisnahme an den Regierungspräsidenten in Aurich, Az. 10/11. Beide Schreiben wurden von Schede abgezeichnet.
[150] Ebd.
[151] StA Aurich, Rep. 16/1, Nr. 1062, Schreiben des Magistrats der Stadt Norden vom 18. Oktober 1929 an den Regierungspräsidenten in Aurich, Az. 12557.
[152] StA Aurich, Rep. 16/1, Nr. 1062, Schreiben des Landrats in Norden vom 13. November 1930 an den Regierungspräsidenten in Aurich.

Goldmarkt je Nacht bzw. 1 Goldmark für jede angebrochene Stunde am Tag. Die Landjäger wurden aufgefordert, eine „dauernde Begleitung und Beaufsichtigung" der Sinti zu gewährleisten. Während der Märsche hatten, nach diesen Vorschlägen, alle Sinti im oder am Wagen zu bleiben. Ein längerer Halt auf der Landstraße war verboten.[153] Standplätze für den Landkreis Aurich wurden 1930 in Bagband, Schirum, Walle, Moordorf, Sandhorst, Ogenbargen, Haxtum und Riepe ausgewiesen.[154]

Ähnlich der Stadtverwaltung in Norden äußerte sich der Magistrat der Stadt Aurich skeptisch gegenüber dem „Norder Modell." Der Magistrat der Stadt benannte ernste Zweifel an der Rechtlichkeit der gültigen Praxis. Die Sinti wurden als deutsche Staatsangehörige erkannt. Statt der allseits praktizierten Vertreibung wurde die Realisierung einer Siedlungspolitik, wie sie abstrakt den Hintergrund der Bestimmungen von 1906 bildete, gefordert. Der Magistrat schrieb: „Wegen der Zigeunerplage haben wir eine völlig befriedigende Lösung noch nicht gefunden. Es scheint, daß statt der vorgeschlagenen Sonderauflagen, die gegen wandergewerbeberechtigte Staatsbürger nicht ohne Bedenken sind, eine praktische Siedlungspolitik bei staatsgesetzlichem Verbot der Zigeunerei allein als gerechte und durchgreifende Lösung in Frage kommt."[155] Ein Angebot, Sinti in Aurich anzusiedeln, blieb jedoch aus. Angesichts restriktiver Bestimmungen im Landkreis bezog letztendlich auch der Magistrat der Stadt Aurich eine entschiedenere Position gegenüber den Sinti. Der Magistrat faßte 1930 seine Vorgehensweise für den Regierungspräsidenten zusammen: „Wir haben den Zigeunern das Lagern auf städtischen Straßen und Plätzen untersagt. Da Gastwirte ihnen keine Wagenunterkunft gewähren, können sie mit ihren Wagen nicht hereinkommen. Nur die wandergewerbescheinberechtigten Händler dürfen persönlich auf den Markt gehen; doch auch das (kommt, d. A.) kaum noch vor."[156]

Das „Norder Modell" fand über die Grenzen des Regierungsbezirks Nachahmung. Aufgrund einer angeblich zunehmenden „Zigeunerplage" in Papenburg forderte der dort zuständige Regierungspräsident in Osnabrück die Landräte der benachbarten Kreise im Regierungsbezirk Aurich auf, die Fest-

---

[153] StA Aurich, Rep. 16/1, Nr. 1062, Schreiben des Landrats von Aurich vom 28. Oktober 1929 an den Regierungspräsidenten in Aurich.
[154] StA Aurich, Rep. 16/1, Nr. 1062, Schreiben des Landrats von Aurich vom 2. Juli 1930 an den Regierungspräsidenten in Aurich.
[155] StA Aurich, Rep. 16/1, Nr. 1062, Schreiben des Magistrats der Stadt Aurich vom 10. Dezember 1929 an den Regierungspräsidenten in Aurich.
[156] StA Aurich, Rep. 16/1, Nr. 1062, Schreiben des Magistrats der Stadt Aurich vom 14. Dezember 1930 an den Regierungspräsidenten in Aurich.

setzung eines „angemessenen Standgeldes" zu vereinheitlichen. Ein solches Standgeld sollte, „um wirkungsvoll zu sein, nicht zu niedrig bemessen sein und mindestens 10 RM pro Wagen betragen." Zudem sollte das Lagern von mehr als zwei Tagen in beiden Regierungsbezirken verboten werden.[157] Der Landkreis Wittmund schloß sich diesen Vorschlägen an. Bereits zum November 1929 meldete das Landratsamt Vollzug. Das Standgeld in Wittmund betrug nunmehr 10 RM. Die Aufenthaltsdauer wurde gemäß der Vorlage auf zwei Tage beschränkt. Da durchaus bekannt war, daß ein Betrag von 10 RM von reisenden Sinti gemeinhin nicht aufzubringen war, erhielten die Gemeinden die Möglichkeit, das Standgeld „in besonders bedürftigen Fällen von sich aus zu ermäßigen." Generell war das Lagern an eine Vorauszahlung des Standgeldes gebunden, da eine „zwangsweise Beitreibung in den seltensten Fällen Erfolg verspricht."[158] Im gesamten Kreisgebiet Wittmund wurden um 1930 schließlich vier feste Standplätze in Westerholt, Dunum, Carolinensiel und Friedeburg eingerichtet. Darüberhinaus durfte an einem von der Stadt Wittmund ausgewiesenen Platz gehalten und übernachtet werden.[159] Die Fleckensgemeinde Wittmund pachtete zu diesem Zweck bereits 1929 vom Landesbauamt in Aurich zwei Grundstücke an der Chaussee von Aurich nach Carolinensiel „zur Verwendung als Zigeunerplätze." Der Pachtvertrag war auf eine Dauer von sechs Jahren, bis 1934, begrenzt.[160] Um die Wirksamkeit der getroffenen Maßnahmen zu gewährleisten, untersagte der Landrat den übrigen Gemeinden ausdrücklich „das Zurverfügungstellen von Lagerplätzen in jeglicher Form ... . Die Landjägereibeamten, die die Zigeuner auf dem Transport ständig zu überwachen haben, sind angewiesen, diese nur in den oben genannten Orten halten zu lassen." Über die Bewachung durch die Landjäger sollten die betroffenen Gemeinden zusätzliche Nachtwachen stellen. Die dabei anfallenden Kosten waren aus dem erhobenen Standgeld zu decken.[161] Die Einrichtung der

---

[157] StA Aurich, Rep. 16/1, Nr. 1062, Schreiben des Regierungspräsidenten in Osnabrück vom 5. Oktober 1929 an den Regierungspräsidenten in Aurich. Das gleiche Schreiben befindet sich als Abschrift im Stadtarchiv Wittmund.
[158] StA Aurich, Rep. 16/1, Nr. 1062, Schreiben des Landrats in Wittmund vom 8. November 1929 an den Regierungspräsidenten in Aurich.
[159] Stadtarchiv Wittmund, Schreiben des Landrats in Wittmund vom 18. März 1930 an die Gemeindevorsteher.
[160] Stadtarchiv Wittmund, Pachtvertrag zwischen der Fleckensgemeinde Wittmund und dem Landbauamt Aurich vom 30. Januar 1929.
[161] Stadtarchiv Wittmund, Schreiben des Landrats in Wittmund vom 18. März 1930 an die Gemeindevorsteher.

Standplätze wurde zum November des Jahres 1930 mit einem Bericht an den Regierungspräsidenten abgeschlossen.[162]

Dem „Norder Modell" folgend, erließ auch der Landrat des Kreises Emden im Jahr 1929 eine „als weitere Abschreckung" bezeichnete Standgeldverordnung. Das zu erhebende Standgeld sollte 10 RM je Wagen betragen. Durchreisende Sinti konnten dem Regierungspräsidenten in Aurich für diesen Zeitraum jedoch nicht angezeigt werden.[163]

Der Landkreis Leer legte 1929 eine Gebührenübersicht für die drei von ihm unterhaltenen Zigeunerplätze vor. Für die Nutzung des Platzes in Loga wurden pro Tag und Quadratmeter zwei RM erhoben, in Westrhauderfehn betrug das Standgeld pro Tag und Wagen eine RM, wobei sich das Standgeld für jeden weiteren Tag verdoppelte. In Völlen an der Grenze nach Papenburg wurden fünf RM an Standgeld verlangt.[164] Ein Schreiben des Landratsamtes aus dem Jahr 1930 belegt, daß diese Beträge häufig zwangsweise beigetrieben werden mußten. So wurden 30 RM für sechs Wagen am 28. April 1929, sowie 20 RM für vier Wagen am 18. September 1929 beigetrieben. Auf dem Marktplatz lagernde „Zigeuner" seien heimlich beobachtet worden. Als sie ohne Befugnis ihre Pferde weideten, wurden diese kurzerhand beschlagnahmt. Gegen die Entrichtung eines Bußgeldes inklusive Gebühren von fünf RM wurden die Tiere wieder herausgegeben.[165]

Auch im Oldenburgischen fand das „Norder Modell" seinen Niederschlag in der kommunalen Politik. Auf einer Konferenz der Landräte der Oldenburgischen Kreise wurde dem Vorgehen des Kreises Norden einhellig zugestimmt. Die Vorgaben des „Norder Modells" sollten auch in Oldenburg umgesetzt werden.[166] In der Stadt Oldenburg sollten ähnliche Bestimmungen im Rahmen einer Polizeiverordnung umgesetzt werden. Diesbezüglich wandte sich im Auftrag des Magistrats der Stadt Oldenburg das dortige Polizeiamt an den Deutschen Städtetag in Berlin. Man beklagte den Zuzug von „Zigeunern", die Ol-

---

[162] StA Aurich, Rep. 16/1, Nr. 1062, Schreiben des Landrats in Wittmund vom 3. November 1930 an den Regierungspräsidenten in Aurich.
[163] StA Aurich, Rep. 16/1, Nr. 1062, Schreiben des Landrats des Kreises Emden vom 25. Oktober 1929 an den Regierungspräsidenten in Aurich.
[164] StA Aurich, Rep. 16/1, Nr. 1062, Schreiben des Landrats in Leer vom 5. November 1929 an den Regierungspräsidenten in Aurich, Az. 11221.
[165] StA Aurich, Rep. 16/1, Nr. 1062, Schreiben des Landrats in Leer vom 19. November 1930 an den Regierungspräsidenten in Aurich.
[166] StA Oldenburg, Best. 231-6, Nr. 55, Landkreis Cloppenburg, Protokollauszug ohne Datum, wahrscheinlich 1930/31, zu einer Konferenz der Landräte der Oldenburgischen Kreise. Dem Protokollauszug lag eine Abschrift der Bestimmungen des Kreises Norden („Norder Modell") bei.

denburg als Winterquartier wählten. Insbesondere in den Vororten vermieteten mehrere Einwohner ihre unbebauten Grundstücke an Sinti. Dadurch entstünden „Ansiedlungen dieses fahrendes Volkes, oft standen 8 - 10 Wohnwagen mit insgesamt 100 Insassen auf einem Platze," welche häufig zu Beschwerden der Nachbarn Anlaß gaben. Eine erste polizeiliche Verfügung untersagte im Einzelfall das Aufstellen von Wohnwagen auf bestimmten Grundstücken. Diese Verfügung erreichte ihr erklärtes Ziel einer „gänzlichen Beseitigung des schon in dem ganzen Leben und Treiben dieser Leute liegenden, die öffentliche Ordnung und Sicherheit gefährdenden Zustands" nicht, wie das Polizeiamt eingestand. Daher erwog der Magistrat der Stadt Oldenburg den Erlaß einer Polizeiverordnung.[167]

Die gängige Praxis der Vertreibung der Sinti wurde zum gleichen Zeitraum vom Deutschen Städtetag thematisiert. In einer Umfrage unter den Mitgliedstädten im Jahr 1929 zielte eine Frage ausdrücklich auf den Zuzug von Sinti, der „wesentlich auf Ausweisungen aus anderen deutschen Ländern zurückzuführen" sei.[168] Diese Frage wurde vom Magistrat der Stadt Oldenburg verneint. Bejaht wurde die Frage, ob die Stadt unter dem Zuzug von Sinti leide. Bei den zugezogenen Sinti handelte es sich fast ausschließlich um Staatsangehörige des Deutschen Reiches. Zwei Familien hatten sich in Oldenburg seßhaft gemacht, die anderen waren weitergewandert. Dazu dürfte ein polizeiliches Verbot, sich in Wohnwagen im Stadtgebiet niederzulassen, beigetragen haben.[169] Inwieweit diese Antwort auch die Familien erfaßte, welche die Stadt Oldenburg lediglich als Winterquartier und formellen Wohnsitz nutzen, läßt sich nicht ermessen. Als Vorkehrung zur Sicherstellung des Schulbesuchs der Sintikinder verwies der Magistrat auf einen Erlaß des Oldenburgischen Ministeriums für Kirchen und Schulen von 1928, der einen regelmäßigen Schulbesuch an einem Ort vorschreibt.[170]

---

[167] Landesarchiv Berlin, Rep. 142/1, Nr. StB 2266, Schreiben des Stadtmagistrats von Oldenburg, dort Polizeiamt, vom 13. September 1929 an den Deutschen Städtetag in Berlin, Tgb.Nr. II 3756. Der Magistrat erkundigte sich nach Polizeiverordnungen, welche vergleichbare Städte bereits erlassen haben. Die vom Magistrat gemachten Angaben werden in einem Interview mit Walter Winter (ZNW, Nr. 62, Transkript) weitestgehend bestätigt. Die Familie Winter selbst zog 1927/28 von Wittmund aus nach Oldenburg, um dort ihr Winterlager einzurichten.

[168] Landesarchiv Berlin, Rep. 142/1, Nr. StB 2266, Rundfrage des Deutschen Städtetages in Berlin vom 18. November 1929 betreffend „Zigeuner" an „die unmittelbaren Mitgliedstädte mit mehr als 25.000 Einwohner".

[169] Ebd.

[170] Ebd. Der entsprechende Erlaß vom 26. Juli 1928 findet sich in einer Abschrift in StA Oldenburg, Best. 231-6, Nr. 55, Landkreis Cloppenburg. Vgl. dazu Anmerkungen 83 und 84 dieses Kapitels.

Im ostfriesischen Victorbur, später in Aurich, war die Familie Schmidt ansässig. Der Hausierer Hermann Schmidt aus Osnabrück beklagte sich 1930 beim Regierungspräsidenten, als Gewerbetreibender nach den restriktiven Bestimmungen für Sinti behandelt worden zu sein. Gegenüber den Behörden stritt er ab, „Zigeuner" zu sein. Seinen Wohnsitz hatte er in Victorbur genommen. Mit ihm reisten und lebten Adolf Schmidt sowie eine Witwe Schmidt.[171] Auf Anfrage des Regierungspräsidenten teilte daraufhin die Landjägerei Aurich mit, daß eine Familie Schmidt wohnhaft in Victorbur sei. Schmidt reise nach Angaben der Landjägerei „nach Zigeunerart." Begleitet wurde Schmidt von Jacob Rebstock aus Altona, Max Reichert aus Lehe, Anton Rose aus Hamburg und Joseph Mirosch aus Altona. Alle besaßen bei einer Überprüfung gültige Meldebescheinigungen. Abenteuerlich muten die Kriterien an, nach denen der örtliche Landjägerposten die „zigeunerische" Herkunft Schmidts zu ergründen versucht. Für Schmidt spräche, verstieg sich die Landjägerei Aurich, „daß einige seiner Familienangehörigen blonde Haare haben," was aber auch; wie sogleich einschränkend hinzugefügt wurde, „unter Zigeunern vorkommt."[172]

4. 2. 2. Die Verfolgung und Vernichtung der Sinti und Roma in Oldenburg und Ostfriesland im Nationalsozialismus

Mit Beginn des Nationalsozialismus änderte sich die Politik gegenüber den Sinti. Nicht länger stand die Vertreibung der Sinti im Vordergrund polizeilicher Maßnahmen. Das rassische Moment der Verfolgung gewann zusehends an Bedeutung. Bereits das Vokabular, das nun seitens der örtlichen Polizeibehörden gegenüber den Sinti geführt wurde, zeigte die Verachtung der neuen Machthaber. Es folgte die systematische Erfassung aller Sinti in Oldenburg und Ostfriesland. Aufgrund der so erhobenen Daten wurden die Sinti 1939 an ihren Aufenthaltsorten festgesetzt. Beide Maßnahmen, Erfassung und Festsetzung, dienten der Vorbereitung der Vernichtung des Volkes der Sinti und Roma, des Genozids.

---

[171] StA Aurich, Rep. 16/1, Nr. 1062, Beschwerdeschrift niedergelegt am 20. Juni 1930 beim Regierungspräsidenten in Aurich.
[172] StA Aurich, Rep. 16/1, Nr. 1062, Bericht der Landjägerei Aurich vom 25. Juni 1930 an den Regierungspräsidenten in Aurich.

4. 2. 2. 1. Die Verfolgung und Vernichtung der Sinti und Roma in Oldenburg und Ostfriesland im Nationalsozialismus bis zur Festsetzung, 1932 - 1939

Im Freistaat Oldenburg stellten die Nationalsozialisten bereits 1932 die Regierung. Für die Sinti in Oldenburg hatte dies eine Verschärfung der gegen sie gerichteten Maßnahmen zur Folge. Ab 1936 begannen die Nationalsozialisten mit der systematischen Erfassung und Überwachung der Sinti in Oldenburg und Ostfriesland. Mit dem Hinweis auf ihre Volkszugehörigkeit wurden sie aus weiten Bereichen der Gesellschaft ausgeschlossen. „Juden und Zigeuner haben keinen Zutritt mehr", hieß es beim Ambulanten-Verband der Schausteller. Erfolgreiche Marktbeschicker unter den Sinti wurden von den Festplätzen ferngehalten und so ihrer Existenz beraubt. Von den nationalsozialistischen Machthabern wurden Sinti zunächst als sogenannte „Asoziale" betrachtet. Als solche wurden einige Sinti im Juni 1938 während der Polizeiaktion „Arbeitsscheu Reich" festgenommen und in Konzentrationslager deportiert. Die Festnahmen vom Juni 1938 wurden von den Angehörigen offensichtlich nicht widerstandslos hingenommen. Ehefrauen von Verhafteten wandten sich mit Eingaben an die örtlichen Kreisbehörden oder reisten nach Berlin, um dort bei den Reichsbehörden zu protestieren. Schließlich erfolgte 1939 das Verbot jeglicher Reisetätigkeit für die Sinti. Sie wurden an ihrem Aufenthaltsort registriert und festgesetzt.

„Sie werden sich daran gewöhnen müssen, daß sie hier nichts mehr zu sagen haben"[173] - Die NSDAP übernimmt Regierungsverantwortung

Früher als andernorts gelang den Nationalsozialisten in Oldenburg die Übernahme der Regierungsverantwortung. Seit der Agrar- und Wirtschaftskrise konnte die NSDAP ihren Stimmenanteil im Freistaat Oldenburg mehr als verdoppeln. Aus den Landtagswahlen vom 29. Mai 1932 ging sie mit 48,4% als stärkste Partei hervor. Dieses Ergebnis bescherte den Nationalsozialisten eine absolute Mehrheit der Mandate. Von 46 Sitzen im Landtag errang die NSDAP

---

[173] Zwischenruf des zum Oldenburgischen Ministerpräsidenten ernannten NSDAP-Führers Röver bei einer Rede des SPD Abgeordneten Frerichs im Landtag am 16. Juni 1932, hier zitiert nach Schaap, K., a. a. O., S. 123.

24 Mandate.[174] Das Land Oldenburg galt spätestens seit 1928 als eine Hochburg der Nationalsozialisten. Bereits bei den Reichs- und Landtagswahlen im Mai 1928 erreichte die NSDAP mit 8,2% (bzw. 7,5% im Landtag) ihr reichsweit bestes Ergebnis.[175] Zum Ministerpräsidenten wurde der Parteiführer der NSDAP in Oldenburg, Carl Röver, gewählt. Die Regierung verspielte jedoch schnell ihren Kredit. Röver, der Demagoge, dem die Verwaltung stets fremd blieb, war mit den ihm übertragenen Aufgaben überfordert.[176] Die weiteren Wahlergebnisse der Nationalsozialisten blieben hinter den Erwartungen zurück. Stimmenverluste mußten hingenommen werden. Im Zuge der politischen Gleichschaltung im Frühjahr 1933 wurde Röver auf Vorschlag Hitlers zum Reichsstatthalter für Oldenburg und Bremen ernannt. Schließlich wurde auch noch der Regierungsbezirk Aurich Rövers Amtsbereich, dem neuen Gau Weser-Ems, zugeschlagen. Die Regierungsgeschäfte im Freistaat Oldenburg übernahm der bisherige Landtagspräsident Georg Joël.[177] Während das Volk

---

[174] Schaap, K., a. a. O., S. 120f. Der Oldenburger Wahlsieg der Nationalsozialisten fiel zeitlich mit dem Sturz des letzten demokratisch gewählten Reichskanzlers Brüning zusammen. Triumphierend versuchte die NS-Presse nun eine Verbindung zu konstruieren. Das SA-Blatt „Der Angriff" aus Berlin machte am 30. Mai 1932 mit folgender Überschrift auf: „Dr. Brüning gestürzt - Die Folgen des Oldenburger Wahlsieges." Der ebenso der NSDAP verbundene „Völkische Beobachter" titelte einen Tag darauf: „Brüning zweimal geschlagen." Daß die Entlassung Brünings als Reichskanzler ihre Gründe in seiner die Junker verprellenden Agrar- und Ostlandpolitik begründet lag, wurde im Sinne der eigenen Propaganda geflissentlich übersehen.

[175] Die Wahlergebnisse von 1928 und 1932 werden zitiert nach Schaap, K., a. a. O., S.201ff. Bei den Landtagswahlen 1932 erhielt die NSDAP ihre höchsten Stimmenanteile in den Ämtern Westerstede (81,7%), Oldenburg (71,2%) und Wildeshausen (69,4%). Detaillierte Ergebnisse für die Ämter Wildeshausen und Oldenburg finden sich bei Meiners, W., Menschen im Landkreis Oldenburg 1918-1945, Oldenburg 1995, S. 49ff. Die Wahlergebnisse zeigen Oldenburg als ein gespaltenes Land. Im protestantischen Norden werden die Nationalsozialisten in allen Kreisen stärkste Partei. Wenig erfolgreich agierten sie dagegen im katholischen Süden Oldenburgs. Bis zu ihrer Auflösung im Juli 1933 konnte hier die Zentrumspartei ihre Vorherrschaft aufrechtgehalten. Die Nationalsozialisten mußten sich im Oldenburger Münsterland mit Ergebnissen von unter zwanzig Prozent, in Vechta gar mit 9,4% (1932) abfinden.

[176] Schwarzwälder, Herbert, Berühmte Bremer, München 1972, S. 244. In seinen Erinnerungen schildert der Cloppenburger Amtshauptmann (Landrat) Münzebrock Röver jovial als eine „impulsive Natur." Münzebrock, A., Amtshauptmann in Cloppenburg 1933-1945, Cloppenburg 1962, S. 11. Ausgiebig schildert er dabei deftige Anekdoten. Noch 1962 zeigt sich Münzebrock dankbar darüber, daß Röver ihm den Landratsposten in Cloppenburg entgegen einigen Einwänden der Partei anvertraut hatte (S. 12). Der Kernsatz in Münzebrocks Beurteilung Rövers lautet nicht von ungefähr: „Alles in allem war Carl Röver doch aus einem ganz anderen Holz geschnitzt als etwa Gauleiter vom Schlage eines Erich Koch, Telschow oder Mutschmann" (S. 11).

[177] Schaap, K., a. a. O., S. 188. Schaap gab hier das Faksimile der Titelseite der „Nachrichten für Stadt und Land" (Oldenburg) vom 6. Mai 1933 wieder. Die Schlagzeile lautete:

die neuen Machthaber bejubelt, kommt es in Oldenburg zu gezielten Übergriffen gegenüber Juden und Kommunisten.[178] Zimmermann berichtet von einzelnen Sinti, die 1933 ohne Personalpapieren angetroffen wurden und daraufhin in den Emslandlagern inhaftiert wurden.[179]

„Es gilt Zigeuner möglichst fernzuhalten" - Erste Schritte der braunen Machthaber gegenüber den Sinti und Roma

Bereits kurz nach Übernahme der Amtsgeschäfte durch die Nationalsozialisten versuchten diese im August 1932, die Politik gegenüber den Sinti zu verschärfen. Die Beamten des Oldenburgischen Staatsministeriums unter der neuen Leitung Carl Rövers forderten eine genaue Erfassung sämtlicher Sinti in Oldenburg.[180] Sie beriefen sich dabei auf die „Leitsätze zur Zigeuner-Bekämpfung" der „Deutschen Kriminalpolizeilichen Kommission" von 1926. Die Leitsätze sahen die Abnahme der Fingerabdrücke aller „Zigeuner," Landfahrer und ihrer Angehörigen ab dem sechsten Lebensjahr vor.[181] Die konsequente Registrierung der Sinti war letztendlich ein grundlegender Schritt für die Vorbereitung von Deportation und Ermordung.

Offiziell gewidmete Halteplätze für Sinti gab es weiterhin in allen Regionen des Landes. Die Plätze standen den Reisenden gegen die Entrichtung eines meist hoch angesetzten Standgeldes für eine beschränkte Aufenthaltsdauer zur Verfügung. Die Beitreibung des Standgeldes erwies sich dabei als reine Schikane, deren einziger Zweck darin lag, Sinti vom Stadt- und Kreisgebiet fernzuhalten. Ein Aktenvermerk des Stadtmagistrats Vechta belegt, daß die Gendarmeriebehörde nicht wußte, was mit den eingenommenen Geldern anzufangen sei. Man beschloß schließlich, den Betrag zwischen der Stadtkasse und dem erhebenden Beamten zu teilen. Es steht jedoch zu vermuten, daß die Beamten, wenn sie an der Erhebung des Standgeldes teilhatten, ein gerin-

---

„Ministerpräsident Röver als Statthalter für Oldenburg und Bremen - Landtagspräsident Joël und Staatsminister Pauly bilden das Oldenburgische Staatsministerium."
[178] Ebd., S. 168 und S. 193ff.
[179] Zimmermann, Michael, Verfolgt, vertrieben vernichtet, Essen 1989, S. 22.
[180] StA Oldenburg, Best. 231-6, Nr. 55, Landkreis Cloppenburg, Schreiben des Ministeriums des Inneren („gezeichnet Röver") vom 20. August 1932 an das Amt Cloppenburg.
[181] Siehe: Referate und Beschlüsse der Deutschen Kriminalpolizeilichen Kommission, Berlin 1926, hier zitiert nach StA Oldenburg, Best. 231-6, Nr. 55, Landkreis Cloppenburg, Der Band wurde dem Amt 1932 „gegen Rückgabe" zugesandt und befindet sich heute in der Akte.

geres Interesse hatten, dem ursprünglichen Charakter der Maßnahme, die Sinti möglichst rasch weiterzutreiben, zur Geltung zu verhelfen.[182]

In den Gemeinden mehrten sich nach 1933 die Einwendungen an die Amtsverwaltungen, das „Umherziehen der sogenannten Zigeuner mit Wohnwagen" einzuschränken, wie es der Gemeindevorstand von Lastrup im Amt Cloppenburg forderte.[183] Im politischen Lagebericht des Bürgermeisters von Friesoythe, Lanwer, wurde 1935 auf ein „Wiederüberhandnehmen der Zigeunerplage"[184] hingewiesen. Die örtliche Gendarmerie wird darauf vom Amtshauptmann in Cloppenburg angewiesen, dem „fahrenden Volk ... stets nachdrücklich entgegenzutreten und dafür zu sorgen, dass sie sich nirgens länger aufhalten."[185]

Die Gemeinde Steinfeld im Amt Vechta rechtfertigte die Sperrung des bisherigen Wohnwagenhalteplatzes mit der Befürchtung, reisenden Sinti den „Aufenthalt in hiesiger Gegend bequem" zu machen. Aufgrund der Bestimmung, daß Reisende an keinem Ort länger als 24 Stunden geduldet würden, erhoffte sich der Gemeindevorstand eine rasche Weiterreise über die Grenzen von Gemeinde und Amt. Eine Beschwerde der Nachbargemeinde Damme wiesen die Steinfelder mit dem Hinweis ab, daß sich der Verbleib der Sinti im Kreisgebiet dank der Platzsperrung insgesamt um einen Tag verkürze. Die Gendarmerieabteilung in Vechta unterstützte diese Position als „zweckmäßig", da es gelte „Zigeuner möglichst (aus dem Kreisgebiet, d. A.) fernzuhalten."[186]

In Vechta führte der örtliche Schwimmverein das Wort. Unter dem Vorwand, eine „Stätte der Erholung zu schaffen, wo jeder Volksgenosse sorglos und ungestört sich ein erfrischendes Bad nehmen" könne, wetterte der Vereinsvorstand zur Eröffnung der Badesaison 1935 gegen die Sinti. Anlaß der Eingabe beim Magistrat der Stadt war die Einrichtung eines Halteplatzes an der Diepholzer Straße in Vechta. Der Vereinsvorstand behauptete, daß viele

---

[182] StA Oldenburg, Stadtarchiv Vechta, Best. 262-11, Nr. 907, Beschluß des Stadtmagistrats Vechta vom 6. Juli 1932, nebst Aktenvermerken.
[183] StA Oldenburg, Best. 231-6, Nr. 55, Landkreis Cloppenburg, Schreiben des Gemeindevorstandes von Lastrup vom 24. März 1933 an das Amt Cloppenburg.
[184] StA Oldenburg, Best. 231-6, Nr. 55, Landkreis Cloppenburg, Auszug aus dem politischen Lagebericht des Bürgermeisters von Friesoythe für den Monat September 1935 (1. Oktober 1935).
[185] StA Oldenburg, Best. 231-6, Nr. 55, Landkreis Cloppenburg, Anweisung des Amtshauptmanns vom 10. Oktober 1935 an sämtliche Gendarmeriestandorte.
[186] StA Oldenburg, Best. 231-5, Nr. 75, Landkreis Vechta, Schreiben des Gemeindevorstands in Damme vom 21. Dezember 1934 an das Amt Vechta, Schreiben des Gemeindevorstand in Steinfeld vom 25. Januar 1935 an das Amt Vechta sowie eine handschriftliche Notiz der Gendarmerieabteilung Vechta vom 18. Februar 1935.

Volksgenossen schon deshalb die Badeanstalt nicht besuchten, „weil sie glauben sie könnten von Zigeunern belästigt werden." Weiter heißt es: „Für den Schwimmverein ist es bestimmt keine Reklame, wenn die Badegäste von Zigeunern belästigt werden." Man sorgte sich um den Eindruck, den die Stadt Vechta bei ihren Bürgern hinterlasse, wenn diese „auf dem Weg zur Badeanstalt an einem Zigeunerlager vorbeifahren müssen." Gegen die dort zeitweise haltenden Sinti lag im Einzelfall jedoch keine Beschwerde vor. Nicht ein Fall von „Belästigung" konnte seitens des Vereins nachgewiesen werden. Der Vorstand beließ es daher bei einer Auflistung von Vorurteilen. „Zigeuner" seien, schrieb der Verein, „nunmal ein eigenartiges Volk, die es mit der Wahrheit und der Ehrlichkeit nicht sehr genau" nähmen und „zu jeder Schandtat bereit" seien. Die Sinti liefen den Platz vor allem an heißen Tagen zeitgleich mit dem einsetzenden Badebetrieb an. Dies störe, so der Schwimmverein, den Badebetrieb „sehr empfindlich."[187]

Nach dem wiederholten Protest gelang es dem Schwimmverein und seiner Lobby im Magistrat die Stadtverwaltung dazu zu bewegen, den Halteplatz aufzuheben. Fortan verbot eine Polizeiverordnung jedes Halten von Wohnwagen an der Diepholzer Straße.[188]

Mit dem Erstarken der NSDAP in Südoldenburg nach dem Verbot der Zentrumspartei[189] versuchte die Kreisleitung Vechta ihrerseits Klagen und Beschwerden gegen „Zigeuner" im Sinne der Parteiideologie zu kanalisieren. Die vorhandenen Ängste wurden verstärkt. Den Sinti wurden Brandstiftung, Bettelei und Diebstahl unterstellt. Es blieb jedoch bei Vermutungen. Beweise für die erhobenen Vorwürfe konnten nicht erbracht werden.[190] Die Schilderungen lassen darüberhinaus vermuten, daß hier neben Sinti auch umherziehende Wanderarbeiter und Obdachlose gemeint waren. Die vorliegenden Akten berichten unter der Überschrift „Bekämpfung des Bettlerunwesens" von Razzien und Festnahmen in Damme, im südlichen Kreisgebiet von Vechta.[191] Dessen un-

---

[187] StA Oldenburg, Stadtarchiv Vechta, Best. 262-11, Nr. 907, Schreiben des Schwimmvereins Vechta vom 27. Juni 1935 an den Magistrat der Stadt Vechta.
[188] StA Oldenburg, Stadtarchiv Vechta, Best. 262-11, Nr. 907, Aktenvermerk des Magistrats der Stadt Vechta vom 24. Juni 1936.
[189] Vgl. Münzebrock, a. a. O., S. 8.
[190] StA Oldenburg, Best. 231-5, Nr. 75, Landkreis Vechta, Schreiben der Kreisleitung Vechta der NSDAP vom 17. Januar 1936 an den Amtshauptmann in Vechta.
[191] StA Oldenburg, Best. 231-5, Nr. 75, Landkreis Vechta, Binnenakte „Bekämpfung des Bettlerunwesen", darin: u.a. die Protokolle der Bettlerrazzien in der Herberge in Damme vom Oktober/November 1934ff.

geachtet verlangte der Kreisleiter der NSDAP von der Amtsverwaltung ein weiteres Einschreiten gegen die „Zigeunerplage."[192]

Aus dem Schreiben der Kreisleitung Vechta der NSDAP vom 17. Januar 1936 an den Amtshauptmann in Vechta:

„In früheren Zeiten sah man diese fahrenden Gesellen nur zu der Zeit, wo größere Märkte abgehalten wurden; heute dagegen ziehen sie täglich durch unsere Gegend. Diejenigen Zigeuner, die ihre eigenen Wagen besitzen, lagern auf den Halteplätzen, sehr viele aber, die nur einen Handwagen besitzen, übernachten einfach frech in den Scheunen der Bauern. Schon aus diesem Grunde ist der Zustand unhaltbar geworden, wenn man bedenkt, wie groß die Feuersgefahr ist! Betteleien und Diebstahl sind bei diesen Herrschaften an der Tagesordnung. Einigen Bauern soll fast sämtliches Geflügel von den Zigeunern gestohlen worden sein. Weiter, im Frühjahr und später im Sommer, wo der Bauer, jung und alt auf dem Lande beschäftigt, ist es doppelt so gefährlich, da die meisten von ihnen nur die Kinder zu Hause lassen. Da zu wiederholten Malen immer wieder hier Klagen von den Ortsgruppen, vor allen Dingen aus den südlichen Bezirken eingegangen sind, wäre ich dankbar, wenn ich von Ihnen irgendeine Auskunft erhalten könnte, die ich dann an die Beschwerdeführer weiterleiten könnte."[193]

Am lautesten gebar sich im Ammerland die der nationalsozialistischen Blut-und-Boden Ideologie treue Kreisbauernschaft gegenüber den Sinti.[194] Das Amt Westerstede (Ammerland) erließ darauf 1936 eine restriktive Polizeiverordnung, die eine Verkürzung der Lagerzeiten vorsah. Generell sollte es weniger Lagerplätze geben. Das Bußgeld bei Verstößen wurde mit der damals astronomischen Summe von 150 RM ausgewiesen. Der Zweck dieser Verordnung, Sinti möglichst rasch loszuwerden, ließ sich nicht verhehlen. Da dies jedoch unweigerlich zu einer „Vergrößerung der Zigeunerplage" in den Nachbarkreisen geführt hätte, kassierte das Oldenburgische Innenministerium die Bestimmung zunächst, um sie alsbald auf Landesebene umzusetzen.[195] Die

---

[192] StA Oldenburg, Best. 231-5, Nr. 75, Landkreis Vechta, Schreiben der Kreisleitung Vechta der NSDAP vom 17. Januar 1936 an den Amtshauptmann in Vechta.
[193] Ebd.
[194] StA Oldenburg, Best. 231-2A, Nr. 132, Landkreis Ammerland, Abschrift eines Schreibens der Ortsbauernschaft Jeddeloh I. vom 15. Mai 1936 an die Kreisbauernschaft Ammerland, Schreiben des Amtshauptmanns in Westerstede vom 17. Juni 1936 an das Innenministerium in Oldenburg, nebst der Polizeiverordnung in der Anlage.
[195] StA Oldenburg, Best. 231-2A, Nr. 132, Landkreis Ammerland, Schreiben des Ministeriums des Inneren in Oldenburg vom 15. Juni 1936 an den Amtshauptmann in Westerstede, Az. I 11058.

Amtsverwaltung nahm diese Entscheidung zur Kenntnis, um die Gendarmerie aufzufordern, lagernde Sinti in Bewegung zu setzen.[196]

Oftmals wiederholte sich in den Beschuldigungen gegen Sinti die auf dem Lande elementare Angst vor Bränden durch unachtsamen Umgang mit offenen Feuerstellen. Die Nationalsozialisten schürten diese Angst gezielt, indem sie den Sinti unterstellten, ihre Biwakfeuer seien für Brände in Hecken und Wäldern verantwortlich. Scheunen sollen abgebrannt sein, weil Sinti darin genächtigt hätten. Ihr Feuerholz schlugen sie längs des Weges. Die Behörden sprachen von Diebstahl, ohne zu erwähnen, daß es keine andere Möglichkeit gab, an Brennmaterial zu gelangen.[197]

Die Armut der reisenden Sinti war offenkundig. Nach einer Musterung der Pferde im Südoldenburgischen berichtete Major Renner aus Bremen, daß „eine große Zahl der Pferde in Haltung, Pflege und Unterbringung derart vernachlässigt" seien, daß sie dadurch Schäden erlitten. Mit kranken Pferden wurde Handel getrieben, obwohl diese Tiere nach den Vorschriften geschlachtet werden müßten. Dennoch reisten die Sinti mit ihnen umher. Major Renner sah darin die Gefahr der Verbreitung der Maul- und Klauenseuche.[198]

Spionageverdächtige und „sonstige fragwürdige Elemente"

Einen anderen Vorwand, Sinti fernzuhalten, bot die Aufrüstung in Deutschland. Nach dem Vorbild des benachbarten Kreises Aschendorf-Hümmling im preußischen Regierungsbezirk Osnabrück beabsichtigte das Amt Cloppenburg 1937, eine militärische Sperrzone für den Durchgangsverkehr einzurichten. Die Verwaltung begründete ihren Antrag mit der Einrichtung eines Schieß- und Bombenabwurfplatzes durch das Luftkreiskommando VII. Die Sperrzone sollte westlich der Fernverkehrsstraße Quakenbrück-Essen i. O.-Cloppenburg-

---

[196] StA Oldenburg, Best. 231-2A, Nr. 132, Landkreis Ammerland, Auszug aus der Niederschrift des Amtsvorstandes mit den Bürgermeistern des Amtes Ammerland vom 30. Oktober 1936, dort Tagesordnungspunkt 5.
[197] Vgl. u.a. StA Oldenburg, Best. 231-5, Nr. 75, Landkreis Vechta, Schreiben der Kreisleitung Vechta der NSDAP vom 17. Januar 1936 an den Amtshauptmann in Vechta, StA Oldenburg, Best. 231-2A, Nr. 132, Landkreis Ammerland, Abschrift eines Schreibens der Ortsbauernschaft Jeddeloh I. vom 15. Mai 1936 an die Kreisbauernschaft Ammerland, StA Oldenburg, Best. 231-6, Nr. 55, Landkreis Cloppenburg, Schreiben des Amtshauptmann vom 18. April 1936 an die Bürgermeister und Gendarmeriestandorte im Amtsbezirk Cloppenburg.
[198] StA Oldenburg, Best. 231-6, Nr. 55, Landkreis Cloppenburg, Abschrift eines Schreiben des Pferdemusterungsoffiziers in Bremen-Süd vom 17. Dezember 1937 an die Wehrersatzinspektion Bremen.

Ahlhorn liegen und damit in etwa die Hälfte des Kreisgebietes umfassen. Spionageverdächtige und „sonstige fragwürdige Elemente" sollten das Gebiet nicht betreten dürfen. Der Zuzug von Sinti sollte unterbunden werden. Zur Begründung dieses Aufenthaltsverbots wurde den Sinti, gegen welche sich die Maßnahme augenscheinlich richtete, aufgrund ihrer Beweglichkeit Spionagetätigkeit unterstellt.[199] Bereits im Vorjahr reichte der Gendarmerie in Ofen, Amt Ammerland, die Nähe militärischer Anlagen aus, um eine sofortige Abschiebung von Sinti zu rechtfertigen.[200]

Unter dem vielsagenden Hinweis, daß „die Zigeunerfrage demnächst vom Reiche" geregelt werden solle, lehnte die Geheime Staatspolizei in Oldenburg die Bestimmungen der Amtsverwaltung jedoch als nicht notwendig ab. Es wurden in der Bestimmung vor allem negative Auswirkungen für die Nachbarkreise erkannt. Weder sei ersichtlich, so die weitere Begründung der Gestapo, daß die angesprochenen Anlagen unter dem Gesichtspunkt möglicher Spionage von Bedeutung seien, noch könne Spionage durch Polizeiverordnungen unterbunden werden.[201]

Mit dem Argument der Spionage- und Explosionsgefahr versuchte im Kriegsjahr 1941 die Gemeinde Damme nach ähnlichem Muster, einen Wohnwagen, der in unmittelbarer Nähe der dortigen Luftmunitionsanstalt abgestellt war, entfernen zu lassen. An seinem Standort gefährde der Wagen die „ganze Umgegend, vor allem aber die Wehrmachtsanlage." In der weiteren Ausführung hieß es, die Feuerstelle des Wagens sei unsicher und die Insassen des Wagens böten nicht die Gewähr, die nahe eines Munitionslagers notwendige Vorsicht walten zu lassen.[202]

---

[199] StA Oldenburg, Best. 231-6, Nr. 55, Landkreis Cloppenburg, Schreiben der Gendarmerie-Abteilung Cloppenburg vom 23. Februar 1937 an den Amtshauptmann in Cloppenburg, Abschrift eines Schreibens des Amtshauptmanns in Cloppenburg vom 8. März 1937 an den Minister des Inneren in Oldenburg, Zur Unterstellung der Spionagetätigkeit bei Sinti vgl. Zülch, T., In Auschwitz vergast, bis heute verfolgt, Reinbek 1979, S. 64f. und Zimmermann, Michael, Rassenutopie und Genozid, Hamburg 1996, S. 193ff.

[200] StA Oldenburg, Best. 231-2A, Nr. 132, Landkreis Ammerland, Bericht des Gendarmerie-Standortes Ofen vom 18. Oktober 1936 an den Amtshauptmann in Westerstede.

[201] StA Oldenburg, Best. 231-6, Nr. 55, Landkreis Cloppenburg, Abschrift eines Schreiben des Ministeriums des Inneren in Oldenburg vom 17. März 1937 und Stellungnahme der Geheimen Staatspolizei, Staatspolizeistelle Oldenburg, vom 24. März 1937.

[202] StA Oldenburg, Best. 231-5, Nr. 75, Landkreis Vechta, Schreiben der Luftmunitionsanstalt Damme von 18. Februar 1941 an den Landrat des Kreises Vechta.

„In meinem Amtsbezirk ist nicht festgestellt worden, daß einzelne Sippen der Zigeuner für ihre gelegentlichen und auch regelmäßigen Zusammenkünfte immer wieder die gleichen Gegenden aufsuchen"[203] - Die Erfassung von 1936

Das Oldenburgische Innenministerium ordnete, Preußen nachfolgend, 1936 eine Inspektion der Zigeunerfamilien an. Von seiten des preußischen Landeskriminalamtes wurde gemeldet, daß „einzelne Sippen der Zigeuner für ihre gelegentlichen oder regelmäßigen Zusammenkünfte immer wieder die gleichen Gegenden aufsuchen."[204] Ziel der Erfassung war es, die Orte der vermuteten Treffen festzustellen. Von weiterem Interesse für die Kriminalbürokratie waren die Namen der Mitglieder und der Oberhäupter („Sippenhäuptlinge") der Familien, die an jenen Treffen teilnähmen. Die Polizei sprach als Zweck von einer „statistischen" Erfassung.[205] Ganz im Gegensatz zu den vorhergehenden unbestimmten Klagen über die „unangenehme Zunahme der Zigeunerplage" ergaben die Berichte der Amtsverwaltungen wenig präzise Angaben. Die Gendarmerieabteilungen vermeldeten zwar das Auftreten einzelner Sinti-Familien, eine Regelmäßigkeit in ihren Reisen und Treffen wurde jedoch verneint.[206] Der Amtshauptmann in Vechta betonte, daß sich durchaus einige Sinti-Familien im Amtsbezirke träfen, ein längerer Aufenthalt aber untersagt sei.[207]

In Cloppenburg wehrte sich der Händler Hermann Wagner dagegen, daß er von der Gendarmerie als „Zigeuner" erfaßt wurde. Wagner wies seine deutsche Staatsangehörigkeit nach und beteuerte, daß er nicht von „Zigeunern" abstamme. Diese Angaben wurden von der Gendarmerie bezweifelt. Bei

---

[203] StA Oldenburg, Best. 231-2A, Nr. 132, Landkreis Ammerland, Schreiben des Amtshauptmannes in Westerstede vom 9. November 1936 an den Minister des Inneren in Oldenburg
[204] StA Oldenburg, Best. 231-2A, Nr. 132, Landkreis Ammerland, Abschrift eines Schreibens des Landeskriminalamtes in Berlin vom 30. September 1936 an den Minister des Inneren in Oldenburg, nebst Anschreiben des Ministers des Inneren in Oldenburg an die Amtshauptleute vom 6. Oktober 1936, unter Best. 231-5, Nr. 75, Landkreis Vechta findet sich eine weitere Abschrift, welche die zu erfassenden Details deutlich ausformuliert.
[205] Ebd.
[206] StA Oldenburg, Best. 231-2A, Nr. 132, Landkreis Ammerland, Schreiben des Amtshauptmanns in Westerstede vom 9. November 1936 an den Minister des Inneren in Oldenburg, nebst Meldungen der Gendameriestandorte im Amtsgebiet, siehe auch Best. 231-6, Nr. 55, Landkreis Cloppenburg, Meldung der Gendarmerie-Abteilung Cloppenburg vom 20. Oktober 1936.
[207] StA Oldenburg, Best. 231-5, Nr. 75, Landkreis Vechta, Schreiben des Amtshauptmanns in Vechta vom 26. Oktober 1936 an den Minister des Inneren in Oldenburg.

einer späteren Erfassung wurde Wagner weiterhin als „Zigeuner" aufgeführt.[208]

Einen Sonderfall bildeten die nach der Verhaftung der männlichen Mitglieder der Familien Goy, Gry, Mirosch und Korpatsch in Cloppenburg und Ammerland zurückgebliebenen Frauen und Kinder. Die acht Männer, wahrscheinlich aus Ungarn stammende Roma, wurden bereits am 24. Januar 1936 in Löningen bei Cloppenburg festgenommen. Die Verhaftung ging auf einen Polizeifunkspruch der Kriminalpolizei in Frankfurt am Main zurück. Darin wurden zunächst drei Mitglieder der Familie Gry verdächtigt, an zwei Tötungsdelikten beteiligt zu sein. In späteren Schreiben reduzierten sich die ihnen zur Last gelegten Delikte auf „Tributforderung." Die Gendarmerie brachte die Festgenommenen im Gerichtsgefängnis in Cloppenburg unter. Auf Veranlassung der zuständigen Staatsanwaltschaft in Wesermünde wurden die acht Männer nach Oldenburg ins Untersuchungsgefängnis überführt. Da die Angehörigen noch im November bei Edewecht und Apen im Amt Ammerland hielten, muß davon ausgegangen werden, daß das nicht weiter dokumentierte Verfahren eine längere Untersuchung erforderte.[209] Mehrere Schreiben belegen, daß sich diese Familien bis 1935 auf dem Weg von Falkenburg an der Landstraße von Oldenburg nach Bremen durch Delmenhorst gereist sind. Der Gendarmeriestandort vermerkte ihre häufigen Lagerzeiten auf dem Standplatz an der Syker Straße, Höhe Fuhrenkamp.[210] Einzelne Mitglieder dieser Familien wurden schließlich im Oktober 1939 in Oldenburg erfaßt.[211]

---

[208] StA Oldenburg, Best. 231-6, Nr. 55, Landkreis Cloppenburg, Schreiben der Gendarmerie-Abteilung Cloppenburg vom 29. Oktober 1936 an den Amtshauptmann in Cloppenburg. Wagner erscheint mit seiner Familie als in Cloppenburg ansässiger Sinti auf den Erfassungsbögen zum Schnellbrief der Kriminalpolizeileitstelle Hamburg von 1942.

[209] StA Oldenburg, Best. 231-6, Nr. 55, Landkreis Cloppenburg, Abschrift aus den Polizeifunksprüchen aus: Frankfurt am Main Nr. 62/1, Nr. 62/2 und Nr. 62/3 alle vom 20. Januar 1936. Bericht des Gendarmeriestandortes Cloppenburg vom 26. Januar 1936, Schreiben des Amtshauptmannes in Cloppenburg vom 27. Januar 1936 an die Gestapo in Oldenburg (z.Hd. Reg. Assessor Müller), Bericht nebst Rechnungen des Gendarmeriestandorts Löningen vom 28. Januar 1936, auch StA Oldenburg, Best. 231-2A, Nr. 132, Landkreis Ammerland, Berichte der Gendarmeriestandorte Edewecht vom 4. November 1936 und Apen vom 21. Oktober 1936.

[210] Stadtarchiv Delmenhorst, Nr. 1882, Berichte des Gendarmeriestandortes Delmenhorst vom 26. Februar 1934 und 17. März 1936 an den Magistrat der Stadt.

[211] StA Hamburg - 331 - 1 II Polizeibehörde II, 466, „Verzeichnis der aufgrund des Erlasses von 1938 erfaßten Zigeuner usw. in Bremen und Oldenburg i. O. (nach 1938)."

„Du darfst hier nicht mehr rein, Juden und Zigeuner haben keinen Zutritt mehr" - Als Schausteller im Oldenburger Land

Als der Pferdehandel durch die zunehmende Motorisierung nicht mehr genug zum Überleben abwarf, sattelte die Familie Johann Winter 1933 um und stieg mit einer Schießbude in das Schaustellergeschäft ein. Mit ihrer Bude beschickten sie die Märkte im Nordwesten: den Stoppelmarkt in Vechta, den Kramermarkt in Oldenburg, den Maria-Geburtsmarkt in Cloppenburg, den Herbstmarkt in Aurich. Das Geschäft lief gut an. Die erste Bude, deren Front vier Meter maß, wurde rasch auf acht, später zwölf Meter erweitert. Hinter dem Tresen standen die vier Töchter, Rosa, Maria, Berhardine und Emma Winter. Ihr Bruder Walter Winter (Jg. 1919) hebt hervor, daß alle einheitliche Kleider trugen. Die Mithilfe der gesamten Familie trug zum Erfolg des Unternehmens bei.[212]

Mit dem Erfolg kam der Neid. Walter Winter erinnert sich: „Die ganzen Schießbudenbesitzer hier in Norddeutschland ... waren auf uns eifersüchtig." Das die Familie Winter Sinti waren, spielte dabei zunächst keine Rolle. Das war, sagt Walter Winter, „nur geschäftlich, ... Konkurrenzneid." Dieser Konkurrenzneid verband sich schließlich mit der Rassenideologie der Nationalsozialisten. Der Stand der Familie Winter wurde häufiger von der Kriminalpolizei, auch von der Gestapo („mit Ledermantel und Hut") kontrolliert. Bei einer der Kontrollen, 1936 (?) auf dem Kramermarkt in Oldenburg, der seinerzeit noch mitten in der Stadt, auf dem Pferdemarkt, stattfand, wurden Johann Winter und seine Frau Anna erkennungsdienstlich behandelt. Ihnen wurden Fingerabdrücke genommen und sie wurden photographiert. Noch konnte der Betrieb aber reisen.[213]

Die Überwachung durch die Polizei verdichtete sich. In Oldenburg und Rodenkirchen (Kreis Wesermarsch) wurden die Stände der Sinti auffällig observiert. Aus Angst vor weiteren Repressalien verzichtete die Familie darauf, ihre Schießbude auf dem Auricher Herbstmarkt 1936 (?) überhaupt aufzubauen. Statt dessen half Walter Winter bei Julius Krause, einem anderen Sinto, aus, der auf den Märkten ein Kasper- und Marionettentheater sowie einen

---

[212] ZNW, Nr. 62, Interview mit Walter Winter,Transkript S. 43 und S. 46f. Vgl. Winter, a. a. O., S. 21ff. Vgl. spätere Listen und Verzeichnisse unter StA Oldenburg, Best. 231-6, Nr. 55, Landkreis Cloppenburg, zur Familie Winter ferner StA Oldenburg, Stadtarchiv Vechta, Best. 262-11, Nr. 907, Polizeiliches Anmeldeblatt von 1939, auch Stadtarchiv Wittmund, Melderegister, Geburtsregister.

[213] ZNW, Nr. 62, Interview mit Walter Winter,Transkript S. 48. Die Jahresangaben gehen nicht präzise aus dem Transkript hervor.

„Hau den Lukas" betrieb. Nachdem die Polizei Walter Winter über den Auricher Markt verfolgte, entschied sich die Familie zur vorzeitigen Abreise.[214]

Für Sinti, die als Schausteller den Nordwesten bereisten, wurde die Lage immer unerträglicher. Auf allen Märkten schlug ihnen Ablehnung entgegen. Johann Winter, zuvor ein gerngesehener Marktbeschicker, der dem Schützenverein schon mal ein Faß Bier spendierte, wurde jetzt geschnitten. „Es wurde nachher so schlimm, daß es dann hieß, 'Ach die Zigeuner stehen da.'" Im Ambulanten-Verband, der Vereinigung der Schausteller, herrschten die Nationalsozialisten. Auf den Sitzungen erschienen einige Mitglieder, so der Waffelbäcker Ahlhorn, in SA-Uniform. Ahlhorn war es auch, der Johann Winter bei einer Versammlung in Oldenburg aufforderte, den Saal zu verlassen. Walter Winter erinnert sich an die Begründung Ahlhorns: „Du darfst hier nicht mehr rein, Juden und Zigeuner haben keinen Zutritt mehr." Die Kränkung sitzt noch heute tief. Ahlhorn und Johann Winter seien „Freunde" gewesen, berichtet der Sohn, bis einer das Braunhemd überzog.[215]

Die Familie ernährte sich von dem, was ihr kleiner Acker in Tweelbäke bei Oldenburg hergab. „Wir waren kleine Landwirte," sagt Walter Winter im Rückblick ironisch. Die Familie Winter besaß hier ein kleines Holzhaus, das zuvor als Winterquartier gedient hatte. Als die Zeiten immer bedrohlicher wurden, zog die Familie nach Cloppenburg, wo sie sich mit Verwandten traf. Festgesetzt wurde die Familie Winter 1939 auf einem Platz an der Mühlenstraße in Vechta. Bereits seit dem November des Vorjahres lebte die Familie Franz Zikkura in Vechta. Die anverwandten Familien Leimberger, Friedrich und Wimmert verblieben in Cloppenburg.[216]

Bis zu ihrer Festsetzung 1939 auf dem Oldenburger Ziegelhofgelände reiste auch die Familie Anton mit Pferd und Wagen durch das nordwestliche Niedersachsen. In den Wäldern bei Cloppenburg hatte die Familie Anton ihr Winterquartier. Während der Vater als Korbmacher arbeitete, verdingten sich Artur Anton (Jg. 1919) und seine Brüder als Landarbeiter. Sie schlossen sich einem Lohndrescher an, der nach der Ernte für die Bauern das Getreide drosch. Die Landwirte waren auf die Dienste der Lohndrescher mit seinen Maschinen angewiesen, denn kaum ein Betrieb war seinerzeit in der Lage, sich

---

[214] Ebd., S. 48f., vgl. Heuzeroth, G., a. a. O., S. 253.
[215] ZNW, Nr. 62, Interview mit Walter Winter, Transkript S. 49f.
[216] Ebd., S. 41. Zur Festsetzung vgl. StA Oldenburg, Stadtarchiv Vechta, Best. 262-11, Nr. 907, Polizeiliches Anmeldeblatt von 1939 (Familie Winter), polizeiliches Anmeldeblatt vom 10. November 1938 (Familie Zickura).

eine eigene Dreschmaschine zu leisten. Die jungen Sinti wurden für ihre Arbeit ordentlich entlohnt, vor allem da sie mit Pferden umzugehen verstanden.[217]

„Bis '38 wie die weggekomm' sind auf'n Konzentrationslager, die ersten" - Die sogenannte Aktion „Arbeitsscheu Reich"

Auch in Oldenburg wurde im Sommer 1938 unter dem Vorwand der „Vorbeugenden Verbrechensbekämpfung" eine Sonderaktion des Reichskriminalpolizeiamtes gegen sogenannte „Asoziale" durchgeführt. Diese Polizeiaktion, die man allgemein als Aktion „Arbeitsscheu Reich" bezeichnet, wurde in Oldenburg unter Führung der Kriminalpolizeileitstelle Bremen durchgeführt. Bereits einen Tag nach Absendung des von Heydrich unterzeichneten Schnellbriefes des RKPA wies die Kriminalpolizeileitstelle Bremen am 2. Juni 1938 die Ämter an, die notwendigen Vorbereitungen zu veranlassen. Die Leitstelle verlangte bis zum 10. Juni 1938 eine Aufstellung „der für die polizeiliche Vorbeugungshaft in Aussicht genommenen Personen." Die angeführten Begründungen würden in Bremen überprüft, um dann zu entscheiden, ob die Festnahme erfolgt. Daneben seien in der Zeit 13. bis 18. Juni Razzien nach „Landstreichern, Bettlern, Zigeunern" durchzuführen.[218] Der Vollzug der Anordnung der polizeilichen Vorbeugungshaft war der Kriminalpolizeileitstelle auf einem rosa Formblatt unmittelbar zu melden.[219]

Im Amt Cloppenburg wurden, wie aus einer Liste von 9. Juli 1938 hervorgeht, während der Polizeiaktion insgesamt 35 Personen festgenommen. Darunter befanden sich nachweislich 11 Sinti. Die Festgenommenen entstammten den Familien Petermann, Schubert, Schmidt und Wagner.[220] Die Behörden protokollierten jede Festnahme. Zum Festnahmebericht gehörte das Formblatt zur Anordnung der polizeilichen Vorbeugungshaft, ein Lebenslauf in doppelter Ausfertigung und (soweit vorhanden) ein Auszug aus dem Strafregister. Von den 11 festgenommenen Sinti galt allerdings nur eine einzige Person

---

[217] ZNW, Nr. 30, Interview mit Artur A., Zusammenfassung, S. 11, Transkript, S. 2ff.
[218] StA Oldenburg, Best. 231-6, Nr. 56, Landkreis Cloppenburg, Schreiben der Kriminalpolizeileitstelle Bremen vom 2. Juni 1938 an den Amtshauptmann in Cloppenburg.
[219] StA Oldenburg, Best. 231-6, Nr. 56, Landkreis Cloppenburg, Muster Formblatt, rosa: Anordnung der polizeilichen Vorbeugungshaft.
[220] StA Oldenburg, Best. 231-6, Nr. 56, Landkreis Cloppenburg, Einschreiben des Amtshauptmanns in Cloppenburg vom 9. Juli 1938 an die Kriminalpolizeileitstelle in Bremen. Das Schreiben enthält eine Liste mit insgesamt 35 Namen von in der Zeit vom 13. bis 18. Juni 1938 festgenommenen Personen.

als vorbestraft. Dessen Vorstrafe bezog sich fast ausschließlich auf das Delikt der „Landstreicherei." Von aufgeführten acht Verfahren gegen den Sinto Wa. lagen 1938 sieben Verfahren mehr als dreizehn Jahre zurück. Zur weiteren Begründung der Vorbeugungshaft wurden angebliche Klagen aus der Bevölkerung, daß er sie dauernd durch Betteleien belästige, angeführt. Noch absurder erscheint die Festnahme des sechzehnjährigen Sinto Adolf Petermann, dort heißt es, er sei ein „Landstreicher (Zigeuner)." Der Verwaltungs-Aktuar Ziemann begründete dies auf dem Formblatt, indem er schrieb, daß Petermann einer Familie angehört, die „nach Zigeunerart im Wohnwagen über Land zieht. Er ist für einen Beruf nicht vorgebildet. .... Er hat sein Leben bisher nur im Wohnwagen zugebracht und noch nie eine feste Bleibe gehabt." Die Verfolgung dieses Jungen zielte auf dessen Zugehörigkeit zum Volk der Sinti. Die Verfolgung wurde in diesem Fall mit seiner als „asozial und arbeitsscheu" eingestuften Familie und den Lebensumständen 'begründet'. Eine Ausbildung und der Nachweis eines festen Wohnsitzes wurden so zu Kriterien der Selektion erklärt.[221] In seinem Kurzbericht an den Amtshauptmann erklärte der Gendarmerie Obermeister Pätzold aus Cloppenburg, daß die Zigeunerfamilien Petermann und Schubert nicht in Cloppenburg ansässig wären. Die Familien der Festgenommenen befanden sich auf der Durchreise. Nach den weitergehenden Angaben des Gendarmeriemeisters Piotrowski aus Essen i. O. war die „Zigeunerfamilie Schubert nach ihrem Wohnsitz, Lübeck, zurückgewandert." Der Verbleib der Familie Petermann blieb unklar.[222] Die ursprünglich aus Bremen stammende Familie hielt sich, wie aus späteren Belegen ersichtlich wird, weiterhin im Kreisgebiet Cloppenburg, in Edewechterdamm, auf.[223] Anton Schubert und sein Sohn Walter wurden am 27. Oktober 1938 aus dem Konzentrationslager Sachsenhausen entlassen. Begründet wurde die vorzeitige Entlassung mit der unzureichenden Erfüllung der Arbeitspflichten im Lager. Darüberhinaus wurden beide als „schwachsinnig" bezeichnet. Nach ihrer Ent-

---

[221] StA Oldenburg, Best. 231-6, Nr. 56, Landkreis Cloppenburg, Binnenakte, enthält 35 Festnahmeberichte aus dem Zeitraum vom 14. Juni bis 18. Juni 1938.
[222] StA Oldenburg, Best. 231-6, Nr. 56, Landkreis Cloppenburg, Schreiben der Gendarmerie-Abteilung Cloppenburg vom 8. Juni 1938 an den Amtshauptmann in Cloppenburg, Az.B.N. II 501/38.
[223] StA Oldenburg, Best. 231-6, Nr. 55, Landkreis Cloppenburg, Schreiben des Bürgermeisters von Altenoythe vom 16. Dezember 1938 an die Kriminalpolizeistelle in Oldenburg. Vgl. zur Familie Petermann auch Marßolek, Inge/Ott, René, Bremen im 3. Reich, Anpassung, Widerstand, Verfolgung, Bremen 1986, S. 336.

lassung tauchten Vater und Sohn unter. Eine weitere Fahndung der Behörden im Oldenburger Raum blieb ergebnislos.[224]

Aus dem Amt Vechta wird keine genaue Zahl der in der Juniaktion festgenommenen Personen überliefert. Rückschlüsse auf eventuell dort festgenommene und deportierte Sinti sind daher nicht möglich. Daß die Gendarmerieabteilung Vechta dennoch von der Möglichkeit der Festnahme von „Zigeunern" ausging, belegt eine Dienstanweisung des Gendarmerie-Obermeisters Hohn zur „Durchführung der Razzien nach Landstreichern, Bettlern und Zigeunern." Die Gendarmen mußten auf den Streifen angetroffene Sinti eingehend überprüfen. Sollte ein Sinto für eine Festnahme in Frage kommen, mußten sie darauf achten, daß mindestens ein männliches Mitglied der Familie beim Wagen bliebe, damit die Familie weiterziehen konnte.[225]

Im Stadtgebiet Oldenburg richtete sich die Polizeiaktion nach den Angaben Artur Antons vorrangig gegen arbeits- und wohnungslose Sinti. Er selbst hat gegen Ende der dreißiger Jahre zunächst für das Bauunternehmen Mönnig und Sohn in Oldenburg Militärbaracken (wahrscheinlich am Olmsweg in Bloherfelde oder in der Flakkaserne in Donnerschwee) errichtet.[226] Diese Aussage könnte eine Erklärung für den Nachweis von 44 Sinti sein, die im Januar 1939 auf dem Gelände Sommerweg, Ecke Olmsweg, gemeldet waren.[227]

Im Jahr vor der Polizeiaktion fand Artur Anton eine Beschäftigung im Torfwerk Oldenburg, Wilhelm G. Bosselmann.[228] Dort hörte er nach eigenen Angaben von den Verhaftungen und Deportationen Oldenburger Sinti. Dies bedeutet, daß er über den Zeitraum der ersten breitangelegten Polizeiaktion gegen Sinti im Juni 1938 im Torfwerk beschäftigt war. Vor den Verhaftungen hatte die Familie die aufziehende Bedrohung nicht wahrgenommen, „bis '38, wie die weggekomm' sind auf'n Konzentrationslager, die ersten." Erst danach erfuhren die zurückgebliebenen Sinti von den Konzentrationslagern. Gegen-

---

[224] StA Oldenburg, Best. 231-6, Nr. 56, Landkreis Cloppenburg, Schnellbrief der Kriminalpolizeileitstelle Bremen vom 31. Oktober 1938 an den Amtshauptmann in Cloppenburg, Az. 10.K.K., Abschrift Antwortschreiben des Amtshauptmannes vom 11. November 1938.

[225] StA Oldenburg, Best. 231-5, Nr. 76, Landkreis Vechta, Schreiben der Gendarmerie-Abteilung Vechta vom 11. Juni 1938 an den Amtshauptmann in Vechta.

[226] ZNW, Nr. 30, Interview mit Artur A., Transkript, S. 6f.

[227] StA Hamburg - 331 - 1 II Polizeibehörde II, 466, „Verzeichnis der aufgrund des Erlasses von 1938 erfaßten Zigeuner usw. in Bremen und Oldenburg i.O." (nach 1938), hier Liste aus Oldenburg vom 31. Januar 1939, mit insgesamt 52 Namen, wovon acht wegen Umzugs gestrichen sind. Der Wohnsitz aller Personen auf dieser Liste wird mit Sommerweg, Ecke Olmsweg angegeben. Artur A. erscheint nicht auf dieser Liste.

[228] Das Torfwerk Oldenburg, Wilhelm G. Bosselmann verfügte über Werke in Oldenburg, Rüderstraße 17 und Edewechterdamm, Am Küstenkanal. Produziert wurden Torfstreu und Torfmull zur Düngung.

über Cornelia Maria Hein und Heike Krokowski sagt Artur Anton: „Wir haben das nicht recht gespürt, weil wir gearbeitet haben ... hier bei Wilhelm Bosselmann." Als Maßnahme gegen sogenannte „Asoziale und Arbeitsscheue" waren vorrangig Männer ohne feste Arbeit von der Polizeiaktion betroffen. Diese Beschäftigung von Artur Anton im Torfwerk fällt mit seiner Festsetzung der Familie auf dem Oldenburger Ziegelhofgelände zusammen.[229]

Ein festes Arbeitsverhältnis im Torfwerk schützte während der Polizeiaktion jedoch nicht generell vor Verhaftung und Deportation. In den Torfwerken längs des Küstenkanals waren viele Sinti beschäftigt. In Edewechterdamm im Kreis Cloppenburg hatte sich eine kleine Kolonie von Sinti gebildet, die dort in ihren Wohnwagen lebten. Therese Schwarz erinnert sich an die Festnahme ihrer drei Brüder. Über den Grund der Festnahme machten die beteiligten Gendarmen keine Angaben. „Die haben gar nichts gesagt. ... Die ham'se einfach mitgenommen, und wir ham'se auch nicht wiedergesehen." Alle drei Verhafteten waren im Torf beschäftigt. Therese Schwarz erlebte die Verhaftung ihrer Brüder als Erntehelferin. Ihre Familie zog sich daraufhin nach Oldenburg zurück.[230]

In den nordwestlichen Ämtern des Landes Oldenburg, Ammerland und Friesland, sowie im preußischen Regierungsbezirk Aurich oblag die Durchführung der Polizeiaktion der Staatlichen Kriminalpolizeistelle Wilhelmshaven. Die Wilhelmshavener Kriminalpolizeistelle erfüllte nicht die Funktion einer Leitstelle.[231] Im Heydrich-Schnellbrief vom 1. Juni 1938 wird die Kriminalpolizeistelle Wilhelmshaven abweichend zur Order an die Bremer Leitstelle aufgrund der geringeren Einwohnerdichte des Bezirks aufgefordert, „mindestens 100" Personen in polizeiliche Vorbeugungshaft zu nehmen.[232] Kriminalrat Borrmann drängte sogleich die Landräte seines Polizeibezirks zu einem konsequenten Vorgehen. Er forderte ein Vorgehen mit „besonderer Schärfe," um „soviel Personen wie irgend möglich zu erfassen. Die Zahl von 100 Personen für das Gebiet der Kriminalpolizeistelle Wilhelmshaven muss unbedingt erreicht wer-

---

[229] ZNW, Nr. 30, Transkript, S. 4f.
[230] ZNW, Nr. 28, Interview mit Therese Schwarz, Transkript, S. 3, auch Heuzeroth, G., a. a. O., S. 259.
[231] StA Aurich, Rep. 16/1, Nr. 945, zum Aufbau und Führung der Staatspolizeistelle Wilhelmshaven.
[232] StA Oldenburg, Best. 231-2A, Nr. 133, Landkreis Ammerland, Schnellbrief des Reichskriminalpolizeiamts vom 1. Juni 1938 an die Staatliche Kriminalpolizeistelle Wilhelmshaven.

den."²³³ Mit Nachdruck versuchten die Beamten aus Wilhelmshaven dieses Ziel durchzusetzen. Nachdem das Amt Ammerland der Kriminalpolizeistelle telefonisch mitgeteilt hatte, daß sich dort keine in Frage kommenden Personen aufhalten, mahnte Kriminalrat Borrmann zu „einer großzügigen Anwendung" der Richtlinien des Heydrich-Schnellbriefes. Sämtliche anderen Kreise bzw. Ämter hätten Personen in Vorbeugungshaft genommen. Borrmann nannte Zahlen, im Amt Friesland seien acht Personen festgenommen worden, im Landkreis Leer 20 Personen, im Landkreis Norden 15 Personen und in der Stadt Leer vier Personen. Der Amtshauptmann in Westerstede wurde abermalig aufgefordert, den entsprechenden Personenkreis zu überprüfen. „Sollte aber wider Erwarten auch diese Nachprüfung ohne Ergebnis verlaufen, so wird diesseits als sicher angenommen, daß die vorgeschlagenen Razzien nach Landstreichern, Bettlern ... im dortigen Bezirk ... ein positives Ergebnis zeitigen werden." Es sei, laut Vorgabe der Kriminalpolizeistelle, ein für jeden Gendarmeriebeamten „sicher erreichbares Ziel ... wenigstens eine asoziale, herumziehende, arbeitsscheue oder arbeitsunwillige Person" zu ergreifen. Zumindest erwartete man in Wilhelmshaven von den Polizeistellen eine Erfassung der sich im Ammerland aufhaltenden Juden.²³⁴ Die Festgenommenen waren in das Konzentrationslager Sachsenhausen zu überführen.²³⁵ Laut Nachweis wurden im Ammerland schließlich sechs Personen im Zeitraum vom 15. bis zum 18. Juni 1938 festgenommen. Alle Personen wurden jedoch nach ein bis drei Tagen aus der Haft entlassen.²³⁶ Unter den Festgenommenen befand sich der Scherenschleifer Heinrich Schmidt aus Oldenburg-Drielake. Schmidt, der mit Frau und Kind im Wohnwagen reiste, wurde ohne gültigen Wandergewerbeschein in Halsbeck, Gemeinde Westerstede, angetroffen und verhaftet. Nach Rücksprache mit der Kriminalpolizeistelle in Wilhelmshaven wurde er

---

[233] StA Oldenburg, Best. 231-2A, Nr. 133, Landkreis Ammerland, Schreiben der Kriminalpolizeistelle Wilhelmshaven vom 3. Juni 1938 an den Amtshauptmann in Westerstede, Az. K.14/11a.
[234] StA Oldenburg, Best. 231-2A, Nr. 133, Landkreis Ammerland, Schreiben der Kriminalpolizeistelle Wilhelmshaven vom 11. Juni 1938 an den Amtshauptmann des Amtes Ammerland (Bezug zur telefonisch am 10. Juni 1938 gemeldeten Fehlanzeige).
[235] StA Oldenburg, Best. 231-2A, Nr. 133, Landkreis Ammerland, Schreiben der Kriminalpolizeistelle Wilhelmshaven vom 16. Juni 1938 an den Amtshauptmann in Westerstede.
[236] StA Oldenburg, Best. 231-2A, Nr. 133, Landkreis Ammerland, Handschriftliche Aktennotiz mit den Namen aller sechs festgenommenen Personen, Festnahme- und Entlassungsdatum.

bereits einen Tag nach seiner Verhaftung ohne Begründung wieder freigelassen.[237]

Die Festnahmen bei der Polizeiaktion wurden von den Angehörigen nicht widerstandslos hingenommen. Die Familien der festgenommenen Sinti begaben sich auf die Amtsstuben der Kriminalpolizeistellen und machten Eingaben bei Gerichten und Amtsverwaltungen mit dem Ziel, eine Nachricht zum Verbleib ihrer Männer, Brüder und Väter zu erhalten, wenn nicht diese auf dem Petitionswege aus der Vorbeugungshaft zu befreien. Bereits am 18. Juni 1938, also noch während der Aktion, wies die Kriminalpolizeistelle Wilhelmshaven „aus gegebener Veranlassung" darauf hin, „daß es nicht angeht die Angehörigen nach Wilhelmshaven zu schicken zwecks evtl. Auskunfterteilung über die Inhaftierten. Derartige Personen sind darauf hinzuweisen, daß derartige Anfragen keinen Zweck hätten und sie sich evtl. schriftlich an die Kriminalpolizeistelle Wilhelmshaven wenden sollten."[238] Auf diesem Wege erhoffte sich die Kriminalpolizei ein stilles Versanden des Widerstandes. Doch das Gegenteil trat ein. Statt vergeblich auf eine Antwort der regionalen Kriminalpolizeistellen zu warten, begaben sich die Angehörigen der festgenommenen Sinti nach Berlin, um dort beim Reichskriminalpolizeiamt die Freilassung ihrer Männer zu fordern. Ihr Protest wurde, wie ein Schreiben der Kriminalpolizeileitstelle Bremen belegt, ernst genommen. Jeder weitere Versuch der Sinti nach Berlin zu gelangen, sollte mit allen Mitteln verhindert werden. Um den Eindruck von Widerstand zu vertuschen, konstruierten die Behörden zur Begründung des Reiseverbots „eine ernste Gefahr für die Volksgesundheit," welche zu verursachen den Sinti zugeschrieben wurde. Die Gendarmen hatten dafür Sorge zu tragen, daß diejenigen, die sich bereits auf dem Weg nach Berlin befänden, sofort ihre Weiterfahrt einstellten. Noch im Juni 1938 wiesen die Bremer Kriminalbeamten die Ämter ihres Bezirkes an, den Angehörigen der Verhafteten „protokollarisch zu eröffnen," daß „vorbeugende Maßnahmen gegen sie veranlasst werden, falls sie etwa nach Berlin zu wandern versuchen." Um darüberhinaus das Aufkeimen von weiterem Protest und Widerstand zu ersticken, verlangten die Beamten Dossiers über die „durch die Aktion gegen Asoziale betroffenen Zigeunerfamilien." Von Interesse waren dabei mögliche Abwanderungen von Zi-

---

[237] StA Oldenburg, Best. 231-2A, Nr. 133, Landkreis Ammerland, Festnahmebericht über Heinrich Schmidt vom 15. Juni 1938 und Aktennotiz des Amtshauptmann in Westerstede vom 16. Juni 1938.
[238] StA Oldenburg, Best. 231-2A, Nr. 133, Landkreis Ammerland, Schreiben der Kriminalpolizeistelle Wilhelmshaven vom 18. Juni 1938 an das Amt Ammerland.

geunerfamilien sowie bereits erteilte Verwarnungen.[239] Mit einem ähnlichen Protest gelang es deutschen Ehefrauen in Berlin im März 1943 ihre in der sogenannten „Fabrik-Aktion" verhafteten jüdischen Ehemänner vor dem sicheren Weg ins Gas zu bewahren.

Nach den Festnahmen im Juni 1938 wandte sich Barbara Petermann an das Amtsgericht Cloppenburg, mit der Bitte eine Nachricht von ihren fünf festgenommenen Familienangehörigen zu erhalten. Die Familie, die sich in Folge der Polizeiaktion nach Thedinghausen flüchtete, stand ohne Ernährer mittellos da. Die Reise der Frauen und Kinder wurde ständig von Landjägern und Gendarmen behindert. Auch die Gemeinde Thedinghausen wollte die Familie möglichst rasch nach Cloppenburg abschieben. Die wenigen Zeilen ihres Schreibens zeigen ihre Verzweiflung und Not angesichts der Ausweglosigkeit der Situation.[240]

Das Schreiben von Barbara Petermann im Wortlaut[241]:

21. 6. 38 (?)

„An das
Amtsgericht
Cloppenburg
Ich möchte bitten, mir die polizeilichen Ausweise für Familie Petermann nach Thedinghausen zum Bürgermeister zu senden.
Ich bitte weiterhin, mir Nachricht zu geben, was mit unseren Männern geworden ist. Wir stehen hier allein und haben keine Brotverdiener.
Wir werden auf jeder Strasse von Landjägern aufgehalten. Wenn die Männer nicht bald entlassen werden, dann müssen wir sofort wieder nach Cloppenburg.
Heil Hitler!
Frau Barbara Petermann"

---

[239] StA Oldenburg, Best. 231-6, Nr. 56, Landkreis Cloppenburg, Schreiben der Kriminalpolizeileitstelle Bremen vom 29. Juni 1938 an den Amtshauptmann in Cloppenburg. Ein Schreiben gleichen Inhalts der Kriminalpolizeistelle Wilhelmshaven vom 29. Juni 1938 an den Amtshauptmann in Westerstede findet sich unter StA Oldenburg, Best. 231-2A, Nr. 133, Landkreis Ammerland.
[240] StA Oldenburg, Best. 231-6, Nr. 56, Landkreis Cloppenburg, Schreiben von Barbara Petermann vom 21. Oktober 1938 an das Amtsgericht Cloppenburg. Das Datum des Schreibens ist unklar, da das Briefdatum und der Eingangsstempel identisch sind.
[241] Ebd.

Der für die Festnahmen ihrer Angehörigen verantwortlich zeichnende Referendar Wichelmann ergänzte auf dem Briefbogen lapidar, daß „laut Anweisung der Kriminalpolizeileitstelle Bremen, Auskünfte über den Verbleib der in polizeiliche Vorbeugungshaft genommenen nicht erteilt werden."[242] Dies wurde Frau Petermann schließlich nach einer weiteren verzweifelten Anfrage ihrer Schwägerin Anna nach dem Verbleib der Männer mitgeteilt. Für weitere Auskünfte sollte sie sich direkt an die Kriminalpolizeileitstelle in Bremen wenden. Die Dienststelle in Cloppenburg verschanzte sich hinter den Vorschriften. Es war dort sehr wohl bekannt, daß sich die Festgenommenen im Konzentrationslager Sachsenhausen befanden. Schließlich wurden sie von Cloppenburg aus direkt dorthin überführt.[243]

Text der Postkarte von Frau Petermann an das Amtsgericht Cloppenburg:[244]

„Ich möchte bitten, mir umgehend Antwort zu geben, wie und wo die Männer Petermann z.Zt. Kloppenburg abgeblieben sind.

Frau Anna Petermann

Dringend!!"

Im Dezember 1938 stellte der Cloppenburger Amtshauptmann Münzebrock in einem Rundschreiben an alle Gendarmeriestandorte fest, daß die „damalige Razzia offenbar nur vorübergehend gewirkt" hat. Insbesondere im Amtsbezirk Friesoythe zogen „ortsfremde Leute" zu. Gemeint waren Sinti, die als Torfarbeiter ihr Auskommen suchten. Da die Torfwerke nur schwer Arbeitskräfte finden konnten, bot sich den Sinti, die vielfach schon über Jahre im Torf gearbeitet hatten, eine Erwerbsquelle. Der Amtshauptmann ersuchte die Gendarmeriestandorte, „mit allen Mitteln die Zigeunerplage (im weistesten Sinne) zu bekämpfen und dafür zu sorgen, dass solche ortsfremden Elemente sich in unserm Bezirk nicht niederlassen." Der Amtshauptmann bedauerte die Perso-

---

[242] StA Oldenburg, Best. 231-6, Nr. 56, Landkreis Cloppenburg, handschriftlicher Vermerk des Referendars Wichelmann ohne Datum auf dem Schreiben von Frau Barbara Petermann vom 21. Oktober 1938 an das Amtsgericht Cloppenburg, vgl. auch Binnenakte Festnahmeberichte, ebd.
[243] StA Oldenburg, Best. 231-6, Nr. 56, Landkreis Cloppenburg, Entwurf eines Schreibens des Amtshauptmanns in Cloppenburg vom 23. Juni 1938 an Frau Barbara Petermann, Thedinghausen.
[244] StA Oldenburg, Best. 231-6, Nr. 56, Landkreis Cloppenburg, Postkarte von Frau Anna Petermann an das Amtsgericht Kloppenburg („K" im Original, d. A.), Eingangsstempel: 18. Juni 1938.

nalpolitik der Torfwerke, denn das „fahrende Volk" verschleppe die Maul- und Klauenseuche. Münzebrock bediente sich tief verwurzelter Vorurteile: die Sinti wurden als Sündenbock für das natürliche Auftreten einer Viehseuche gebrandmarkt.[245] Im Januar 1939 verschärfte Münzebrock seine Angriffe auf die Sinti. In einem Schreiben an den Oldenburgischen Finanzminister forderte er in einem Vorgriff auf die Festsetzung im Oktober des Jahres, „das Herumziehen in Wohnwagen möglichst überhaupt zu unterbinden." Als Rechtfertigungsgrund mußte auch hier die Gewährleistung eines „genügenden Schutzes für Mensch und Tier" herhalten.[246]

4. 2. 2. 2. Die Verfolgung und Vernichtung der Sinti und Roma in Oldenburg und Ostfriesland im Nationalsozialismus von der Festsetzung bis zur Befreiung, 1939 - 1945

Mit der Festsetzung an ihrem Aufenthaltsort im Oktober 1939 war den Sinti jegliche Reisetätigkeit verboten. Größere Gruppen von Sinti waren in den Städten Oldenburg und Cloppenburg sowie in der Moorkolonie Edewechterdamm festgesetzt. Die meisten Sinti lebten auf dem Ziegelhofgelände in Oldenburg. Im Mai 1940 fand eine als „Umsiedlungsaktion" verschleierte Deportation statt. Erstmals wurden ganze Familien in das besetzte Polen verschleppt. Sie mußten dort Zwangsarbeiten verrichten. Einzelnen gelang die Flucht zurück ins Oldenburgische, wo sie zumeist erneut verhaftet und deportiert wurden. Neben Deportation und Vernichtung existierten weitere Formen der Verfolgung. Die festgesetzten Sinti wurden zu Arbeiten in der Rüstungsindustrie und in den Torfwerken längs des Küstenkanals eingesetzt. Unter dem Titel einer „vorbeugenden Verbrechensbekämpfung" denunzierten die Kreisjugendämter im Verbund mit der NSV-Jugendhilfe junge Sinti als „frech und wenig arbeitsfreudig." Die Erfassung und Verfolgung richtete sich immer deutlicher nach den Kriterien der sogenannten 'Rassenbiologen' aus. Diese trugen mit einem Katalog zur 'rassischen' Eingruppierung der Sinti als „Zigeuner" oder „Zigeunermischling" in verschiedenen Abstufungen zur Vorbereitung des Genozids bei. Ihre 'rassenhygienischen Gutachten' bildeten die erste Stufe der

---

[245] StA Oldenburg, Best. 231-6, Nr. 55, Landkreis Cloppenburg, Schreiben des Amtshauptmanns in Cloppenburg vom 8. Dezember 1938 an sämtliche Gendarmeriestandorte.
[246] Stadtarchiv Delmenhorst, Nr. 1882, Abschrift eines Schreibens des Landrats in Cloppenburg vom 7. Januar 1939 an den Minister der Finanzen in Oldenburg.

Selektion für Auschwitz. Am 8. März 1943 erfolgte schießlich die große Deportation der Sinti aus Oldenburg und den oldenburgischen Landkreisen in das Vernichtungslager Auschwitz-Birkenau. Allein aus der Stadt Oldenburg wurden mehr als siebzig Personen deportiert. Nur wenige der Deportierten konnten der Ermordung durch die Nationalsozialisten entgehen. Einige Sinti, die in der Stadt Cloppenburg in kriegswichtigen Betrieben untergekommen waren, blieben von der Deportation verschont. Auch in Oldenburg blieben einige Familien, die nicht auf dem Ziegelhof lebten, zurück. Den Zurückgebliebenen drohte als „Zigeunermischlingen" jedoch die Zwangssterilisation.

4. 2. 2. 2. 1. Die „Festsetzung" im Oktober 1939

Im Februar 1939 erfolgte eine breitangelegte Erfassung der Sinti im Deutschen Reich. Der Erfassung lag der Erlaß des Reichsführers der SS und Chef der Deutschen Polizei, Himmler, vom 8. Dezember 1938 zugrunde. Im Land Oldenburg und der Stadt Bremen bemühte sich die Landesplanungsgemeinschaft Oldenburg-Bremen um die Einholung der Daten. In den Ausführungen sollte zwischen dauernd und vorübergehend anwesenden „Zigeunerfamilien" unterschieden, ihre Anzahl und Angaben über ihre Reiserouten sollten weitergegeben werden. Am Ort seßhafte Sinti waren ebenso zu melden. Im Gewand statistischer Zwecke konnte so die „Festsetzung" der Sinti vorbereitet werden.[247] Eine Sonderbeilage zum Meldeblatt der Kriminalpolizeileitstelle in Bremen präzisierte die Anforderungen. Verantwortlich für die Durchführung der Erfassung vor Ort waren die Ortspolizeibehörden und Gendarmeriestandorte. Für jeden Sinto war ein Erfassungsbogen in dreifacher Ausfertigung bei den zuständigen Kriminalpolizeistellen einzureichen. Zu erfassen waren alle Sinti über 16 Jahre. Kinder über sechs Jahre für die kein Ausweisdokument vorlag, wurden erkennungsdienstlich behandelt. Das Ziel war die „restlose Erfassung der Zigeuner." Zu diesem Zweck wurden auch die Personen, „die vermutlich von Zigeunern abstammen oder bei der Bevölkerung als Zigeuner gelten," überprüft. Ausdrücklich empfahlen die Bremer Beamten die Einbeziehung der Schulen und Dienststellen der Partei in die Aktion.[248]

---

[247] StA Oldenburg, Best. 231-5, Nr. 75, Landkreis Vechta, Schreiben der Landesplanungsgemeinschaft Oldenburg-Bremen vom 8. Februar 1939 an den Landrat des Kreises Vechta, Az. 1223/39.
[248] StA Oldenburg, Best. 231-2A, Nr. 132, Landkreis Ammerland, Sonderbeilage zum Meldeblatt der Kriminalpolizeileitstelle Nr. 8 vom 20. Februar 1939, dazu Schreiben der Krimi-

Die eigentliche „Festsetzung," nach der die Sinti ihre Wohnortgemeinde nicht mehr ohne Genehmigung verlassen durften, erfolgte im Oktober 1939, wenige Wochen nach Ausbruch des Krieges. Die Festsetzung bedeutete ein Verbot jeglicher Reisetätigkeit „bis auf weiteres." Gleichzeitig fand dazu eine weitere Erfassung statt, die ebenfalls auf den Himmler-Erlaß vom 8. Dezember 1938 zurückging. Diese Erfassung richtete sich ausdrücklich gegen „Zigeuner und Zigeunermischlinge," Landfahrer erwähnt der Erlaß nicht mehr.[249] Die Festsetzung stellte somit eine deutliche Verschärfung der Verfolgung auf dem Weg zum Völkermord an den Sinti dar.

Eine Liste mit den Namen von 58 bei dieser Aktion erfaßten Personen befindet sich im Hamburger Staatsarchiv. Die Liste umfaßt jedoch nicht alle in *Oldenburg* festgesetzten Personen. Aus Interviews mit den Sinti Artur Anton und Therese Schwarz geht hervor, daß sich insbesondere auf dem Ziegelhofgelände am Friedhofsweg noch weitere Personen aufgehalten haben. Beide geben an, selbst dort „festgesetzt" worden zu sein. In der Hamburger Liste sind sie nicht verzeichnet.[250] Die festgeschriebenen Sinti in der Stadt Oldenburg lebten zumeist in Wohnungen oder Wagen in der Innenstadt oder auf dem Ziegelhof. Vor allem der Ziegelhof am Friedhofsweg erwarb sich in der Oldenburger Bevölkerung einen Ruf als „Zigeunerlager." Dort standen die Wagen der reisenden Sinti dicht gedrängt. Daneben wohnten Sinti über das Stadtgebiet verteilt. Sie wurden an diesen Adressen festgeschrieben. Diese Personen waren zumeist assimilierte Sinti, die hier ihren Wohnsitz begründeten. Bekannte Adressen in Oldenburg sind u.a. Humboldtstraße, Donnerschweer Straße, Schiebenkamp, „Platz der SA" (heute: „Pferdemarkt"), Karlstraße, Voßstraße, Lange Straße, Nelkenstraße, Mittelgang, Hauptstraße und Butenweg.[251] Das Schicksal der insgesamt 46 Sinti, die 1939 noch am Sommerweg in Oldenburg-Bloherfelde gemeldet waren, bleibt unklar. Abgesehen von einem Meldeverzeichnis liegt kein weiteres Zeugnis vor, das über ihren Verbleib Auskunft

---

nalpolizeistelle Wilhelmshaven vom 23. Februar 1939 an den Landrat in Westerstede, worin der zuständige Krimininalrat Borrmann eine vierfache Ausfertigung der Mustervordrucke zur Erfassung verlangt. Des weiteren wiederholt er die Anfrage zur statistischen Zusammenstellung der Sinti in Oldenburg und Bremen.

[249] Zimmermann, Michael, Verfolgt, vertrieben, vernichtet, Essen 1989, S. 43.

[250] StA Hamburg - 331 - 1 II Polizeibehörde II, 466, „Verzeichnis der aufgrund des Erlasses von 1938 erfaßten Zigeuner usw. in Bremen und Oldenburg i.O (nach 1938)", Die vorliegende Liste datiert vom 25. Oktober 1939. Darüber hinaus befindet sich noch ein weiteres „Verzeichnis der gemeldeten Zigeuner" vom 31. Januar 1939 in der Akte. Alle hier aufgeführten Sinti (insgesamt 44 Personen) waren im Sommerweg, Ecke Olmsweg, im Oldenburger Stadtteil Bloherfelde gemeldet.

[251] Ebd.

gäbe. Vermutlich haben diese Sinti Oldenburg nach der Registrierung, wahrscheinlich noch vor der Festsetzung im Oktober 1939, verlassen.[252] Das gelegentliche Auftreten von Sinti der Familien Gock, Koch, Wally, Goy, Gry, Korpatsch, Christ, Stephan, Kaskawi, Pohl und Mirosch ist aus den Archivquellen bekannt, über ihren Verbleib im Gebiet des nordwestlichen Niedersachsens können jedoch keine Angaben gemacht werden. Dokumente des Landkreises Vechta aus der frühen Nachkriegszeit geben Hinweise, daß Sinti namens Hardt aus Werlte und Christ aus Holte durchreisten. Es kann davon ausgegangen werden, daß diese Familien die Kriegsjahre im Emsland überstanden haben.[253] Die 1939 als „Zigeuner" erfaßten Oldenburger Familien Friedrich, Liebert, Hedemann, Brinkmann, Schüßler und Richter wurden im folgenden nicht weiter als „Zigeuner" verfolgt. Fast alle erwachsenen Mitglieder dieser Familien gingen im Oktober 1939 einer festen Beschäftigung nach. Dabei handelte es sich zumeist um Tätigkeiten als Arbeiter, Dienstbote oder Hausgehilfin. Heinrich Friedrich war als selbständiger Händler tätig.[254]

Zwei Familien gaben 1937 die *Stadt Delmenhorst* als ihren Wohnsitz an. Beide Familien verfügten über eine Wohnung im Hamburger Weg bzw. in der Langen Straße. Im Widerspruch zu diesem Verzeichnis steht allerdings ein Schreiben der Polizeistelle in Delmenhorst vom 11. Februar 1939 an die Landesplanungsgemeinschaft Oldenburg-Bremen, in dem es heißt: „Zigeunerfamilien sind hier nicht vorhanden. Zigeunerfamilien haben hier in den letzten Jahren für längere Zeit nicht gewohnt." Verwandte der in Delmenhorst registrierten Familie Bernhardt, die Familie Hartlage, wurde in anderen Quellen eindeutig als Sinti-Familie betrachtet.[255] Aus Brake wird von einer Sinti-Familie Eduard Adam berichtet, über die Einzelheiten nicht bekannt sind.[256]

---

[252] Ebd.
[253] StA Oldenburg, Best. 231-5, Nr. 75, Landkreis Vechta, Schreiben des Gendarmeriepostens Dinklage vom 17. Juni 1945 an den Bürgermeister in Dinklage.
[254] StA Hamburg - 331 - 1 II Polizeibehörde II, 466, „Verzeichnis der aufgrund des Erlaß von 1938 erfaßten Zigeuner usw. in Bremen und Oldenburg i.O. (nach 1938)", Blatt 15 und 17.
[255] Stadtarchiv Delmenhorst, Nr. 1882, „Verzeichnis der in der Stadtgemeinde Delmenhorst wohnhaften, nach Zigeunerart umherziehenden Personen, soweit ihnen bisher ein Wandergewerbeschein ausgestellt wurde", ohne Datum, wahrscheinlich von 1939, Schreiben der Polizeistelle in Delmenhorst vom 11. Februar 1939 an die Landesplanungsgemeinschaft Oldenburg-Bremen, zu den anderen Quellen zur Familie Hartlage gehört u.a. StA Hamburg - 331 - 1 II Polizeibehörde II, 466, „Verzeichnis der aufgrund des Erlasses von 1938 erfaßten Zigeuner in Bremen und Oldenburg i.O. (nach 1938)", Blatt 13.
[256] Niedersächsisches Landesverwaltungsamt Hannover, Amt für Wiedergutmachung, Einzelfallakte, We., Friedrich, Sig. 7/ OL 810, Abschrift eines Berichts der Städtischen Schutz-

In den oldenburgischen Landkreisen[257] wohnten bzw. hielten Sinti sich vor allem im *Landkreis Cloppenburg* auf. In der Stadtgemeinde Cloppenburg hatten sich mit dem zunehmenden Verfolgungsdruck die Familien Heinrich Schmidt, Kaspar Leinberger, Johann Winter, Maria Krahn, Bernhard Wimmert, Konstantin Wagner, Carl und Franz Zickura zusammengefunden. Fast alle waren mit Wohnsitz in der Emsteker Straße gemeldet, nur eine Familie Zickura wohnte im Forstgarten. Eine weitere große Gruppe von Sinti lebte in den Oldenburgischen Moorgebieten, in Edewechterdamm, Schwaneburgermoor und Barßel. Es waren dies die Familien von Christian Laubinger senior, Berta Krause und Hermann Schwarz, die Familien Adam und Petermann, Reinhardt und Schwarz-Wiegand.[258] Mit einem festen Wohnsitz waren Sinti auch in Vechta,[259] Damme,[260] Husbäke[261] und Bohlenberge[262] gemeldet. Allein für das Land Oldenburg ergibt dies eine Zahl von etwa 300 bekannten Sinti.

Sinti, die ihren festgeschriebenen Aufenthaltsort ohne polizeiliche Genehmigung verließen, wurden mit der Internierung in einem Konzentrationslager bedroht. In einigen von Zimmermann dokumentierten Fällen, die Sinti aus den Städten Nürnberg und Duisburg betrafen, folgte die Kriminalpolizei streng den entsprechenden Vorschriften.[263] Ähnlich erging es den Sinti Sebilla Winter und Adolf Schmidt, die gebürtig aus dem Emsland stammten. Schmidt wurde in Köln festgesetzt. Er verließ 1942 die Stadt unerlaubt, nachdem Sebilla Winter aus Polen fliehen konnte, wohin sie 1940 deportiert wurde. Die zuständige

---

polizei Brake vom 12. Januar 1944, vgl. Schreckensberger, J., NS-Zeit-Zeugnisse aus der Wesermarsch, Brake, Unterweser 1991, S. 62.

[257] Für Oldenburg galt ab 1939 folgende Verwaltungsreform nach preußischem Vorbild: „Nach der Dritten Verordnung des Reichsministers des Inneren über den Neuaufbau des Reiches vom 28. November 1938 (RGBl. S. 1675) wurde mit Wirkung des 1. Januar 1939 umbenannt: das Amt in 'Der Landrat', der Amtshauptmann in 'Landrat', der Amtsbezirk in 'Landkreis'". Nach Münzebrock, A., a. a. O., S. 103.

[258] StA Oldenburg, Best. 231-6, Nr. 55, Landkreis Cloppenburg, Verzeichnisse nach dem Erlaß vom 8. Dezember 1938 der in Cloppenburg bzw. Altenoythe lebenden Zigeuner. In einigen Dokumenten erscheint der Name Zickura als Cickura.

[259] StA Oldenburg, Stadtarchiv Vechta, Best. 262-11, Nr. 907, Auszüge aus dem Melderegister. Einige Mitglieder der Familien Winter und Zickura hielten sich von 1938 bis mindestens 1941 in Vechta auf.

[260] ZNW, Nr. 62, Interview mit Walter Winter (Zusammenfassung), der nach seiner Entlassung aus dem Wehrdienst in Damme, Landkreis Vechta, wohnte.

[261] StA Oldenburg, Best. 231-2A, Nr. 132, Landkreis Ammerland. Anläßlich der „Umsiedlungsaktion" 1940 erstelltes Verzeichnis der Sinti in der Gemeinde Edewecht. Das Verzeichnis enthält die Namen von fünf Sinti der Familien Bamberger, Laubinger und Lauenburger.

[262] Gemeindearchiv Zetel, Meldekartei, In Bohlenberge bei Zetel im Landkreis Friesland war die Familie Frank (Franz) ansässig.

[263] Zimmermann, Michael, Rassenutopie und Genozid, Hamburg 1996, S. 169.

Kriminalpolizeileitstelle Köln ersuchte daraufhin die Beamten des Bremer „Zigeunerdezernats" mit Nachforschungen zum Verbleib der beiden, deren Aufenthalt in Norddeutschland vermutet wurde. Der Gendarmerieposten in Scharrel im Nordwesten des Landkreises Cloppenburg meldete kurz nach dem Eingang des Ersuchens der Kriminalpolizeileitstelle Bremen beim Landrat in Cloppenburg[264] die Verhaftung von Adolf Schmidt in Barßel, wo er sich wahrscheinlich bei Verwandten aufhielt. Von Barßel aus wurde Schmidt in das Polizeigefängnis Bremen eingeliefert. Sebilla Winter wurde in Barßel nicht angetroffen. Ihren Aufenthalt vermutete die Gendarmerie in Cloppenburg, da eine Familie gleichen Namens dort festgeschrieben war. Die Ermittlungen in Cloppenburg ergaben jedoch kein Ergebnis. Diesbezüglich wurde vom Gendarmerieposten Scharrel Rücksprache mit Kriminalsekretär Mündtrath vom „Zigeunerdezernat" der Bremer Kriminalpolizeileitstelle gehalten. Sollte Sebilla Winter doch noch im Kreis Cloppenburg festgenommen werden, führte man sie ohne weitere Aufforderung dem Polizeigefängnis Bremen zu.[265]

An anderer Stelle zeigt sich, daß die Festsetzung in der Praxis im Oldenburgischen weniger streng gehandhabt wurde, als das obige Beispiel vermuten ließe. Die Gemeinden, in denen die Sinti ihren Wohnsitz bzw. ihr Lager hatten, zeigten oftmals kein Interesse an einer strikten Handhabe des Festsetzungserlasses. Als einen Akt behördlichen Widerstands kann diese Haltung jedoch nicht gewertet werden. Im Gegenteil man war froh, wenn einzelne Sinti oder ganze Familien abreisten und so die Gemeinde bzw. den Landkreis verließen. Mit und ohne Genehmigung gelang es einigen Sinti weiterhin mobil zu bleiben. Reisen über die Kreisgrenzen waren durchaus möglich. Die Schaustellerfamilie Winter, deren Mitglieder in Cloppenburg, Vechta und Damme festgeschrieben waren, konnten zu Besuchen in die Nachbarkreise reisen.[266]

Der Sinto Robert F. berichtet, daß er mit seiner Familie im Kriegsjahr 1941 von Bremen nach Oldenburg verzogen sei. Erst in Oldenburg sei die Fa-

---

[264] StA Oldenburg, Best. 231-6, Nr. 55, Landkreis Cloppenburg, Verzeichnisse nach dem Erlaß vom 8. Dezember 1938 der in Cloppenburg bzw. Altenoythe lebenden Zigeuner. In einigen Dokumenten erscheint der Name Zickura als Cickura.

[265] StA Oldenburg, Best. 231-6, Nr. 55, Landkreis Cloppenburg, Schreiben der Kriminalpolizeileitstelle Bremen vom 22. April 1942 an den Landrat in Cloppenburg sowie das Festnahmeprotokoll des Gendarmeriepostens Scharrel vom 7. Mai 1942, das Ermittlungsprotokoll des Gendarmeriepostens Cloppenburg vom 14. Mai 1942 und eine Abschrift des abschließenden Schreibens des Landrats in Cloppenburg vom 16. Mai 1942 an die Kriminalpolizeileitstelle Bremen.

[266] ZNW, Nr. 62, Interview mit Walter Winter, Transkript S. 41f., vgl. StA Oldenburg, Stadtarchiv Vechta, Best. 262-11, Nr. 907, Auszug aus der Meldekartei, Anmeldebogen der Familie Winter.

milie endgültig festgehalten worden.[267] Darüberhinaus gab es genügend Versuche, sich der Verfolgung durch Flucht zu entziehen. Die Bremer Sintifamilien Reinhold Petermann und Hugo Mechau konnten von Cloppenburg bzw. Thedinghausen bis nach Düren ins Rheinland fliehen, wo sie schließlich 1940 verhaftet wurden.[268]

Ausländische Roma traten im Nordwesten nur selten auf. In Delmenhorst wurde im Kriegsjahr 1941 ein tschechischer Rom namens Janacek festgenommen. Gegen ihn wurde auf Anordnung der Staatlichen Kriminalpolizei Karlsbad durch den Gendarmerieposten Delmenhorst die polizeiliche Vorbeugungshaft angeordnet. Vor seiner Verlegung in das Strafgefängnis und Arbeitshaus Vechta war Janacek in einem Internierungslager in Hoyerswege bei Delmenhorst untergebracht.[269]

Als Deutsche Reichsangehörige waren viele Sinti im wehrpflichtigen Alter gemustert. Einige hatten den Wehrdienst abgeleistet und waren im Besitz von Wehrpässen. Die Vorlage seines in Wittmund ausgestellten Wehrpasses rettete Artur Anton nach seiner Erinnerung, im Ghetto von Siedlce vor dem Tod.[270] Zu Kriegsbeginn zog die Wehrmacht mehrere der gemusterten Sinti ein. Daß zur gleichen Zeit Sinti massiv rassisch verfolgt wurden, störte die Militärs dabei nicht. Wenige Sinti waren bereits bei Kriegsbeginn als Berufssoldat oder Wehrpflichtige bei der Wehrmacht. Walter Winter berichtet, er sei im Januar 1940 zum Kriegsdienst nach Wilhelmshaven einberufen worden. Dort diente er auf der Westwerft bei der Kriegsmarine. Sein Bruder mußte direkt nach Kriegsausbruch an die Front im Osten.

Beide wurden 1942 als Sinti aus der Wehrmacht entlassen.[271] Vor dem Kriege besaß die Familie Winter einen Lastwagen, der von der Wehrmacht eingezogen wurde. Vom Ort ihrer Festschreibung in Cloppenburg wurden die Männer der Familie Winter zum Arbeitsdienst auf dem Militärflughafen in Ahlhorn verpflichtet. Mit ihrem beschlagnahmten Wagen fuhren sie für Görings Luftwaffe.[272]

---

[267] ZNW, Nr. 26, Interview mit Robert F., Transkript S. 1f. (Umzug) und S. 4 (Festschreibung).
[268] Marßolek, Inge/Ott, René, a. a. O., S. 336.
[269] StA Oldenburg, Best. 231-5, Nr. 76, Landkreis Vechta, Entwurf eines Schreibens des Landrats in Vechta vom 7. März 1941 an das Strafgefängnis in Vechta.
[270] ZNW, Nr. 30, Interview mit Artur A., Transkript S. 9f.
[271] ZNW, Nr. 62, Interview mit Walter Winter, Transkript S. 33ff., zur Einberufung des Bruders S. 42.
[272] ZNW, Nr. 62, Interview mit Walter Winter, Transkript S. 40.

Von den in der Stadt Oldenburg festgesetzten Sinti haben mindestens sechs den Kriegsdienst in der Wehrmacht ableisten müssen. Heuzeroth erwähnt die Schicksale der Brüder Krause und des Strebold Mechau. Die vier ältesten Söhne von Julius und Anna Krause seien als Soldaten zum Frontdienst eingezogen worden. Ein Sohn, Hugo, fiel, Alois und Georg wurden verwundet entlassen. Vom Schicksal Paul Krauses ist nur bekannt, daß er im Sommer 1943 auf Heimaturlaub nach Oldenburg zurückkehrte. Dort erfuhr er von der Deportation seiner ganzen Familie im März des selben Jahres.[273] Strebold Mechau wurde schon vor Kriegsbeginn eingezogen. An der Ostfront geriet er in russische Kriegsgefangenschaft, aus der er nach Beendigung des Krieges nach Bremen zurückkehrte.[274] Mit Ernst Heinrich Liebert diente ein weiterer Oldenburger Sinto in der Wehrmacht. Im Verzeichnis der in Oldenburg lebenden Sinti aus dem Oktober 1939 findet sich ein Vermerk, daß Ernst Heinrich Liebert am 22. Oktober 1939 zur Marine nach Wilhelmshaven eingezogen worden war.[275]

4. 2. 2. 2. 2. 1.000 Personen aus dem Gebiet der Kriminalpolizeileitstellen Bremen und Hamburg - Die sogenannte „Umsiedlungsaktion" 1940

In einem Schnellbrief (unterzeichnet von Heydrich) vom 27. April 1940 ordnete Himmler unter dem Deckmantel einer „Umsiedlung von Zigeunern" die Deportation von 2.500 „Zigeunerfamilien" in das Gebiet des Generalgouvernements an. Aus den Gebieten der Kriminalpolizeileitstellen Bremen und Hamburg sollten allein 1.000 Personen stammen.[276] Mit dieser Aktion wurde ein weiterer Schritt in Richtung des Völkermords getan.

Eine genaue Zahl der aus dem *Weser-Ems-Gebiet* tatsächlich Deportierten kann aufgrund der Quellenlage nicht angegeben werden. Die Verhaftungen erfolgten nach den zur Festschreibung angelegten Erfassungsbögen von 1939. In seinem Antrag auf Wiedergutmachung berichtet Fridolin L. von

---

[273] Heuzeroth, G., a. a. O., S. 253.
[274] Ebd., S. 254.
[275] StA Hamburg - 331 - 1 II Polizeibehörde II, 466, „Verzeichnis der aufgrund des Erlasses von 1938 erfaßten Zigeuner usw. in Bremen und Oldenburg i.O. (nach 1938)", Blatt 13.
[276] Vgl. Zimmermann, Michael, Verfolgt, vertrieben, vernichtet, Essen 1989, S. 45, Zimmermann, Michael, Rassenutopie und Genozid, Hamburg 1996, S. 115f.

seiner Verhaftung am 13. Mai 1940 durch die Gestapo in Oldenburg.[277] Er war mit seiner fünfköpfigen Familie in der Bloherfelderstraße in Oldenburg-Eversten ansässig. Im Oktober 1939 wurde er als „Zigeuner" erfaßt. Laut dem Erfassungsbogen ging er seit seiner Schulentlassung einer regelmäßigen Arbeit nach. Zum Zeitpunkt der Erfassung war Fridolin L. bei einem Zimmermeister in Oldenburg beschäftigt. Weiter wird eine Umschulung zum Maschinenbauer erwähnt.[278] Die Familie wurde in das Lager Belzec überführt. In Belzec starben die Söhne Fridolin L.'s, Heinrich und Friedrich. Fridolin L. mußte Zwangsarbeiten außerhalb des Lagers verrichten.[279] Im September 1940 verlegte man die Familie L. in das Lager Krychow. Dieses Lager befand sich nach seinen Angaben in einem Moorgebiet, in dem die Häftlinge arbeiten mußten.[280] Gemeinsam mit Frau und Tochter nutzte Fridolin L. nach der Auflösung des Lagers Anfang Oktober 1940 die Umstände zur Flucht zurück nach Oldenburg.[281] In Oldenburg kamen sie zunächst bei Verwandten auf dem Ziegelhofgelände unter. Das Polizeiamt in Oldenburg erfaßte diesen Zuzug „vom Osten kommend" im November 1940 aktenkundig.[282] Diese Flucht aus dem Generalgouvernement zog Konsequenzen für die Familie L. nach sich. Die Kriminalpolizei betrachtete den Vorgang als eine „verbotene Rückkehr nach Deutschland." Vor ihrer Deportation wurden die betroffenen Sinti gezwungen, eine Erklärung zu unterzeichnen, daß ihnen im Falle der Rückkehr die Inhaftierung in einem Konzentrationslager und die Sterilisation drohte.[283] Nachdem sich die Fälle häuften, in denen Sinti aus Polen in das Oldenburgische zurückkehrten, wies die Kriminalpolizeileitstelle Bremen die Städte und Landkreise mit Datum des 13. November 1940 an, „Zigeunerlager oder -unterkünfte nach solchen Zurückgekehrten zu durchsuchen, im Betreffensfalle diese Personen festzu-

---

[277] HStA Hannover, Best. Nds. 110 W, Acc. 5/95, Nr. 289, Wiedergutmachung Einzelfälle, L., Fridolin, Verhandlungsprotokoll vom 30. Juni 1960, Aussage Fridolin L.
[278] StA Bremen 4,54 - Wiedergutmachung - E 7202, Fridolin L., Erfassungsbogen für Zigeuner der Kriminalpolizeileitstelle Bremen vom 25. Oktober 1939 für Fridolin L.
[279] HStA Hannover, Best. Nds. 110 W, Acc. 5/95, Nr. 289, Wiedergutmachung Einzelfälle, L., Fridolin, Verhandlungsprotokoll vom 30. Juni 1960, Aussage Fridolin L.
[280] HStA Hannover, Best. Nds. 110 W, Acc. 5/95, Nr. 289, Wiedergutmachung Einzelfälle, L., Fridolin, Verhandlungsprotokoll vom 30. Juni 1960, Aussage Fridolin L.
[281] HStA Hannover, Best. Nds. 110 W, Acc. 5/95, Nr. 289, Wiedergutmachung Einzelfälle, L., Fridolin, Verhandlungsprotokoll vom 30. Juni 1960, Aussage Fridolin L. Vgl. ebd., Abschrift eines Schreibens der Gestapo Außenstelle Oldenburg vom 4. Februar 1941 an die Kriminalpolizei Oldenburg.
[282] StA Bremen 4, 54 - Wiedergutmachung - E 7202, F. L., Abschrift eines Schreibens des Polizeiamtes in Oldenburg vom 8. November 1940 an K.
[283] Zimmermann, Michael, Verfolgt, vertrieben, vernichtet, Essen 1989, S. 45.

nehmen und in das Polizeigefängnis Bremen-Ostertor einweisen zu lassen." In zwei Fällen seien bereits entsprechende Maßnahmen, die Anordnung der Vorbeugungshaft, ergriffen worden.[284] Unklar bleibt, ob es sich hierbei um Fridolin L. und Franz Mechau, der ebenfalls aus Polen zurückgekehrt war, handelte. Beide wurden laut einer Mitteilung der Kriminalpolizei Oldenburg vom 15. November 1940 in Vorbeugungshaft genommen. Von Oldenburg aus wurden sie durch die Transportabteilung des Polizeiamtes „mittels Sammeltransport" nach Bremen überstellt.[285] Die Frauen L. und Mechau und deren drei Kinder blieben allein in Oldenburg zurück. Aus diesem Grunde beauftragte die Kriminalpolizei die NS-Volkswohlfahrt mit der Betreuung der „hilfsbedürftigen" Angehörigen.[286] Ein weiteres Kind von Fridolin L. wurde erst im Juni 1941, also nach der Verhaftung, geboren.[287]

Die Familie Anton stand seit der Festschreibung 1939 mit ihren Wagen auf dem Oldenburger Ziegelhof. Von hieraus wurde Artur Anton mit anderen Sinti 1940 nach Siedlce im Generalgouvernement deportiert. Wie Fridolin L. standen auch Artur Anton und die anderen Deportierten zu dieser Zeit in einem festen Arbeitsverhältnis. Die „Umsiedlung" wurde den Sinti, nach der Erinnerung von Artur Anton, mit dem Hinweis auf ihre „Rasse" begründet. In Siedlce, das östlich von Warschau liegt, waren die Sinti gemeinsam mit Juden in einem Ghetto untergebracht. Als sie dort eintrafen, war das Ghetto noch von der jüdischen Wohnbevölkerung belegt. Die Juden wurden nach einiger Zeit mit der Eisenbahn deportiert. Nur Sinti blieben im Ghetto zurück, da sich einige der Männer mit ihrem deutschen Wehrpaß ausweisen konnten. „Die Zigeuner nicht," sagt Artur Anton, „weil die Wehrmachtsangehörige waren. ... Und die sollten nicht vernichtet werden." Während des Abtransportes der Juden mußten sich die Sinti, um nichts beobachten zu können, auf einem Platz im Ghetto auf den Boden legen. Wer einen Juden versteckt hielt oder zur Flucht verhalf, wurde von den Deutschen erschossen. „Der wurde vernichtet."[288]

---

[284] StA Oldenburg, Best. 231-6, Nr. 55, Landkreis Cloppenburg, Schreiben der Kriminalpolizeileitstelle Bremen vom 13. November 1940 an den Landrat in Cloppenburg.
[285] StA Bremen 4, 54 - Wiedergutmachung - E 7202, F. L., Abschrift eines Schreibens der Kriminalpolizei in Oldenburg vom 15. November 1940 an die Gefängnisverwaltung in Oldenburg.
[286] StA Bremen 4, 54 - Wiedergutmachung - E 7202, F. L., Abschrift eines Schreibens der Kriminalpolizei in Oldenburg vom 15. November 1940 an die NS-Volkswohlfahrt.
[287] HStA Hannover, Best. Nds. 110 W, Acc. 5/95, Nr. 289, Wiedergutmachung Einzelfälle, L., Fridolin, Verhandlungsprotokoll vom 30. Juni 1960, Aussage Fridolin L.
[288] ZNW, Nr. 30, Interview mit Artur A., Transkript S. 8ff.

Nachdem die Juden aus dem Ghetto fortgebracht worden waren, wies man den Sinti deren Häuser als Quartier an. Die Räumung des Ghettos mußte überraschend gekommen sein, denn Artur Anton berichtet, daß nichts auf die Abwesenheit der Bewohner hindeutete. „Betten sind so geblieben, und alles war da, nich. Alles Kochgeschirr, alles sowas, nich."[289]

Die Sinti waren zur Zwangsarbeit bei einer zivilen Firma in den besetzten Gebieten abgeordnet. Während die Vorarbeiter Zivilisten waren, stellte die SS mit drei ihrer Männer die Bewachung. Die SS wachte ebenfalls über den Zugang zum Lager, das nur zur Arbeit verlassen werden durfte. Die Sinti mußten dann eine weiße Armbinde mit einem schwarzen „Z" tragen. Sinti, die ohne Armbinde angetroffen wurden, riskierten, von den Wachmannschaften erschossen zu werden. Viele Sinti seien so außerhalb des Ghettos erschossen worden, weil sie keine Armbinde trugen.[290]

Trotz harter Arbeitsbedingungen blieb die Versorgung der Sinti im Ghetto schlecht. Auf den Arbeitsstellen erhielten die Zwangsbeschäftigten kaum genug, um die Arbeit zu verrichten. Vom geringen Lohn, etwa 20 bis 25 Zloty waren es in der Woche, sagt Artur Anton, mußten die Lebensmittel für die vielköpfigen Familien gekauft werden. Lebensmittelkarten gab es für die Sinti nicht. Ein Brot kostete 3 Zloty. In Folge dessen starben viele Sinti an Hunger und Auszehrung. Krankheiten, vor allem Typhus, waren eine weitere Folge der miserablen Versorgung der Menschen im Ghetto. Mit dem Ausbruch des Typhus wurde das Ghetto noch strikter abgeriegelt. Als die Krankheit außer Kontrolle zu laufen drohte, begannen die Bewacher damit, alle Patienten im Krankenhaus des Ghettos zu erschießen. Unter den Opfern dieser Morde befanden sich auch der Schwiegervater von Artur Anton, seine Schwägerinnen und deren Kinder. Ganze Familien sind auf diese Weise umgebracht worden. Mit ihnen mußten die letzten Juden des Ghettos, die Schwestern und Ärzte des Krankenhauses, sterben. „Wurde alles vernichtet. Wo da keiner rauskam. Keiner mehr rauskam." Die Typhusepidemie führte schließlich zur Auflösung des Ghettos.[291]

Fast zwei Jahre verbrachte Artur Anton im Ghetto von Siedlce, bevor ihm 1942 die Flucht aus dem Ghetto gelang. In Polen suchte er sich dann eine Beschäftigung in einem Sägewerk. Zum Winter reiste er illegal zurück nach Oldenburg zu seiner Mutter.[292] Um Weihnachten 1942 wurde er dort verhaftet

---

[289] Ebd., S. 11.
[290] Ebd., S. 11ff.
[291] Ebd., S. 15.
[292] Ebd., S. 15f.

und nach Auschwitz deportiert. Im Stammlager traf er noch auf „mehrere" Sinti, die bereits 1938 in der Aktion „Arbeitsscheu Reich" deportiert worden waren.[293]

Gemeinsam mit Artur Anton sollen die Familien Hermann Schwarz und Rudi Mechau vom Ziegelhof in Oldenburg im Mai 1940 nach Polen deportiert worden sein. Heuzeroth, der für seine Aussagen an dieser Stelle keine Quelle benennt, spricht in diesem Zusammenhang von mindestens elf betroffenen Personen.[294]

Einige der Deportierten seien nach etwa einem Jahr aus Polen geflüchtet und nach Oldenburg zurückgekehrt. Aus Furcht in der Nähe des Ziegelhofes erkannt zu werden, zogen sie weiter bis nach Edewechterdamm ins Oldenburgische Moorgebiet. Verwandte boten ihnen dort einen Unterschlupf. Durch Krankheit und unglückliche Zufälle wurden die meisten der Geflohenen innerhalb kurzer Zeit erneut festgenommen.[295] Gemeinsam mit seiner Frau Berta Schwarz wurde Artur Anton im Dezember 1942 in polizeiliche Vorbeugungshaft genommen. Bis zu ihrer neuerlichen Festnahme lebten die beiden in Altenoythe-Röpkenberg. Die Bremer Kriminalpolizeileitstelle wies die Cloppenburger Dienststellen an, „mit einer besonderen Taktik bei der Festnahme vorzugehen." Die Beamten begründeten dies mit der von ihnen unterstellten „bekannten Verschlagenheit der Zigeuner." Die Festgenommen seien darauf unverzüglich ins Polizeigefängnis nach Bremen zu überführen.[296] Dennoch war Artur Anton zunächst im Gefängnis Vechta untergebracht, bevor der Landrat in Cloppenburg den Weitertransport nach Bremen veranlaßte.[297] Von dort aus wurde er in das Stammlager nach Auschwitz deportiert. Artur Anton mußte noch die Lager in Birkenau, Buchenwald und Nordhausen-Ellrich durchlaufen, bis er 1945 nahe der Elbe befreit wurde.[298]

---

[293] ZNW, Nr. 30, Interview mit Artur A., Zusammenfassung S. 12. Heuzeroth, G., a. a. O., S. 252 schreibt, daß Artur A. in den Gaskammern von Auschwitz ermordet worden sei, was jedoch revidiert werden muß, da dieser 1993 das angeführte Interview gegeben hat. Auch die weitergehenden Angaben bei Heuzeroth sind nicht immer stimmig mit den Interviewaussagen von Artur A. bzw. den aus Akten bekannten Fakten.
[294] Heuzeroth, G., a. a. O., S. 251f. Im weiteren Verlauf seiner Ausführungen beruft er sich auf ein von ihm geführtes Interview mit Joseph Schwarz aus Oldenburg (1983).
[295] Heuzeroth, a. a. O., S. 251f.
[296] StA Oldenburg, Best. 231-6, Nr. 55, Landkreis Cloppenburg, Schreiben der Kriminalpolizeileitstelle Bremen vom 18. Dezember 1942 an den Landrat in Cloppenburg.
[297] StA Oldenburg, Best. 231-6, Nr. 55, Landkreis Cloppenburg, Entwurf eines Schreibens des Landrats in Cloppenburg vom 30. Dezember 1942 an den Gendarmerieposten in Cloppenburg.
[298] ZNW, Nr. 30, Interview mit Artur A., Zusammenfassung S. 12.

Aus dem *Landkreis Ammerland* wurden im Mai 1940 fünf Personen in das Generalgouvernement deportiert. Alle fünf Personen stammten aus Husbäke in der Gemeinde Edewecht.[299] Verhaftet und nach Bremen-Gröpelingen gebracht wurden zunächst sieben Personen. Die Eheleute L., 70 bzw. 71 Jahre alt, wurden jedoch noch am Tage ihrer Verhaftung nach Husbäke zurückgeschickt. Die örtliche Gendarmerie hat sie dann mit dem Wohnwagen der deportierten Familienmitglieder über die Kreisgrenze nach Edewechterdamm abgeschoben, da sie dort polizeilich gemeldet waren. Der Ehemann der Sintezza Sophie Bamberger zog, nachdem er von ihrer Deportation erfuhr, ebenfalls nach Edewechterdamm. Der Gendarmeriemeister der Reserve, Tiarks, konnte daraufhin am 15. Juni 1940 für seinen Posten in Edewecht melden: „Im hiesigen Bezirke sind mithin keine Zigeuner mehr wohnhaft."[300]

Vor der eigentlichen Deportation nach Polen waren die Sinti aus dem Ammerland in einem Sammellager in Bremen untergebracht. Die dort anfallenden Verpflegungskosten von 42,60 RM für fünf Personen wurden der Gemeinde Edewecht unter Berufung auf die Richtlinien des Erlasses vom 27. April 1940 in Rechnung gestellt. Demnach mußte die Gemeinde des Wohn- oder Aufenthaltsortes diese Kosten übernehmen.[301]

Penibel wurde der Umgang mit der von den Deportierten zurückgelassenen Habe geregelt. Bereits zwei Wochen nach Abschluß der Aktion wies die Kriminalpolizeileitstelle Bremen auf die geltenden Bestimmungen hin. Sofern die Habe nicht von Verwandten oder anderen Sinti übernommen wurde, sollte ein „Abwesenheitspfleger" durch das Amtsgericht eingesetzt werden. Ein Verkauf der verwahrten Habe hatte „vorerst zu unterbleiben," war aber grundsätzlich nicht ausgeschlossen. Da man den „Zigeunern" eine Nähe zu Schmutz und Ungeziefer unterstellte, forderten die Bestimmungen auch eine Einschaltung der Gesundheitsbehörden. Die so gesicherten Pfründe mußten protokolliert und der Leitstelle zur Kenntnis gegeben werden.[302]

---

[299] StA Oldenburg, Best. 231-2A, Nr. 132, Landkreis Ammerland, Abschrift eines Schreibens der Kriminalpolizeileitstelle Bremen vom 23. Januar 1942 an die Staatspolizeistelle Wilhelmshaven. In der Anlage befindet sich unter c. eine „Liste über evakuierte Zigeuner bezw. Mischlinge" mit den fünf aus Husbäke deportierten Personen.

[300] StA Oldenburg, Best. 231-2A, Nr. 132, Landkreis Ammerland, Bericht des Gendarmerie-Postens Edewecht vom 15. Juni 1940 an den Landrat in Westerstede.

[301] StA Oldenburg, Best. 231-2A, Nr. 132, Landkreis Ammerland, Schreiben des Polizeipräsidenten in Bremen vom 22. Juni 1940 an den Landrat in Westerstede. Eine Abschrift des Schreibens wurde mit einem Vermerk des Landrats am 25. Juni 1940 an den Bürgermeister von Edewecht zur direkten Erledigung weitergeleitet.

[302] StA Oldenburg, Best. 231-2A, Nr. 132, Landkreis Ammerland, Schreiben der Kriminalpolizeileitstelle Bremen vom 4. Juni 1940 an den Landrat in Westerstede (im Briefkopf ist

Der Schriftverkehr mit den Behörden des „Umsiedlungsgebietes" war nach Angaben des Reichskriminalpolizeiamtes nur eingeschränkt möglich. Für die Polizeibehörden bedeutete dies, daß noch vorhandene Arbeitsbücher oder Ausweispapiere der Deportierten in deren Personalakten zu übernehmen seien. Vor der Ablage in der Personalakte oder der Nachsendung auf Verlangen sei der Evakuierungsvermerk anzubringen. Noch eingehendes Geld zugunsten von Deportierten sei auf einem Sperrkonto einzuzahlen. Gegen die Nachsendung kleinerer Beträge wurde kein Einwand erhoben. Gleiches galt für die Nachsendung von Gebrauchsgegenständen aus dem zurückgelassenen Hausrat.[303]

Im Dezember 1941 ordnete das Reichssicherheitshauptamt schließlich die Einziehung des Vermögens der im Mai 1940 deportierten Sinti an.[304] Der für Husbäke zuständige Bürgermeister in Edewecht teilte dem Landrat daraufhin mit, daß „die hier wohnhaft gewesenen Zigeuner keine Vermögenswerte hinterlassen haben."[305]

Über Deportationen im Mai 1940 ist aus *Ostfriesland* nur wenig bekannt. Heuzeroth schildert die Deportation von Helene Winter aus Emden. Sie war eine Tochter des Marionettentheaterbesitzers Julius Krause aus Hinte. Ihr Mann war, Heuzeroth zufolge, bereits zuvor, wahrscheinlich seit dem Juni 1938, in einem Konzentrationslager interniert. Er soll bei einem Fluchtversuch erschossen worden sein. Frau Winter wurde von einem Bekannten aus Emden, Eduard Hübner, der als Soldat im Osten stand, aus dem Lager herausgeholt. Sie kam darauf bei ihren Eltern auf dem Ziegelhof in Oldenburg unter.[306]

---

fälschlicherweise vom Landrat des Kreises Friesland die Rede), Bezug des Schreibens ist die Verfügung des RKPA vom 31. Mai 1940.
[303] StA Oldenburg, Best. 231-2A, Nr. 132, Landkreis Ammerland, Abschrift eines Schreibens des Reichskriminalpolizeiamtes vom 22. Juli 1940 an die Kriminalpolizeileitstelle Bremen.
[304] StA Oldenburg, Best. 231-2A, Nr. 132, Landkreis Ammerland, Abschrift eines Schreibens der Kriminalpolizeileitstelle Bremen vom 23. Januar 1942 an die Staatspolizeistelle Wilhelmshaven.
[305] StA Oldenburg, Best. 231-2A, Nr. 132, Landkreis Ammerland, Anfrage des Landrats in Westerstede vom 22. Juni 1942 an den Bürgermeister in Edewecht, das Schreiben wurde urschriftlich mit einem Vermerk des Bürgermeisters von Edewecht am 25. Juni 1942 zurückgesandt.
[306] Heuzeroth, G., a. a. O., S. 256.

4. 2. 2. 2. 3. Vier Verfolgungsformen jenseits der Deportation

Bereits in den zwanziger Jahren haben Sinti regelmäßig im Oldenburgischen Moor gelebt und gearbeitet. Die Sinti-Familie Schwarz pendelte seit dieser Zeit zwischen Oldenburg und *Edewechterdamm*. Im Sommer wurde im Moor gearbeitet, während sich das Winterlager in Oldenburg befand. Therese Schwarz wurde 1926 in Friesoythe, also im Moor, geboren.[307] Als mit dem Erstarken der Nationalsozialisten das Reisen für die Sinti immer mehr behindert wurde, wichen sie auf saisonale Arbeitsverhältnisse aus. In der Torfindustrie waren Arbeitskräfte rar. Die Arbeit im Torf war hart und anstrengend. Maschinen waren seinerzeit noch selten. Die Sinti wurden von den Torfwerken gerne genommen. Der Zuzug „ortsfremder Arbeitskräfte" bereitete dem Amtshauptmann schon 1938 Probleme. Er bat das für die Vermittlung zuständige Arbeitsamt in Vechta um eine sorgfältige Überprüfung der in den Torfbetrieben beschäftigten Arbeitskräfte. „Elemente", so drückte es der Cloppenburger Amtshauptmann Münzebrock in einem Schreiben an das Arbeitsamt Vechta aus, „deren rassische Zugehörigkeit zum Deutschen Volk z. T. zweifelhaft ist, deren finanzielle Lage meist so ist, dass die Gefahr besteht, dass sie in mehr oder weniger kurzer Zeit den Gemeinden zur Last fallen," sollten ferngehalten werden.[308]

Nach der Erfassung vom Dezember 1938 befanden sich 38 Sinti in Edewechterdamm. Die im Juni 1938 deportierten Männer wurden bei dieser Erfassung nicht ermittelt. Das Verzeichnis der Edewechterdammer Sinti von 1938 wurde an die Kriminalpolizeistelle in Oldenburg weitergeleitet.[309] Insbesondere das Torfwerk Oldenburg, Wilhelm Bosselmann, zog Sinti an. Da Bosselmann die Sinti nur im Sommer beschäftigen konnte, beantragten diese über den Winter Hilfen der Wohlfahrt bei der Gemeinde. Darüber klagte der Bürgermeister von Altenoythe gegenüber dem Landrat in Cloppenburg. Sieben Sinti-Kinder haben die Schule in der Siedlung Lüchtenborg nahe dem Torfwerk besucht. Der Lehrer vor Ort, Niemeyer, habe erklärt, „daß er selbst und die heimischen Kinder nicht länger mit den Zigeunern zusammen in einem Klassenzimmer sein" wolle. Sollte der „Zustand nicht abgeändert werden, sehe er sich veranlaßt, sofort um seine Versetzung zu bitten." Einige Eltern drohten

---

[307] ZNW, Nr. 28, Interview mit Therese Schwarz, Transkript S. 1.
[308] StA Oldenburg, Best. 231-6, Nr. 55, Landkreis Cloppenburg, Entwurf eines Schreibens des Amtshauptmanns in Cloppenburg vom 23. November 1938 an das Arbeitsamt in Vechta.
[309] StA Oldenburg, Best. 231-6, Nr. 55, Landkreis Cloppenburg, Verzeichnis der in Edewechterdamm lebenden Zigeuner 1938, erstellt vom Bürgermeister in Altenoythe am 16. Dezember 1938.

gegenüber dem Bürgermeister, ihre Kinder nicht länger auf diese Schule zu schicken, ein Gedanke, den ihnen der Bürgermeister „nicht verdenken kann." Die Siedlung Lüchtenborg, die erst im Nationalsozialismus gegründet und nach dem „gefallenen Parteigenossen Johann Lüchtenborg" benannt wurde, solle nicht zur „wahren Zigeunerkolonie" werden. Der Bürgermeister schrieb: „Es muß erwogen werden, ob es zu verantworten ist, den Namen dieses alten gefallenen Kämpfers noch länger dieser Kolonie zu belassen, wo heute solches Pack haust." Die Vorwürfe gingen jedoch noch weiter: „Das Torfwerk Oldenburg, früher immer als eine Kommunistenzentrale bezeichnet, scheint jetzt eine Zigeunerzentrale zu werden."[310] In das gleiche Horn stieß der Kreisleiter der NSDAP in Cloppenburg, Meyer-Wendeborn. In einer Beschwerde beim Landrat führte er die Klagen der NSDAP-Ortsgruppe Bösel an. Die seinerzeit aktenkundigen 38 Personen wuchsen zur „Zigeunerkolonie, die etwa 60 bis 70 Leute umfasst." Diese blieben nach Beendigung ihrer Beschäftigungsverhältnisse in den Moorbetrieben im Cloppenburger Amtsbezirk. „Die Kinder", so hieß es im Schreiben von Meyer-Wendeborn, „gehen teilweise sogar dort zur Schule und die Volksgenossen sind davon wirklich nicht erbaut." Diesem „Uebelstand" sei abzuhelfen, „denn wir haben an Zigeunern doch wirklich gar kein Interesse."[311] Auch der Bürgermeister der Stadt Cloppenburg trug seine Klagen über „nach Zigeunerart umherziehende Völker, die sich im Stadtgebiet versteckt aufhalten" vor. „Diese Völker versuchen hier seßhaft zu werden, und fallen meist schon nach ganz kurzen Zeitabschnitten der Stadt zur Last."[312] In seiner Antwort riet der Landrat den beschwerdeführenden Gemeinden, sich an die Bestimmungen des Himmler-Erlasses vom 8. Dezember 1938 zu halten. Der Erlaß wurde den örtlichen Gendarmerieposten in Abschrift zugeleitet. Überdies wies Landrat Münzebrock die Gendarmerie an, „die Zigeunerplage (im weitesten Sinne) zu bekämpfen und dafür zu sorgen, dass sich solche Ortsfremden Elemente nicht in unserem Bezirk niederlassen."[313]

Die Sinti in den Oldenburgischen Mooren standen im Oktober 1939, nach einer Mitteilung des Parteimitglieds Gehrens aus Edewechterdamm an

---

[310] StA Oldenburg, Best. 231-6, Nr. 55, Landkreis Cloppenburg, Schreiben des Bürgermeisters in Altenoythe vom 30. März 1939 an den Landrat in Cloppenburg.
[311] StA Oldenburg, Best. 231-6, Nr. 55, Landkreis Cloppenburg, Schreiben des Kreisleiters der NSDAP in Cloppenburg vom 5. April 1939 an den Landrat in Cloppenburg.
[312] StA Oldenburg, Best. 231-6, Nr. 55, Landkreis Cloppenburg, Schreiben des Bürgermeisters der Stadt Cloppenburg vom 6. April 1939 an den Landrat in Cloppenburg.
[313] StA Oldenburg, Best. 231-6, Nr. 55, Landkreis Cloppenburg, Entwurf eines Schreibens des Landrats in Cloppenburg vom 26. April 1939 an die Bürgermeister in Altenoythe und Cloppenburg.

die Kreisleitung Ammerland der NSDAP, an vier Orten. Demnach standen vier Erwachsene und zehn Kinder in Edewecht beim Torfwerk Edewecht im Landkreis Ammerland. Die übrigen Sinti standen allesamt in der Gemeinde Altenoythe im Landkreis Cloppenburg. Auf dem Standplatz Sternath wohnten sechs Erwachsene und acht Kinder, an der Kanalstraße dicht dabei weitere vier Erwachsene und zwei Kinder. Beim Torfwerk Oldenburg schließlich lebte ein Erwachsener mit fünf Kindern. Die Anzahl der Sinti war um zwei auf insgesamt vierzig Personen angewachsen. Von den Erwachsenen waren sechs auf dem Torfwerk Edewecht beschäftigt, die übrigen verdienten ihren Unterhalt mit Gelegenheitsarbeiten bei den einzelnen Kolonisten. Keines der Kinder besuchte eine Schule. Der Nationalsozialist Gehrens begründete dies mit dem Fehlen des „hierzu notwendigen Nachweis der Deutschen Staatsangehörigkeit, der von keiner Zigeunerfamilie erbracht" werden konnte.[314]

Auf die namentliche Erfassung aller Sinti vom Dezember 1938 folgte mit der Festschreibung im Oktober 1939 die Erstellung der Personalbögen für die Sinti. Landrat Münzebrock bezog sich in seinen Anweisungen auf eine Geheimverfügung der Bremer Kriminalpolizeileitstelle vom 19. Oktober 1939. Unter Hinweis auf seine beschränkten Kompetenzen teilte er dem Kreisleiter der NSDAP im selben Schreiben mit, daß „aus dieser Verfügung hervorgeht, daß die Zigeunerfrage in kurzer Zeit geregelt werden wird. ... Weitere Schritte werden vorläufig von mir aus nicht unternommen werden können."[315]

Schließlich wurden im Landkreis Cloppenburg mindestens sieben Sinti in Edewechterdamm festgenommen und nach Polen deportiert, die Eheleute Adam mit ihren zwei Kindern, Ernst und Renat Petermann sowie Dorothea Laubinger. Aus der Kenntnis später datierter Schriftstücke ist davon auszugehen, daß neben den angeführten sieben Personen noch weitere minderjährige Kinder verschleppt wurden. Die Eheleute Adam kehrten im Frühsommer 1942 in das „Altreich" zurück. In Kassel wurden sie als illegale Rückkehrer verhaftet.[316] Der Verbleib des zurückgelassenen Besitzes der Familien Adam und Petermann, zwei Wohnwagen, war im Juni 1942 nicht mehr zu klären. Der

---

[314] StA Oldenburg, Best. 231-6, Nr. 55, Landkreis Cloppenburg, Abschrift eines Schreibens des „Parteigenossen" Gehrens aus Edewechterdamm vom 13. Oktober 1939 an die Kreisleitung Ammerland der NSDAP in Bad Zwischenahn.
[315] StA Oldenburg, Best. 231-6, Nr. 55, Landkreis Cloppenburg, Schreiben des Landrats in Cloppenburg vom 5. Dezember 1939 an den Kreisleiter der NSDAP in Cloppenburg.
[316] StA Oldenburg, Best. 231-6, Nr. 55, Landkreis Cloppenburg, Verzeichnis der aus Edewechterdamm deportierten sieben Personen nebst Vermerk der Festnahme der Eheleute Adam in Kassel. Der Hinweis auf die Kinder bezieht sich vor allem auf die Berichte des Bürgermeisters von Altenoythe von 1940 bzw. 1942 gegenüber dem Landrat in Cloppenburg. Von den ursprünglich vierzig Sinti ließen sich nur noch acht Personen nachweisen.

Bürgermeister der Gemeinde Altenoythe, in deren Amtsbezirk sich Edewechterdamm befand, meldete dem Landrat: „Wohin die Wohnwagen geschafft sind, ist hier nicht bekannt."[317]

Wiederholt wandte sich der Bürgermeister von Altenoythe in Angelegenheiten der „Zigeunerplage" an den Landrat in Cloppenburg. Er forderte eine „generelle Feststellung, was mit diesen Familien zu Geschehen habe." Die Gemeinde weigerte sich, den ortsansässigen Familien Laubinger und Berta Krause einen dauerhaften Standplatz zuzuweisen. Zur Zeit des Beschwerdeschreibens stand der Wagen von Berta Krause an der Kanalstraße. Grundsätzlich war das Halten dort verboten, wurde jedoch in Ermangelung einer Alternative geduldet. Während des Sommers lebte die Familie Krause im Freien, da sie aus Geldnot nach Arbeitslosigkeit ihren Wohnwagen einem Edewechter Bauern als Hühnerstall vermietete. Die Torfwerke in Altenoythe weigerten sich mittlerweile, Sinti einzustellen. Bürgermeister Schmidt schrieb: „Die hiesigen Torfwerke wollen die Zigeuner nicht beschäftigen und dies mit Recht. Bei den Torfwerken in der Gemeinde Edewecht haben sie bisher zeitweise Arbeit gefunden." Der Ehemann Berta Krauses, Albert, befand sich „bereits seit Jahren" im Konzentrationslager Buchenwald.[318] Die Familien Laubinger und Krause, die sich seit 1938 in Edewechterdamm aufhielten, lebten seit der Deportation der arbeitsfähigen Söhne und Ernährer im Mai 1940 von der Wohlfahrtsunterstützung.[319] Bürgermeister Schmidt bedauerte, nicht auch die älteren Sinti nach Polen deportieren zu können. Darüber meldete der Bürgermeister, daß die verbliebenen Angehörigen über die Behandlung in Polen aus seiner Sicht „haarsträubende" Gerüchte verbreiteten.[320] Der gescheiterte Versuch, die alten Eheleute Laubinger, die damals über siebzig Jahre alt waren, nach Polen zu schicken, wurde in den Akten des Landkreises Ammerland dokumentiert.[321] Ein weiterer mißlungener Versuch, die Sinti loszuwerden, galt einer Übersiedlung ins nahe Edewecht. Die ammerländischen Gendarmeriebeamten schoben den Wagen der Familie Krause nach jeder Überschreitung der Kreis-

---

[317] StA Oldenburg, Best. 231-6, Nr. 55, Landkreis Cloppenburg, Schreiben des Bürgermeisters von Altenoythe vom 18. Juni 1942 an den Landrat in Cloppenburg.
[318] StA Oldenburg, Best. 231-6, Nr. 55, Landkreis Cloppenburg, Schreiben des Bürgermeisters von Altenoythe vom 15. November 1940 an den Landrat in Cloppenburg.
[319] StA Oldenburg, Best. 231-6, Nr. 55, Landkreis Cloppenburg, Schreiben des Bürgermeisters von Altenoythe vom 26. Juli 1941 an den Landrat in Cloppenburg.
[320] StA Oldenburg, Best. 231-6, Nr. 55, Landkreis Cloppenburg, Schreiben des Bürgermeisters von Altenoythe vom 15. November 1940 an den Landrat in Cloppenburg.
[321] StA Oldenburg, Best. 231-2A, Nr. 132, Landkreis Ammerland, Bericht des Gendarmerie-Postens Edewecht vom 15. Juni 1940 an den Landrat in Westerstede.

grenze nach Altenoythe zurück. In geradezu grotesker Manier wiederholte sich dieser Vorgang mehrmals in beide Richtungen. Andere Familien konnten die Behörden noch vor der Festsetzung zum Aufbruch drängen.[322]

Im Zuge einer weitergehenden Erfassung ersuchte die Kriminalpolizeileitstelle Bremen die örtlichen Behörden in den Landkreisen um Mithilfe. Die Beamten wandten sich im Januar 1941 zunächst an den Landrat in Westerstede, Ammerland, um den Geburtsort der Sintezza Helene Schmidt, der Lebensgefährtin des Christian Laubinger, festzustellen. Bei dieser Gelegenheit erhoffte man sich zugleich Auskunft über die „Zigeunernamen" von Helene Schmidt und Christian Laubinger zu erhalten.[323] Da Edewechterdamm, der Wohnort der beiden, jedoch im benachbarten Landkreis Cloppenburg lag, wurde das Ersuchen an das Landratsamt in Cloppenburg weitergeleitet. Doch auch von hier konnte der Kriminalpolizei nur die Auskunft übermittelt werden, daß Helene Schmidt sich nicht im Besitz einer Geburtsurkunde befände. Sowohl Helene Schmidt wie auch Christian Laubinger gaben gegenüber der Gendarmerie an, keine „Zigeunernamen" zu tragen.[324]

In einem knappen handschriftlichen Schreiben verlangte das „Rassenpolitische Amt" der NSDAP-Kreisleitung in Apen Aufklärung über die in Edewechterdamm stehenden Sinti Laubinger und Krause. Mitglieder der Ortsgruppe Edewechterdamm hätten sich beschwert. Zur weiteren „Betreuung" der Familien verlangte das Amt „Personalien und Auskünfte über diese Familien."[325]

Die mehrmaligen Versuche, die Sinti aus Altenoythe zwischen 1940 und 1942 in die Nachbargemeinden oder gar nach Polen 'abzuschieben', schlugen fehl. Als der Landrat im September 1941 den Standplatz des Wohnwagens von Berta Krause an der Kanalstraße in Edewechterdamm monierte, indem er eine

---

[322] StA Oldenburg, Best. 231-6, Nr. 55, Landkreis Cloppenburg, Abschrift des Schreibens des Bürgermeisters von Altenoythe vom 15. Oktober 1940 an den Landrat in Cloppenburg.

[323] StA Oldenburg, Best. 231-6, Nr. 55, Landkreis Cloppenburg, Schreiben der Kriminalpolizeileitstelle Bremen vom 31. Januar 1941 an den Landrat in Westerstede.

[324] StA Oldenburg, Best. 231-6, Nr. 55, Landkreis Cloppenburg, Schreiben des Gendarmeriepostens Friesoythe vom 5. März 1941 an den Landrat in Cloppenburg. Schreiben gleichen Inhalts des Landrates in Cloppenburg vom 7. März 1941 an die Kriminalpolizeileitstelle Bremen. Als Helene Laubinger wurde Helene Schmidt gemeinsam mit ihrem Ehemann 1943 nach Auschwitz deportiert, wo beide ermordet wurden. Gedenkbuch, a. a. O., 3492 und 3118.

[325] StA Oldenburg, Best. 231-6, Nr. 55, Landkreis Cloppenburg, Schreiben des Rassenpolitischen Amts bei der Kreisleitung Ammerland der NSDAP in Apen vom 3. Juli 1941 an den Landrat in Cloppenburg (im Briefkopf fälschlich Friesoythe, dieser Amtsbezirk ist jedoch seit 1933 aufgelöst).

Verlegung auf einen Parkplatz abseits des öffentlichen Verkehrs drängte,[326] verstieg sich der Bürgermeister von Altenoythe in die vage Andeutung, daß eine Aktion gegen die „Zigeuner" im Gange sei. Ohne diese Aktion näher zu beschreiben, sprach er davon, „die Zigeuner auf mystische Weise aus dem Kreise Cloppenburg verschwinden zu lassen. Die Anweisung eines Parkplatzes würde die Durchführung dieses Experimentes stören bzw. unmöglich machen."[327] Worin jenes „Experiment" und der Zusammenhang mit dem Parkplatz bestand, läßt sich aufgrund der Quellenlage heute ebensowenig rekonstruieren wie die Bedeutung der „mystischen Weise" des Verschwindenlassens. Tatsache ist, daß die betroffenen Familien Krause und Laubinger sich auch nach der angedeuteten Aktion noch in Edewechterdamm aufhielten. Mystisch bleibt danach allein die Andeutung der „Aktion". Letztendlich wurde ihnen ein Platz bei Ikenbrügge angewiesen. Einzelne Mitglieder der Familien waren beim Torfwerk Carola im nahen Kampe beschäftigt. Ihr Wohnplatz befand sich etwa zwei Kilometer vom Werk entfernt.[328]

Kurzzeitige Reisen waren ihnen trotz der Festsetzung möglich. Zur Erbsenernte begaben sich die Familien Laubinger und Krause nach Carolinensiel in den ostfriesischen Landkreis Wittmund.[329] Ihre Wohnwagen ließen sie für diese Zeit in Edewechterdamm zurück. Aufgrund der Kriegshandlungen vor Ort, Flakschießen gegen alliierte Luftangriffe, fanden sie sich schon bald darauf wieder in Edewechterdamm ein. In der Sandkuhle fühlte sich die Familie Laubinger, so schrieb der Bürgermeister Schmidt zynisch, „eben wie im Paradiese." Er forderte von seiten des Landes einen festen Platz anzuweisen, an welchem die Sinti sich aufhalten können. Der Praxis der gegenseitigen Abschiebung der Sinti von einer Gemeinde zur anderen erteilte er, nachdem die eigenen Versuche, Sinti über die Kreisgrenzen abzuschieben, gescheitert waren, eine Absage. Geradezu grotesk mutet dagegen der Vorschlag an, den nach Polen deportierten Sohn der Familie Laubinger zur Erstattung der Kosten, die für die laufende Unterstützung seiner Eltern anfallen, heranzuziehen. Aber: „Über den Aufenthalt des Sohnes der Laubinger vermögen die Eltern

---

[326] StA Oldenburg, Best. 231-6, Nr. 55, Landkreis Cloppenburg, Entwurf eines Schreibens des Landrats in Cloppenburg vom 11. September 1941 an den Bürgermeister in Altenoythe.
[327] StA Oldenburg, Best. 231-6, Nr. 55, Landkreis Cloppenburg, Schreiben des Bürgermeisters von Altenoythe vom 18. September 1941 an den Landrat in Cloppenburg.
[328] StA Oldenburg, Best. 231-6, Nr. 55, Landkreis Cloppenburg, Bericht des Gendarmeriepostens Friesoythe vom 9. Juli 1942 an den Landrat in Cloppenburg.
[329] Vgl. Haddinga, J.,Kriegsalltag in Ostfriesland, 1939-1945, Norden 1995, S. 53f.

keine Auskunft zu erteilen, auch hat hier nichts festgestellt werden können, so daß eine Kostenerstattung durch ihn nicht möglich ist."[330]

Wortlaut des Schreibens des Bürgermeisters von Altenoythe:[331]

„Der Bürgermeister   Altenoythe, den 26. Juli 1942

An den Herrn Landrat
in Cloppenburg

Die Familien Krause und Laubinger sind hier im Herbst 1938 zugezogen.
Das Ehepaar Laubinger wird seit April 1940 *laufend* unterstützt. Es sind bisher rd. 480,-- RM an Wohlfahrtsunterstützung einschl. Krankenhaus und Arzneikosten entstanden. Die Unterstützungsakte findet sich auf dem Landratsamt, da es sich um Landarme handelt.

Bereits während der Wintermonate 1938/39 sind außer den hier damals kampierenden Zigeunern auch die beiden Familien Krause und Laubinger vorübergehend unterstützt worden. Die entstandenen Kosten sind von den Unterstützern erstattet.

Bereits im März 1939 habe ich wegen der Zigeunerplage einen eingehenden Bericht nach dort gegeben. Es sind dann auch die meisten Zigeuner teils durch das Arbeitsamt und teils aus freien Stücken anderweitig außerhalb in Arbeit gekommen und haben mit ihren Wohnwagen den Bezirk verlassen. Nur die beiden Familien Krause und Laubinger sind hier geblieben.

Am 15. November 1940 habe ich dann nochmals einen Bericht hergegeben ....

Der 30 Jahre alte Sohn der Eheleute Laubinger hat seine Eltern unterhalten, solange er noch hier war. Er ist dann über Nacht mit einem Sammeltransport nach Polen überführt worden. Leider bestand keine Möglichkeit, die beiden alten Eltern mit zu überführen.

Die Ehefrau Krause war zuletzt bei einem Torfwerk in der Gemeinde Edewecht beschäftigt. Die Übersiedlung nach Edewecht ist bei dieser Gelegenheit mit allen Mitteln versucht worden. Wenn die Familie Krause an einem

---

[330] StA Oldenburg, Best. 231-6, Nr. 55, Landkreis Cloppenburg, Schreiben des Bürgermeisters von Altenoythe vom 26. Juli 1941 an den Landrat in Cloppenburg.
[331] StA Oldenburg, Best. 231-6, Nr. 55, Landkreis Cloppenburg, Schreiben des Bürgermeisters von Altenoythe vom 26. Juli 1941 an den Landrat in Cloppenburg. Vgl. Haddinga, J., a. a. O., S. 53f.

Tage ihren Wohnwagen zu ihrem Arbeitsplatz nach Edewecht zog, erfolgte am nächsten Tag durch den Gendarmeriebeamten in Edewecht die Zurückweisung nach Altenoythe. Das hat sich eine zeitlang abgespielt mit dem Ergebnis, daß Frau Krause ihren Arbeitsplatz in der Gemeinde Edewecht verloren hat. Unterstützt wird Frau Krause hier zur Zeit nicht, da sie arbeitsfähig ist.

Die beiden Familien Krause und Laubinger haben sich vor etwa 3 Wochen nach Carolinensiel begeben zum Erbsenpflücken. Ihre Wohnwagen haben sie hier gelassen. Heute stellt sich Frau Laubinger bereits wieder vor und erklärt, daß sie nur 3 Tage in Carolinensiel gewesen sei. Das Schießen der Flak sei ihnen zu stark auf die Nerven gegangen, auch habe sie der Gendarmeriebeamte des Ortes verwiesen. Auf energisches Vorhalten, daß auch andere Leute dort aushalten müßten, erklärt Frau Laubinger lakonisch: „Da könne mer nischt davor!" Die Familie fühlt sich in der Sandkuhle in Edewechterdamm eben wie im Paradiese.

Wenn schon den Zigeunern das Herumziehen untersagt wird, muß ihnen auch seitens der Reichs- oder Landesregierung ein Platz angewiesen werden, auf dem sie sich aufhalten können. Es geht unter keinen Umständen an, daß jede Gemeinde versucht, die Zigeuner in die Nachbargemeinde abzuschieben. Die Zigeunerplage wird dadurch nicht behoben, vielmehr bleibt das alte Verhältnis bestehen. Daß man die arbeitsfähigen Söhne aus den Familien der Zigeuner herausgezogen hat, hat sich nur insoweit zum Vorteil ausgewirkt, als sie zur Arbeit gezwungen werden. Das größte Übel aber bleibt den Gemeinden belassen. Über den Aufenthalt des Sohnes der Laubinger vermögen die Eltern keine Auskunft zu erteilen, auch hat hier nichts festgestellt werden können, so daß eine Kostenerstattung durch ihn nicht möglich ist."

Die Gemeinde Altenoythe fühlte sich weiterhin vom Zuzug von Sinti bedrängt. Im Sommer 1942 wurde eine weitere Sinti-Familie von Oldenburg nach Edewechterdamm „umgesiedelt."[332] Das Arbeitsamt in Oldenburg hatte die Familie Rudolf Schwarz-Wiegand[333] an das Torfwerk Fäsenfeld vermittelt. Die

---

[332] StA Oldenburg, Best. 231-6, Nr. 55, Landkreis Cloppenburg, Schreiben des Polizeiamtes in Oldenburg vom 1. Juni 1942 an den Landrat in Cloppenburg.
[333] Gedenkbuch, a. a. O., 3094, 3095, 3096, 3098, 3455, 3456, 3457, Die Vornamen, Geburtsdaten und Orte der gesamten Familie Schwarz stimmen mit denen der Wiegands überein. Vgl. StA Oldenburg, Best. 231-6, Nr. 55, Landkreis Cloppenburg, Bericht des Gendarmeriepostens Friesoythe vom 9. Juli 1942 an den Landrat in Cloppenburg. Die Beschreibung des erwähnten Rudolf Wiegand als Torfarbeiter im Werk Fäsenfeld in Jeddeloh II. läßt den Schluß zu, daß Rudolf Schwarz und Rudolf Wiegand ein und dieselbe Person sind. Ein weiteres Indiz zeigt sich darin, daß seit der Erwähnung der Familie Wiegand die Familie Rudolf Schwarz nicht mehr erscheint. Zuvor war die Familie Rudolf Wiegand unbekannt. Mit wel-

Familie, die zuvor auf dem Ziegelhof in Oldenburg wohnte, konnte ihre zwei Wagen zunächst auf dem Werksgelände des Torfbetriebes in Altenoythe abstellen.[334] Bereits in den zwanziger und dreißiger Jahren haben einige Männer aus den Familien Schwarz-Wiegand im Torf gearbeitet. Seinerzeit haben sie ebenfalls in Edewechterdamm gelebt. Ihre Wagen standen noch auf einem Fabrikgelände in Edewecht. Von dort seien sie unter dem Kommando dreier Gendarmen aus Edewecht und Zwischenahn auf Loren verladen und über den Schienenweg nach Altenoythe gebracht worden.[335] Der Landkreis protestierte bei der Stadt Oldenburg gegen den Zuzug der Familie Schwarz-Wiegand, die Kreisbeamten sprachen von einer „Abschiebung nach Altenoythe." Gegen die Beschäftigung der Männer im Torf gab es, da in den Kriegsjahren Arbeitskräfte ohnehin knapp waren, keine Einwände. Der Unmut des Landrats bezog sich vielmehr auf den vorgeschlagenen Wohnort in Altenoythe, wo bereits die Familien Laubinger und Krause eine „Kolonie" bildeten. In einer Aktennotiz regte er an, die Wohnwagen auf einem der anderen Werksgelände der Firma Fäsenfeld, die diese in Wardenburg, Edewecht und Jeddeloh, außerhalb des Landkreis Cloppenburg unterhielt, aufzustellen.[336] Der Altenoyther Bürgermeister störte sich daran, daß das Torfwerk die Familie Schwarz-Wiegand in seiner Gemeinde unterbrachte, sie aber im Edewechter Werk der Firma Fäsenfeld beschäftigt wurde. Er wies den Landrat darauf hin, daß auch die Besitzer der Flächen, welche Fäsenfeld lediglich zur Nutzung gepachtet hatte, mit einer „Bewohnung" durch „Zigeuner" nicht einverstanden seien.[337] In einer Erklärung bekräftigten die Grundstücksbesitzer ihre ablehnende Haltung. Sie setzten Fäsenfeld eine Frist zur „Räumung der Grundstücke," d.h. der „Entfernung der Wohnwagen."[338] Der Gendarmerieposten in Friesoythe wurde nun beauf-

---

cher Begründung es zu diesem offensichtlichen Namenswechsel kam, kann nicht mehr rekonstruiert werden. Im Folgenden werde ich diese Familie als „Schwarz-Wiegand" bezeichnen.

[334] StA Oldenburg, Best. 231-6, Nr. 55, Landkreis Cloppenburg, zwei Schreiben des Polizeiamtes in Oldenburg vom 1. Juni 1942 und 11. Juni 1942 an den Landrat in Cloppenburg.

[335] StA Oldenburg, Best. 231-6, Nr. 55, Landkreis Cloppenburg, Schreiben des Bürgermeisters von Altenoythe vom 26. Juni 1942 an den Landrat in Cloppenburg, vgl. auch ZNW, Nr. 28, Interview mit Therese Schwarz.

[336] StA Oldenburg, Best. 231-6, Nr. 55, Landkreis Cloppenburg, Aktennotiz des Landrats in Cloppenburg vom 26. Juni 1942.

[337] StA Oldenburg, Best. 231-6, Nr. 55, Landkreis Cloppenburg, Schreiben des Bürgermeisters von Altenoythe vom 26. Juni 1942 an den Landrat in Cloppenburg.

[338] StA Oldenburg, Best. 231-6, Nr. 55, Landkreis Cloppenburg, Abschrift eines Schreibens der Grundstücksbesitzer Johann Bley, Osterloh, Hermann Högemann, Bösel und Witwe Johann Abel Beeken, Bösel vom 25. Juni 1942 an das Torfwerk Kück & Co, Inhaber J. Fäsenfeld.

tragt, den Betriebsinhaber des Torfwerks aufzufordern, für einen anderweitigen Abstellplatz außerhalb der Gemeinde zu sorgen. Bei einer Weigerung des Betriebsinhabers sei die polizeiliche Abschiebung der „Zigeuner" über die Gemeindegrenze zu veranlassen.[339] Eine Rückfrage beim Polizeiamt in Oldenburg ergab, daß von dort entgegen den Behauptungen des Betriebsinhabers kein bestimmter Wohnort für die Familie Schwarz-Wiegand festgelegt wurde. Die Gendarmerie vermutete nunmehr ein stillschweigendes Einverständnis zwischen dem Torfwerk, dem Landrat in Westerstede und dem Gendarmerieposten Edewecht bezüglich der Unterbringung der Familie Schwarz-Wiegand.[340] Die Familien Rudolf Schwarz-Wiegand und Hermann Schwarz, der sich und die seinen nach ihrer Flucht aus dem Generalgouvernement zunächst im Moor versteckt hielt, gelangten schließlich über eine Station Edewecht nach Petersdorf erneut in den Landkreis Cloppenburg. Von dort aus wurden sie im März 1943, soweit sie nicht zuvor verhaftet wurden, über Bremen nach Auschwitz deportiert.[341]

Doch nicht nur grotesk-bürokratischen Amtshandlungen waren die Sinti ausgesetzt, ebenso konnten aus dem Nichts gegriffene Unterstellungen und Vorurteile sie in lebensgefährliche Schwierigkeiten bringen. Nach einem Moorbrand gerieten sie als Brandstifter in Verdacht. Der Brand konnte rasch von einigen Torfarbeitern gelöscht werden. Unter dem Vorwand der Gefahrenabwehr verlangte der Besitzer des Torfwerks Oldenburg, Wilhelm Bosselmann, „diese Zigeuner hinter Schloss und Riegel zu bringen." Außer Brandstiftung verdächtigte Bosselmann die Sinti der Wilderei und des unerlaubten Fischens. Den Sinto Rudolf Schwarz-Wiegand beschuldigte er, wiederholt sein Moor „gekreuzt" (durchquert) zu haben. Dabei habe Schwarz-Wiegand seinen Vorarbeiter Füröp bedroht.[342] Schwarz-Wiegand wurde daraufhin von den Beamten Willenborg und Duhme des Gendarmeriepostens Friesoythe verhört. Er bestritt die gegen ihn erhobenen Vorwürfe. Die Gendarmerie wies ihrerseits auf Unstimmigkeiten in der Anzeige des Torfunternehmers hin. Das Lager der Sinti befand sich nicht, wie Bosselmann angab, an der Kipp bei Lüchtenborg, son-

---

[339] StA Oldenburg, Best. 231-6, Nr. 55, Landkreis Cloppenburg, Schreiben des Landrats in Cloppenburg vom 26. Juni 1942 an den Gendarmerieposten in Friesoythe. Der nebenstehende Entwurf des Schreibens vom selben Tag ist im Tonfall und Ausdruck schärfer.
[340] StA Oldenburg, Best. 231-6, Nr. 55, Landkreis Cloppenburg, Bericht des Gendarmeriepostens Friesoythe vom ?. Juli 1942 (Eingangsstempel: 18. Juli 1942) an den Landrat in Cloppenburg.
[341] Heuzeroth, G., a. a. O., S. 251f.
[342] StA Oldenburg, Best. 231-6, Nr. 55, Landkreis Cloppenburg, Schreiben des Torfwerks Oldenburg, W. G. Bosselmann, vom 13. Juni 1942 an den Landrat in Cloppenburg.

dern in Ikenbrügge. Ikenbrügge lag nun jedoch nicht in der unmittelbaren Nähe des Torfwerkes. Die Gendarmen hielten eine Beteiligung der Sinti an der Entstehung des Brandes für „unwahrscheinlich." Die Aussagen des Vorarbeiters und des Landbesitzers, Karl Fuchs, trugen nicht zur Aufklärung der Brandursache bei. Ebenso wurde der Vorwurf der Wilderei entkräftet. Das zum Beweis angeführte Reh erwies sich nach der Untersuchung als von wildernden Hunden gerissen. Die dennoch erfolgte polizeiliche Durchsuchung der Wohnwagen blieb ohne Ergebnis.[343]

Eine weitere Form der Verfolgung der Sinti, die „vorbeugende Verbrechensbekämpfung", richtete sich ab 1940 gezielt auch gegen Jugendliche. Auf Antrag war die Unterbringung in einem „Jugendschutzlager" und in besonderen Fällen sogar in einem Konzentrationslager möglich. Im November 1940 forderte das Reichskriminalpolizeiamt die Landkreise über die Kriminalpolizeileitstellen auf, alle „kriminellen und asozialen männlichen Minderjährigen, soweit sie gegenwärtig für eine polizeiliche Unterbringung in Frage kommen, in Vorschlag zu bringen."[344] Diese Unterbringung sollte in der Regel im „Jugendschutzlager" Moringen erfolgen.[345] Für die jungen Sinti, die nach diesen Bestimmungen erfaßt wurden, bedeutete dies eine drastische Verschärfung des Fürsorgeartikels der „Bestimmungen zur Bekämpfung der Zigeunerplage" von 1906.

Die Vorurteile vom „frechen und wenig arbeitsfreudigen" Sinto saßen fest. Sie wurden nun auf die Jugendlichen, die in einer ihnen feindlich gesonnenen Umgebung aufwuchsen, projiziert. In einem Bericht urteilte die Sachbearbeiterin des Jugendamtes Ammerland, Weißbach, über den seinerzeit fünfzehnjährigen Sinto Karl Adam, daß es wünschenswert wäre, „wenn der Jugendliche unter strenger Aufsicht in geregelte Arbeit gebracht würde." Adam

---

[343] StA Oldenburg, Best. 231-6, Nr. 55, Landkreis Cloppenburg, Bericht des Gendarmeriepostens Friesoythe vom 9. Juli 1942 an den Landrat in Cloppenburg.

[344] StA Oldenburg, Best. 231-6, Nr. 56, Landkreis Cloppenburg, Schreiben der Kriminalpolizeileitstelle Bremen vom 21. November 1940 an den Landrat in Cloppenburg.

[345] StA Oldenburg, Best. 231-6, Nr. 56, Landkreis Cloppenburg, Schreiben der Kriminalpolizeileitstelle Bremen vom 10. September 1940 an den Landrat in Cloppenburg. Mit dem „Jugendschutzlager" Moringen ist das Konzentrationslager Moringen gemeint. Zu den Konzentrationslagern in Moringen vgl. Guse, Martin/Kohrs, Andreas, Die „Bewahrung" Jugendlicher im NS-Staat - Ausgrenzung und Internierung am Beispiel der Jugendkonzentrationslager Moringen und Uckermark, Diplomarbeit, Hildesheim 1985; Hesse, Hans, Hoffnung ist ein ewiges Begräbnis - Briefe aus dem KZ - Hannah Vogt - 1933, Bremen 1998 und Harder, Jürgen/Hesse, Hans, Die Zeuginnen Jehovas im Frauen-KZ Moringen: ein Beitrag zum Widerstand von Frauen im Nationalsozialismus, in: Hesse, Hans (Hg.), „Am mutigsten waren immer wieder die Zeugen Jehovas" - Verfolgung und Widerstand der Zeugen Jehovas im Nationalsozialismus, Bremen 1998, S. 35-62.

wäre, schrieb seine Gutachterin nach Hörensagen, „durch sein freches, aufdringliches Wesen aufgefallen." Die Unterstellung der „arbeitsscheue" lastete schwer.[346] Schon während der Aktion „Arbeitsscheu Reich" im Jahr 1938 wurde ein Jugendlicher mit sechzehn Jahren festgenommen und deportiert.[347] Im September 1939 wurden durch eine „Volkspflegerin" des Amtes für Volkswohlfahrt bei der NSDAP-Kreisleitung Cloppenburg die Kinder der Familie Wachsmuth beurteilt. Berthold Wachsmuth galt nach den Kriterien der Nationalsozialisten als „asozial und arbeitsscheu." Seine Frau entstammte einer Sinti-Familie. Die „Volkspflegerin", Frau Geringer, stigmatisierte ihre Verwandten als die „berüchtigten Familien Leimberger und Wimmert." Die Kinder machten „einen reichlich verwahrlosten Eindruck, die Verkommenheit ist ihnen ins Gesicht geschrieben." Der Bericht stempelte die Familie „unbedingt als sozial minderwertig" ab. Die „Volkspflegerin" Geringer beantragte im vorauseilenden Gehorsam, „dass die ganze Familie in einer Asozialen-Kolonie untegebracht wird."[348]

Für die Selektion der Jugendlichen zeichnete die NSV-Jugendhilfe verantwortlich. Unter den elf 1940 vorgeschlagenen Jugendlichen befanden sich sechs Sinti.[349] Die polizeiliche Vorschlagsliste nannte noch zwei Sintezza'.[350] Da sich der Erlaß ausschließlich gegen männliche Minderjährige richtete, wurden die Mädchen nicht aus der Familie genommen. Die Aktion galt damit als abgeschlossen.

Jugendliche Sinti, die während der Aktion von 1940 erfaßt wurden, blieben im Fokus der verfolgenden Behörden. Der von der NSV-Jugendhilfe im Alter von fünfzehn Jahren als „kriminell und asozial" bezeichnete Heinrich Hermann Leimberger sollte 1942 zum Kriegsdienst herangezogen werden. Die Kriminalpolizeileitstelle Bremen berief sich in einer entsprechenden Mitteilung an das Landratsamt in Cloppenburg auf das Gutachten der Rassenhygienischen Forschungsstelle des Dr. Dr. Robert Ritter, nach welcher Leimberger als

---

[346] StA Oldenburg, Best. 231-2A, Nr. 132, Landkreis Ammerland, Schreiben der Kreissachbearbeiterin Weißbach vom 16. September 1939 an den Kreisausschuß als Jugendamt.
[347] StA Oldenburg, Best. 231-6, Nr. 56, Landkreis Cloppenburg, Festnahmeprotokoll gegen A. P. vom 14. Juni 1938, aufgenommen von Verwaltungsaktuar Ziemann in Cloppenburg.
[348] StA Oldenburg, Best. 231-6, Nr. 56, Landkreis Cloppenburg, Binnenakte Wachsmuth, Schreiben des Amtes für Volkswohlfahrt bei der Kreisleitung Cloppenburg der NSDAP vom 18. September 1939 an das Jugendamt in Cloppenburg.
[349] StA Oldenburg, Best. 231-6, Nr. 56, Landkreis Cloppenburg, Schreiben des Amtes für Volkswohlfahrt bei der Kreisleitung Cloppenburg der NSDAP vom 8. April 1940 an das Jugendamt in Cloppenburg.
[350] StA Oldenburg, Best. 231-6, Nr. 56, Landkreis Cloppenburg, Schreiben des Landrats in Cloppenburg vom 8. April 1940 an die Kriminalpolizeileitstelle Bremen.

„Zigeunermischling (-)" zu gelten habe. Das Wehrerfassungsamt sei hiervon in Kenntnis zu setzen. Auf diese Anweisung folgten keine weiteren Schritte, da Leimberger zwischenzeitlich seinen Wohnsitz in den Kreis Vechta verlegt hatte.[351]

Die ebenfalls von der NSV-Jugendhilfe registrierte Schwester Heinrich Leimbergers, Johanna, begab sich im August 1942 als Hausgehilfin bei dem Sinto Reinhold We. nach Oldenburg. Im Januar 1943 teilte ihr die Oldenburger Kriminalpolizei mit, sie wäre „Zigeunermischling." Aus diesem Grunde benötigte sie eine Genehmigung, ihren bisherigen Wohnort Cloppenburg verlassen zu dürfen. Diese Genehmigung wurde erteilt. We. selbst, der auf dem Ziegelhof lebte, war bei der Reichsbahn beschäftigt.[352]

Ab 1937 stellte die „Rassenhygienische und bevölkerungsbiologische Forschungsstelle" des Dr. Dr. Robert Ritter in Berlin ihre anthropometrischen und genealogischen Untersuchungen an. Daneben wurde, nach Ritter, „eine Art Personenfeststellungsverfahren" betrieben.[353] Die Forschungen von Ritter und der Rassehygienischen Forschungsstelle begründeten schließlich den Genozid.

Dieser Wahn der „Rassenbiologen" setzte sich in der Provinz fort. Im Jahr 1937 veröffentlichte die Ostfriesische Tageszeitung einen Aufsatz von Professor Dr. med.h. Kürten zur rassischen Einordnung der Sinti. Er behauptete, daß „Zigeuner artfremden Blutes" wären und daß „die aus ihnen hervorgehenden Mischlings- und Vagantenfamilien besonders hohe Prozentsätze von asozialen oder kriminellen und sonst erbminderwertigen Elementen" aufwiesen.[354] Zum Zweck entsprechender Untersuchungen bereisten „Rasseforscher" im Auftrag regionaler Dienststellen der Gesundheitsverwaltung die Landkreise. Die ostfriesischen Landkreise beauftragten 1939 den „Rasseforscher Dr. Eckhardt ... mit der Durchführung von rassebiologischen Untersuchungen."[355] Es kann davon ausgegangen werden, daß die Einsetzung von

---

[351] StA Oldenburg, Best. 231-6, Nr. 55, Landkreis Cloppenburg, Schreiben der Kriminalpolizeileitstelle Bremen vom 30. Juli 1942 an den Landrat in Cloppenburg mit einem handschriftlichen Vermerk über den Wohnortwechsel des Leimberger.
[352] StA Oldenburg, Best. 231-6, Nr. 55, Landkreis Cloppenburg, Aktenvermerk des Landrats in Cloppenburg vom 22. Januar 1943.
[353] Zimmermann, Michael, Rassenutopie und Genozid, Hamburg 1996, S. 139ff., Zimermann, Michael, Verfolgt, vertrieben, vernichtet, Essen 1989, S. 123, Anmerkung 5.
[354] Stadtarchiv Wittmund, Ausschnitt aus der Ostfriesischen Tageszeitung von 1937 (ohne genaue Datumsangabe).
[355] Stadtarchiv Wittmund, Mitteilung des Landrats in Wittmund vom 8. März 1939 an die Bürgermeister im Landkreis. Anhand der vorliegenden Quellen ist eine eindeutige Zuordnung der Person Dr. Eckhardts nicht möglich. Nach Deichmann, U., Biologen unter Hitler,

Dr. Eckhardt auf eine hochrangig besetzte Sitzung der Gesundheitsverwaltung vom Februar 1939 beim Regierungspräsidenten in Aurich zurückzuführen war. Zu den Teilnehmer zählten neben den Verantwortlichen der regionalen Erbgesundheitsgerichte u.a. der Referent für Erb- und Rassenpflege beim Reichsinnenministerium, Ministerialrat Dr. Herbert Linden, und der Leiter der Rassenhygienischen Forschungsstelle, Dr. Dr. Robert Ritter. Thema der Sitzung war die sogenannte „Asozialen Kolonie Moordorf."[356] Moordorf, eine Moorkolonie bei Aurich, wurde häufig auch als das „Zigeunerdorf" bezeichnet. Man unterstellte den Bewohnern, daß sie von „Zigeunern" abstammten. Diese Behauptung gilt spätestens seit der umfangreichen Moordorfstudie von Andreas Wojak als widerlegt.[357]

Ortsansässige Sinti in Oldenburg und Ostfriesland wurden nach den pseudowissenschaftlichen Kriterien des Himmler-Erlasses vom 7. August 1941 in die rassischen Verfolgungskategorien „Zigeuner (Z)" und „Zigeunermischling (ZM)" eingestuft. Den wissenschaftlich unseriösen Charakter einer derartigen Eingruppierung entlarvt u.a. die Begründung der Entlastungskategorie „Nicht-Zigeuner (NZ)". Dort heißt es, daß „Nicht-Zigeuner" bedeutet, „die Person ist oder gilt (sic!) als deutschblütig." Bei Zigeunermischlingen wurde darüberhinaus der „deutsche Blutsanteil" begutachtet und gekennzeichnet.[358] Den Beginn dieser Eingruppierungen markiert der Beginn des Jahres 1942. Bei der rassischen Erfassung der Sinti arbeiteten die Kriminalpolizei und die Rassenhygienische Forschungsstelle eng zusammen. Die Beamten der Bremer Kriminalpolizeileitstelle setzten alles daran, die sich noch in ihrem Gebiet aufhaltenden Sinti genauestens zu erfassen. In einigen Fällen wurde nach dieser Erfassung die Festschreibung nach dem Erlaß vom 17. Oktober 1939 erneuert bzw.

Portrait einer Wissenschaft im NS-Staat, Frankfurt am Main 1995, sind zwei Dr. Eckhardt bekannt. Diese sind: ein in der NSDAP organisierter Verhaltensforscher (S. 115), sowie ein Biologe aus Halle, später Potsdam und Berlin (S. 40 und 50ff.). Eine Verwechslung mit Dr. Sophie Ehrhardt ist dagegen auszuschließen, zumal sie sich in der Rassenhygienischen Forschungsstelle um die ostpreußischen Sinti bemühte. Dazu Zimmermann, Michael, Rassenutopie und Genozid, Hamburg 1996, S. 143.

[356] Wojak, A., Moordorf, Dichtung und Wahrheit über ein ungewöhnliches Dorf in Ostfriesland, Bremen 1992, S. 120f. Wojak führt das Sitzungsprotokoll an: StA Aurich, Rep. 16/1, Nr. 905. Dr. Linden wurde 1941 zum Reichsbeauftragten für die Heil- und Pflegeanstalten ernannt. Damit hatte er die Verantwortung für die Planung und Durchführung der Euthanasiemorde.

[357] Wojak, A., a. a. O., S. 19ff.

[358] Die Bestimmungen zur Einstufung der Zigeuner wurden im Runderlaß des Reichsführers SS und Chef der Deutschen Polizei im RMdI vom 7. August 1941 (RMBliD, S. 1443, StAZ, S. 190) unter Ziffer 280a, „Auswertung der rassebiologischen Gutachten über zigeunerische Personen" festgelegt. Hier zitiert nach Stadtarchiv Wittmund (Hervorhebung im Zitat durch die Autoren).

bei zugezogenen Personen ausgesprochen. Die Kriminalpolizeileitstelle teilte in derartigen Fällen dem zuständigen Landrat das Ergebnis der gutachterlichen Äußerung der Rassenhygienischen Forschungsstelle mit. Der Landkreis wurde angewiesen, dem betroffenen Sinto davon in Kenntnis zu setzen, daß er seinen Wohnort nicht mehr verlassen dürfe. Dazu legten die Bremer Beamten einen durch den Sinto auszufüllenden Vordruck bei, in dem er bestätigte, daß er der Anweisung Folge leisten oder andernfalls in ein Konzentrationslager eingewiesen würde. Im Falle des Schaustellers Johann Winter, der sich mit seiner Familie nach Cloppenburg geflüchtet hatte, bedeutete die gutachterliche Äußerung eine Einstufung als „Zigeunermischling." Er durfte daher die Stadtgemeinde Cloppenburg nicht mehr ohne polizeiliche Erlaubnis verlassen.[359]

Eine der wenigen überlieferten gutachterlichen Äußerungen der Rassenhygienischen Forschungsstelle findet sich im Wortlaut im Archiv der Gemeinde Zetel. Sie betraf die damals im Ortsteil Bohlenberge ansässige Sinti-Familie Frank. Im Gutachten wurde der Sinto Georg Frank als „Zigeunermischling (-)" eingestuft.[360]

---

[359] StA Oldenburg, Best. 231-6, Nr. 55, Landkreis Cloppenburg, Schreiben der Kriminalpolizeileitstelle Bremen vom 16. Februar 1942 an den Landrat in Cloppenburg, betreffend Johann Winter (*1888), mit Bezug zur gutachterlichen Äußerung der Rassenhygienischen Forschungsstelle Nr. 11036 vom 30. Mai 1941, mit der von Winter unterzeichneten Erklärung der polizeilichen Anweisung Folge zu leisten.

[360] Gemeindearchiv Zetel, Mikrofiche der Meldekartei, darin: Gutachterliche Äußerung der Rassenhygienischen Forschungsstelle Nr. 15341 vom 18. März 1942, der dort angegebene Wohnsitz Jever bezieht sich auf den Zeitpunkt der ersten Begutachtung.

Der Wortlaut der Gutachterlichen Äußerung:[361]

„Rassenhygienische Forschungsstelle
des Reichsgesundheitsamtes
Leiter: Dr.phil.,Dr. med.habil.R.Ritter   Berlin-Dahlem, den
                                              Unter den Eichen 82-84
                                              18.März 1942

               Gutachterliche Äußerung
Nr. 15 341

Auf Grund der Unterlagen, die sich in dem Zigeunersippenarchiv befinden, hat
nach den bisher durchgeführten rassenkundlichen Sippenuntersuchungen

               F r a n k, Georg

geb. 20.7.1906   Conradswalde Krs. Elbing
oder 10.7.1906   Neukirchhöhe / Ostpr.

Sohn des Frans Frank,   geb. 1875,
                          gest. 1923

als   Zigeunermischling (-)
zu gelten.

       Angeblich verh. mit Margarete Franz, geb. 10.9.1898

wohnhaft in Jever
               I.A. gez. Unterschrift"

---

[361] Ebd. Der Satzspiegel entspricht dem Original, das aus technischen Gründen nicht in Druckqualität reproduziert werden kann.

Diese wenigen Zeilen entschieden über Leben und Tod des Klassifizierten. Das Wort „Zigeunermischling" wurde in der Regel mit dem Begriff „asozial" gleichgesetzt. Georg Frank wurde in Auschwitz ermordet.[362]

Da „Reinheit und Fortbestand des deutsches Volkes" von den Nationalsozialisten stets in besonderer Weise betont wurden, erließ die nationalsozialistische Reichsregierung bereits 1935 ein „Gesetz zum Schutze des deutschen Blutes und der deutschen Ehre." Zunächst diente das Gesetz zur systematischen Ausgrenzung der jüdischen Bevölkerung. Das Gesetz verbot Ehen und nichteheliche Verhältnisse von Juden und, wie es im Gesetzestext heißt, „Staatsangehörigen deutschen oder artverwandten Blutes."[363] In einer bald darauf erlassenen „Ersten Verordnung zur Ausführung des Gesetzes zum Schutze des deutschen Blutes und der deutschen Ehre" erfuhren die vorgenannten Bestimmungen eine Erweiterung, die neben der jüdischen Bevölkerung nun auch auf Sinti angewendet werden konnte. In § 6 der Verordnung hieß es: „Eine Ehe soll ferner nicht geschlossen werden, wenn aus ihr eine die Reinhaltung des deutschen Blutes gefährdende Nachkommenschaft zu erwarten ist."[364] Unter Berufung auf diese erste Ausführungsverordnung zum Gesetz untersagte die Kriminalpolizei Oldenburg dem Sinto Friedrich We. den Verkehr mit „arischen Mädchen und Frauen."[365] Gemeint war jedoch eine ganz bestimmte Beziehung, die ihm in einem weiteren Verfahren dann ausdrücklich verboten wurde. We. lebte mit Maria Fr. in eheähnlicher Gemeinschaft, die von den „Rasseforschern" als „Zigeunermischling (-)" und deutsche Staatsangehörige geführt wurde. Ihr Vater Heinrich Fr. lebte 1943 seit mehr als 15 Jahren als Händler in Oldenburg. Seine erwachsenen Kinder standen allesamt in festen Beschäftigungsverhältnissen.[366] Maria Fr. und Friedrich We. hatten ein ge-

---

[362] Gemeindearchiv Zetel, Mikrofiche der Meldekartei, Meldebogen Frank, Georg, Bohlenberge, darauf Vermerk: „Am 8.3.1943 festgenommen und in ein Konzentrationslager eingeliefert."
[363] „Gesetz zum Schutze des deutschen Blutes und der deutschen Ehre vom 15.9.1935", RGBl. I, S. 1146, hier zitiert nach von Münch, I., Gesetze des NS-Staates, Paderborn 1994, Ordnungsziffer 64, S. 120.
[364] „Erste Verordnung zur Ausführung des Gesetzes zum Schutze des deutschen Blutes und der deutschen Ehre vom 14.11.1935", RGBl. I, S. 1334, hier zitiert nach von Münch, I., a. a. O., Ordnungsziffer 66, S.122ff.
[365] Niedersächsisches Landesverwaltungsamt Hannover, Amt für Wiedergutmachung, Einzelfallakte, We., Friedrich, 7/ OL 810, Abschrift einer Eröffnungsverhandlung vom 9. Januar 1943 gegen Friedrich We. (im Original fehlerhaft 1942). Im Wortlaut mußte We. sich wie folgt erklären: „Mir ist heute von der Kriminalpolizei eröffnet worden, daß ich keinen Verkehr mit arischen Mädchen oder Frauen unterhalten darf."
[366] StA Hamburg - 331 - 1 II Polizeibehörde II, 466, „Verzeichnis der aufgrund des Erlaß von 1938 erfaßten Zigeuner usw. in Bremen und Oldenburg i.O. (nach 1938)", Blatt 17.

meinsames Kind, das im Dezember 1942 geboren wurde. Da Maria Fr. nach der Geburt des Kindes den elterlichen Haushalt verlassen mußte, lebte sie fortan bei der Familie We. auf dem Ziegelhof.[367] Beide wurden nun durch den Oldenburger Kriminalsekretär Lührs darauf hingewiesen, daß sie „während der Dauer des Krieges eine Ehe" nicht eingehen durften. Weiter hieß es im Eröffnungsverfahren, daß sie auch nicht in eheähnlicher Gemeinschaft leben durften, insbesondere war ihnen „der Geschlechtsverkehr verboten." Sie wurden unter Androhung der „Einweisung in ein Konzentrationslager" förmlich zur Trennung aufgefordert.[368] Dem Kriminalbeamten Lührs gegenüber kündigten Friedrich We. und Maria Fr. an, sich zu trennen. Formelhaft gab We. seine Absicht zu Protokoll: „Nachdem ich nun auch noch von der Kriminalpolizei auf diese Vorschriften besonders hingewiesen worden bin, will ich (in, d. A.) Zukunft von der Fr. ablassen, um zu verhüten, dass mein Verhalten irgendwelche Weiterungen nach sich ziehen könnte."[369] Entgegen ihrer Aussage gegenüber der Polizei trennten sich beide nicht. We. tauchte kurz vor einer Verhaftung unter. Maria Fr. wohnte zu diesem Zeitpunkt immer noch bei seiner Familie auf dem Ziegelhof. Bei der Razzia auf dem Ziegelhof im März 1943, wurde sie als einziges Mitglied ihrer Familie festgenommen und nach Auschwitz deportiert.[370]

4. 2. 2. 2. 4. Die große Deportation im März 1943

Die als „Auschwitz-Erlaß" Himmlers bezeichnete Anweisung, welche mit dem 16. Dezember 1942 datiert wird,[371] führte im Nordwesten dazu, daß endgültig der Großteil der noch ansässigen Sinti in der Märzaktion 1943 nach Auschwitz-

---

[367] Niedersächsisches Landesverwaltungsamt Hannover, Amt für Wiedergutmachung, Einzelfallakte, We., Friedrich, 7/ 0L 810, Abschrift eines Protokolls vom 9. Januar 1943, Aussage Friedrich We..
[368] Niedersächsisches Landesverwaltungsamt Hannover, Amt für Wiedergutmachung, Einzelfallakte, We., Friedrich, 7/ 0L 810, Abschrift zweier Eröffnungsverfahren vom 9. Januar 1943 gegen Maria Fr. bzw. Friedrich We.
[369] Niedersächsisches Landesverwaltungsamt Hannover, Amt für Wiedergutmachung, Einzelfallakte, We., Friedrich, 7/ 0L 810, Abschrift eines Protokolls vom 9. Januar 1943, Aussage Friedrich We. Ein Protokoll gleichen Inhalts vom 11. Januar 1943 (im Original fehlerhaft 1942), Aussage Maria Fr.
[370] Gedenkbuch, a. a. O., Fr., Maria, 3454, vgl. Heuzeroth, G., a. a. O., S. 249.
[371] Zimmermann, Michael, Rassenutopie und Genozid, Hamburg 1996, S. 301. Der genaue Wortlaut des Erlasses ist nicht überliefert.

Birkenau deportiert wurden. Sie wurden in der ersten Märzwoche von Beamten der Kriminalpolizei festgenommen und zum Sammelpunkt Bremen transportiert. Von dort aus gingen drei Transporte ab, die die Sinti in das sogenannte „Zigeunerlager" nach Auschwitz brachten. Für viele bedeutete diese Deportation den Tod.

Die Bestimmungen, die nach der NS-Rassenideologie „reinrassige" oder mit einem Deutschen verheirateten Sinti verschonen sollten, wurden anscheinend nicht konsequent eingehalten. Dies galt ebenso für das Kriterium des Nachweises einer festen Arbeitsstelle oder eines festen Wohnsitzes. Ihr Arbeitseinsatz in der kriegswichtigen Produktion rettete schließlich einer Gruppe Cloppenburger Sinti das Leben. Eine Garantie war die Arbeit in der Rüstungsindustrie jedoch nicht. In Damme im Landkreis Vechta wurden Sinti im März 1943 von ihrer Arbeitsstelle bei der Luftmunitionsfabrik zur Deportation abgeholt.

„Einen Morgen kam 'se, um 5 Uhr morgens klopften sie anne Tür" - Die Oldenburger Deportation

Spricht man in der Stadt *Oldenburg* über die Verfolgung der Sinti, kommt das Gespräch stets auf das Ziegelhofgelände. Heimatkundliche Quellen nennen den Ziegelhof, wenn sie überhaupt die Sinti in Oldenburg zur Kenntnis nehmen.[372] Dem Grad der Bekanntheit zum Trotz ist das tatsächliche Wissen über die Ereignisse in Oldenburg sehr gering. In den Archiven klaffen hierzu weite Lücken. Die entsprechenden Akten wurden wahrscheinlich im Frühjahr 1945 vernichtet.

Seinerzeit bot der Ziegelhof ein Gelände, auf dem Sinti mit ihren Wagen stehen konnten. Einige Sinti wohnten im eigentlichen Ziegelhofgebäude und dessen Anbauten. Anfang 1943 lebte die weitaus größte Gruppe der Oldenburger Sinti auf dem Ziegelhof unter der Adresse Friedhofsweg 15, darunter die Familien Otto Mechau, Helene Winter, Julius Krause, Anna Petermann und Joseph Schwarz, Henrietta Steffens, Katharina Hartlage und Helene Engelhart. Die Sinti, die mit ihren Wohnwagen noch auf anderen Plätzen standen, siedelten im Laufe der Jahre 1942/43 auf den Ziegelhof über. Daneben wohnten weitere Sinti zunächst über das Stadtgebiet verteilt, so die Familien Reinhold

---

[372] Z.B. Dede, K., Mein Oldenburg, Oldenburg 1987, S. 180.

Weiß, Heinrich Friedrich, Karl Wagner, Albert Wagener und Karl Steinbach.[373] Die noch in Oldenburg verbliebenen Familien waren bereits durch die vorangegangenen Deportationsaktionen und Festnahmen von Einzelpersonen dezimiert. Ihren Lebensunterhalt bestritten die Sinti in Anstellungen unter anderem bei Baufirmen,[374] im Kohlenhandel, in einer Friedhofsgärtnerei oder einer Tischlerei.[375]

In der Beweisaufnahme einer Rückerstattungssache, die ein Verwandter der ermordeten Familie Mechau stellte, gab der als Zeuge geladene Sinto Ernst P. eine Beschreibung der Lebensbedingungen der Familie Otto Mechau auf dem Ziegelhof zu Protokoll: „Auf dem Grundstück befand sich eine Gaststätte. Daran war ein kleinerer Bau angebaut. Dort war die Mechausche Wohnung. Ich sah eine Küche und ein Wohnzimmer. ... Nach meiner Erinnerung gingen vom Wohnzimmer noch zwei Türen außer der Küchentür ab. ... Die Zimmereinrichtung bestand aus einem größeren und einem kleineren Schrank, 1 Sofa, 1 Tisch und mehreren Stühlen und 1 oder zwei Betten. ... Diese Sachen können aber nicht sehr alt gewesen sein, weil mein Onkel Otto Mechau nach meiner Erinnerung etwa 1938 aus seinem früheren Zigeunerwagen in die Wohnung Ziegelhof umgezogen war." In diesen beengten Wohnverhältnissen lebte das Ehepaar Mechau gemeinsam mit seinen sieben Kindern. P. selbst zog im August von Oldenburg nach Bremen. Dort wurde er festgesetzt und kam infolgedessen nicht mehr nach Oldenburg.[376]

Mechau verdiente den Lebensunterhalt für seine Familie bei einer Baufirma in Oldenburg. Seit seinem Zuzug 1938 ging er einer geregelten Arbeit nach. Dank dieser Beschäftigung war seine Familie zu keinem Zeitpunkt auf Unterstützungsleistungen der Wohlfahrt angewiesen.[377] In der Aussage Ernst P.'s ist die Rede von Ersparnissen in Höhe von mindestens 30 deutschen

---

[373] Heuzeroth, G., a. a. O., S. 249ff. und StA Hamburg - 331 - 1 II Polizeibehörde II, 466, „Verzeichnis der aufgrund des Erlaß von 1938 erfaßten Zigeuner usw. in Bremen und Oldenburg i.O. (nach 1938)". Die Mitglieder der Familie Otto Mechau sind weiterhin aufgeführt unter HStA Hannover, Best. Nds. 110 W, Acc. 5/95, Nr. 286, Abschrift der Auskunft des Einwohnermeldeamtes Oldenburg i.O. vom 23. Februar 1950, vgl. allg. Heuzeroth, G., a. a. O., S. 253ff.
[374] HStA Hannover, Best. Nds. 110 W, Acc. 5/95, Nr. 279, Rückerstattungssache Mechau, Beweisaufnahme vom 30. Oktober 1964, Aussage Ernst P., S. 84.
[375] ZNW, Nr. 28, Interview mit Therese Schwarz, Transkript S. 5.
[376] HStA Hannover, Best. Nds. 110 W, Acc. 5/95, Nr. 279, Rückerstattungssache Mechau, Beweisaufnahme vom 22. Oktober 1964, Aussage Ernst P., S. 84f.
[377] StA Hamburg - 331 - 1 II Polizeibehörde II, 466, „Verzeichnis der aufgrund des Erlasses von 1938 erfaßten Zigeuner usw. in Bremen und Oldenburg i.O (nach 1938)", Blatt 11, Z. 10.

Goldmünzen à 10 RM bzw. 20 RM. Neben den Münzen besaß Otto Mechau weitere Wertgegenstände, die er als Erbstücke bewahrte.[378]

Nicht nur Sinti wohnten auf dem Ziegelhof. In der Rückerstattungssache Mechau wurde 1964 auch der Transportarbeiter Otto Mb. vernommen, der seit 1935 auf dem Ziegelhof lebte. Er konnte die Aussagen von Ernst P. weitestgehend bestätigen. Ihr Eigentum sei nach der Polizeiaktion am Morgen des 8. März 1943 konfisziert und versteigert worden. Die Aktion gegen die Sinti wurde vom Oldenburger Kriminalsekretär Lührs geleitet. Lührs war dann auch für die Konfiszierung des Mechauschen Besitzes verantwortlich. Otto Mb. erinnert sich an den Morgen der Festnahme: „Die Zigeunerfamilie auf dem Ziegelhof wurde seinerzeit noch im Schlaf verhaftet und abgeführt. Sie durften außer ihren Wertsachen und Papieren nichts mitnehmen. Das habe ich selber beobachtet."[379] Alle am 8. März 1943 festgenommenen Mitglieder der Familie Mechau wurden im Konzentrationslager Auschwitz ermordet. Eine Schwiegertochter Krauses, Anna P., wurde ebenfalls in Auschwitz ermordet. Mit ihr starben ihre beiden Kinder.[380] Franz und Robert Mechau, Söhne von Otto Mechau, wurden bereits 1940 nach Polen bzw. 1941 in ein Konzentrationslager verschleppt.[381] Heute erinnert in Oldenburg eine Straße nahe dem Ziegelhof an die Familie Mechau.

Eine weitere Schilderung der Verhaftung gab Therese Schwarz. Sie betonte nochmals, daß alle Sinti vom Ziegelhof zum Zeitpunkt der Festnahme in ordentlichen Arbeitsverhältnissen standen. Die Aktion der Oldenburger Kriminalpolizei kam für alle überraschend, als sie am frühen Morgen des 8.März 1943 geweckt wurden. „Einen Morgen kam'se, um 5 Uhr morgens klopften sie anne Tür und sagen se, hier, Familie Schwarz, sie müssen aufstehen. Ziehen sie sich an, das was sie haben, und dann kommen sie mit." Auf die Frage ihres Mannes, wohin man sie brächte, sagte ihnen der Einsatzleiter der Kriminalpolizei Lührs, sie gingen nach Polen. Dort, so Lührs gegenüber der Familie Schwarz, würde man sie ansiedeln. Sie bekämen eine Wohnung und ein

---

[378] HStA Hannover, Best. Nds. 110 W, Acc. 5/95, Nr. 279, Rückerstattungssache Mechau, Beweisaufnahme vom 30. Oktober 1964, Aussage Ernst P., S. 85f.
[379] HStA Hannover, Best. Nds. 110 W, Acc. 5/95, Nr. 279, Rückerstattungssache Mechau, Beweisaufnahme vom 30.10.1964, Aussage Ernst P., S. 86, in einer beigefügten Aufenthaltsbescheinigung bestätigte die Stadt Oldenburg am 24. November 1960 die Festnahme Otto Mechaus durch die Kriminalpolizei.
[380] Gedenkbuch, a. a. O., Mechau, Auguste, 3488, Maria, 3489, Agnes, 3490, Waltraut, 3491, Petermann, Anna, 2355, Henriette, 2356,Mechau, Otto, 3116, Walter, 3117, Willi, 2096, Balduin, 2109, Petermann, Hans, 2097, vgl. Heuzeroth, G., a. a. O., S. 253f.
[381] HStA Hannover, Best. Nds. 110 W, Acc 5/95, Nr. 286, Abschrift der Auskunft des Einwohnermeldeamtes Oldenburg i.O. vom 23. Februar 1950.

Grundstück, das sie bewirtschaften könnten. Auf dem Ziegelhof hielten sie die Kriminalbeamten zur Eile an. Ihr Eigentum ließen sie zurück, wie es stand.[382]

Unter Bewachung der Polizei mußten die Sinti vom Ziegelhof zum Oldenburger Güterbahnhof laufen. Für den Weitertransport nach Bremen standen, so Therese Schwarz, einige Viehwaggons bereit. Über Delmenhorst ging die Fahrt nach Bremen, „da ham sie ja die Zigeuner zusammengestellt."[383] Als der Zug in Bremen voll war, fuhr er durch bis an die Rampe von Auschwitz. In jedem Waggon befanden sich, nach der Erinnerung von Therese Schwarz 80 bis 90 Personen. Verpflegung und Wasser für die Reise gab es kaum. Kränkelnde, Alte und Kinder starben demnach bereits auf der Fahrt.[384] Nach drei Tagen schließlich erreichten sie als der dritte Transport von Bremen das Lager am 14. März 1943.[385]

Ein Bruder von Therese Schwarz, Joseph Schwarz, der beim Vater Hermann Schwarz im Cloppenburgischen Petersdorf lebte, bestätigt diese Aussagen. Auf dem Transport von Petersdorf nach Oldenburg hielt man ihn in Oldenburg kurzzeitig in der Polizeikaserne am Pferdemarkt fest. In Bremen war es den Familien gestattet, noch gültige Lebensmittelkarten in Begleitung der Polizei einzulösen.[386] Andere Sinti konnten gegen Garantien das Sammellager für kleinere Erledigungen verlassen.[387] Die Beamten versuchten, die Sinti mit der Auskunft, man siedele sie nach Polen um, zu beruhigen. Mit dieser Taktik sollten die Internierten allem Anschein nach in Sicherheit gewogen werden. Eine Panik oder gar ein Aufstand gegen die anstehende Deportation in das „Zigeunerlager" Auschwitz-Birkenau sollte unbedingt vermieden werden. Joseph Schwarz erinnert sich, daß die Oldenburger Sinti vom Kriminalsekretär Lührs nach Bremen begleitet wurden. Dort übergab er die Sinti an seinen Vorgesetzten von der Kriminalpolizeileitstelle Bremen, Wilhelm Mündtrath. Joseph Schwarz spricht von einem Mann namens „Mundrat," den er als einen „riesengroßen Kerl von über zwei Zentnern" beschreibt.[388]

Im „Zigeunerlager" Birkenau wurde Therese Schwarz als Sechzehnjährige zu schwerster Zwangsarbeit im Baracken- und Straßenbau eingeteilt.

---

[382] ZNW, Nr. 28, Interview mit Therese Schwarz, Transkript S. 5.
[383] Ebd., S. 6f.
[384] Ebd.
[385] Gedenkbuch, a. a. O., Schwarz, Therese, 3448.
[386] Archiv Günter Heuzeroth, Gesprächsprotokoll zur Märzdeportation 1943 mit Joseph Schwarz, Oldenburg.
[387] ZNW, Nr. 62, Interview mit Walter Winter, Transkript S. 38f.
[388] Archiv Günter Heuzeroth, Gesprächsprotokoll zur Märzdeportation 1943 mit Joseph Schwarz, Oldenburg.

Schon nach wenigen Wochen starb die Mutter von Therese Schwarz an „Bauchtyphus" im Lager. Auch ein Bruder, eine Schwester und eine Nichte starben in Auschwitz-Birkenau. Die Beobachtung der Ermordung von Juden im Gas lastete bedrohlich über jedem Tag. Therese Schwarz berichtete darüberhinaus von ungarischen und russischen Roma, die sofort nach ihrer Ankunft ohne Registrierung vergast wurden. Sie selbst wurde 1944 gemeinsam mit einer Schwester zunächst in das Frauenlager nach Ravensbrück abtransportiert. Im Lager Schlieben erlebten ihre Schwester und sie die Befreiung durch alliierte Truppen.[389]

Über die anderen Sinti vom Ziegelhof ist nur wenig bekannt. Der Schausteller Julius Krause stammte aus dem ostfriesischen Hinte. Von dort aus zog er mit seinem Marionettentheater über die Märkte im Nordwesten.[390] Vier seiner Söhne dienten in der Wehrmacht. Als sie aus dem Krieg zurückkehrten, mußten sie erfahren, daß ihre Familie in den Lagern von Auschwitz ermordet worden war. Zur Familie Krause gehörte noch eine Tochter namens Helene Winter. Ihr Mann war bereits während der Lagerhaft 1938 ermordet worden. Sie selbst war im Mai 1940 nach Polen deportiert worden, konnte aber durch die Mithilfe eines Freundes aus Emden, ihrem vormaligen Wohnort, nach Oldenburg zu ihrer Familie gelangen.[391] Von den acht vom Ziegelhof deportierten Mitgliedern der Familie Krause und Winter überlebte niemand.[392]

Die auf dem Ziegelhof 1939 erfaßte Katharina Hartlage war polizeilich in Bremen unter einer Adresse in der Stiftstraße gemeldet. Sie kam mit dem zweiten Transport vom Bremer Schlachthof am 12. März 1943 in Auschwitz an, wo sie drei Monate darauf ermordet wurde.[393] Weiter wurde die Familie Reinhold We., die von ihrem Wohnsitz in der Humboldtstraße auf den Ziegelhof umgezogen waren, im März 1943 nach Auschwitz deportiert.[394] Reinhold We.

---

[389] ZNW, Nr. 28, Interview mit Therese Schwarz, Zusammenfassung S. 7f.
[390] ZNW, Nr. 30, Interview mit Artur A., Transkript S. 3.
[391] Heuzeroth, G., a. a. O., S. 256.
[392] Gedenkbuch, a. a. O., Winter, Helene, 3462, Gisele, 3463, Berta, 3464, Krause, Anna, 2368, Krause, Julius, 2105, Jonny, 2106, Willy, 2107, Arnold, 2108.
[393] Gedenkbuch, a. a. O., Hartlage (im Buch fälschlich Martlage), Katharine, 2394, das Todesdatum wird dort mit dem 15. Juni 1943 angegeben.
[394] Niedersächsisches Landesverwaltungsamt Hannover, Amt für Wiedergutmachung, Einzelfallakte, We., Friedrich, 7/OL 810, Abschrift eines Berichts der Kriminalpolizei Oldenburg vom 20. Juni 1943, vgl. Gedenkbuch, a. a. O., We., Emma, 3468, Waltraut, 3469, Elise, 3471, We., Reinhold, 3103.

war bei der Reichsbahn als Gleisarbeiter beschäftigt.[395] Mit der Familie We. wurde Maria Fr., die Lebensgefährtin des flüchtigen Friedrich We., abgeholt.[396]

Die in Oldenburg unbehelligt verbliebenen Sinti konnten allesamt eine „feste Wohnung" und eine „feste Arbeit" nachweisen. Einige lebten überdies in einer Ehe mit einem „Arier".[397] Wohnung und Arbeit stellten jedoch keine Garantie für das Überleben dar. Die Familie Mechau erfüllte beide Kriterien und wurde dennoch deportiert.

Friedrich We. befand sich bereits vor dem 8. März 1943 auf der Flucht. Die Geheime Staatspolizei verdächtigte ihn des Schwarzhandels, auch „Schleichhandel," mit „Mangel- und bewirtschafteten Waren." Es wurde gegen ihn, seinen Bruder Reinhold We. und dessen Frau Emma ermittelt. Die Ermittlungen führte zunächst Kriminalsekretär Schleid von der Außenstelle Oldenburg der Geheimen Staatspolizei, Staatspolizeistelle Wilhelmshaven. Der Schwarzmarkthandel bestand meist aus Tauschgeschäften von Kleidung bzw. Kleidermarken gegen Spirituosen. Friedrich We. war bis zu seiner Flucht am 2. März 1943 als Packer bei der Oldenburger Firma Stalling in der Ritterstraße angestellt. Seit dem 6. November 1942 war er jedoch krankgeschrieben. Unter Berufung auf einen Zuträger unterstellte ihm die Gestapo, sich „in Wirklichkeit fortwährend in Wirtschaften" umherzutreiben und „nach Zigeunerart" zu handeln.[398] Aufgrund dieser Vorwürfe sollte We. in das „Zigeunerlager Auschwitz eingewiesen" werden. Seinen Aufenthaltsort kannte die Kriminalpolizei jedoch

---

[395] Niedersächsisches Landesverwaltungsamt Hannover, Amt für Wiedergutmachung, Einzelfallakte, We., Friedrich, 7/OL 810, Abschrift eines Berichts der Gestapo Außenstelle Oldenburg vom 6. März 1943.

[396] Niedersächsisches Landesverwaltungsamt Hannover, Amt für Wiedergutmachung, Einzelfallakte, We., Friedrich, 7/OL 810, Abschrift eines Eröffnungsverfahrens vom 9. Januar 1943, Maria Fr. wurde hierin nach dem „Blutschutzgesetz" der Verkehr mit Friedrich We. untersagt. Aus dem Schreiben geht durch die Anwendung des § 6 der „Ausführungsverordnung zum Blutschutzgesetz" hervor, daß man die Familie Fr. nicht als „Zigeuner" oder „Zigeunermischling", sondern als deutsche Staatsangehörige betrachtete. Maria Fr. ist daher das einzige Mitglied ihrer Familie, daß 1943 nach Auschwitz deportiert wird, die im Mittelgang wohnhafte Familie blieb von der Märzdeportation verschont, vgl. Gedenkbuch, a. a. O., Fr., Maria, 3454.

[397] StA Hamburg - 331 - 1 II Polizeibehörde II, 466, „Verzeichnis der aufgrund des Erlasses von 1938 erfaßten Zigeuner usw. in Bremen und Oldenburg i.O. (nach 1938)."

[398] Niedersächsisches Landesverwaltungsamt Hannover, Amt für Wiedergutmachung, Einzelfallakte, We., Friedrich, 7/ OL 810, Abschrift eines Berichts der Gestapo Außenstelle Oldenburg vom 6. März 1943.

nicht.[399] Am 11. Januar 1944 wurde We. schließlich in Brake festgenommen. Erst einige Tage zuvor wurden durch Kriminalsekretär Lührs seine in Oldenburg ansässigen Eltern, Johann und Adelheid We., verhaftet und ins Polizeigefängnis überführt.[400] Die Festnahme erfolgte in Brake im Haus von Heinrich F. in der Goethestraße, wohin Friedrich We. sich geflüchtet hatte. F. gab zu Protokoll, „daß er eine Zigeunerin als Hausgehilfin vom Arbeitsamt zugewiesen bekommen habe. Am 10.1.44 des Abends sei dann ein Zigeuner gekommen und (hatte, d. A.) gebeten, etwa drei Wochen dort wohnen zu dürfen." Frerichs meldete seinen neuen Mieter am nächsten Tag bei der Polizei an.[401] Die dort angestellten Ermittlungen führten laut Festnahmebericht des Schutzpolizeimeisters Meinardus bereits um „16.00 Uhr nachmittags" zur Festnahme.[402] Eine erkennungsdienstliche Aufnahme fand in Oldenburg statt.[403]

Während We. untergetaucht war, bestritt er seinen Lebensunterhalt tatsächlich mit kleineren Schwarzmarktgeschäften. In seinem Gepäck stellte die Polizei „5 große Pakete Waschpulver, 17 Schachteln Kalodermacreme, 23 Stück Kriegsseife und 4 Pakete Rasierklingen"[404] sicher. Alles in allem Handelsware, die keine Reichtümer versprach und nicht einmal ausreichend für das tägliche Überleben in der Illegalität gereicht haben dürfte. Gemeinsam mit seinen Eltern wurde Friedrich We. auf Veranlassung der Kriminalpolizeileitstelle Bremen am 17. Januar 1944 in das „Zigeunerlager Auschwitz abgeschoben."[405] Seine Waren, seine persönliche Habe und das sich in seinem Besitz

---

[399] Niedersächsisches Landesverwaltungsamt Hannover, Amt für Wiedergutmachung, Einzelfallakte, We., Friedrich, 7/ 0L 810, Abschrift eines Berichts der Kriminalpolizei Oldenburg vom 20. Juni 1943.

[400] Niedersächsisches Landesverwaltungsamt Hannover, Amt für Wiedergutmachung, Einzelfallakte, We., Friedrich, 7/ 0L 810, Abschrift eines Schreibens der Außendienststelle Oldenburg der Kriminalpolizei Bremen vom 12. Januar 1944 an die Kriminalpolizeileitstelle Bremen. Eine Korrektur der im Original angegebenen Daten wurde von der Bezirksnachrichtenstelle Oldenburg am 1. Dezember 1956 an die Entschädigungsbehörde nachgereicht.

[401] Niedersächsisches Landesverwaltungsamt Hannover, Amt für Wiedergutmachung, Einzelfallakte, We., Friedrich, 7/ 0L 810, Abschrift eines Schreibens des Städtischen Schutzpolizeipostens Brake vom 12. Januar 1944 an die Kriminalpolizei Oldenburg.

[402] Niedersächsisches Landesverwaltungsamt Hannover, Amt für Wiedergutmachung, Einzelfallakte, We., Friedrich, 7/ 0L 810, Festnahmebericht der Städtischen Schutzpolizei Brake vom 11. Januar 1944.

[403] Niedersächsisches Landesverwaltungsamt Hannover, Amt für Wiedergutmachung, Einzelfallakte, We., Friedrich, 7/ 0L 810, Abschrift eines Schreibens des Städtischen Schutzpolizeipostens Brake vom 12. Januar 1944 an die Kriminalpolizei Oldenburg.

[404] Niedersächsisches Landesverwaltungsamt Hannover, Amt für Wiedergutmachung, Einzelfallakte, We., Friedrich, 7/ 0L 810, Abschrift eines Schreibens des Städtischen Schutzpolizeipostens Brake vom 12. Januar 1944 an die Kriminalpolizei Oldenburg.

[405] Niedersächsisches Landesverwaltungsamt Hannover, Amt für Wiedergutmachung, Einzelfallakte, We., Friedrich, 7/ 0L 810, Abschrift eines Schreibens der Außendienststelle Ol-

befindliche Geld wurden zu Gunsten des Reiches eingezogen.[406] In einer Aktennotiz für die sogenannte „Zigeuner-Personen-Akte" vermerkte Lührs noch am Tag der Deportation Vollzug.[407]

Die Festnahme von Friedrich We. blieb die einzige eines Sinto in Brake. Eine Zeitzeugin erinnert sich an eine Sinti-Familie aus der Wesermarsch, die den Nationalsozialismus in Brake relativ unbeschadet überstehen konnte.[408] Da keine weiteren Akten und Zeugnisse zu den Sinti in der Wesermarsch vor 1945 vorliegen, sind diese Belege die einzigen aktenkundigen Hinweise zur Familie Eduard Adam aus Brake. Die Adams waren in der Hayessenstraße wohnhaft. Ob die Hausgehilfin bei F. in der Goethestraße eine Tochter von Adam war, ist ungeklärt.[409]

Rettung und Deportation - Die widersprüchlichen Schicksale der Sinti im Landkreis Cloppenburg

Nach einer Aufstellung des Gendarmeriepostens *Cloppenburg* aus dem Januar 1942 hielten sich allein in der Kreisstadt 84 Sinti auf. Alle aufgeführten Sinti wurden der „Zigeunersippe Schmidt" zugerechnet. Neben der Familie Schmidt waren dies die Familien Zickura, Krahn, Leimberger, Wimmert, Winter, Friedrich und Wagner.[410] Der Registrierung ging ein Schnellbrief der Kriminalpolizeileitstelle Hamburg voraus. Diese verlangte darin die Daten der in Cloppen-

---

denburg der Kriminalpolizei Bremen vom 12. Januar 1944 an die Kriminalpolizeileitstelle Bremen.

[406] Niedersächsisches Landesverwaltungsamt Hannover, Amt für Wiedergutmachung, Einzelfallakte, We., Friedrich, 7/ 0L 810, Abschrift einer Bescheinigung der Kriminalpolizei Oldenburg vom 29. Juni 1945 über die Einweisung in ein Konzentrationslager, diese Bescheinigung ist mit „L." gezeichnet (Lührs?).

[407] Niedersächsisches Landesverwaltungsamt Hannover, Amt für Wiedergutmachung, Einzelfallakte, We., Friedrich, 7/ 0L 810, Schreiben der Bezirksnachrichtenstelle Oldenburg vom 22.11.1956 an den Präsidenten des Niedersächsischen Verwaltungsbezirks Oldenburg, Entschädigungsstelle, Tgb.Nr. 2414/56, darin: Verweis auf einen Aktenvermerk in der kriminalpolizeilichen Personenakte bei der Landeskriminalpolizeistelle Oldenburg zu We., Friedrich, 3052/H vom 17. Januar 1944.

[408] Schreckensberger, a. a. O., S. 63.

[409] Niedersächsisches Landesverwaltungsamt Hannover, Amt für Wiedergutmachung, Einzelfallakte, We., Friedrich, 7/ 0L 810, Abschrift eines Schreibens des Städtischen Schutzpolizeipostens Brake vom 12. Januar 1944 an die Kriminalpolizei Oldenburg.

[410] StA Oldenburg, Best. 231-6, Nr. 55, Landkreis Cloppenburg, Verzeichnis zur Personenfeststellung der „Zigeunersippe Schmidt" durch den Gendarmerieposten Cloppenburg vom 16. Januar 1942. Das Verzeichnis wurde nach einer Aktennotiz des Landrats in Cloppenburg am 24. Januar 1942 an die Kriminalpolizeileitstelle Hamburg abgesandt.

burg ansässigen Sinti.[411] Diese wurden im allgemeinen als „Zigeunermischlinge" betrachtet und waren damit nach den Kriterien des Himmler-Erlasses besonders gefährdet, deportiert zu werden.[412]

Offensichtlich sollte die Liste zur Vorbereitung der späteren Deportationen dienen. Doch nur vier von den 84 Personen, die in Cloppenburg gemeldet waren, wurden im März 1943 nach Auschwitz deportiert. Zum Zeitpunkt der Festnahme befanden sich diese vier Personen außerhalb Cloppenburgs in Vechta und Damme. Alle anderen Cloppenburger Sinti haben die Jahre der nationalsozialistischen Verfolgung als Zwangsarbeiter überleben können. Eingesetzt wurden die Sinti in den Betrieben der Firma Kalkhoff oder auf dem Luftwaffenflugplätzen Varrelbusch und Ahlhorn.[413] Bei Kalkhoff haben nachweislich Angehörige der Cloppenburger Josef Friedrich, Johann Winter und Konstantin Wagner gearbeitet. Die Bremer Kriminalpolizeileitstelle teilte der Firma Kalkhoff diesbezüglich mit, daß eine Tochter Friedrichs, Rosa sowie Ludwig Wagner und Hermann Winter als „Zigeunermischlinge (-)" galten und dementsprechend zu behandeln seien.[414] Die im Verzeichnis vermerkten Sinti wohnten bzw. standen in Cloppenburg am Emsteker Feld und im Forstgarten.[415] An anderer Stelle ist von zum Quartier notdürftig hergerichteten Schweineställen an der Sevelter- und Nuttelner-Straße die Rede.[416] Die Ställe gehörten dem Schweinemäster F. Kleene. Ein Stall mußte neun Personen in zwei Räumen Unterkunft geben. Untergebracht war dort die Familie Wachsmuth. Mathilde Wachsmuth war die Schwester der Frauen Leimberger und

---

[411] StA Oldenburg, Best. 231-6, Nr. 55, Landkreis Cloppenburg, Schnellbrief der Kriminalpolizeileitstelle Hamburg vom 5. Januar 1942 an die Ortspolizeibehörde in Cloppenburg.

[412] StA Oldenburg, Best. 231-6, Nr. 55, Landkreis Cloppenburg, exemplarisch: drei Schreiben der Kriminalpolizeileitstelle Bremen vom 16. Februar 1942 betreffend Johann Winter, vom 17. Juli 1942 betreffend Josef Friedrich bzw. vom 27. Juli 1942 betreffend Rosa Friedrich. Alle drei genannten Personen werden nach den Stellungnahmen der Staatlichen Polizei Bremen samt ihrer Familien als „Zigeunermischlinge" betrachtet.

[413] StA Oldenburg, Best. 231-6, Nr. 55, Landkreis Cloppenburg, Entwurf eines Schreibens des Landrats in Cloppenburg vom 11. August 1942 an die Firma Kalkhoff in Cloppenburg, vgl. ZNW, Nr. 62, Interview mit Walter Winter, Transkript S. 39ff und Heuzeroth, G., a. a. O., S. 260. Die bei Heuzeroth erwähnte Luftmunitionsfabrik MUNA befand sich nicht in Cloppenburg, sondern in Damme, Landkreis Vechta.

[414] StA Oldenburg, Best. 231-6, Nr. 55, Landkreis Cloppenburg, Mitteilung der Kriminalpolizeileitstelle Bremen vom 29. Juli 1942 an den Landrat in Cloppenburg.

[415] StA Oldenburg, Best. 231-6, Nr. 55, Landkreis Cloppenburg, Verzeichnis zur Personenfeststellung der „Zigeunersippe Schmidt" durch den Gendarmerieposten Cloppenburg vom 16. Januar 1942.

[416] Heuzeroth, G., a. a. O., S. 260, ihm zufolge seien in diesen Ställen auch nach 1945 Sinti und Roma untergebracht gewesen.

Wimmert.[417] Der Sinto Hans-Joachim Leimberger gab Heuzeroth gegenüber an, daß in den Werkshallen der Firma Kalkhoff Spruchtafeln mit der Warnung vor einer Fraternisierung mit den Zwangsarbeitern aufgestellt gewesen seien: „Das Sprechen mit Zigeunern, Zwangsarbeitern und Kriegsgefangenen ist verboten. Zuwiderhandlungen werden mit Zuchthaus bestraft." Wer nicht zur Arbeit erschien wurde von der Polizei vorgeführt.[418] Die verrichteten Arbeiten galten als kriegswichtig. Diese Einstufung erschwerte es den Polizeibehörden, die Sinti zu deportieren. Walter Winter betont, daß aus Cloppenburg keiner weggekommen sei.

Nicht unbeteiligt an der Rettung der Cloppenburger Sinti war allem Anschein nach die örtliche Polizeiführung. Während aus den anderen Gemeinden des Landkreises spätestens 1943 *alle* noch verbliebenen Sinti abgeholt wurden, hielt man in der Kreisstadt eine schützende Hand über sie. Man sorgte gezielt dafür, daß die Sinti in den kriegswichtigen Betrieben verblieben und so von einer Deportation verschont wurden. Über die heimlichen Retter und ihre Motive können nur Vermutungen angestellt werden. Walter Winter sagt, daß der „Polizeichef" in Cloppenburg mit seiner Mutter befreundet gewesen sei. Insgesamt zwei Personen hätten durch ihr mutiges Eintreten die 79 Cloppenburger Sinti vor der Ermordung in Auschwitz bewahrt.[419] Walter Winter schildert die Situation in Cloppenburg: „Jede Stadt, wo Zigeuner waren, die in einem Betrieb gearbeitet haben, der Wehrmachtsbetrieb, der wichtig war, ... brauchten sie (die Sinti, d. A.) nicht ausliefern. Der Bürgermeister, der Polizeichef in Cloppenburg, das war'n Schulfreunde von meiner Mutter. ... Weil meine Mutter war eine Winter, und die wohnten alle in Cloppenburg, die wohnten da schon 70 oder 80 Jahre in Cloppenburg. Und dieser Polizeibeamte hat das, - nicht ein einziger (ist, d. A.) weggekommen."[420] Schon 1941 blockierte die Cloppenburger Polizeiverwaltung das Ansinnen der Kriminalpolizeileitstelle Bremen, sechs Personen, darunter zwei Sinti, wegen „asozialen Verhaltens" in Haft zu nehmen.[421] Nach 1943 waren Sinti im Land Oldenburg nur noch in der

---

[417] StA Oldenburg, Best. 231-6, Nr. 55, Landkreis Cloppenburg, Binnenakte Wachsmuth, Schreiben des Amtes für Volkswohlfahrt bei der Kreisleitung Cloppenburg der NSDAP vom 18. September 1939 an das Jugendamt in Cloppenburg.
[418] Heuzeroth, G., a. a. O., S. 260.
[419] ZNW, Nr. 62, Interview mit Walter Winter, Transkript S. 39f.
[420] Ebd.
[421] StA Oldenburg, Best. 231-6, Nr. 56, Landkreis Cloppenburg, Binnenakte Wachsmuth, Schreiben der Kriminalpolizeileitstelle Bremen vom 22. April 1941 an den Landrat in Cloppenburg sowie Entwurf eines Schreibens des Landrats in Cloppenburg vom 22. November 1941 an die Kriminalpolizeileitstelle in Bremen.

Stadtgemeinde Cloppenburg im Arbeitsdienst eingesetzt. Dabei unterstanden sie weiterhin einer „planmäßigen Überwachung" durch die Gendarmerie in Cloppenburg. Anweisungen der Kriminalpolizeileitstelle Bremen an den Landrat in Cloppenburg zur Überwachung und Entlohnung beschäftigter Sinti können bis in den Sommer 1944 nachgewiesen werden.[422]

Die in *Schwaneburgermoor*, nahe Friesoythe, wohnende Familie Josef R. wurde als „Zigeunermischling" eingestuft. Auf Ersuchen der Kriminalpolizeileitstelle Bremen wurde R. die polizeiliche Anweisung, seinen Wohnort nicht mehr verlassen zu dürfen, anläßlich seiner Vorladung im Gendarmerieposten Friesoythe durch den Oberwachtmeister der Reserve Willenborg mitgeteilt. Das Protokoll des Vorganges wurde der Kriminalpolizeileitstelle Bremen übermittelt.[423]

Am 8. März 1943 wurde die Familie R. in das Zigeunerlager nach Auschwitz-Birkenau deportiert. Von der vierköpfigen Familie überlebte allein die Ehefrau Mathilde R. Ihr Mann Josef sowie die Kinder Johannes und Emma kamen in Auschwitz um. In ihrem Antrag auf Wiedergutmachung beschreibt Mathilde R. die Umstände ihrer Verhaftung. „Am 15. März 1942 (Fehler im Original, d. A.) erschien bei uns der Gendarmerie Wachtposten Kulessa mit einem Hilfsgendarm und erklärte, er müsse uns nach Bremen überführen wegen Rasseforschung, denn wir seien Zigeunermischlinge." Nach der Verhaftung nahm ihr der Oberkommissar Leveber aus Friesoythe 620 RM ab.[424]

Der angesprochene Wachtmeister der Gendarmerie Kulessa bestätigte die Aussagen Mathilde R's. „Im März 1942 (Folgefehler im Original, d. A.) wurden die Zigeuner aus dem Landkreis Cloppenburg aufgeholt und nach Bremen abtransportiert. Mit dem Wachtmeister, dem Gendarm der Reserve Mälmann holte ich die Familie Reinhardt von Schwaneburgermoor nach Friesoythe. Auftragsgemäß wurden die Barmittel abgenommen und in einen Briefumschlag getan." Leveber war nach dieser Aussage für den weiteren Transport der Sinti nach Bremen verantwortlich.[425] Die Familie wurde in das dortige Sammellager

---

[422] StA Oldenburg, Best. 231-6, Nr. 55, Landkreis Cloppenburg, Schreiben der Kriminalpolizeileitstelle Bremen vom 23. Juni 1944 an den Landrat in Cloppenburg.
[423] StA Oldenburg, Best. 231-6, Nr. 55, Landkreis Cloppenburg, Abschrift der Verpflichtungserklärung des Josef Reinhardt vom 9. Juni 1942, aufgegeben beim Gendarmerieposten Friesoythe, nebst Entwurf des Schreibens des Landrats in Cloppenburg vom 13. Juni 1942 an die Kriminalpolizeileitstelle Bremen mit Bezug auf das dortige Ersuchen vom 9. Mai 1942.
[424] StA Bremen, 4,42/3 - 35 Rückerstattungsansprüche, Zigeuner, Einzelfälle, R., Mathilde, Blatt 34.
[425] StA Bremen, 4,42/3 - 35 Rückerstattungsansprüche, Zigeuner, Einzelfälle, R., Mathilde, Blatt 39.

auf dem Schlachthofgelände gebracht. Von dort aus wurde die Familie auf dem dritten Sammeltransport nach Auschwitz deportiert, wo sie am 14. März 1943 ankam.[426] Bereits in Bremen trennten die Beamten die Ehefrau R. von ihrem Mann und ihrem Sohn. Ihre Tochter Emma blieb bei ihr.[427]

In Schwaneburgermoor rechnete man offensichtlich nicht mit einer Rückkehr der R.'s. Ihr Eigentum, eine „Wohnbaracke mit dem noch vorhandenen Inventar ist seinerzeit an die Nachbarin durch den Vollzugsbeamten des Finanzamtes Cloppenburg, Steuersekretär Schrap, verkauft worden." Der Erlös zugunsten der Finanzkasse des Kreises lag bei RM 300,-.

Die Familien Krause und Laubinger, die noch in *Altenoythe-Edewechterdamm* standen, wurden ebenfalls abgeholt und deportiert. Von diesen Sinti, Berta Krause mit fünf Kindern und das ältere Ehepaar Helene und Christian Laubinger, kehrte keiner aus Auschwitz zurück.[428]

In der Gemeinde *Barßel* war die Familie Adolf Schmidt im Ortsteil Lohe ansässig. Zu ihrem Haushalt gehörten acht Personen, das Ehepaar Schmidt und seine sechs Kinder.[429] Im Mai 1942 forderte die Kriminalpolizeileitstelle Bremen den Landrat auf, die Familie Schmidt als „Zigeunermischlinge" nach dem Erlaß des Reichssicherheitshauptamtes vom 17. Oktober 1939 zu verpflichten, ihren Wohnort nicht mehr ohne Genehmigung zu verlassen.[430] Eine diesbezügliche Anordnung des Landrats[431] wurde am 3. Juni 1942 durch den Reserve-Wachtmeister der Gendarmerie Böckmann in Barßel vollzogen. Die Eheleute Schmidt sowie ihr ältester Sohn, Artur, mußten während einer Eröffnungsverhandlung ein Protokoll unterschreiben, daß ihnen bei Androhung der Einweisung in ein Konzentrationslager verbot, die Gemeinde Barßel zu verlas-

---

[426] Gedenkbuch, a.a. O., Reinhardt, Mathilde, 3501, Emma, 3502, Josef, 3123.

[427] StA Bremen, 4,42/3 - 35 Rückerstattungsansprüche, Zigeuner, Einzelfälle, R., Mathilde, Blatt 34.

[428] Gedenkbuch, a. a. O., Krause, Berta, 3493, Gertrud, 3494, Anna, 3495, Selma, 3496, Erika, 3497, Laubinger (eigentlich Schmidt), Helene, 3492, Krause, Zeno, 3119, Laubinger, Christian, 3118, vgl. Heuzeroth, G., a. a. O., S. 256.

[429] StA Oldenburg, Best. 231-6, Nr. 55, Landkreis Cloppenburg, Protokoll der Eröffnungsverhandlung zur Festsetzung durch den Gendarmerie Einzelposten Barßel vom 3. Juni 1942. Eine weitere Tochter Schmidts, Thekla, wurde erst nach Aufnahme des Protokolls am 20. Oktober 1942 geboren, vgl. Schreiben des Gendarmeriepostens Barßel vom 11. März 1943 an den Landrat in Cloppenburg.

[430] StA Oldenburg, Best. 231-6, Nr. 55, Landkreis Cloppenburg, Schreiben der Kriminalpolizeileitstelle Bremen vom 6. Mai 1942 an den Landrat in Cloppenburg.

[431] StA Oldenburg, Best. 231-6, Nr. 55, Landkreis Cloppenburg, Entwurf eines Schreibens des Landrats in Cloppenburg vom 11. Mai 1942 an die Kriminalpolizeileitstelle Bremen nebst einer Anweisung an den Gendarmerieposten Barßel vom 30. Mai 1942.

sen.⁴³² Über den eigentlichen Wohnsitz der Familie hatte es zunächst Unklarheiten gegeben, da die Familie Schmidt in Barßel-Lohe im Januar 1941 zuzog. Ihr vorheriger Wohnsitz war Köln. Die Festschreibung im Juni 1942 legte nunmehr die behördliche Zuständigkeit der Kriminalpolizeileitstelle Bremen eindeutig fest.⁴³³

Im Laufe des Jahres 1942 versuchten mehrmals Verwandte von Schmidt in Barßel unterzutauchen, um so der drohenden Verfolgung zu entgehen. Im Mai 1942 verließ August Schmidt, wahrscheinlich ein Sohn des Adolf Schmidt, ohne Genehmigung seinen Wohnsitz Köln. Die Kriminalpolizeileitstelle in Köln schrieb ihn daraufhin zur Fahndung aus.⁴³⁴ Die Gendarmerie vermutete ihn bei seiner Familie in Barßel, wo er wenige Tage später festgenommen wurde.⁴³⁵ Das Ehepaar Maria-Lina Schmidt und Oswald Winter dagegen wurde lediglich in einem Eröffnungsverfahren durch den Reserve-Wachtmeister der Gendarmerie Böckmann aufgefordert, umgehend an ihren Wohnsitz nach Osnabrück zurückzukehren. Bei Nichtbefolgung dieser Anordnung drohte er „vorbeugende Massnahmen" an. Böckmann meldete im Oktober, daß „obengenannte Familie Barßel angeblich verlassen" hat und nach Osnabrück zurückgekehrt sei.⁴³⁶ Die Familie Adolf Schmidt konnte zunächst in Barßel-Lohe verbleiben.

Der Wachtmeister Böckmann teilte dem Landrat in einem Bericht vom 6. Juni 1942 mit, daß Anwohner der Loher Straße in Barßel sich über die Anwesenheit der Sinti-Familie Schmidt beschwert hätten. Demnach gingen weder Artur noch sein Vater Adolf Schmidt einer Beschäftigung nach. Artur „strolche", so Böckmann, statt dessen in der Gemeinde umher. Gelegentlich halte er sich bei den örtlichen Handwerkern auf, wo er sich „mit kleineren Reparaturen die Zeit vertreibt."⁴³⁷

---

⁴³² StA Oldenburg, Best. 231-6, Nr. 55, Landkreis Cloppenburg, Protokoll der Eröffnungsverhandlung zur Festsetzung durch den Gendarmerie Einzelposten Barßel vom 3. Juni 1942.
⁴³³ StA Oldenburg, Best. 231-6, Nr. 55, Landkreis Cloppenburg, Schreiben der Kriminalpolizeileitstelle Bremen vom 12. Mai 1942 an den Landrat in Cloppenburg.
⁴³⁴ StA Oldenburg, Best. 231-6, Nr. 55, Landkreis Cloppenburg, Schreiben der Kriminalpolizeileitstelle Bremen vom 22. April 1942 an den Landrat in Cloppenburg.
⁴³⁵ StA Oldenburg, Best. 231-6, Nr. 55, Landkreis Cloppenburg, Festnahmebericht des Gendarmeriepostens Scharrel vom 9. Mai 1942 an den Landrat in Cloppenburg.
⁴³⁶ StA Oldenburg, Best. 231-6, Nr. 55, Landkreis Cloppenburg, Abschrift des Protokolls der Eröffnungsverhandlung gegen Oswald Winter und Maria-Lina Schmidt durch den Gendarmerieposten Barßel vom 9. Oktober 1942.
⁴³⁷ StA Oldenburg, Best. 231-6, Nr. 55, Landkreis Cloppenburg, Schreiben des Gendarmeriepostens Barßel vom 6. Juni 1942 an den Landrat in Cloppenburg.

Auf Anfrage des Landrats in Cloppenburg begutachtete das Arbeitsamt in Vechta die „Einsatzfähigkeit" von Adolf und Artur Schmidt. Für Adolf fiel das Urteil der Nebenstelle Friesoythe des Arbeitsamtes Vechta verheerend aus. Der Sachbearbeiter Kleine schrieb: „Schmidt ist im Aussendienst aufgesucht worden und ich habe festgestellt, dass Sch. für den allgemeinen Arbeitseinsatz wegen Magenkrankheit (muss diät leben, trägt Gummikorsett) nicht einsatzfähig ist. Sch. fertigt Pantoffeln an. Sein Sohn Artur hilft bei der Anfertigung von Pantoffeln, soll aber ab 1.1.43 bei Schachtbau A.G. Damme angesetzt werden."[438] Als nicht „einsatzfähiger Zigeunermischling" stand Adolf Schmidt damit nach dem „Auschwitz-Erlaß" Himmlers vom 16. Dezember 1942 auf der Liste zur Selektion für Auschwitz.

Ein letztes Zeugnis der Familie Schmidt dokumentiert ihre Deportation aus Barßel. Der mittlerweile zum Oberwachtmeister beförderte Gendarm Böckmann berichtete dem Landrat am 11. März 1943 von der Festnahme und dem Abtransport sieben „zigeunerischer Personen." Die Festnahme erfolgte am 8. März 1943 im Auftrage der Kriminalpolizeileitstelle Bremen.[439] Mit Ausnahme des Sohnes Artur wurde die gesamte Familie Schmidt nach Auschwitz deportiert. Keines der sieben Familienmitglieder überlebte.[440] Artur Schmidt war, wie die Ermittlungen der Gendarmerie ergaben, am Vortage der Festnahme mit der Eisenbahn nach Langförden gereist. Er wurde zur Fahndung ausgeschrieben. Über sein weiteres Schicksal ist nichts weiter bekannt.[441]

Nach Heuzeroth sollen sich noch weitere Sinti in und um Barßel aufgehalten haben, die sich vor der Verfolgung in umliegende Wälder flüchteten. Diese Aussage, die Heuzeroth auf ein Interview mit Klara und Georg Schmidt, die zuvor in Aurich lebten, stützt, kann anhand der bekannten Akten nicht bestätigt werden.[442]

---

[438] StA Oldenburg, Best. 231-6, Nr. 55, Landkreis Cloppenburg, Schreiben des Arbeitsamtes Vechta, Nebenstelle Friesoythe vom 10. Dezember 1942 an den Landrat in Cloppenburg.
[439] StA Oldenburg, Best. 231-6, Nr. 55, Landkreis Cloppenburg, Schreiben des Gendarmeriepostens Barßel vom 11. März 1943 an den Landrat in Cloppenburg, vgl. Heuzeroth, G., a. a. O., S. 262.
[440] Gedenkbuch, a. a. O., Schmidt, Frida, 3451, Anna, 3452, Thekla, 3453, Adolf, 3089, Emil, 3090, Georg, 3091, Rudolf, 3092.
[441] StA Oldenburg, Best. 231-6, Nr. 55, Landkreis Cloppenburg Schreiben des Gendarmeriepostens Barßel vom 11. März 1943 an den Landrat in Cloppenburg.
[442] Heuzeroth, G., a. a. O., S. 262.

„Ich bin dienstverpflichtet worden, als Fahrer bei einer Firma, bei einem Ortsgruppenleiter in Damme"[443] - Sinti im Landkreis Vechta

Nach seiner Entlassung aus der Wehrmacht im März 1942 gelangte Walter Winter nach *Damme*. Er wurde dort nach eigenen Angaben als Fahrer für die Firma des Ortsgruppenleiters der NSDAP dienstverpflichtet. Dieser habe ihn korrekt behandelt, den Lastwagen durfte er sogar für Fahrten zu seinen Eltern nach Cloppenburg nutzen. Dieser Lastwagen war demnach eines der letzten Fahrzeuge, welches die Wehrmacht nicht requiriert hatte. Schließlich fuhr Walter Winter im Auftrag des Ortsgruppenleiters für den Landkreis Vechta.[444] Der ebenfalls aus der Wehrmacht entlassene Bruder Erich war gleichfalls in Vechta dienstverpflichtet,[445] seine Schwester arbeitete am Flughafen in Damme.[446] Außer den drei Geschwistern Winter arbeiteten noch Heinrich und Josef Leimberger, ihrerseits mit der Familie Winter verwandt, im Landkreis Vechta. Sie waren von Cloppenburg nach Damme umgezogen, wo sie in der Munitionsfabrik arbeiteten.[447] Walter Winter erinnert: „Meine beiden Cousins, die arbeiteten auch in Damme auf der MUNA, wo ich auch war."[448]

Die Sinti in Vechta hatten weniger Glück als ihre Verwandten in Cloppenburg. Alle fünf dort ansässigen Sinti wurden im März 1943 festgenommen und nach Auschwitz deportiert. Walter Winter traf sich regelmäßig mit seinen Geschwistern, um gemeinsam mit ihnen die Eltern in Cloppenburg zu besuchen. Üblicherweise nahmen sie den Zug, um von Vechta nach Cloppenburg zu gelangen. Als er seine Geschwister im März 1943 wie gewohnt abholen wollte, traf er niemanden an. Die Vermieterin sagte ihm, seine Schwester und sein Bruder seien von der Polizei abgeholt worden. Vergeblich versuchte er die Gründe der Festnahme zu erfragen. Zu recht fürchtete Winter, nun selbst festgenommen zu werden. Erst im Dunkeln schlich er sich zum Bahnhof und nahm

---

[443] ZNW, Nr. 62, Interview mit Walter Winter, Transkript S. 35
[444] Ebd., S. 35f.
[445] Ebd., S. 36. Der Bruder Erich Winter wird in den bekannten Verzeichnissen nicht aufgeführt. Er kehrt erst nach seiner Entlassung im Sommer oder Herbst 1942 von der Ostfront ins Oldenburgische zurück. Die Wehrmacht zog Erich direkt mit Kriegsbeginn ein. Seine Arbeitsstelle in Vechta ist nicht bekannt.
[446] Ebd., S. 36. Winter spricht vom „Flugplatz Vechta", aufgrund der örtlichen Gegebenheiten muß es sich dabei jedoch um den Flugplatz in Damme handeln.
[447] StA Oldenburg, Best. 231-6, Nr. 55, Landkreis Cloppenburg, Schreiben der Kriminalpolizeileitstelle Bremen vom 30. Juli 1942 an den Landrat in Cloppenburg mit einem handschriftlichen Vermerk über den Wohnortwechsel des Leimberger.
[448] ZNW, Nr. 62, Interview mit Walter Winter, Transkript S. 39. Die MUNA ist die Luftmunitionsfabrik Damme.

den letzten Zug nach Cloppenburg. Drei Tage hielt er sich bei seinen Eltern versteckt, bevor er nach Damme zurückkehrte. Er wollte dort nur seine Sachen zusammenpacken, um sich bei den Eltern in Cloppenburg zu verstecken. In Damme aber wurde er bereits von der Gendarmerie erwartet. Der Gendarm, der Winter von den Märkten, die seine Familie in den Jahren zuvor beschickt hatte, bekannt war, sagte lediglich, daß er ihn abholen müsse. Eine Begründung gab der Gendarm nicht. „Ich muß sie nach Bremen bringen und abliefern", erinnert sich Winter an die Worte. Mitnehmen durfte er nur einen Koffer und Verpflegung für die Fahrt von Damme nach Bremen. Aus Scham bat er den Beamten, nicht abgeführt zu werden, worauf sich dieser einließ. Er folgte Winter auf dem Weg zum Bahnhof Damme in Abstand von 30 Metern. Mit dem Zug begleitete er Winter nach Bremen.[449]

Auf dem Polizeipräsidium in Bremen nahmen ihn zunächst die Beamten des „Zigeunerdezernats" der Kriminalpolizei im Polizeigefängnis in Gewahrsam. Nach einigen Stunden wurde Winter in das Sammellager für Sinti auf dem Schlachthofgelände transportiert. Dort traf er neben anderen Sinti aus dem Nordwesten auch seine Schwester und seinen Bruder.[450]

Um unter den Internierten keine Unruhe aufkommen zu lassen, versicherten die wachhabenden Beamten den Sinti, sie würden nach Polen „umgesiedelt." Die Geschwister Winter schenkten diesen Aussagen Glauben. Sie hofften, von Polen aus nach Budapest zu gelangen. Die Beamten gestatteten den Sinti sogar, das Lager kurzzeitig zu verlassen. Walter Winter berichtet, daß er mit seiner Schwester von einer Telefonzelle seine Eltern in Cloppenburg anrufen konnte. Quasi als Geisel mußte sein Bruder Erich im Schlachthof zurückbleiben. Die Eltern Winter fuhren daraufhin unverzüglich nach Bremen, um ihren Kindern Geld und Betten für die Reise zu bringen. Alles Geld sowie die Betten seien ihnen jedoch vor der Abfahrt von den Wachmannschaften wieder abgenommen worden. „Wenn wir das gewußt hätten, hätten sie gar nichts bringen sollen." Die Abfahrt nach Auschwitz vollzog sich um fünf Uhr am Morgen zwischen dem 11. und 13. März 1943. Die Sinti wurden von der heutigen Theodor-Heuss-Allee in den Bahnhof geführt. Die Deportationszüge verließen Bremen über das Gleis des Auswandererbahnhofs an der Rückfront des Gebäudes des Norddeutschen Lloyds. Der Zug, der sie nach Polen bringen sollte,

---

[449] ZNW, Nr. 62, Interview mit Walter Winter, Transkript S. 36f.
[450] ZNW, Nr. 62, Interview mit Walter Winter, Transkript S. 37f. Winter meint, das Lager habe sich in einem Kohlenschuppen auf dem Schlachthofgelände befunden. Dies widerspricht jedoch anderen Aussagen, sowie der Rekonstruktion der örtlichen Gegebenheiten und ist daher unwahrscheinlich.

bestand aus mindestens sechs Personenwagen.[451] Am 14. März 1943 erreichte der Zug das Konzentrationslager Auschwitz.[452] Walter Winter beschreibt ihre Ankunft dort: „Auf'm Bahnhof war alles eingezäunt mit Stacheldraht. Nur wo die Züge reinfuhren, da waren Türen."[453] Vom Gleis im Stammlager Auschwitz mußten die Neuankömmlinge in das Lager Birkenau marschieren.[454] In seinen Erinnerungen erwähnt Walter Winter, daß unter den Bewachern ein SS-Mann war, den sie aus Oldenburg kannten. Dieser, so Winter, ermöglichte einen Kontakt aus dem Lager heraus zur Familie in Cloppenburg.[455] Walter Winter hatte das Glück, die Qualen von Lagerhaft und den Einsatz in einer Strafkompanie der SS zu überleben.[456]

Die beiden Brüder Leimberger waren bereits zwei Tage zuvor in Damme festgenommen worden. Sie wurden ebenfalls nach Bremen überführt und nach Auschwitz deportiert.[457] Dort kamen sie am 12. März 1943 an. Das weitere Schicksal der beiden ist unklar.[458]

Johann Rasch aus Cloppenburg, nach seinem Bekunden ein Schwager der Brüder Walter und Erich Winter, setzte sich beim Landrat in Vechta für die beiden ein, nachdem er von der Deportation der Sinti in ein Konzentrationslager erfahren hatte. Er bemühte sich um die Entlassung der beiden. Er gab an, daß beide „keineswegs asoziale Zigeunermischlinge" seien, sondern sich „durchaus einwandfrei geführt hätten." Das Landratsamt in Vechta wollte dem nicht ohne weiteres folgen. Vor der Weiterleitung des Antrags fragte man beim Amt in Cloppenburg um eine Beurteilung der Gebrüder Winter und des Antragstellers Rasch nach. Es hieß: „Bestehen etwa auch gegen ihn (Rasch, d. A.)

---

[451] Ebd., S. 38f. Überreste des Bahnsteigs sind gegenüber dem heutigen Gleis 10 des Bremer Hauptbahnhofs noch zu erkennen.
[452] Die Ankunft dieser Geschwister Winter wird protokolliert im Gedenkbuch, a. a. O., Winter, Marie, 3470, Winter, Stanovski (Walter), 3105, Erich, 3106.
[453] ZNW, Nr. 62, Interview mit Walter Winter, Transkript S. 38f.
[454] Winter, a. a. O., S. 39f.
[455] Ebd., S. 52.
[456] Ebd., S. 83ff.
[457] ZNW, Nr. 62, Interview mit Walter Winter, Transkript S. 39.
[458] Die Ankunft der Brüder Leimberger wird prokolliert im Gedenkbuch, a. a. O., Leimberger, Josef, 2094 und Heinrich, 2095. In den Aufzeichnungen Heuzeroths, G., a. a. O., S. 260, findet sich der Hinweis, daß Heinrich Leimberger mit Frau und Sohn (?) deportiert worden sei. Heuzeroth schreibt weiter, die Munitionsfabrik MUNA hätte sich in Cloppenburg befunden. Dies ist falsch. In Cloppenburg waren Sinti zwar als Zwangsarbeiter bei der Firma Kalkhoff und evtl. weiteren Betrieben eingesetzt, die MUNA jedoch, in der die Brüder Leimberger arbeiteten, befand sich in Damme, Landkreis Vechta.

von vornherein Bedenken ...?" Bereits die Fragestellung offenbart das Vorurteil des Landrats in Vechta.[459]

Von Bohlenberge nach Auschwitz - Die Familie Franz aus dem Landkreis Friesland

Nach dem Kriegsausbruch 1939 zog die Familie Georg Frank und Margaretha Franz von Wilhelmshaven nach *Bohlenberge* in der damaligen Gemeinde Friesische Wehde zu. Zur Familie gehörten acht Kinder. Noch 1938 ist die Familie Frank in der Region gereist. Die jüngsten Töchter wurden in Leer bzw. Burlage in Ostfriesland geboren. Aus den Geburtsorten der übrigen Kinder und der Eltern läßt sich eine Herkunft der Familie aus dem Westpreußischen ableiten. Laut Meldekartei besaßen alle Mitglieder der Familie Frank die deutsche Staatsangehörigkeit. Georg Frank galt als „Zigeunermischling." Ein derartiger Vermerk, der auf ein Gutachten der Rassehygienischen Forschungsstelle zurückging, war auf der Meldekartei angebracht. Ein weiterer Vermerk, wahrscheinlich nach 1945 angebracht, bestätigt die Ermordung Georg Franks in Auschwitz: „Verst. im Oktober 1943 im Konzentrationslager 'Auschwitz'."[460] Auschwitz wurde in Anführungszeichen gesetzt. Die Deportation wurde auf der Wiederanmeldung von Margot Franz, der ältesten Tochter von Georg Frank, nach der Befreiung protokolliert. Unter „Bemerkungen" heißt es dort: „Am 8. März 1943 festgenommen und in ein Konzentrationslager eingeliefert." Und als wäre in der Zwischenzeit nichts geschehen: „Am 15. Oktober 1949 von Bockhorn nach Jever verzogen."[461] Georg Frank wurde in den Meldekarteien als „Schausteller" und „Artist" geführt.[462] In einem späteren Schreiben wurde er gar mit einem eigenen Zirkus in Zusammenhang gebracht. Diese Aussage läßt sich jedoch anhand der bekannten Fakten nicht bestätigen. Gesichert ist dagegen die Aussage, daß Georg Frank in Bohlenberge als Arbeiter in einer

---

[459] StA Oldenburg, Best. 231-6, Nr. 55, Landkreis Cloppenburg, Schreiben des Landrats in Vechta vom 1. Dezember 1943 an den Landrat in Cloppenburg.
[460] Gemeindearchiv Zetel, Mikrofiche der Meldekartei, Meldebögen und Sterbeurkunden des Sonderstandesamtes Arolsen. Bohlenberge gehört heute zur Gemeinde Zetel, welche von 1934 bis 1947 mit den Gemeinden Bockhorn und Neuenburg die Gemeinde Friesische Wehde bildete. Das Gutachten der Rassenhygienischen Forschungsstelle vom 18. März 1942, Nr. 15341, findet sich in einer Abschrift im Gemeindearchiv Zetel. Der Wortlaut ist voranstehend in diesem Kapitel abgedruckt. Vgl. Heuzeroth, G., a. a. O., S. 256f.
[461] Gemeindearchiv Zetel, Microfiche der Meldekartei, Meldebögen.
[462] Ebd.

Kiesgrube beschäftigt war.[463] Die zunehmenden Repressionen gegen reisende Sinti in den Jahren 1938/39, die die Schaustellerei unmöglich machten bis hin zur letztendlichen Festsetzung, verlangten neue Erwerbsquellen. „Das einzige Vermögen bestand aus einem kleinen Wohnwagen von höchstens 2 x 3 Metern zuzüglich Inventar."[464] Der Wagen stand auf dem Hof des Landwirts Johann Haschen in Bohlenberge.

Die Deportation überlebte allein Margot Franz. Ihr Bruder Anton kam seiner Deportation durch Flucht zuvor. Alle anderen Familienmitglieder wurden ermordet.[465] Margot Franz mußte in Auschwitz die Ermordung ihrer Geschwister miterleben. Sie schildert im Buch von Günter Heuzeroth, wie im Lager eintreffende Säuglinge durch Giftbeimischungen umgebracht wurden. Sie selbst wurde von den Wachmannschaften gefoltert.[466]

Der Wagen mit ihrem Besitz verblieb nach der Deportation beim Landwirt Haschen in Bohlenberge, der ihn Margot Franz nach ihrer Rückkehr zurückgab. Das sonstige Mobiliar wurde nach Angaben der Gemeinde „von einem Beamten der Kriminalpolizei versteigert." Zur weiteren Veranlassung teilte die Gemeinde mit: „Der Wert war sehr gering. Der Erlös sollte angeblich nachgeschickt werden."[467] Sowohl Margot Franz als auch ihr Bruder Anton nahmen nach ihrer Befreiung wieder einen Wohnsitz in den heutigen Gemeinden Zetel und Bockhorn.

Das Überleben der Auricher Sinti-Familie Reinhold Schmidt

Über die nach 1939 in Ostfriesland ansässigen bzw. festgesetzten Sinti ist nur Weniges aktenkundig. Die bekannten ostfriesischen Sinti, die Familie Julius Krause aus Hinte und die Familie Johann Winter aus Wittmund, wanderten

---

[463] Gemeindearchiv Zetel, Microfiche der Meldekartei, Schreiben der Gemeinde Zetel vom 22. März 1965 an das Landgericht in Hannover.
[464] Gemeindearchiv Zetel, Microfiche der Meldekartei, Schreiben der Gemeinde Zetel vom 22. März 1965 an das Landgericht Hannover .
[465] Gedenkbuch, a. a. O., Franz, Margaretha, 3482, Frieda, 3483, Ella, 3484, Ursula Anna, 3435, Angela, 3486, Margot, 3487, Frank, 3113, Franz, Hans-Georg, 3114, Herbert-Otto, 3115, Gemeindearchiv Zetel, Microfiche der Meldekartei, Sterbeurkunden des Sonderstandesamtes Arolsen, Abt. A. Jahrgang 1962: Auf Microfiche verdeckt (vermutlich Georg oder Angela), Nr. 1951, Herbert, Nr. 1952, Hans, Nr. 1953, Ella, Nr. 1954, Frieda, Nr. 1955, Grete (Margaretha), Nr. 1956. Die gesamte Familie wird hier als 'Frank' geführt, Anton Franz stellte später einen Antrag auf Wiedergutmachung. Vgl. Heuzeroth, G., a. a. O., S. 256f.
[466] Heuzeroth, G., a. a. O., S. 256f
[467] Gemeindearchiv Zetel, Microfiche der Meldekartei, Schreiben der Gemeinde Zetel vom 22. März 1965 an das Landgericht Hannover.

bereits vor 1932 ins Oldenburgische ab. Unter den im März 1943 über Bremen nach Auschwitz Deportierten befanden sich nach den Einträgen im Gedenkbuch keine Sinti aus Ostfriesland.

In der Kreisstadt *Aurich* gelang es, nach Heuzeroth, einer Familie Reinhold Schmidt, die Verfolgung durch die Nationalsozialisten weitestgehend unbehelligt zu überstehen. Ab 1938 wohnte die Familie in einer Gaststättenwohnung in der Mühlenstraße in Aurich. Zur Familie gehörten neben der Ehefrau Klara die Söhne Georg, Heinrich, August und Theodor. Im Zuge der Deportationen im März 1943 sollte die Familie Schmidt nach eigenen Angaben festgenommen werden. Dies wurde jedoch von einem örtlichen Gestapobeamten verhindert.[468]

Sohn August Schmidt trat in den Kriegsjahren in Aurich eine Lehre als Friseur an, die er 1944 abbrechen mußte, weil er Sinto war. Georg Schmidt wurde ebenfalls 1944 mit vier anderen Männern, die als „politisch verfolgt" galten, zur Zwangsarbeit über Oldenburg ins Ruhrgebiet, dann nach Belgien und Frankreich verschleppt. Nach der Landung der Alliierten in der Normandie gelang ihm und anderen Zwangsarbeitern die Flucht. Über Heidelberg und Trier fand Georg Schmidt zurück nach Aurich.[469]

Aus Angst vor einer Deportation im letzten Moment floh die Familie Schmidt Anfang 1945 mit ihrem Wohnwagen von Ostfriesland in die Ahlhorner Heide, in ein Waldgebiet bei den Ortschaften Ahlhorn und Großenkneten. An diesem Ort sollen sich außer der Familie Schmidt noch weitere Sinti aus Norddeutschland in den letzten Kriegstagen versteckt gehalten haben. Als Unterkünfte dienten Wohnwagen und einfache Hütten. Die Überlebenden der Familie Schmidt berichten darüberhinaus von dunkelhäutigen Landfahrern, die keine Sinti waren und ebenfalls dort Unterschlupf suchten. Alle Personen, die sich in die Ahlhorner Heide zurückgezogen hatten, haben das nationalsozialistische Terrorregime überlebt.[470]

---

[468] Heuzeroth, G., a. a. O., S. 262f. Heuzeroth bezieht sich bei seinen Angaben auf ein von ihm aufgezeichnetes Interview mit Klara und Georg Schmidt aus dem Jahr 1985.
[469] Heuzeroth, G., a. a. O., S. 262f.
[470] Ebd.

4. 2. 2. 2. 5. Sterilisation und „Euthanasie" in Oldenburg

Neben der Ermordung von über 500.000 Sinti vollzogen die Nationalsozialisten den geplanten Genozid mit Hilfe einer Politik weitreichender Unfruchtbarmachungen. Das sogenannte „lebensunwerte Leben" wurde vernichtet. Die Überlebenden sollten keine Nachfahren haben. Darüberhinaus wurden Sinti nicht nur planmäßig ermordet, sondern auch für zweifelhafte medizinische Experimente mißbraucht.

Zurückgehend auf das „Gesetz zur Verhütung erbkranken Nachwuchses" vom 14. Juli 1933 kam es auch in Oldenburg zu medizinischen Verbrechen gegen Sinti. Das Gesetz verlangte die Sterilisation sogenannter „Erbkranker". Als „erbkrank" galt, wer als angeboren körperlich oder geistig behindert, psychisch krank oder alkoholabhängig angesehen wurde. Diese Selektion erfolgte nach dem Kriterium der „Brauchbarkeit" des Einzelnen. Die Kategorien, unter denen die Gesundheitsbürokratie die Betroffenen im Oldenburgischen Münsterland ab 1934 zu erfassen begann, lauteten „Geisteskranke, Idioten, Blinde und Taubstumme."[471] Der für die Landkreise Cloppenburg und Vechta zuständige Amtsarzt, Medizinalrat Dr. Lübbers aus Löningen, zeichnete für eine Zahl von weit mehr als 200 bekannten Fällen von Zwangssterilisationen im Oldenburgischen verantwortlich.[472] Eine Liste mit den Namen von zwölf Kindern schloß er mit seiner Einschätzung: „Sämtliche Kinder leiden an angeborenem Schwachsinn und kommen für eine Sterilisation in Frage. ... Ich ersuche das Amt Vechta, Ermittlungen anzustellen, ob in den einzelnen Familien Erbkrankheiten vorgekommen sind, zudem bitte ich anzugeben ... genaue Personalien etwaiger Erbkranker Familienmitglieder."[473] In Medizinalrat Dr. Heyder aus Vechta fand er einen willfährigen Gehilfen in der Vorbereitung der Sterilisation und 'Euthanasie'. Dieser urteilte 1935 in einem Bericht über die von Dr. Lübbers im Sinne des Gesetztes angeführten kurz und knapp: „August

---

[471] StA Oldenburg, Best. 231-6, Nr. 104, Landkreis Cloppenburg, Auflistung des Amtsvorstandes Cloppenburg der vom Amtsverband Cloppenburg in Privatpflege untergebrachten Geisteskranken, Idioten, Blinde und Taubstumme vom 17. Februar 1934 an den Amtsarzt Medizinalrat Dr. Lübbers aus Löningen.
[472] Entsprechende Listen, Verzeichnisse und Unterlagen finden sich in den Einzelakten der Gesundheitsverwaltungen der Kreise Cloppenburg und Vechta in StA Oldenburg, Best. 231-6, Nr. 105, Landkreis Cloppenburg sowie StA Oldenburg, Best. 231-5, Nr. 135, Landkreis Vechta, Lübbers vollständige Amtsbezeichnung lautet (1935): Leiter des Staatlichen Gesundheitsamtes des Amtes Cloppenburg.
[473] StA Oldenburg, Best. 231-5, Landkreis Vechta, Schreiben des Amtsarztes Dr. Lübbers, Löningen, vom 12. September 1934 an das Amt Cloppenburg mit der Bitte um Weiterleitung an das Amt Vechta.

E. ist anstaltsbedürftig. Bei ihm ist nicht viel zu erreichen. Agnes und Hedwig Z. sind für häusliche Arbeiten brauchbar. Hermine O. ist brauchbar. Josef M. und Franz U. müssen beobachtet werden."[474] In weiteren Gutachten tritt das menschenverachtende Gedankengut des Dr. Heyder noch deutlicher zu Tage. Selbst die Ablehnung des Eingriffs wird zu einem unauslöschlichen Verdikt: „Maria K., Antrag (auf Sterilisation, d. A.) abgelehnt, da äusserlich so abstoßend, daß kein Nachwuchs zu erwarten ist, ... August N., Antrag abgelehnt weil völlig verblödet und im übrigen harmlos" und „Anna D., Antrag wegen Alters nicht gestellt und weil wegen ihres Aussehens Fortpflanzungsmöglichkeit ziemlich ausgeschlossen erscheint."[475]

Kritik und Widerstand gegen die Maßnahmen des „Gesetzes zur Verhütung erbkranken Nachwuchses", insbesondere seitens der im südoldenburgischen mächtigen katholischen Kirche, wurden erst spät, nach der aufsehenerregenden Rede Kardinal von Galens 1941, formuliert.[476] Das Amt Cloppenburg beantwortete die Anfrage des Reichsinnenministeriums 1935 nach Propaganda, die sich gegen das Gesetz wandte, mit „Fehlanzeige."[477] Auch die politischen Lageberichte der Geheimen Staatspolizei in Oldenburg enthalten, soweit sie im Bestand des Landkreises Cloppenburg überliefert sind, keinen Hinweis auf eine oppositionelle Haltung.[478] In anderen Landkreisen, so in Ammerland, wurde das Gesetz für Denunziationen genutzt. Erwähnt sei der Versuch eines Zweitgeborenen, die Erbfolge zu seinen Gunsten zu ändern,

---

[474] StA Oldenburg, Best. 231-5, Nr. 134, Landkreis Vechta, Medizinalrat Dr. Heyder, Bericht über die Untersuchung der auf Kosten des Amtes in Vechta im St. Vinzenshaus untergebrachten Kinder, Schreiben vom 22. März 1935 an das Amt in Vechta.

[475] StA Oldenburg, Best. 231-5, Nr. 134, Landkreis Vechta, Auflistung des Staatlichen Gesundheitsamtes Vechta, Dr. Heyder, vom 9. Juli 1935 an das Amt in Vechta. Die Liste enthält sechzehn Namen, davon wurden sechs Anträge auf Sterilisation angenommen, sechs abgelehnt und vier nicht beantragt.

[476] Meyer, E., Menschen zwischen Weser und Ems 1933-1945, Oldenburg 1986, S. 128ff.

[477] StA Oldenburg, Best. 231-6, Nr. 104, Landkreis Cloppenburg, Abschrift eines Schreibens des RMdI an die Landesregierungen betr. Propaganda gegen das Gesetz zur Verhütung erbkranken Nachwuchses vom 8. Juli 1935, dazu: Schreiben des Amtshauptmanns in Cloppenburg vom 25. November 1935 an das RMdI.

[478] StA Oldenburg, Best. 231-6, Nr. 104, Schreiben des Geheimen Staatspolizeiamtes Oldenburg vom 15. April 1936 an das Amt Cloppenburg, Az. P 1372. Man vergleiche dazu das außerordentliche Engagement der Katholiken gegen den sogenannten „Kreuzerlaß" von 1936, der das Kruzifix aus Klassenzimmern und Amtsstuben verbannen wollte. Die hier in Cloppenburg und Vechta gezeigte Opposition führte schließlich zur Rücknahme des Erlasses. Eine eingehende illustrierte Darstellung dazu findet sich bei Kuropka, J., a. a. O., S. 64ff.

indem er seinen älteren Bruder als „schwachsinnig" anzeigte.[479] Der Ammerländer Amtsarzt Medizinalrat Dr. Rau trat außerdem mit Vorträgen zur Erb- und Rassenpflege in Erscheinung. Einen diesbezüglichen Vortrag hielt er während einer Dienstbesprechung der Gendarmerie-Abteilung Ammerland im Mai 1937.[480]

Die Eingriffe wurden zumeist im Peter-Friedrich-Ludwig-Hospital an der Peterstraße in Oldenburg und der Heil- und Pflegeanstalt Wehnen vorgenommen.[481] Häufig mußten die „Patienten" mit Polizeigewalt vorgeführt werden. Zeugnisse, in Form von Anträgen auf Erstattung der Reisekosten für die Gendarmen und Opfer, finden sich in allen untersuchten Akten. Überhaupt stellte die Kostenerstattung das zentrale Thema aus Sicht der Landräte dar.[482]

Mit der Verschärfung der rassischen Verfolgung gerieten vermehrt auch Sinti in die Fänge der „furchtbaren Mediziner".[483] Auf die Sterilisierungen folgten im Namen der „Rassenhygiene" die Morde der Euthanasie und die bestialischen medizinischen Experimente.[484]

Seit 1941 lebte die Sinti-Familie F., deren Sohn stumm war, in Oldenburg-Osternburg. Aufgrund dieser Behinderung wurde er in das Gertrudenheim

---

[479] StA Oldenburg, Best. 231-2A, Nr. 407 und 408, Landkreis Ammerland, dort: diverse Einzelakten sowie Listen des Amtsarztes Dr. Rau.

[480] StA Oldenburg, Best. 231-2A, Nr. 105, Landkreis Ammerland, Tagesordnung zur Dienstbesprechung der Gendarmerie-Abteilung Ammerland vom 28. Mai 1937.

[481] StA Oldenburg, Best 231-3, Nr. 391, Landkreis Friesland, Liste des Oldenburgischen Innenministeriums vom 20. August 1935 mit den Namen und Hinweisen zu den zugelassenen Operateuren für Schwangerschaftsabbrüche nach dem Gesetz zur Verhütung erbkranken Nachwuchses, nebst einem Abdruck aus dem Reichsmitteilungsblatt (RMBliV) Nr. 15, 1937 (S. 581/2) mit den zur Durchführung der Unfruchtbarmachung mittels Bestrahlung berechtigten Ärzten. Für Oldenburg war dies Medizinalrat Dr. Kohlmann vom Peter-Friedrich-Ludwigs-Hospital. Neben den im Text bereits genannten Einrichtungen, konnten diese Eingriffe in der Landesfrauenklinik Oldenburg (Medizinalrat Dr. Müller), im Städtischen Krankenhaus Delmenhorst (Oberarzt Dr. Hohorst) sowie im Krankenhaus des Amtsverbandes in Nordenham (Dr. Esser) durchgeführt werden. Operateur in Oldenburg und Wehnen war Dr. Kniess. Die Heilanstalt in Wehnen wird heute als Niedersächsisches Landeskrankenhaus genutzt. Das Peter-Friedrich-Ludwigs-Hospital dient, nach einem gescheiterten Versuch es als „Deutsches Krankenhausmuseum" zu etablieren, als Kulturzentrum und Bibliothek. An die dort verübten medizinischen Verbrechen während der NS-Zeit wird dort nicht erinnert. Vgl. Harms, I., „Wat mööt wi hier smachten...", Oldenburg/Osnabrück 1996.

[482] StA Oldenburg, Best. 231-2A, Nr. 407 und 408, Landkreis Ammerland. Der Lkr. Ammerland strengte stellvertretend für alle Oldenburgischen Kreise einen Musterprozeß zur Kostenerstattung an, in welchem er der Landesregierung unterlag. (Siehe auch StA Oldenburg, Best. 231-3, Nr. 391, Best. 231-5, Nr. 134 und 135, Best. 231-6, Nr. 104 und 105.)

[483] Vgl. Klee, Ernst, „Euthanasie" im NS-Staat, Frankfurt am Main 1985, S. 55 und S. 64.

[484] Bastian, T., Furchtbare Ärzte, Medizinische Verbrechen im Dritten Reich, München 1995, S. 37ff.

im Kloster Blankenburg[485] an der Hunte eingewiesen. Von Blankenburg kam er in die Heil- und Pflegeanstalt nach Erlangen. Die Familie durfte ihr Kind dort nicht besuchen, da sie in Oldenburg „festgesetzt" war. Im September 1941 erhielt die Familie schließlich die Nachricht, daß ihr Kind verstorben sei. An einen natürlichen Tod konnten und wollten die überlebenden Angehörigen nicht glauben. Der Bruder Robert F. sagte dazu, daß „er abgespritzt worden (ist, d. A.) ... vermutlich."[486] Die Vermutung der Familie F., daß ihr Sohn und Bruder einem Euthanasiemord zum Opfer gefallen ist, wird durch die Untersuchung von Ernst Klee zur Euthanasie im NS-Staat gestärkt, die die Anstalt in Erlangen als psychiatrische Anstalt mit Medikamenten-Tötungen eingruppiert.[487] Im Gefolge der Auseinandersetzung um die Predigt wider die Euthanasie des Münsteraner Kardinals Graf von Galen fügt der damalige Cloppenburger Landrat August Münzebrock in seinen Erinnerungen den Brieftext einer Mitteilung der Erlanger Anstalt an. Dort heißt es in einem anonymisierten Fall: „Obengenannter wurde am 20.9.1941 aus dem Getrudenheim im Kloster Blankenburg in unsere Anstalt verlegt und ist am 24.9.1941 in derselben verstorben. Kostenrechnung liegt bei."[488]

Der berichtende Bruder, Robert F., wurde aufgrund seiner „zigeunerischen Abstammung" 1944 mit sechzehn Jahren im Oldenburger Peter-Friedrich-Ludwigs-Hospital zwangssterilisiert. Zwei Monate später wurden auch seine Schwestern zwangssterilisiert. Die psychischen und sozialen Folgen dieses Eingriffs haben den Lebenslauf von Robert F. erheblich beeinflußt. Um ein normales Leben zu führen, ist Robert F. nach dem Krieg nach Frankreich ausgewandert. „Wenn das nicht vorgekommen wäre, dann hätt ich ja hier in Deutschland glücklich sein können. Dann wär ich bei meiner Familie gewesen. Und das ist nicht der Fall."[489]

Die Sterilisation der insgesamt drei Kinder hat nach der Erinnerung von Robert F. der Oldenburger Polizeiinspektor Schlüter veranlaßt. Dieser habe seine Mutter vor die „Wahl" gestellt, ihre Kinder sterilisieren zu lassen oder aber sie ins Konzentrationslager zu schicken. Schlüter überwachte auch den Vollzug des Eingriffs. Er begleitete Robert F. auf seinem Weg ins Peter-Friedrich-Ludwigs-Hospital. Der Sechzehnjährige wurde von den Ärzten und

---

[485] Im Folgenden diente das Kloster Blankenburg als Außenstelle der geschlossenen Psychiatrie des Stadtstaates Bremen. Nach deren Auflösung in den achtziger Jahren wurde das Kloster zur stacheldrahtbewehrten Aufnahmestelle für Asylbewerber.
[486] ZNW, Nr. 26, Interview mit Robert F., Transkript S. 3.
[487] Klee, Ernst, Dokumente zur „Euthanasie," Frankfurt am Main 1985a, S. 3, auch S. 227f.
[488] Münzebrock, A., a. a. O., S. 68.
[489] ZNW, 26, Interview mit Robert F., Zusammenfassung S. 3.

Schwestern über den folgenden Eingriff völlig im Unklaren gelassen. Nach der Operation, die bei örtlicher Betäubung durchgeführt wurde, mußte Robert F. acht Tage im Krankenhaus verbringen.[490] An den behandelnden Arzt kann er sich zwar nicht mehr erinnern, jedoch läßt die Auflistung der zum Eingriff ermächtigten Ärzte den Schluß zu, daß es sich beim Operateur um Medizinalrat Dr. Kohlmann oder Medizinalrat Dr. Kiess gehandelt haben muß.[491]

Robert F. und seine Schwestern waren nicht die einzigen Sinti, die noch 1944 sterilisiert wurden. Heuzeroth zitiert hierzu die Sintezza Th., deren Aussage zunächst die Angaben von Robert F. bestätigen. Weiter berichtet sie, daß die Operateure „an einer Mutter von 27 Jahren ... noch im Sommer 1944 die Zwangssterilisation vorgenommen (haben, d. A.). An einer Person sogar noch drei Wochen vor Kriegsende. Es gab nur wenige Ärzte in den Krankenhäusern, die versuchten, die Sterilisation abzuwenden. Auf Druck der vorgesetzten Dienststellen wurde der Eingriff jedoch widerstandslos vorgenommen."[492] Nach dem Eingriff wurde er in die Kriegsmaschinerie eingegliedert. Auf der Kriegsmarinewerft in Wilhelmshaven begann er 1944 eine Lehre als Büchsenmacher, also Waffenschmied. Auf der Werft erfuhr er als „schwarzer Kopf", er hatte schwarze Haare, weitere Benachteiligungen. Aber diese Diskriminierung, schränkt Robert F. ein, „die ist doch immer gewesen, auch in der Nachkriegszeit."[493]

Der Sinto Kaspar L. aus Cloppenburg und seine zwölfköpfige Familie wurden im Januar 1942 im Rahmen der „Personenfeststellung einer Zigeunersippe Schmidt" erfaßt. Dabei wurden die Personalien aller Familienmitglieder an die Kriminalpolizeileitstelle in Hamburg übermittelt. Insgesamt wurden die Personalien von dreizehn Familien, sprich 84 Personen, aufgeführt.[494] Zwei Söhne Kaspar L.'s, Johann und Ludwig, dienten zu diesem Zeitpunkt in der Wehrmacht, zwei weitere Söhne, Heinrich und Josef, wurden im März 1943

---

[490] Ebd., Transkript S. 5f.
[491] StA Oldenburg, Best. 231-3, Nr. 391, Landkreis Friesland, Abdruck aus dem Reichsmitteilungsblatt (RMBl.) Nr. 15, 1937 (S. 581/2) mit den zur Durchführung der Unfruchtbarmachung mittels Bestrahlung berechtigten Ärzten bzw. StA Oldenburg, Best. 231-6, Nr. 105, Landkreis Cloppenburg, diverse Schreiben des Peter-Friedrich-Ludwigs-Hospitals in Oldenburg aus 1944 an den Landrat in Cloppenburg. Alle Schreiben in Bezug auf eine Sterilisation von Kaspar L. wurden hier von Medizinalrat Dr. Kniess, Facharzt für Chirurgie, abgezeichnet.
[492] Heuzeroth, G., a. a. O., S. 250.
[493] ZNW, Nr. 26, Interview mit Robert F., Transkript S. 9.
[494] StA Oldenburg, Best. 231-6, Nr. 55, Landkreis Cloppenburg, Schnellbrief der Kriminalpolizeileitstelle Hamburg vom 5. Januar 1942 an die Ortspolizeibehörde in Cloppenburg, Az. I C-PK 2 - zig. 1077 und Antwortschreiben nebst Liste des Landrats in Cloppenburg vom 24. Januar 1942 an die Kriminalpolizeileitstelle Hamburg.

nach Auschwitz deportiert.**495** Der „Reichsausschuß zur wissenschaftlichen Erfassung von erb- und anlagebedingten Leiden" in Berlin erteilte 1944 die „Genehmigung, daß der Zigeunermischling Kaspar L., geb. 1886, wohnhaft in Cloppenburg, Emstekerfeld, unfruchtbar gemacht wird."**496** Für die Durchführung der Sterilisation, die das Reichskriminalipolizeiamt gemeinsam mit drei anderen Zwangssterilisationen anordnete, wurde den Behörden ein Zeitraum von zwei Monaten eingeräumt.**497**

„Betrifft: Unfruchtbarmachung von Zigeunermischlingen**498**

Als Anlage werden Abschriften von vier Schreiben des Reichsministeriums des Inneren vom 7.3.1944 übersandt, wonach der Reichsausschuß zur wissenschaftlichen Erfassung von erb- und anlagebedingten schweren Leiden sich damit einverstanden erklärt, daß die Zigeunermischlinge

1) Walter A., geb. *.*.1910
2) Kaspar L., geb. *.*.1886
3) Reinhold Sch., geb. *.*.1892
4) Maria W., geb. *.*.1902

unfruchtbar gemacht werden. Es wird gebeten, hiernach das weitere zu veranlassen.

Für die Durchführung der Unfruchtbarmachung sind die zur Vornahme der Eingriffe auf Grund des Gesetzes zur Verhütung erbkranken Nachwuchses zugelassenen Krankenhäuser und Ärzte hinzuzuziehen. Die Durchführung des Eingriffs bei Frauen auf dem Strahlenwege kommt hierbei nicht in Frage. Es wird gebeten, die Namen der in Frage kommenden Krankenhäuser und Ärzte bei der zuständigen höheren Verwaltungsbehörde zu erfragen. Die Operateure sind zu veranlassen, über jede Person, bei der die Unfruchtbarmachung durchgeführt worden ist, die nach dem Gesetz zur Verhütung erbkranken

---

495 StA Oldenburg, Best. 231-6, Nr. 105, Landkreis Cloppenburg, Schreiben des Leiters des staatlichen Gesundheitsamtes Cloppenburg vom 16. Juni 1944 an den Landrat in Cloppenburg. Über den Aufenthalt der Söhne Heinrich und Josef L. schrieb er, sie befänden sich „in einem Zigeunerlager in Polen." Mit Hilfe des Gedenkbuches (a. a. O.) lassen sich beide Söhne L.'s eindeutig als Häftlinge des Zigeunerlagers in Auschwitz-Birkenau identifizieren. Vgl. auch Heuzeroth, G., a. a. O., S. 259ff.
496 StA Oldenburg, Best. 231-6, Nr. 105, Landkreis Cloppenburg, Wortlaut eines Schreibens des RMdl vom 7. März 1944 an das RKPA, Az. A b 476 XI/44 - 1073 Zi.
497 StA Oldenburg, Best. 231-6, Nr. 105, Landkreis Cloppenburg, Schreibens des RKPA - Zigeunerbekämpfung - vom 15. April 1944 an die Kriminalpolizeileitstelle Bremen, Tgb. Nr. 2720/43 A2b5.
498 Ebd. Wortlaut des o.g. Schreibens.

Nachwuchses vorgeschriebene Meldung in doppelter Ausfertigung an die dortige Stelle zu übersenden.

Ein Stück ist nach hier weiterzuleiten, das zweite Stück ist dem für den Wohnsitz des unfruchtbargemachten Zigeunermischlings zuständigen Gesundheitsamt zu übersenden. Da die Gesundheitsämter im Gegensatz zu anderen Verfahren bei den hier in Frage kommenden Vorgängen nicht eingeschaltet sind, muß der größte Wert darauf gelegt werden, daß sie über die mit den vorgenannten Personen durchgeführten Maßnahmen unterrichtet bleiben.

Die bei der Unfruchtbarmachung entstehenden Kosten bis zur Höhe der Mindestsätze der ärztlichen Gebührenordnung und der in öffentlichen Krankenanstalten von der Ortskrankenkasse am Ort der Krankenanstalten gezahlten Beiträge werden durch das RMdI. übernommen. Falls von den Krankenkassen Abkommen getroffen worden sind, die für die Gesamtleistung der Krankenkasse bestimmte Tagessätze vorsehen, sind diese anstelle einer getrennten Anforderung für Verpflegungs- und Behandlungskosten von den Krankenanstalten anzuwenden. Der Ersatz für den An- und Abtransport der Zigeunermischlinge, wie auch der Ausgabe für die mit ihrer Einlieferung beauftragten Personen, gehört nicht zu den vom RMdI. zu erstattenden Kosten. Die Gewährung einer Entschädigung für den durch die Vornahme der Unfruchtbarmachung entgangenen Dienst, kann nur bei solchen Personen in Frage kommen, die einer wirklichen produktiven Arbeit nachgehen, wie z.B. Einsatz in der Landwirtschaft, in Rüstungsbetrieben usw. Bei dem hier in Frage kommenden Menschenmaterial wird daher die Gewährung besonders streng zu überprüfen sein. Bei Einzelstehenden kann hierbei ggfs. der Ersatz der Miete für die Wohnung und ein Taschengeld von 0,30 RM pro Tag der Krankenhausbehandlung in Frage kommen. Bei verheirateten Unfruchtgemachten kann der durch Vorlage von entsprechenden Bescheinigungen nachgewiesene Verdienstausfall unter Kürzung von 1,50 RM je Verpflegungstag bis zu einem Betrag von höchstens 4/5 des Richtsatzes der allgemeinen Fürsorge für den Haushaltsvorstand gezahlt werden.

Im Interesse der Verwaltungsvereinfachung ist die Polizeikasse anzuweisen, die durch das RMdI. zu übernehmenden Kosten zunächst vorschußweise zu verauslagen und bei dem Reichsausschuß für Volksgesundheit, Berlin W 62, Einemstr. 11, unter Beifügung der Belege zur Erstattung anzufordern. Hierzu ist zu veranlassen, daß bei den eingereichten Rechnungen der Krankenhäuser die Angemessenheit der Pflegesätze und ärztl. Gebühren von den Leitern der Gesundheitsämter bescheinigt wird. Zur Verhinderung von Schwierigkeiten bei Rechnungsschluß wird gebeten, dafür Sorge zu tragen, daß die durch die Sterilisation der Zigeunermischlinge entstandenen Kosten, die durch die Polizeikasse bevorschußt werden, umgehend bei der vorgenannten Stelle zur Erstattung angefordert werden. Es wird gebeten in allen zukünftigen Fällen nach diesen Richtlinien zu verfahren.

Weiterhin wird ersucht, bei Eingang der Genehmigung zur Unfruchtbarmachung eines Zigeunermischlings diesen anzuhalten, den Eingriff möglichst umgehend an sich vornehmen zu lassen. Es darf unter keinen Umständen vorkommen, daß Zigeunermischlinge ihre Sterilisation monatelang hinausschieben und während dieser Zeit alle möglichen Reichsstellen mit Schreiben belästigen. Durch geeignete Verhandlungen mit den zur Durchführung befugten Krankenanstalten wird es sich trotz der durch die Kriegsverhältnisse bedingten Überlastung der Krankenanstalten erreichen lassen, daß die Eingriffe in kürzester Zeit durchgeführt werden können.

Bis zum 15.6.1944 spätestens ist über die Durchführung der Sterilisation oder die Hinderungsgründe zu berichten. Gleichzeitig ist zu berichten, ob die

von der Polizeikasse bevorschußten Kosten vom Reichsausschuß für Volksgesundheitsdienst zur Rückerstattung angefordert sind.

im Auftrag
gez. Wiszinsky"

Die Kreisverwaltung in Cloppenburg wurde umgehend nach Eingang der Anordnung tätig. Landrat Münzebrock persönlich zeichnete ein Schreiben an das Peter-Friedrich-Ludwigs-Hospital in Oldenburg mit der Bitte ab, L. zwecks Sterilisation aufzunehmen.[499] Die Gendarmerie forderte der Landrat auf, „den

---

[499] StA Oldenburg, Best. 231-6, Nr. 105, Landkreis Cloppenburg, Schreiben des Landrats in Cloppenburg vom 19. Mai 1944 an das Peter-Friedrich-Ludwigs-Hospital in Oldenburg. Das Schreiben wurde urschriftlich am 9. Juni 1944 mit dem Vermerk versehen, „daß Caspar L. im Laufe der kommenden Woche zwecks Sterilisation aufgenommen werden kann." Dieser Vermerk wurde von Med. Rat. Dr. Kniess, Facharzt für Chirurgie, unterzeichnet. Der hier und im folgenden an den Tag gelegte Eifer des Landrats Münzebrock steht doch im Widerspruch zu den Darlegungen in seinen Erinnerungen. Dort beschreibt er sich als Mann der Kirche, ganz auf der Linie des Kardinals von Galen. Seine Maske fällt jedoch in einem Nachsatz des Kapitels, wo er einem aufrechten Geistlichen den Vorwurf macht, daß er „unbedingt ein Märtyrer werden wollte." Andere Geistliche habe man dagegen „nur einmal vorzuladen brauchen.", Münzebrock präsentiert sich ungewollt als wissender Mitläufer, ein kleines funktionierendes Rädchen, wie anders hätte er sein Amt die „tausend Jahre" von 1933 bis 1945 innehaben können? Münzebrock, A., a. a. O., S. 65ff.

L. sofort in Marsch zu setzen."**500** Doch sein gesundheitlicher Zustand verhinderte letztendlich den Eingriff. Nachdem die Kreisbehörden die angeführte Reiseunfähigkeit zunächst anzweifeln, bestätigte der Amtsarzt das schwere Asthma, unter dem L. litt. Dieser bezweifelte die Operationsfähigkeit von L. Der Arzt hielt angesichts der Umstände eine Sterilisation nicht für zwingend nötig. Er schrieb: „Im übrigen ist L. fast 58 Jahre alt und seine Ehefrau Auguste, geboren am *.*.1895, in den Wechseljahren. Die Unfruchtbarmachung des L. ist zu spät angeordnet und dürfte damit jetzt nicht mehr erforderlich sein, nachdem aus der Ehe L. 14 lebende Kinder hervorgegangen sind, von denen das Jüngste Emma L., am *.*.1940 geboren ist."**501** Auch die Kreisverwaltung nahm schließlich Abstand von der Sterilisation L.'s.**502** An einer generellen Notwendigkeit der Sterilisation von „Zigeunern" zweifelte der gutachtende Arzt jedoch nicht. Im Schlußsatz seines Attestes regte er an, zu prüfen, „ob nicht eine Sterilisation der erwachsenen Kinder L. möglich ist."**503**

4. 2. 2. 2. 6. Die letzten Tage des Nationalsozialismus zwischen Weser und Ems

Eine Familie, die von der Roten Armee aus dem Lager Belzec befreit wurde, kehrte im Februar 1945 in den noch von der Wehrmacht gehaltenen Teil Deutschlands zurück. Sie überschritten die Frontlinie und gelangten in den Wirren des zusammenbrechenden 'Dritten Reiches' bis nach Brake an der Unterweser. Bei einem alliierten Luftangriff auf den Bahnhof Hammelwarden wurde Wilhelm R. schwer verletzt und mußte im Krankenhaus behandelt werden.**504** In Brake hatte sich die Familie unmittelbar nach ihrer Ankunft am 24.

---

500 StA Oldenburg, Best. 231- 6, Nr. 105, Landkreis Cloppenburg, Schreiben des Landrats in Cloppenburg vom 30. Mai 1944 an den Gendarmerieposten in Cloppenburg.
501 StA Oldenburg, Best. 231-6, Nr. 105, Landkreis Cloppenburg, Attest des Leiters des Staatlichen Gesundheitsamtes in Cloppenburg vom 16. Juni 1944 an den Landrat in Cloppenburg.
502 StA Oldenburg, Best. 231-6, Nr. 105, Landkreis Cloppenburg, Schreiben des Landrats in Cloppenburg vom 21. Juni 1944 an die Kriminalpolizeileitstelle in Bremen.
503 StA Oldenburg, Best. 231-6, Nr. 105, Landkreis Cloppenburg, Attest des Leiters des Staatlichen Gesundheitsamtes in Cloppenburg vom 16. Juni 1944 an den Landrat in Cloppenburg.
504 Stadtarchiv Brake, Best. 542, Niederschrift einer Aussage von Wilhelm R. vom 8. Juni 1956 bei der Stadtverwaltung Brake.

Februar 1945 polizeilich angemeldet.[505] In einem Verfahren wegen der Schulversäumnisse seiner Tochter, gab Wilhelm R. eine umfassende Erklärung zur Niederschrift, in der er die Umstände seiner Rückkehr beschreibt. Als Vertrauensperson stand ihm der Hauptlehrer Heimann von der römisch-katholischen Volksschule Brake zur Seite. Heimann bezeugte die Richtigkeit der Aussage.[506]

„Meine Tochter Maria D. wurde am 11. Dezember 1941 im KZ Pelzig (Belzec, d. A.) bei Lublin geboren. Sie ist meine leibliche Tochter. Anfang 45 wurde ich mit meiner Familie von den vordringenden russischen Truppen aus dem Lager befreit. Wir sind dann nach Westen gezogen und kamen im Februar 1945 in Brake an. Ich wurde dabei bei dem Fliegerangriff auf den Bahnhof Hammelwarden verwundet und habe sodann längere Zeit im Krankenhaus gelegen. Seit dem 24. 2. 1945 sind wir in Brake gemeldet. Nach der Wiederherstellung meiner Gesundheit (45/46) begab ich mich mit meiner Familie wieder auf Reisen (sowohl meine Ehefrau als auch ich sind Zigeuner). Als meine Tochter Maria in das schulpflichtige Alter kam, befanden wir uns ebenfalls auf Reisen."[507]

Mit dem 4. Mai 1945 endete das „Dritte Reich" im Nordwesten. Das Kommando der deutschen Wehrmacht in Nordwestdeutschland kapitulierte vor dem britischen Feldmarschall Montgomery. Die „formelle" Kapitulation der letzten Marineverbände in Oldenburg und Ostfriesland fand einen Tag später in Bad Zwischenahn statt.[508] In den noch erscheinenden Zeitungen stand zu lesen: „Wie von amtlicher Seite mitgeteilt wird, ist von Sonnabendvormittag 8 Uhr für Nordwestdeutschland einschließlich Helgoland und den ostfriesischen Inseln Waffenruhe eingetreten. Die Bevölkerung wird aufgefordert, Ruhe, Ordnung und Disziplin auch weiterhin zu bewahren."[509]

---

[505] Stadtarchiv Brake, Best. 542, Schreiben der Stadt Brake vom 6. Juni 1956 an den Leiter der katholischen Volksschule.
[506] Stadtarchiv Brake, Best. 542, Niederschrift einer Aussage von Wilhelm R. vom 8. Juni 1956 bei der Stadtverwaltung Brake.
[507] Ebd.
[508] Meyer, E., a. a. O., S. 203f, vgl. Schwarzwälder, Herbert, a. a. O., 1995, Bd. IV, S. 636.
[509] Meyer, E., a. a. O., S. 203.

4. 3. Die Diskriminierung der Sinti und Roma in Niedersachsen nach 1945

„Die wieder freizügig gewordenen Zigeuner und die asozialen arbeitsscheuen Elemente werfen sich in grossen Scharen auf das platte Land und verstärken die an sich schon in den Landgebieten durch unsaubere Ausländer herrschende Unsicherheit in steigendem Maße."[510]

Auch in Niedersachsen hat es bezüglich der Diskriminierung von Sinti und Roma keine 'Stunde Null' gegeben. Bereits im Dezember 1945 'beklagte' die Kriminalpolizeizentrale in Hannover, daß durch den „Krieg und seine für Deutschland unglücklichen Folgen" das „Wirtschaftsverhältnis von Angebot und Nachfrage völlig ins Wanken"[511] gebracht worden war. Durch dieses „Mißverhältnis" seien Schwarzmärkte entstanden, deren „Großlieferanten" die Kripo bereits ausgemacht hatte: „Der Täterkreis ist neben ausländischen verbrecherischen Elementen[512] aber auch unter den nunmehr grösstenteils wieder in Freiheit befindlichen Berufs- und Gewohnheitsverbrechern sowie Asozialen und Zigeunern zu suchen."[513] Ganz offen gab die Kriminalpolizei in dem Schreiben an die Militärregierung zu bedenken, „die bewährten Methoden zur Bekämpfung des Berufs- und Gewohnheitsverbrechertums in Bausch und Bogen nur deshalb (zu) verurteilen, weil sie in nationalsozialistischer Zeit in Kraft waren."[514] Von der Verhängung der polizeilichen Vorbeugungshaft wollte man indes absehen. Dennoch wurde zunächst eine „restlose *Erfassung* (Hrvhg. i. O., d. A.)"[515] ganzer Gruppen gefordert. Gegen „Zigeuner" sollten „besondere Maßnahmen" eingeführt werden, „da der Kriminalitätsanteil dieses Volkstums, das nicht etwa aus rassischen Gründen bekämpft wird, erfahrungsgemäß sehr hoch ist."[516] Weiter heißt es in dem Dokument in völliger Verdrehung der Tatsache des Völkermords an Sinti und Roma: „Ein Erlaß vom 8. 12. 1938 nahm ... eine rassische Scheidung der Zigeuner in Reinrassige, Mischlinge und nach

---

[510] HStA Hannover, Nds. 147, Acc. 46/85, Nr. 407 - 409, Bl. 2, Kriminalpolizeizentrale Hannover, Betr. Vorschlag zur vorbeugenden Verbrechensbekämpfung, Erstfassung vom Dezember 1945, später umdatiert auf Juni 1946.

[511] Ebd., Bl. 1.

[512] In einer ersten Fassung hieß es noch: „verbrecherische Elemente des ausländischen Arbeitertums" - womit wohl die vielen Zwangs- und Fremdarbeiter (später Displaced persons) pauschal gemeint waren und stigmatisiert wurden.

[513] Ebd., Bl. 1

[514] Ebd., Bl. 2.

[515] Ebd., Bl. 3.

[516] Ebd., Bl. 6.

Zigeunerart umherziehende Personen vor und macht (sic!) die Reinrassigen freizügig. ... Ohne zu diesen Lösungsarten des Zigeuner-Problems Stellung zu nehmen, muß aber festgestellt werden, daß die Zigeuner noch immer ... eine ernsthafte Gefahr für das Volk darstellen."[517] War - mit anderen Worten - der Völkermord etwa nicht sorgfältig genug durchgeführt worden?

Die Kriminalpolizei leugnete nicht nur ihre aktive Rolle am Völkermord der Sinti und Roma, sondern sie empfahl nach 1945 erneut „Maßnahmen", denen wenige Jahre zuvor Hunderttausende zum Opfer gefallen waren. So sollte wieder eine „Zigeuner-Nachrichtenstelle der Kriminalpolzei"[518] errichtet, die „Tätigkeit der Zigeuner ... laufend und streng überwacht" und - wie zu erwarten war - „der Zuzug weiterer Zigeuner ... mit allen polzeilichen Mitteln verwehrt" werden. Letzteres stellte die kriminalpolizeiliche Variante von „zigeunerfrei" dar.

In dem Jahresbericht der Landeskriminalpolizei Hannover von 1958 wird erwähnt, daß der zwei Jahre zuvor beginnende Aufbau der „Landfahrerkartei" weitgehendst abgeschlossen sei, und die Kartei 3.500 'Landfahrer' enthielte.[519]

Bei dieser Informationszusammenstellung (Datensammlung) blieb es allerdings nicht. In mehreren Berichten (betitelt z.B. mit „Zigeunerunwesen und Kriminalpolizei") und „Erfahrensberichte(n) über Landfahrer"[520] kommen immer wieder die altbekannten Floskeln, Vorurteile, diskriminierenden Äußerungen, ja, zum Teil Übernahmen der Nazi-Diktion zum Vorschein. Um Wiederholungen zu vermeiden, sei eine Auswahl angegeben: „Sobald Zigeuner seßhaft werden, verlieren sie ihre auffallenden Volkstumseigenschaften. ... Von diesen haltlosen und entwurzelten Zigeunern drohen der Gesellschaft die meisten Gefahren. Sie sind notgedrungen asozial"[521]; „Gemeinsam ist allen Zigeunern der Hang zum Nichtstun. Sie sind ausgesprochen arbeitsscheu"[522]; „Der Charakter des Zigeuners ist nur von seiner primitiven Kulturstufe ... her zu erfassen und zu verstehen"[523]; über die Zeit nach 1945: „Nach Beendigung des Krieges überschwemmten ... die Zigeuner wieder das Land. ... Da viele von ihnen -

---

[517] Ebd., Bl. 6.
[518] Ebd., Bl. 7.
[519] Ebd., Nr. 409, Bl. 13. Die zentrale Erfassung aller „Berufs- und Gewohnheitsverbrecher, Asozialen und Landfahrern" wurde am 10. Juli 1947 angeordnet (in: HStA Hannover Nds. 147, Acc. 46/85, Nr. 486 I, Bl. 1), wobei für die „Asozialen" und die 'Landfahrer' später eine eigene Kartei angefertigt wurde.
[520] In: HStA Hannover Nds 147, Acc. 46/85, Nr. 476, Bekämpfung des Zigeunerunwesens.
[521] Ebd.
[522] Ebd.
[523] Ebd.

vorwiegend als Kriminelle oder Asoziale - KZ-Insassen waren, verschafften sie sich VNN-Ausweise. ... Schon früh setzten entsprechende Abwehrversuche durch die Polizei ein. Die Militärregierung glaubte jedoch zunächst, darin ein Wiederaufleben der Rassenbekämpfung zu sehen und widersetzte sich sogar einer vom LKPA (Landeskriminalpolizeiamt, d. A.) Niedersachsen vorgeschlagenen Neufassung. ... Nach Übergang der Polizeihoheit auf die deutschen Behörden wurde erneut die Zigeunerfrage aufgegriffen. Man ging allgemein dazu über, den Begriff „Zigeuner" durch „Landfahrer" zu ersetzen, um der Polizei den Vorwurf rassenpolitische Tendenzen zu ersparen."[524]

Von Interesse ist ferner, daß das Landeskriminalamt (LKA) Niedersachsen nicht nur eigene 'Erfahrungen' sammelte, sondern ebenso auf die der anderen Landesämter zurückgriff. Am 6. Mai 1954 wurde vom BKA dem Leiter des LKA Niedersachsen der Bericht des Bremer Kriminalsekretärs Brix mit den Bemerkungen zugesandt: „Es handelt sich hier zwar um eine Lokalstudie, gleichwohl enthalten die Ausführungen aber auch gründliche Angaben über zurückliegende Erlasse sowie über die gesamte Entwicklung der Landfahrerplage, so daß die Abhandlung von allgemeinem sachlichen Interesse sein dürfte."[525] Desweiteren war dem Schreiben ein Referat von Regierungs- und Kriminalrat Dr. Ochs beigefügt, das dieser auf einer Tagung der LK-Amts-Leiter gehalten hatte. Aus dem Protokoll dieser Tagung vom 14. Dezember 1954 geht hervor, daß Dr. Ochs für sein Referat 'Forschungsergebnisse' von Ritter verwendete. So seien z.B. „nur noch etwa 10% aller zigeunerischen Personen als reinrassige Zigeuner anzusehen."[526] Diese Stelle beweist, daß entgegen eigenen Behauptungen der Kripo - wie derartige: „Die Behandlung als Rasseproblem, wie in der NS-Zeit, sei naturgemäß undiskutabel"[527] - man nicht davor zurückschreckte, 'Ergebnisse' dieser Rasseforscher aus der NS-Zeit mit in die Überlegungen zur 'Behandlung und Lösung der Landfahrerfrage' einfließen zu lassen. Nicht nur die Terminologie verwischt, auch Vorurteile und rassistisches Gedankengut sind offensichtlich in der Gedankenwelt dieser mit der 'Lösung' befaßten Personen untrennbar miteinander verbunden. Wie sonst sind derartige Feststellungen zu denken: „Weiterhin sei die Natur der zigeuneri-

---

[524] Ebd. Der Bericht entstand in den fünfziger Jahren. In ihm wird die Erwartung ausgesprochen, daß es bald eine „Bundeszentrale zur Bekämpfung des Landfahrerunwesens" beim BKA geben wird.
[525] HStA Hannover Nds. 147, Acc. 46/85, Nr. 477 II, Bl. 1. Siehe hierzu das entsprechende Bremer Kapitel. Zur Erinnerung: Brix verfaßte den Bericht für H. J. Döring. Aber auch das BKA war an den Ergebnissen interessiert. Zu Döring siehe weiter unten.
[526] HStA Hannover Nds. 147, Acc. 46/85, Nr. 477 II, Bl. 32.
[527] Ebd., Bl. 33.

schen Landfahrer zu berücksichtigen, die erfahrungsgemäß nur dann „arbeiten", wenn der Magen sie dazu treibe. Nach einem gelungenen grösseren Zug würden sie eine Zeitlang untätig von der Beute leben. Der Zigeuner hat auch keine Geschichte und keine planvolle Zukunftsfürsorge."[528] Diese menschenverachtende Degradierung zu dumpfen Wesen war mit der Ausgangspunkt eines Wegs, der in Auschwitz endete. Diese Verfolgung wird von den Vordenkern einer erneuten 'Lösung der Landfahrerplage' geleugnet. Und wie um das Maß voll zu machen, prangerte Dr. Ochs die an die Sinti gezahlten Entschädigungsgelder mit den Worten an, „daß sich eine Anzahl von Landfahrern mittels ihrer Entschädigungsgelder als rassisch Verfolgte schnelle Kraftfahrzeuge angeschafft hätten, um mit diesen als reisende Täter strafbare Handlungen ... zu verüben. ... Es sei deshalb erforderlich, der schnellen Beweglichkeit dieses Verbechertypus ein noch schneller funktionierendes Melde- und Nachrichtensystem gegenüberzustellen..."[529]

Den Kriminalbeamten und ihren Sachbearbeitern auf der einen Seite standen die Forscher auf der anderen gegenüber. Und wie all die Jahrzehnte zuvor, waren beide Seiten gewillt, einander hilfreich zur Seite zu stehen. Im März 1953[530] kontaktierte H. J. Döring für seine Dissertation über „Die Zigeuner-Kriminalität nach dem Kriege" alle LKA's mit der Bitte, „die in der Anlage beigefügten Fragen durch die Herrn Sachbearbeiter für Zigeuner-Fragen beantworten zu lassen."[531] Da er wußte, daß seine Bitte u.U. viel Arbeit nachsichziehen werde, stellte er in Aussicht, daß das „Ergebnis die Kriminal-Polizei vielleicht teilweise selbst interessiere."[532] Damit noch nicht genug, stellte Döring ferner fest, daß „es nicht verboten (ist), Karteien und Statistiken darüber (gemeint ist über Sinti und Roma, d. A.) anzulegen resp. aufzustellen, sofern sie keiner konkreten Benachteiligung dienen. ... Danach ist es verfassungsrechtlich möglich, z.B. eine Zigeuner-Täter-Kartei im Rahmen der Landfahrerkartei anzulegen."[533] Manche Behördenleiter werden sicherlich diese Art der Argumentationshilfe begrüßt und es Döring damit gedankt haben, ihm bei seiner Arbeit zu helfen. Dieser stellte dann auch noch in völliger Verdrehung der

---

[528] Ebd., Bl. 35.
[529] Ebd., Bl. 33f.
[530] Vorgang zu finden in: HStA Hannover Nds. 147, Acc. 46/85, Nr. 477 I.
[531] Ebd., 17. März 1953.
[532] Ebd. Womit er richtig lag. Denn der Brix-Bericht fand ja noch vielfache Verwendung. Zudem dürfte sich das Interesse ebenfalls auf das Ergebnis seiner Dissertation beziehen. Schreiben mit Stempel vom „Institut für Kriminalistik und Strafvollzugskunde der Universität Freiburg (Brsg.)."
[533] Ebd.

Wirklichkeit in Aussicht: „Ich werde in der Arbeit bemüht sein, den hierin liegenden Vorteil (das Anlegen einer Kartei, d. A.) für die *Zigeuner* (Hvhbg. d. d. A.) in bestimmten Fällen nachzuweisen."[534]

In der Anlage zu dem Schreiben befand sich dann der sehr umfangreiche Fragenkatalog. Doch zunächst mußte Döring den Gebrauch des Begriffs „Zigeuner" definieren: „Er wird hier *im soziologischen Sinne gebraucht* (Hvhbg. i. O., d. A.). Es ist eine Person demnach dann als Zigeuner anzusehen, wenn nach Betrachtung aller Lebensumstände *wie auch des Blutes* (Hvhbg. d. d. A.) mit einer Sicherheit von einem Zigeuner gesprochen werden kann."[535] Döring wollte also an einer rassischen Definition nicht vorbeigehen.

Die vielen Fragen (81 insgesamt) betrafen alle Bereiche. Sowohl die Zeit vor 1945, nach 1945, das Fürsorgewesen, die Sitten und Gebräuche usw. usf. Einige Fragen lassen indes die Absicht des Autors erkennen. So wurde die Frage: „Haben sich bei den in KZ's gewesenen Zigeunern Veränderungen hinsichtlich ihrer Kriminalität ergeben?" unterstrichen; bei der Frage nach Erfahrungen in Wiedergutmachungsverfahren wurde zugleich nach 'falschen Angaben?' gefragt; ebenfalls wurde an der Häufigkeit von Geschlechtskrankheiten „bei Zigeunern im Verhältnis ... zu dem seßhaften Volk?" Interesse bekundet. Insgesamt setzten die Fragen aber auch das Wissen auf der anderen Seite voraus. Sollte es auch nur annähernd existiert haben, dann hätte es sowohl personelle als auch quellenmäßige Kontinuitäten geben müssen, die heute so nicht mehr vorhanden sind, bzw. nicht zugegeben werden.

Die niedersächsische Kriminalpolizei scheute nicht davor zurück, gezielt gegen Sinti und Roma in der Presse zu hetzen. In diversen Zeitungsartikeln[536] ist nachzulesen, wie Aussagen des Kriminalpolizeikommissars Müller zitiert werden: „Es ist eine Blasphemie, daß der Staat diese erwiesenermaßen Arbeitsscheuen mit Arbeitslosenunterstützungen noch fördert."[537] Zudem beklagte er, daß die Sinti sich von ihren Haftentschädigungen PKW gekauft hätten. Es wurde der Eindruck erweckt, als träfe dies auf alle Sinti zu. Ohne weiter zu differenzieren, dafür aber pauschal zu diffamieren, entstanden dann Sätze wie: „Es ist eine wenig bekannte Tatsache, daß Zigeunerinnen, deren Beute ihren Männern oder Liebhabern nicht ausreichend erscheint, von diesen bis zur brutalen Mißhandlung geschlagen werden."[538] Die beste Art und Weise einer

---

[534] Ebd.
[535] Ebd.
[536] In: HStA Hannover Nds. 147, Acc. 46/85, Nr. 476.
[537] Ebd. aus dem „General Anzeiger" vom 22. Oktober 1953.
[538] Ebd. aus „Die Welt" vom 11. Juni 1953.

"Zigeunerin"[539] zu beeindrucken sei es, ihr „Rikke te muji (Halt dein Maul)"[540] zuzurufen. „Man sollte sich diesen Satz als Anfang von tausend Worten zigeunerisch merken."[541] Es ist nicht übertrieben, wenn man in diesem Fall von einer regelrechten Pressekampagne redet, die die Kriminalpolizei initiierte.

Als Beispielbericht für die Haltung der Landkreise sei der des Kriminalpolizeiamtes Aurich vom 29. Mai 1948 zitiert. Ein Polzei-Oberrat van Lengen hielt es „für sehr angebracht ..., alle unstet im Lande umherziehenden Zigeuner ... an einer bestimmten Stelle sesshaft zu machen."[542] Außerdem kritisierte er die Vergabe von KZ-Ausweisen an die ehemaligen Verfolgten mit der Begründung: „Sie glauben auf Grund ihrer KZ-Ausweise in polizeilicher Hinsicht besondere Vorteile geniessen zu müssen und verlangen, besonders zärtlich angefaßt zu werden."[543] Er schloß seinen Bericht mit den Worten: „Das Problem Einwohner - Zigeuner hat seit Generationen nicht aufgehört - akut - zu sein. ... Es ist fraglich, ob die Zukunft das „freie Leben" der Zigeuner wird unterbinden können."[544]

Das „freie Leben" der Sinti und Roma war 1948 bereits zerstört. Zerstört von einer in der Geschichte beispiellosen Verfolgung und Vernichtung durch die Rasseforscher, durch willfährige Kriminalbeamte, durch beflissene Beamte in den Fürsorgebehörden, an den Erbgesundheitsgerichten und in den Gesundheitsämtern. Bis heute hat die ethnische Minderheit der Sinti und Roma diesen Verlust an Tradition und Kultur durch den Völkermord nicht verkraften können.

Kontinuitäten - Die fortgesetzte Diskriminierung der Sinti und Roma in Oldenburg und Ostfriesland in der Nachkriegszeit

Das Ende des Nationalsozialismus bedeutete für die überlebenden Sinti zunächst eine Befreiung. Die meisten von ihnen befanden sich im Mai 1945 noch im Osten des Reichsgebiets oder im von der Roten Armee befreiten Polen. Aus den Orten ihrer Verschleppung kamen sie mit den auf Berlin ziehenden Truppen der Alliierten zurück in die Heimat. Einige Sinti konnten oder wollten

---

[539] Ebd.
[540] Ebd.
[541] Ebd.
[542] Ebd.
[543] Ebd.
[544] Ebd.

nicht mehr zurück an die Orte, von denen aus ihre Odyssee durch die Arbeits- und Vernichtungslager begann. Andere Sinti kamen aus dem gleichen Grund nach Nordwestdeutschland. Insbesondere für Ostfriesland muß von einer Umschichtung der Sinti-Population gesprochen werden. Die Sinti, die nun nach Oldenburg und Ostfriesland zogen, stammten aus dem Rheinland, Westfalen, Wuppertal und Ostpreußen.[545]

Daß den Sinti während der NS-Diktatur Unrecht geschehen ist, wurde rasch verdrängt. In einigen Regionen setzte rasch eine erneute Diskriminierung der Sinti ein. Zu diesem Zweck wurde sogar alliiertes Besatzungsrecht mißbraucht. Bereits im Juni 1945 meldete der Gendarmerieposten Dinklage im Landkreis Vechta das Auftreten von „umherziehenden Personen mit Wohnwagen." Dienstbeflissen merkte der Gendarmeriebeamte an, daß zwei „mit ihren Familien nach Zigeunerart" umherziehenden Marktbezieher, die Sinti Gerhardt Hardt aus Werlte und Johann Christ aus Holte, „keine Erlaubnis zum Überschreiten der 30 km Zone" besäßen. Auch in Lohne und Steinfeld sollen sich Sinti mit Wohnwagen aufgehalten haben.[546]

Diejenigen, die aus den Lagern zurückkamen, standen mit einem Mal allein in ihrer alten Heimat. Sie erfuhren, daß ihre Familien ermordet und ihr Eigentum verkauft worden war. In die Oldenburgischen Moore kehrte das im Mai 1940 nach Polen deportierte Ehepaar Laubinger zurück. Im Nachkriegsjahr 1948 wohnten sie im Gemeindehaus von Edewecht.[547]

In Delmenhorst ließ sich ebenfalls ein aus der Lagerhaft befreiter Sinto nieder. Willi Schmidt war von August 1939 bis Mai 1945 zunächst im Gefängnis Braunschweig, dann in den Konzentrationslagern Auschwitz und Buchenwald als „Zigeuner" gefangengehalten worden.[548] In der Meldekartei wurde Schmidt als „Händler" geführt. Nach seiner ersten Adresse in der Langen Straße, lebte er ab 1946 als Reisender im Wohnwagen. Sein eingetragener Standplatz lag am Brendelweg, später in der Hasberger Straße. 1951 verließ Schmidt Delmenhorst mit Ziel Frankfurt am Main.[549]

Spätestens seit 1948 institutionalisierte sich die Diskriminierung der Sinti im Nordwesten. Die gröbsten Nachkriegswirren waren bewältigt, und den örtli-

---

[545] Heuzeroth, G., a. a. O., S. 257f. und S. 268ff.
[546] StA Oldenburg, Best. 231-5, Nr. 75, Landkreis Vechta, Schreiben des Gendarmeriepostens Dinklage vom 17. Juni 1945 an den Bürgermeister in Dinklage.
[547] StA Oldenburg, Best. 231-2A, Nr. 132, Landkreis Ammerland, Schreiben der Gemeindeverwaltung Edewecht vom 31. Dezember 1948 an den Kreisdirektor in Westerstede.
[548] Stadtarchiv Delmenhorst, Best. B - 10, Sammelmappe Widerstand im Dritten Reich, Liste der Delmenhorster Bürger, die im Dritten Reich in Haft waren, Z. 139.
[549] Stadtarchiv Delmenhorst, Microfiche der Meldekartei, AN 896050.

chen Behörden lag einiges daran, 'Ordnung' in ihrem Bezirk zu schaffen. In mehreren Klagen an das Polizeikommando Süd in Delmenhorst beschrieben die Inspektoren der Polizeikreise die „Zigeunerplage". Der Cloppenburger Kreispolizei-Inspektor Emonds sah ein „lawinenartiges" Anwachsen der „Zigeunerplage" auf seinen Kreis zukommen. Die geltenden Bestimmungen reichten zu einer „Bekämpfung" nicht aus. Das Problem sei, so Emonds, die KZ-Ausweise, die verhinderten, daß ein Teil der bisherigen Bestimmungen nicht zur Anwendung kommen konnten. Dabei herrschte „schon immer große Angst vor den Zigeunern, die sich seit der Besetzung ins Unermeßliche gesteigert hat." Aus der Begründung, die meisten der vorkommenden Diebstähle seien von „reisenden Personen" ausgeführt worden, leitet Emonds ab, daß diese Delikte den Sinti „zuzuschreiben" seien. Unter den Tatverdächtigen stehen „selbstverständlich alle Zigeuner und in Zigeunerart umherziehenden Personen an erster Stelle." Im weiteren spekulierte Emonds haltlos, indem er die Sinti beschuldigte, im Kreis Cloppenburg „in nicht geringem Maße zur Verbreitung der Geschlechtskrankheiten" beizutragen.[550]

Recht bald zeigten sich auch die bekannten Verfolgungsinstanzen aufs neue sensibilisiert gegenüber der „Zigeunerplage." Erneut ist es die Kriminalpolizei, die sich ohne erkennbaren Bruch auf vertrautem Terrain bewegt. Das Kriminalpolizeiamt Oldenburg meldete im April 1948 unter der Überschrift „Bekämpfung der Zigeunerplage," daß „besonders die Landbezirke von unstet umherziehenden Zigeunern überlaufen" seien. Von jener „Plage" schienen allerdings allein die südlichen Kreise des nunmehr niedersächsischen Landesteils Oldenburgs betroffen zu sein. Besondere Aufmerksamkeit schenkte die Polizei dabei den KZ-Ausweisen der aus den Lagern befreiten Sinti. Die Kriminalbeamten unterstellten den Sinti, sie mißbräuchten diese Papiere, um Sonderrechte zu erlangen. Im Bericht heißt es dazu: „Es besteht kein Zweifel, daß sie damit versuchen, den Beamten aus durchsichtigen Gründen zu beeindrucken, um ihn von seinem pflichtgemäßen Einschreiten abzuhalten oder zumindest unberechtigte Vorteile zu erschleichen." Die Sinti wurden als Diebe und Bettler dargestellt, welche die „häufig sehr leicht zu beeinflussende Landbevölkerung durch ihre Schwindeleien für ihre dunklen Machenschaften auszunutzen." Die Behörden, verstieg sich die Oldenburger Polizei im neuen Übereifer, seien ohnmächtig, sie „wagen es kaum, den Zigeunern unberechtigte Anträge oder Wünsche abzuschlagen, weil ja bekanntlich eine allgemeine Furcht vor

---

[550] StA Oldenburg, Best. 231-6, Nr. 55, Landkreis Cloppenburg, Abschrift eines Schreibens des Polizeikreises Cloppenburg vom 13. April 1948 an den Polizeiabschnitt Süd in Delmenhorst.

den KZ-Papieren besteht. Man kann ohne Übertreibung sagen, daß gerade die Zigeuner ihren KZ-Ausweis als Freibrief betrachten." Die Leiden der Sinti in den Lagern wurden auf diese Weise unerträglich bagatellisiert. Im Falle ausländischer Roma wurde deren Verfolgung offen angezweifelt. Selbst die seßhaften Sinti gerieten im Nachkriegsdeutschland erneut in das Fadenkreuz der Polizei. Ohne Beweise vorlegen zu können, wurde ihnen unterstellt, sie betrieben „in mehr oder weniger grösserem Ausmasse ... Schwarzhandel mit Mangelwaren." Ziel dieser Attacke auf die Sinti war, durch das Aufzeigen von vorgeblichen Mißständen eine Erweiterung der Kompetenzen der Kriminalpolizei zu erwirken.[551]

Couragierter war die Haltung des Polizei-Oberinspektors Langrebe aus Wittmund. Im September 1948 unterrichtete die Stadtverwaltung den Polizeikreis von der Verlegung des bisherigen Standplatzes von der Auricher Straße nach der Carolinensieler Landstraße. In der Begründung hieß es, daß der Platz an der Auricher Straße sehr ungünstig liege, „da dieser ein unschönes Bild an der Hauptstraße gibt."[552] Der neue Standplatz stellte sich jedoch bald als zu klein und ungeeignet heraus. Es erfolgte eine Rückverlegung an die Auricher Straße, in Höhe des Leepenserweges. In einem weiteren Schreiben an die Kreispolizei „bedauerte" der Stadtdirektor diese Maßnahme. Zurückgreifend auf die Bestimmungen aus der Vorkriegszeit forderte er die Polizei auf: „In Ausführung des obigen Beschlusses ... die Zigeuner so bald wie möglich abzuschieben, bezw. die Weiterwanderung zu veranlassen. Es kommt leider vor, daß einige Wagen hier länger verbleiben."[553] Diese Aufforderung wies die Polizei jedoch umgehend zurück. Auch hielt man dort den neuen-alten Standplatz für ebensowenig geeignet. Spitz fügte Oberinspektor Langrebe eine Einführung in die Prinzipien des modernen Rechtsstaat hinzu: „Auf den letzten Absatz Ihres Schreibens teile ich mit, daß die Polizei keine Handhabe besitzt, die Zigeuner entgegen ihrem Willen abzuschieben bezw. die Weiterwanderung zu veranlassen. Nach einer Anweisung der Militärregierung können sich Zigeuner entsprechend ihrer Eigenart bewegen. Ein Einschreiten bezw. eine Annäherung durch die Polizei ist erst dann möglich, wenn den Zigeunern eine strafbare Handlung nachgewiesen wird oder wenn berechtigter Verdacht einer solchen Handlung besteht." Noch deutlicher wurde Polizei-Oberinspektor Langre-

---

[551] HStA Hannover, Nds. 147, Acc. 46/85, Nr. 476, Schreiben des Kriminalpolizeiamtes Oldenburg vom 23. April 1948 an das Landeskriminalamt Niedersachsen in Hannover.
[552] Stadtarchiv Wittmund, Schreiben des Stadtdirektors in Wittmund vom 27. September 1948 an den Polizeikreis Wittmund.
[553] Stadtarchiv Wittmund, Schreiben des Stadtdirektors in Wittmund vom 13. Mai 1949 an den Polizeikreis Wittmund.

be in seinem Schlußsatz: „Methoden, wie sie früher gegen Zigeuner angewendet wurden, sind unzulässig."[554]

In den oldenburgischen Kreisämtern kursierten bald nach Kriegsende Pläne, dem „Landfahrerunwesen" entgegenzutreten. Die Vokabel „Landfahrerunwesen" löste als Sprachregelung dabei weitestgehend die bisher benutzte Bezeichnung „Zigeunerplage" bzw. „Zigeunerunwesen" ab. Gemeint war dasselbe. Im Sommer 1948 beklagte sich die Gemeinde Ellenstedt, Kreis Vechta, über die seit Kriegsende „täglich größer werdende Plage mit dem fahrenden Volk." Und wieder ist von Sinti im bekannten Tonfall von „Parasiten" die Rede. Unter Berufung auf die Vorkriegsbestimmungen sollte den Sinti ein Aufenthalt von mehr als 24 Stunden an einem Ort untersagt werden. In seiner Eingabe an den Oberkreisdirektor forderte der Ellenstedter Hermann Dierken schließlich die Überwachung „dieser Elemente" durch die Polizei.[555]

Überaus zynisch lesen sich die Ausführungen des Gemeindedirektors Meyer aus Dinklage zum „Landfahrerunwesen" aus dem Jahr 1952. Angesichts der „sich wieder mit den fahrenden Hausierern und Zigeunern bevölkernden" Landstraßen, geht ein offen 'wehmütiger Blick zurück' in jene Jahre, in denen die Sinti festgesetzt oder „verschwunden" waren. Selbst ein unterschwelliges Neidgefühl gegenüber den Sinti, die „von der Pferdebespannung sich auf die Motorisierung umgestellt haben," tritt aus diesem Bericht hervor. Die Konsequenz ist der Ruf nach einer „ordentlichen Überwachung," was die Verschärfung der gültigen Gesetze implizierte.[556]

Der Bericht der Gemeindeverwaltung Dinklage vom 18. Dezember 1952 an das Kreisamt Vechta im Wortlaut:[557]

„Betr.: Landfahrerunwesen

In den Nachkriegsjahren sah man immer mehr, dass die Landstrassen sich wieder mit den fahrenden Hausierern und Zigeunern bevölkerten. Während des Krieges waren diese fast ganz aus dem heimischen Landschaftsbild verschwunden.

...

---

[554] Stadtarchiv Wittmund, Schreiben des Polizeikreises Wittmund vom 24. Mai 1949 an den Stadtdirektor in Wittmund.
[555] StA Oldenburg, Best. 231-5, Nr. 75, Landkreis Vechta, Schreiben von Hermann Dierken, Ellenstedt, vom 23. Juni 1948 an den Oberkreisdirektor in Vechta.
[556] StA Oldenburg, Best. 231-5, Nr. 75, Landkreis Vechta, Schreiben der Gemeindeverwaltung Dinklage vom 18. Dezember 1952 an das Kreisamt Vechta.
[557] Ebd.

Für die einsam gelegenen Gehöfte bedeuten sie eine grosse Plage. Die Jugendlichen werden meist ausgeschickt, um für den täglichen Lebensunterhalt alle möglichen Sachen heranzuholen. Die Erwachsenen bieten jedoch Waren an. Wenn sie diese nicht absetzen können, betteln sie ebenfalls um Lebensmittel und Gebrauchsgegenstände.

Besonders kennzeichnend ist es, dass diese umherziehenden Völker von der Pferdebespannung sich auf die Motorisierung umgestellt haben, so dass wie früher immer üblich, sie nicht mehr nach Hafer, Häcksel und Heu betteln gehen brauchen."

Doch auch andere Gemeinden des Landkreises Vechta erhoben ähnliche Vorwürfe gegenüber den Sinti. Die Gemeindeverwaltung Goldenstedt beschwerte sich über die „Tarnung" der Sinti als Gewerbetreibende. Personen, die sich im Besitz eines Wandergewerbescheins befinden, können nach der Gewerbeordnung nicht von den Märkten abgewiesen werden.[558] Die daraus folgende Kritik an der Vergabe von Wandergewerbescheinen stand im Maßnahmenkatalog von 1906 zur „Bekämpfung der Zigeunerplage."[559]

Beweise für ihre diskriminierenden Behauptungen, die zumeist den gängigen Vorurteilen geschuldet waren, konnten die Gemeindeverwaltungen jedoch nicht vorlegen. Die Stadtverwaltung Vechta schrieb in ihrem Bericht von 1952 daher: „Sie (die Landfahrer, d. A.) sind allerdings äußerst vorsichtig, so daß es nicht allzuoft gelingt, ihnen strafbare Handlungen, wie Diebstähle usw. nachzuweisen." Wo dann eben diese Delikte überhaupt ausbleiben, wurde ein resignatives Anzeigeverhalten in der Bevölkerung verantwortlich gemacht: „Andererseits ist die Landbevölkerung oftmals auch zu bequem, kleine Diebstähle anzuzeigen, weil sie einerseits nichts davon hält, zur Polizei und zu den Gerichten zu gehen und andererseits auch irgendwelche Racheakte seitens der Landfahrer befürchtet."[560] Der Gedanke, daß die Rate tatsächlich vorkommender Delikte geringer sein konnte als angenommen, bzw. Täter auch in anderen Kreisen zu suchen seien, wurde vermieden. Die Sinti waren auch in den fünfziger Jahren ein nützlicher Sündenbock. Die fortgesetzten Schuldzuweisungen erteilten den Verantwortlichen für Deportation und Mord in den Jah-

---

[558] StA Oldenburg, Best. 231-5, Nr. 75, Landkreis Vechta, Schreiben der Gemeindeverwaltung Goldenstedt vom 15. Dezember 1952 an das Kreisamt in Vechta.
[559] „Bestimmungen zur Bekämpfung des Zigeunerunwesens (1906)", Oldenburg 1907, Druckerei Ad. Littmann, Hoflieferant, hier zitiert nach StA Oldenburg, Best. 231-5, Nr. 75, Landkreis Vechta.
[560] StA Oldenburg, Best. 231-5 Nr. 75, Landkreis Vechta, Schreiben der Stadtverwaltung Vechta vom 9. Dezember 1952 an das Kreisamt in Vechta.

ren des Nationalsozialismus die Absolution. Das den Sinti zugefügte Leid wurde dabei nur allzugern übersehen.

Hieran schließt sich natürlich die Frage nach einer 'Wiedergutmachung' an den Sinti und Roma an. Hingewiesen sei aber auf ein gesondertes Problem der Wiedergutmachung bei den zwangssterilisierten Personen. Neben einer geldwerten Entschädigungsleistung erschien aus medizinischer Sicht in bestimmten Fällen eine operative Refertilisation der Probanden möglich. Dies verunsicherte jedoch die zuständigen Gesundheitsämter, die die Rechtmäßigkeit eines derartigen Eingriffs überprüfen mußten. Aus dem medizinischen Problem wurde ein juristisches. Die Zentralverwaltung in Oldenburg stützte dabei in einem Gutachten von 1950 die These, „daß eine Refertilisation nur auf Grund einer gerichtlichen Entscheidung zulässig ist. ... Wenn man auch heute davon ausgehen muß, daß eine gesetzwidrige Unfruchtbarmachung grundsätzlich eine sittenwidrige und damit gemäß § 226a StGB strafbare Handlung darstellt, so ist doch daran festzuhalten, daß die vor 1945 aufgrund rechtskräftiger Entscheidungen nach Maßgabe des Gesetzes zur Verhütung erbkranken Nachwuchses vorgenommenen Sterilisationen nur nach Durchführung eines förmlichen Verfahrens beseitigt werden können." Die Entscheidungen der Erbgesundheitsgerichte mußten also vor dem Eingriff der Refertilisation gerichtlich aufgehoben werden. Dem entsprechenden Gesetz ist zu entnehmen, „daß der Gesetzgeber sogar mit der Möglichkeit rechnet, daß die Wiederaufnahme in Einzelfällen auch nicht zu einer Aufhebung der Entscheidung des Erbgesundheitsgerichtes führt; in solchen Fällen könnte also nach dem Willen des Gesetzgebers eine Refertilisation nicht erfolgen."[561] Diese Bestimmung bedeutete, daß ein Gesetz der NS-Zeit, dessen verbrecherischer Charakter in keinem Zweifel steht, im Nachkriegsdeutschland legitimiert wurde.

Von den betroffenen Sinti machte keiner von der Möglichkeit einer Refertilisation Gebrauch. Nicht nur die medizinischen Unwägbarkeiten eines solchen Eingriffs, sondern vor allem die Wiederaufnahme des erbgesundheitsgerichtlichen Verfahrens stellte eine unüberwindbare Hürde für mögliche Antragsteller dar. Hinzu kam, daß in den zuständigen Gesundheitsämtern ein personeller Wandel mit der Zeitenwende 1945 ausblieb.

---

[561] StA Oldenburg, Best. 231-6, Nr. 104, Landkreis Cloppenburg, Schreiben des Präsidenten des Niedersächsischen Verwaltungsbezirks Oldenburg vom 13. Oktober 1950 an die Stadt Wilhelmshaven.

In den Fällen, in denen Sinti erst 1944 zwangssterilisiert worden waren, war eine Refertilisation aus medizinischen Gründen nicht durchzuführen.[562]

Erst in den achtziger Jahren wurden die Sinti als NS-Opfer von der Öffentlichkeit wahrgenommen. Doch noch immer fällt die Erinnerung schwer, zumal wenn das Schreckliche vor der eigenen Haustür stattfand. Schnell standen sie unfreiwillig wieder in ihrer „Ecke". Die Klischees des kriminellen und unsteten Gesellen lebten wie andere Vorurteile bis in unsere Zeit fort.

Erst mit dem Aufkommen der Bürgerrechtsbewegung der Sinti und Roma in den siebziger Jahren begann ein langsamer Prozeß des Umdenkens. In Oldenburg gründete sich eine Initiative, die sich um die Belange und Interessen der Sinti kümmerte. Günter Heuzeroth sammelte wider das Vergessen die Erinnerungen überlebender Sinti aus Oldenburg. Seine 1985 erschienene Dokumentation ist die erste übergreifende Darstellung der Verfolgung der Sinti in Nordwestdeutschland.[563] In Ostfriesland arbeitete die aus Ostpreußen zugezogene Sintezza Martha Dambrovski gegen das Vergessen.[564]

In einer gemeinsamen Aktion von Sinti, Kirchen und interessierten Oldenburgern konnte im November 1989 ein Gedenk- und Mahnmal für die aus Oldenburg deportierten und ermordeten Sinti aufgestellt werden. Der vom Oldenburger Bildhauer Eckhard Grenzer gestaltete Gedenkstein steht auf einer kleinen Grünfläche am Friedhofsweg nicht weit vom Ziegelhof entfernt. Der Stein zeigt in vereinfachter Form den gespaltenen Stamm eines Baumes, welcher den Bruch von Leben und Tod, den der Nationalsozialismus über die Sinti brachte, darstellt. Auf dem Ziegelgelände selbst erinnert nichts mehr an die Sinti. Der Hauptteil des ehedem freien Grundstücks ist mit einer Kirche bebaut. Das Ziegelhofgebäude beherbergt heute das „Ziegelhof-Kino-Center."

Nach längerem Zögern gelang es der Initiative, die Stadt Oldenburg zu überzeugen, mit einem Straßennamen an die im „Zigeunerlager" Auschwitz ermordete Familie Otto Mechau zu erinnern. Eine Straße unweit des Ziegelhofgeländes trägt seit einigen Jahren den Namen „Familie-Mechau-Straße."

---

[562] Vgl. StA Oldenburg, Best. 231-6, Nr. 105, Landkreis Cloppenburg, Anweisungen der Kriminalpolizeileitstelle Bremen zur Durchführung von Zwangssterilisationen bei „Zigeunermischlingen" vom 15. April 1944.
[563] Heuzeroth, G., a. a. O.
[564] Martha Dambrovski engagierte sich für die Rechte der Sinti und Roma u.a. in der Gesellschaft für bedrohte Völker. Eine Dokumentation zu ihrer Tätigkeit in den frühen achtziger Jahren findet sich in Farr, K., Der lange Weg der Sinti in Ostfriesland, Meppen 1982. Heuzeroth widmet der Familie Dambrovski eine biographische Studie. Heuzeroth, G., a. a. O., S. 268ff.

Eine kurze Erläuterung mahnt den Vorbeigehenden an das Schicksal der Mechaus aus Oldenburg.

Abkürzungsverzeichnis

a. a. O.	am angegebenen Ort
Az.	Aktenzeichen
allg.	allgemein
Bd.	Band
betr.	betrifft
Best.	Bestand (Archiv)
d. A.	die Autoren
Dep.	Departement (Archivrubrik)
D.K.K.	Deutsche Kriminalpolizeiliche Kommission
ebd.	ebenda
Gem.	Gemeinde
Gend.	Gendarmerie, Polizei
Hvhbg. d. d. A.	Hervorhebung durch die Autoren
Hvhbg. i. O.	Hervorhebung im Original
Hg.	Herausgeber
Hrsg.	Herausgeber
i.O.	in Oldenburg (Land)
Jg.	Jahrgang
kath.	katholisch
Lkr.	Landkreis
Med.-Rat	Medizinalrat
Nds.	Niedersachsen; Niedersächsisch
NS	nationalsozialistisch, Nationalsozialismus
NSDAP	Nationalsozialistische Deutsche Arbeiterpartei
NSV	Nationalsozialistische Volkswohlfahrt
Pol.	Polizei
pol.	politisch
pr.	preußisch
RdErl.	Runderlaß
Reg. Bez.	Regierungsbezirk
RGBl.	Reichsgesetzblatt
RM	Reichsmark, Währungseinheit
RMdI	Reichsinnenminister (Der Reichs- und Preußische Minister des Inneren)
RKPA	Reichskriminalpolizeiamt

Sig.	Signatur
StA	Staatsarchiv
Tgb. Nr.	Tagebuchnummer (polizeiliches Aktenzeichen)
ZNW	Zentralnachweis zu Geschichte von Widerstand und Verfolgung 1933 - 1945 auf dem Gebiet Niedersachsens bei der Niedersächsischen Landeszentrale für politische Bildung in Hannover

Quellenverzeichnis

- Boberach, Heinz, Inventar archivalischer Quellen des NS-Staates, Bd. 3/1, München 1991.
- Henke, Josef, Die Verfolgung der Sinti und Roma. Eine Bestandsaufnahme der Quellen aus der Sicht des Bundesarchivs, in: Der Archivar 45 (1992), Heft 1, S. 59-63.
- ders., Quellenschicksale und Bewertungsfragen. Archivische Probleme bei der Sicherung von Quellen zur Verfolgung der Sinti und Roma im Dritten Reich, in: VfZ 41 (1993), S. 59-63.

Aurich:

Staatsarchiv Aurich:
Regierungsbezirk Aurich
Rep. 16/1, Nr. 945, Staatspolizeistelle Wilhelmshaven.
Rep. 16/1, Nr. 946, Polizeiangelegenheiten, Allgemeines.
Rep. 16/1, Nr. 1045, Die ausländischen Mausefallenhändler und Drahtbinder, auch Zigeuner, 1919 - 1932.
Rep. 16/1, Nr. 1062, Das Gewerbe im Umherziehen sowie Bekämpfung des Zigeunerunwesens, 1906-1930.

Stadtarchiv Aurich:
Dep. 34c, Nr, 152, Maßnahmen gegen das Bettler- und Zigeunerunwesen.
Dep. 34c, Nr. 175, Zigeuner in der Stadt Aurich.

Zeitungen:
Anzeiger für Harlingerland.
Leeraner Anzeigenblatt.
Rhein und Ems Zeitung.
Ostfriesenzeitung.
Ostfriesische Tageszeitung.
Ostfriesisches Monatsblatt für provinzielle Interessen.

Berlin:
Landesarchiv Berlin:
LA Berlin, Rep. 142/1, Nr. StB 2266.
LA Berlin, Rep. 142 DGT, 1-10-1-23.

Bundesarchiv, Außenstelle Zehlendorf (ehemaliges Berlin Document Center):
laut Findbuch, „The Holdings of the Berlin Document Center", 1994, anläßlich der Übergabe an das Bundesarchiv in einer Auflage von 20 Stück gedruckt, unter 'Miscellaneous Collections' - VGH (Volksgerichtshof), Rechts- und Justizwesen - Mohringen, Film - Series: 8140, 8141.
Ordner 399, ZIGEUNER.

Bundesarchiv:
Zsg 142/22, Vorträge Ritter, gehalten in Bremen
Bl. 153-214 Das deutsche Zigeunerproblem der Gegenwart.
Bl. 220-255 Das Asozialenproblem und die Möglichkeiten seiner Lösung.

Brake, Unterweser:
Stadtarchiv Brake, Unterweser:
Best. 542, Schulbesuch.

Bremen:
Staatsarchiv Bremen:
ungedruckte Quellen:
2 - D. 19. f. 3 Anzeigen und Ermittlungen auswärtiger Behörden.
3 - A. 10. Nr. 75 8. Feb. 1905, Verhinderung der Landungen von England ausgewiesenen Zigeuner.
3 - B. 10. b. Nr. 145, Gnadenerweise im Entnazifizierungsverfahren. Gnadenweise Umstufung von Personen, die im Lande Bremen zu Hauptschuldigen und Belasteten im Spruchkammerverfahren eingestuft worden sind.
3 - B. 10. b. Nr. 164, Napoli, Entnazifizierungsoffizier bei der amerikanischen Militärregierung in Bremen.
3 - B. 10. b. Nr. 172, Neo-faschistische Umtriebe, namentlich Anschuldigungen gegen die Amtsführung des Senators für politische Befreiung Dr. jur. Lifschütz.

3 - F. 1. a. 1. Nr. 148 [190], Erhebung einer Sozialausgleichsabgabe 1940-1951.

3 - F. 1. S. 1 Nr. 399 [386], Ermäßigung der Vergnügungssteuer für ein Konzert von 24 Zigeunerknaben.

3 - I. 5. Nr. 213, Sondervorschriften für die Beschäftigung von Zigeunern 1941-1942.

3 - M. 1. v. Nr. 69 [71], Beschränkung der Umherziehens von Zigeunern im Maul- und Klauenseuchengebiet, 1926, Juni 14.

3 - M. 2. h. 3. Nr. 298, Einsatz ausländischer Zivilarbeiter und Kriegegefangener im Reichsgebiet 1941-1951.

3 - M. 2. h. 3. Nr. 442, Zurückhaltung in den öffentlichen Hinweisen zur Regelung der Lebensverhältnisse der Zigeuner 1944.

3 - P. 1. a. Nr. 663, 23. Juni 1905, Zigeunerbuchbestellung für Bremerhaven und Vegesack.

3 - P. 1. a. Nr. 775, Reichskanzler ersucht für die Schweiz um etwaige Verordnungen, wonach die nach Zigeunerart umherziehenden Personen das zusammen reisen in Horden, auf öffentlichen Straßen verboten ist.

3 - P. 1. a. Nr. 1146, Gesetz zum Schutze der Bevölkerung vor Belästigung durch Zigeuner, Landfahrer und und Arbeitsscheue (Zigeuner- und Arbeitsscheuen-Gesetz).

3 - R. 1. a. Nr. 531 [83], Arbeitseinsatz der auf Grund des § 20 der Fürsorgepflichtverordnung in Arbeitseinrichtungen Untergebrachten für Zwecke des Vierjahresplanes. Maßnahmen gegen Asoziale und vorbestrafte Juden 1938, März 14.-

3 - R. 1. m. Nr. 5 [42], Barackenlager Riespott 1947-1955.

3 - S. 1. a. Nr. 227 [104] Nr. 51-63, Aufhebung von Beschlüssen des Senators für die innere Verwaltung über die Einziehung des Vermögens von Zigeunern (13 Einzelfälle) 1945.

3 - W. 11. Nr. 49b [56], Polizeiverordnung über das Wohnen in Wohnwagen auf freien Plätzen.

3 - V. 2. Nr. 556, betreffend die Bremer Schützengilde.

4, 1/4 - Senatskommission für das Personalwesen - Akten über Zusatzempfänger, Mündtrath, Wilhelm.

4, 13/1 - A. 8. a. Nr. 59, Arbeitseinsatz von Zigeunern und Zigeunermischlingen 1939-1942.

4, 13/1 - P. 1. a. Nr. 10, Akte I, Bekämpfung des Zigeunerwesens (sic!) 1886 - 1941 (1953, 1954).

4, 13/1 - P. 1. f. Nr. 35, Ausländerpolizeiliche Behandlung indischer Staatsbürger.
4, 14/1 - VII. B. 5. Zigeuner, 1870-1932 (Generalakten der Polizeidirektion 2. VII. B. 2. und VII. B. Gemeingefährliche Personen, 2. b. Vagabonden).
4, 14/1 - Kr. A. 2. b. [5], Zigeuner.
4, 14/4 Verwaltungspolizei, Personenakten.
4, 124/1 - H. 5. b. 1-Nr. 3, Senator für Wohlfahrt und Jugend, Ellener Hof 1924-1940.
4, 130/1 N. III. 6, betr. Ehetauglichkeitsuntersuchung.
4, 130/2 - Erbgesundheitsgegericht.
4, 42/3 - 34 - Rückerstattungsansprüche von Zigeunern im allgemeinen.
4, 42/3 - 35 - Einzelfälle von Rückerstattungsansprüchen von Zigeunern.
4, 54 - Wiedergutmachung, Einzelfallakten.
4, 54 - Wiedergutmachung, Nr. 161-166, Eingangsbuch.
4, 54 - Wiedergutmachung - 11 - 30/6 - Zigeuner.
4, 55 - Akten des Schlachthofs.
4, 66 - I. Entnazifizierungsakten, Einzelfälle.
4, 77/2 - Polizeipräsident - Personenakten, Mündtrath, Wilhelm.
4, 89/3 - 710, Ermittlungsverfahren gegen Wilhelm Mündtrath.

gedruckte Quellen:
9, S - O - 286 Zeitungsauschnitte.
9, S - O - 1795 Zeitungsausschnitte.
Gesetzblatt der Freien Hansestadt Bremen 1945-1955.
Verhandlungen der bremischen Bürgerschaft 1945-1950.
Verhandlungen zwischen Senat und Bürgerschaft 1945-1955.
Zeitungen:
Bremer Nationalsozialistische Zeitung.
Weser Kurier 1945-1955.
Bremer Nachrichten.
Weser-Bote.

Amt für Familienhilfe und Sozialdienst Bremen-Süd:
440-48/2, Landfahrerlager in Warturm.

Liegenschaftsamt Bremen:
033/247, Warturm, Landfahrerlager, Bd. 1-3.

Hauptgesundheitsamt Bremen:
5100-113-04/4, Landfahrerlager Warturm.
Kartei des Hauptgesundheitsamtes: Nr. 253974, 303558, 99355, 274782, 70100, 100178, 100180, 166993, 260751, 262954, 346103, 166206.

Landesamt für Wiedergutmachung:
408 - (5) - 11/13, 3 Ordner (1. 1959 - 1980, 2. ab 1981, 3. „Ernst").
408/00/00 und 408/00/01 allgemein zum Landesamt.

Polizeipräsidium:
Mündtrath, Wilhelm Personalakte (noch nicht an das Staatsarchiv abgegeben).

Senator für Inneres:
121-50-08/ Richtlinien über die Führung und Behandlung polizeilicher Personenakten, 1937 -
122-92-00/0 Bekämpfung des Bettler- und Landstreicherunwesens, 1927 -
122-92-00/1 Bekämpfung des Zigeuner- und Landfahrerunwesens, 1948 -
122-92-00/2 Lager Riespott, 1948 -

Stadtamt:
211 - 5 - 14 - 1 (Signatur vor der Trennung von Stadt- und Polizeiamt: 1544 - 502 - 5 - 15), Erfahrungen mit Landfahrern und Maßnahmen gegen Landfahrer und Einrichtungen für ihre Unterbringung.
211 - 5- 14 - 2 (alte Signatur: 1544 - 502 - 5 -14), Verhandlungen mit dem Stadtplanungsamt und dem Wohnungsamt über die Behandlung von Zigeunern und Landfahrern.

Bremerhaven:
Stadtarchiv Bremerhaven:
Wesermünde, 623/11/1.

Verwaltungspolizei:
91-57-25, Zigeuner.

91/11-57-10, Öffentliche Wohnwagenplätze; hier: Wohnwagenplatz „Lehe Nord".
91-57-10, Einrichtung von öffentlichen Wohnwagenplätzen.
91/1-57-10, Wohnwagenplatz, Bremerhaven, Hackfahrel, Bd. I bis 1983 (Bd. II war nicht auffindbar, läuft bis zum Ende - kurz nach 1983).

Buxtehude:
Stadtarchiv Buxtehunde:
Pol. 5. 39 - Maßnahmen gegen die Zigeuner 1886-1941.

Delmenhorst:
Stadtarchiv Delmenhorst:
Nr. 1882, Maßnahmen zur Bekämpfung des Zigeunerunwesens.
Best. B-10, Sammelmappe Widerstand im Dritten Reich.
Meldekartei, Nr. 86050 (Mikrofiches).

Hamburg:
Staatsarchiv Hamburg:
331 - 1 II Polizeibehörde II - 463, Namensverzeichnis der zigeunerisch begutachteten und - für Lübeck - in das Generalgouvernement abgeschobenen zigeunerischen Personen aus Kiel und Lübeck, o. J., Abschrift.
331 - 1 II Polizeibehörde II - 464, Namensverzeichnis zigeunerischer Personen in den Ortspolizeibezirken Kiel, Lübeck, Neumünster, sowie in den Kreisen Eutin, Oldenburg i. H., Rendsburg, Fotokopien, um 1940.
331 - 1 II Polizeibehörde II - 465, Alphabetische Namensliste der in den Jahren 1938 - 1943 erkennungsdienstlich behandelten zigeunerischen Personen in Bremen (o. J.).
331 - 1 II Polizeibehörde II - 466 Verzeichnis der auf Grund des Erlasses von 1938 erfaßen Zigeuner usw. in Bremen und Oldenburg i. O. (nach 1938).

Hannover:
Niedersächsisches Hauptstaatsarchiv:
Wiedergutmachungsakten Nds. 110 W, Acc. 91/92, Nr. 544/1, Nr. 544/2, Nr. 544/3, und Acc. 5/95 Nr. 244 (Bd. I-III), Nr. 271, Nr. 272, Nr. 273, Nr. 275,

Nr. 276, Nr. 277, Nr. 278, Nr. 279, Nr. 280, Nr. 281, Nr. 282, Nr. 283, Nr. 284, Nr. 285, Nr. 286, Nr. 287, Nr. 288, Nr. 289, Nr. 290, Nr. 291.
Entnazifizierungsakte Dr. Karin Magnussen, Ha. 171 Hann. RH / Hr. / Han. / Ed. 1936.
Akten der Landeskriminalpolizei Nds. 147, Acc. 46/85, Nr. 407-409; Nr. 476 Bekämpfung des Zigeunerunwesens; Nr. 477 I, Kriminalpolizeiliche Erfahrungen mit Zigeunern und Landfahrern; Nr. 477 II; Nr. 486 I, Zentrale Erfassung aller Berufs- und Gewohnheitsverbrecher, Asoziale und Landfahrer; Nr. 486 II.

Niedersächsisches Landesverwaltungsamt, Amt für Wiedergutmachung:
Einzelfallakte We., Friedrich, Sig. 7 / OL 810

Niedersächsische Landeszentrale für politische Bildung:
Zentralnachweis zur Geschichte von Widerstand und Verfolgung 1933-1945 auf dem Gebiet des Landes Niedersachsen (ZNW), Projekt „Aufarbeitung der Verfolgungsgeschichte von Sinti und Roma in Konzentrationslagern, Lagern und Ghettos, die sich auf dem Territorium des Landes Niedersachsen befanden" des Niedersächsischen Verbandes Deutscher Sinti e. V. in Verbindung mit der Universität Hannover (1991-1995), Interviewsammlung: Nr. 55, 62, 11, 10, 9, 30, 26, 41 und 28.

Koblenz:
Landeshauptarchiv Koblenz:
540, 1 - 981.

Bundesarchiv Koblenz:
R 73/15342 (Notgemeinschaft der Deutschen Wissenschaft/Deutsche Forschungsgemeinschaft).

Magdeburg:
Landeshauptarchiv:
LA Magd. Rep. C. 29 Anh. II, „Zigeunerpersonalakten" Nr. Z 32, 33, 82, 83 84/1, 84/2, 588.

Oldenburg:
Staatsarchiv Oldenburg:
Landesregierung Oldenburg
Best. 205-5, Kommandeur der Ordnungspolizei.
Landkreis Ammerland (Amt Westerstede)
Best. 231-2A, Nr. 105, Gendarmerie und Ordnungspolizei.
Best. 231-2A, Nr. 109, Gefängnisse, Arrestzellen, Polizeiwachen.
Best. 231-2A, Nr. 125, Zwangsarbeitsanstalt.
Best. 231-2A, Nr. 132, Wanderer, Bettler, Vagabunden und Zigeuner, Allgemeines und Einzelnes.
Best. 231-2A, Nr. 133, Vorbeugende Verbrechensbekämpfung, Asoziale und Arbeitsscheue.
Best. 231-2A, Nr. 407, Gesetz zur Verhütung erbkranken Nachwuchses, Allgemeines.
Best. 231-2A, Nr. 408, Gesetz zur Verhütung erbkranken Nachwuchses, Einzelnes.
Landkreis Friesland (Ämter Jever und Varel)
Best. 231-3, Nr. 259, Vorbeugende Verbrechensbekämpfung, Allgemeines.
Best. 231-3, Nr. 260, Vorbeugende Verbrechensbekämpfung, Einzelnes.
Best. 231-3, Nr. 391, Gesetz zur Verhütung erbkranken Nachwuchses.
Stadtarchiv Jever
Best. 262-4, Nr. 4514, Polizeiverordnungen gegen Dieberei, Bettelei, Werbung (mit Register), 1614-1793*.
Best. 262-4, Nr. 5042, Register der Hausarmen. Listen der wöchentlich zum Betteln zugelassenen Kinder, 1640-1795*.
Best. 90-54, Nr. 12, Anhalt Zerbstsches Zigeuneredikt, 1722-1725*.
Best. 262-4, Nr. 134, Verordnungen: Buchstabe Z: (Zölle/Zigeuner), 1722-1791*.
Best. 262-4, A Nr. 249, Landstreicher, Betteljuden, Ein- und Durchzug fremder Vaganten, 1814-1858*.
Best. 262-4, Nr. 9174, Prämien für das Einbringen fremder Bettler*.
Best. 262-4, Nr. 10908, Betrifft Zigeuner, Magistrat der Stadt.

Landkreis Vechta (Amt Vechta)
Best. 231-5, Nr. 52, Gefangenentransporte.
Best. 231-5, Nr. 62, Meldeblätter der Kripo Bremen und Wilhelmshaven.
Best. 231-5, Nr. 67, Sittenpolizei.
Best. 231-5, Nr. 75, Wanderer, Bettler, Vagabunden und Zigeuner.
Best. 231-5, Nr. 76, Vorbeugende Verbrechensbekämpfung.
Best. 231-5, Nr. 134, Gesetz zur Verhütung erbkranken Nachwuchses, Allgemeines.
Best. 231-5, Nr. 135, Gesetz zur Verhütung erbkranken Nachwuchses, Einzelnes.
Stadtarchiv Vechta
Best. 262-11, Nr. 907, Zigeuner, Genehmigungen und Lager.
Best. 262-11, Nr. 912, Bettler und Zigeunerunwesen.
Best. 262-11, Nr. 917, Polizeibeamte, Allgemeines, Schutzpolizei.
Best. 262-11, Nr. 918, Neuordnung der Kriminalpolizei.
Landkreis Cloppenburg (Ämter Cloppenburg und Friesoythe)
Best. 231-6, Nr. 48, Sittenpolizei.
Best. 231-6, Nr. 55, Bevölkerungs- und Fremdenpolizei: Wanderer, Bettler, Vagabunden und Zigeuner, Allgemeines und Einzelnes.
Best. 231-6, Nr. 56, Vorbeugende Verbrechensbekämpfung durch die Polizei, Allgemeines und Einzelnes.
Best. 231-6, Nr. 104, Gesetz zur Verhütung erbkranken Nachwuchses, Allgemeines.
Best. 231-6, Nr. 105, Gesetz zur Verhütung erbkranken Nachwuchses, Einzelnes.
Die mit einem * Sternchen versehenen Bestände wurden über die Findbücher recherchiert, jedoch nicht eingesehen, da sie nicht den zeitlichen Rahmen der Untersuchung betreffen.

Best. 136, Nr. 18360, Ministrium des Innern, betr. die Fernhaltung wandernder Zigeuner- oder ähnliche Banden vom Bundesgebiet. Sonstige Maßnahmen wegen der Zigeuner. 1870-1919, 1921, 1924-1925.

Best. 351, Karton 169, Nr. 11028, Karton 380, Nr. 1851, Karton 636, Nr. 4415 (Max S.), Entnazifizierungsakten.

Zeitungen:
Oldenburgische Nachrichten.
Oldenburgische Staatszeitung.

Archiv Günter Heuzeroth, Oldenburg:
Privatarchiv.
Gesprächsprotokolle zu Interviews mit dem Sinto Joseph Schwarz, Oldenburg.
Zeitungsauschnitte.

Potsdam:
Brandenburgisches Landeshauptarchiv:
Brandenburg. LHA, Pr. Br. Rep. 30 Berlin C Tit. 198 a 3. Zigeuner 25, 38, 54, 78, 93, 124 („Zigeunerpersonenakten" vorwiegend Berlin-Marzahn).

Ravensbrück:
Mahn- und Gedenkstätte Ravensbrück:
RA- Kartei Sinti und Roma.

Rotenburg:
Stadtarchiv Rotenburg:
2/III A 1 „Das Zigeuner-Unwesen" (1722-1943).

Institut für Heimatforschung:
KA Fach 235, Nr. 2 (1870-1939), Bekämpfung des Zigeunerunwesens.
KA Fach 235, Nr. 6 (1931-1938), Bekämpfung des Zigeunerunwesens.
„Polizey-, Teich-, Holz- und Jagt-Ordnung der Herzogtümer Bremen und Verden", 1732.

Stade:
Staatsarchiv Stade:
Rep. 275 I, Nr. 23657 (Entnazifizierungsakte Otto Engelke).
Rep. 180 P., Nr. 180 (alte Signatur: Rep. 80 P., Nr. 576), Die Zwangserziehung der Catharina Trollmann aus Heissenbüttel.

Rep. 180 P, Nr. 181 (alte Signatur: Rep. 80 P. Nr. 577), Die Zwangserziehung der Pohl angeblich aus Krautheim in Baden.

Rep. 180 G II, Nr. 764, Versagung von Wandergewerbescheinen an die Zigeuner Franziska Herzberg und Walter Adler, beide in Wesermünde 1940-1942.

Rep. 180 G II, Nr. 765, Erteilung von Wandergewerbescheinen an Zigeuner 1928-1948.

Rep. 180 G II, Nr. 767, Ausstellung von Wandergewerbescheinen an Zigeuner 1929-1936.

Verden, Aller:
Kreisarchiv:
3/18d - Sicherheitspolizei, Zigeuner, 1870-1942.
3/15b - betr. Vorbeugende Verbrechensbekämpfung 1933-1939.
3/13a - Kriminalpolizei 1929-1945.

Wittmund:
Stadtarchiv Wittmund:
Polizeiverwaltung: Maßnahmen gegen das Bettler- und Zigeunerunwesen (ohne Ziffer).
Medizinalverwaltung: Gesetz zur Verhütung erbkranken Nachwuchses (ohne Ziffer).
Rassengesetze (ohne Ziffer).
Geburtsregister.

Zeitungen:
Ostfriesische Tageszeitung (Auszug).

Zetel:
Gemeindearchiv:
Mikrofiches der Meldekartei.

Literaturverzeichnis

Bibliographien:
- Hohmann, Joachim S., Neue deutsche Zigeunerbibliographie. Unter Berücksichtigung aller Jahrgänge des „Journals of the Gypsy Lore Society", Frankfurt u.a. 1992.
- Ruck, Michael, Bibliographie zum Nationalsozialismus, Köln 1995.

Gesetzestexte:
- Münch, Ingo von (Hg.), Gesetze des NS-Staates, Paderborn/München/Wien/Zürich 1994 (3. erw. Auflage).

1. Bremer und Bremerhavener Stadtgeschichte:
- Bickelmann, Hartmut (Hg.), Bremerhavener Beiträge zur Stadtgeschichte, Bd. 9, Bremerhaven 1994.
- Broszat, Martin, Siegerjustiz oder strafrechtliche „Selbstreinigung" - Aspekte der Vergangenheistbewältigung der deutschen Justiz während der Besatzungszeit 1945-1949, in: Vierteljahreshefte für Zeitgeschichte 29, S. 477-544.
- Die Wohlfahrtseinrichtungen Bremens.
- Dreßler, Ursel, Soziologische Untersuchung des Zigeunerlagers Warturm in Bremen. Hausarbeit für die erste Lehrerprüfung. Bremen, Sommer 1964.
- Hesse, Hans, Wilhelm Mündtrath - Kriminalsekretär des Bremer „Zigeunerdezernats", in: Danckworth, Barbara/Querg, Thorsten/Schöningh, Claudia, (Hg.) Historische Rassismusforschung, Hamburg 1995, S. 246-S. 272.
- Kollegengruppe der Klöckner Werke AG, Riespott, KZ an der Norddeutschen Hütte, Bremen 1984.
- Krämer, Carl/Siebke, Richard, Mehr als sieben Stunden, Bremen 1989.
- Lang, Klaus, Aspekte der Bremer Sinti-Politik nach 1945, Diplomarbeit im Studiengang Sozialpädagogik der Universität Bremen, 1984.
- Marßolek, Inge/Ott, Rene, Bremen im 3. Reich. Anpassung - Widerstand - Verfolgung, Bremen 1986.
- Meyer-Braun, Renate, Die Bremer SPD 1949-1959, Frankfurt a. M./New York 1982.
- Nitschke, Asmus, Die 'Erbpolizei' im Nationalsozialismus. Zur Alltagsgeschichte der Gesundheitsämter im Dritten Reich, Opladen/Wiesbaden 1999.

- Peters, Fritz, 12 Jahre Bremen, Bremen 1976 (Chronik 1933-1954).
- Schmacke, Norbert, Zwangssterilisiert. Verleugnet und vergessen. Rassenhygiene in Bremen, Bremen 1984.
- Schwarzwälder, Herbert, Geschichte der Freien Hansestadt Bremen, Bd. I - IV, Hamburg 1985.
- ders., Bremer Geschichte, Bremen 1993.
- ders., Sitten und Unsitten, Bräuche und Mißbräuche im alten Bremen, Bremen 1984.
- ders., Berühmte Bremer, München 1972.
- ders., Geschichte der Freien und Hansestadt Bremen, Bremen 1995.
- Sommer, Karl-Ludwig (Hg.), Bremen in den fünfziger Jahren, Bremen 1989.
- Wagner, Patrick, Kriminalpolizei und „innere Sicherheit" in Bremen und Nordwestdeutschland zwischen 1942 und 1949, in: Bajohr, Frank (Hsg.), Norddeutschland im Nationalsozialismus, Hamburg, S. 239-265.
- Wippermann, Wolfgang, Aufstieg und Machtergreifung der NSDAP in Bremerhaven - Wesermünde, in: Jahrbuch der Männer vom Morgenstern Bd. 57, 1978.
- Wrobel, Hans, Wie die Täter nach 1945 zur Verantwortung gezogen wurden, in: Der Senator für Justiz und Verfassung der Freien Hansestadt Bremen (Hg.), 'Reichskristallnacht' in Bremen, Bremen 1988.

2. Oldenburgische und Ostfriesische Regionalgeschichte:
- Dede, Klaus, Mein Oldenburg, Oldenburg 1987.
- Deeters, Walter, Kleine Geschichte Ostfrieslands, Leer 1985.
- Eckhardt, Albrecht, Von der bürgerlichen Revolution zur nationalsozialistischen Machtübernahme. Der Oldenburgische Landtag und seine Abgeordneten 1848-1933, Oldenburg 1996.
- Eckhardt, Albrecht/Schmidt, Heinrich (Hg.), Geschichte des Landes Oldenburg, Oldenburg 1987.
- Haddinga, Johann, Kriegsalltag in Ostfriesland, 1939-1945, Norden 1995.
- Heuzeroth, Günter, Die im Dreck lebten. Ausländische Zwangsarbeiterinnen und Zwangsarbeiter, Kriegsgefangene und die Lager in den Landkreisen Oldenburg, Cloppenburg und Vechta (= Unter der Gewaltherrschaft des Nationalsozialismus 1939-1945. Dargestellt an den Ereignissen in Weser-Ems. Band IV/5), Oldenburg/Osnabrück 1996.

- Kuropka, Joachim (Hg.), Für Wahrheit, Recht und Freiheit, Gegen den Nationalsozialismus, Dokumente und Materialien zur Geschichte und Kultur des Oldenburger Münsterlandes Band 1., Vechta 1983.
- Meiners, Werner, Menschen im Landkreis Oldenburg, 1918 bis 1945, Politische Entwicklung, Ereignisse, Schicksale, Oldenburg 1995.
- Meyer, Enno, Menschen zwischen Weser und Ems 1933-1945, Wie sie lebten, was sie erlebten, Quellen zur Regionalgeschichte Nordwest-Niedersachsens Heft 2, Oldenburg 1986
- Münzebrock, August, Amtshauptmann in Cloppenburg 1933-1945, Cloppenburg 1962.
- Reyer, Herbert/Martin Tielke (Hg.), Frisia Judaica, Beiträge zur Geschichte der Juden in Ostfriesland, Aurich 1991.
- Rokahr, Gerd, Die Juden in Esens, Aurich 1994.
- Schaap, Klaus, Oldenburgs Weg ins 'Dritte Reich', Quellen zur Regionalgeschichte Nordwest-Niedersachsens Heft 1, Oldenburg 1983.
- Schreckensberger, Julius, Hrsg, NS-Zeit-Zeugnisse aus der Wesermarsch, Brake/Unterweser 1991.
- Wojak, Andreas, Moordorf, Dichtung und Wahrheit über ein ungewöhnliches Dorf in Ostfriesland, Bremen 1992.

3. Allgemeine Darstellungen:
- Arnold, Hermann, Die NS-Zigeunerverfolgung. Ihre Ausdeutung und Ausbeutung. Aschaffenburg 1989.
- Asseo, Henriette, La spécificité de l'extermination des Tziganes, in: Yannis Thanassekos/Heinz Wismann (Hg.), Révision de l'histoire, Paris 1990.
- Bamberger, Edgar (Hg.), Der Völkermord an den Sinti und Roma in der Gedenkstättenarbeit. Tagung im Berliner Reichstag am 15. und 16. Dezember 1993. Schriftenreihe des Dokumentations- und Kulturzentrums Deutscher Sinti und Roma, Nr. 2. o. O. 1994.
- Döring, Hans-Joachim, Die Zigeuner im nationalsozialistischen Staat (= Kriminologische Schriftenreihe, Bd. 12), Hamburg 1964.
- Feinderklärung und Prävention. Kriminalbiologie, Zigeunerforschung und Asozialenpolitik, (= Beiträge zur nationalsozialistischen Gesundheits- und Sozialpolitik, Band 6), Berlin 1988.
- Freudenberg, Andreas u.a., Verdrängte Erinnerung - der Völkermord an Sinti und Roma, in: Hanno Loewy (Hg.), Holocaust: Die Grenzen des Verstehens, Reinbek 1992, S. 52-70.

- Gharaati, M, Zigeunerverfolgung in Deutschland mit besonderer Berücksichtigung der Zeit zwischen 1918-1945, Marburg 1996.
- Giere, Jacqueline (Hg.), Die gesellschaftliche Konstruktion des Zigeuners. Zur Genese eines Vorurteils, Frankfurt/New York 1996.
- Gilsenbach, Reimar, Die Verfolgung der Sinti - ein Weg, der nach Auschwitz führte, in: Feinderklärung und Prävention, Berlin 1988, S. 11-42.
- Hehemann, Rainer, Die „Bekämpfung des Zigeunerunwesens" im Wilhelminischen Deutschland und in der Weimarer Republik 1871-1933, Frankfurt am Main 1987.
- ders., „... jederzeit gottlose böse Leute" - Sinti und Roma zwischen Duldung und Vernichtung, in: Deutsche im Ausland - Fremde in Deutschland. Migration in Geschichte und Gegenwart, München 1993, S. 271ff.
- Hohmann, Joachim, Zigeuner und Zigeunerwissenschaft. Ein Beitrag zur Grundlagenforschung und Dokumentation des Völkermordes im „Dritten Reich", Marburg/Lahn 1980.
- ders., Geschichte der Zigeunerverfolgung in Deutschland, Frankfurt/New York 1981.
- Hund, Wulf. D. (Hg.), Zigeuner. Geschichte und Struktur einer rassistischen Konstruktion, Duisburg 1996.
- Kenrick, Donald/Puxon, Grattan, Sinti und Roma. Die Vernichtung eines Volkes im NS-Staat, Göttingen 1981.
- König, Ulrich, Sinti und Roma unter dem Nationalsozialismus. Verfolgung und Widerstand, Bochum 1989.
- Krausnick, Michael, Wo sind sie hingekommen?, Der unterschlagene Völkermord an den Sinti und Roma, Gerlingen 1995.
- ders. (Hg.), „Da wollten wir frei sein". Eine Sintifamilie erzählt. Weinheim/Basel 1986.
- Lucassen, Leo, Zigeuner. Die Geschichte eines Ordnungsbegriffes in Deutschaldn 1700-1945, Köln, Weimar, Wien 1996.
- Margalid, Gilad, Rassismus zwischen Romantik und Völkermord. Die „Zigeunerfrage" im Nationalsozialismus, in: Geschichte in Wissenschaft und Unterricht 1998, S. 400-420.
- Mazirel, Lau C., Die Verfolgung der „Zigeuner" im Dritten Reich, in: Essays über Naziverbrechen. Hg. Wiesenthal Fond/Bund jüdischer Verfolgter des Naziregimes, Amsterdam 1973, S. 123-176.
- Mode, Heiz/Siegfried Wölffing, Zigeuner. Der Weg eines Volkes in Deutschland, Leipzig 1968.

- Müller-Hill, Benno, Tödliche Wissenschaft. Die Aussonderung von Juden, Zigeunern und Geisteskranken 1933-1945, Reinbeck 1984.
- Nur wenige kamen zurück. Sinti und Roma im Nationalsozialismus. Ausstellungskatalog (bearb. von Karola Fings und Frank Sparing), Köln 1990.
- Reemtsma, Katrin, Sinti und Roma. Geschichte, Kultur, Gegenwart, München 1996.
- Rose, Romani/Weiss, Walter, Sinti und Roma im „Dritten Reich". Das Programm der Vernichtung durch Arbeit, Göttingen 1991.
- Rose, Romani (Hg.), Der nationalsozialistische Völkermord an den Sinti und Roma, Heidelberg 1995.
- Schenk, Michael, Rassismus gegen Sinti und Roma, Zur Kontinuität der Zigeunerverfolgung innerhalb der deutschen Gesellschaft von der Weimarer Republik bis in die Gegenwart, Frankfurt/M., Berlin, Bern, New York, Paris, Wien, 1994.
- Wippermann, Wolfgang, Wie die Zigeuner. Antisemitismus und Antiziganismus im Vergleich, Berlin 1997.
- ders., Geschichte der Sinti und Roma in Deutschland, Berlin 1993.
- Burleigh, Michael/Wippermann, Wolfgang, The Racial State. Germany 1933-1945, Cambridge 1996 (3. Auflage).
- Yoors, Jan, Die Zigeuner, Stuttgart 1970.
- Zimmermann, Michael, Ausgrenzung - Ermordung - Ausgrenzung. Normalität und Exzeß in der polizeilichen Zigeunerverfolgung in Deutschland (1870-1980), in: Lüdtke, Alf (Hg.), „Sicherheit" und „Wohlfahrt". Polizei, Gesellschaft und Herrschaft im 19. und 20. Jahrhundert, Frankfurt am Main 1992, S. 344-370.
- ders., Die nationalsozialistische Vernichtungspolitik gegen Sinti und Roma, in: Aus Politik und Zeitgeschehen, Beilage zur Wochenzeitschrift >Das Parlament<, 18. 4. 1987.
- ders., Rassenutopie und Genozid. Die nationalsozialistische „Lösung der Zigeunerfrage". Hamburg 1996 (mit umfangreichem Literatur- und Quellenverzeichnis).
- ders., Verfolgt, Vertrieben, Vernichtet. Die nationalsozialistische Vernichtungspolitik gegen Sinti und Roma, Essen 1989.
- ders., Von der Diskriminierung zum Familienlager Auschwitz. Die nationalsozialistische Zigeunerverfolgung, in: Dachauer Hefte 5 (1989): Die vergessenen Lager, S. 87-114.
- Zülch, Tilmann (Hg.), In Auschwitz vergast, bis heute verfolgt. Zur Situation der Sinti und Roma in Europa, Reinbeck (3. Auflage) 1983.

4. Nationalsozialistische Zigeunerverfolgung im europäischen Ausland:

- Bernadac, Christian, L'Holocauste oublié. Le massacre des tsiganes, Paris 1979.
- Dambrowski, Amanda, Das Schicksal einer vertriebenen osteuropäischen Sinti-Familie im NS-Staat, in: Pogrom 12 (1981), Nr. 80/81 (Sonderausgabe), S. 72-75.
- Ficowski, Jerzy, Cyganie na Polskich Drogach, Krakau/Breslau 1985.
- ders., Cyganie w Polsce: Dzieje i Obyczaje, Warschau 1989.
- Gotovitch, José, Quelques donnés relàtives l'extermination des tsiganes de Belgique, in: Cahiers d'Histoire de la Seconde Guerre Mondiale 4 (1976), S. 161-180.
- Knödler, Uwe, Saliers 1942-1944. Ein Romalager im besetzten Frankreich, in: Pogrom 20 (1989), Nr. 146, S. 39-40.
- Maislinger, Andreas, „Zigeuneranhaltelager und Arbeitserziehungslager" Weyer: Ergänzung einer Ortschronik, in: Pogrom 18 (1987), Nr. 137, S. 33-36.
- Mayerhofer, Claudia, Dorfzigeuner. Kultur und Geschichte der Burgenland-Roma von der Ersten Republik bis zur Gegenwart, Wien 1987, S. 43-49.
- Michaelewicz, Bogumila, L'Holocauste des Tsiganes en Pologne, in: Patrick Williams (Hg.), Tsiganes: identité, évolution, Paris 19544, S. 129-139.
- Miletic, Antun, Ustaska Fabrika Smirti 1941-1945, Beograd 1988.
- Necas, Ctibor, Die tschechischen und slowakischen Roma im Dritten Reich, in: Pogrom 12 (1981), Nr. 80/81 (Sonderausgabe), S. 62-64.
- Sigot, Jaques, Un camp pour les Tsiganes ... et les autres. Montreuil-Belay 1940-1945, Bordeaux 1983.
- ders. La derniere guerre et les camps de nomades, in: Etudes Tsiganes 33 (1987), Nr. 3, S. 29-38.
- Sijes, B. a., u.a.:, Vervolging van Zigeuners in Nederland 1940-45, s'Gravenhage 1979.
- dies., Die Verfolgung der Roma in den besetzten Niederlanden 1940-1945, in: Pogrom 12(1981), Nr. 80/81 (Sonderausgabe), S. 65-67.
- Steinmetz, Selma, Österreichs Zigeuner im NS-Staat, Wien/Frankfurt/Zürich 1966.
- Thurner, Erika, Nationalsozialismus und Zigeuner in Österreich, Wien/Salzburg 1983.
- dies., Kurzgeschichte des nationalsozialistischen Zigeunerlagers in Lakkenbach 1940 bis 1945, Eisenstaedt 1984.
- dies., „Orstfremde, asoziale Gemeinschaftsschädlinge" - die Konsequenzen des „Anschlusses" für Sinti und Roma (Zigeuner), in: Rudolf G. Ar-

delt/Hans Hautmann (Hg.), Arbeiterschaft und Nationalsozialismus in Österreich, Wien/Zürich 1990, S. 531-551.

5. Lokalstudien:
- Antifaschistischer Arbeitskreis Gevelsberg (Hg.), Was war das mußt du vergessen. Ein Gevelsberger Roma berichtet, o. O., o. J. (Gevelsberg 1991).
- Bott-Bodenhausen, Karin u.a. (Hg.), Erinnerungen an „Zigeuner". Menschen aus Ostwestfalen-Lippe erzählen von Sinti und Roma, Düsseldorf 1988.
- Brucker-Boroujerdi, Ute/Wolfgang Wippermann, Das „Zigeunerlager" Marzahn, in: Ribbe, Wolfgang (Hg.), Nationalsozialistische Zwangslager in Berlin III, Berlin 1987 (= Berlin-Forschungen II), S. 189-201.
- dies., Das „Zigeunerlager" Berlin Marzahn 1936-1945, in: Pogrom 18 (1987), Nr. 130, S. 77-80.
- Danckworth, Barbara, Franz Mettbach - Die Konsequenzen der preußischen „Zigeunerpolitik" für die Sinti von Friedrichslohra, in: Danckworth, Barbara/Querg, Thorsten/Schöningh, Claudia, (Hg.), Historische Rassismusforschung, Hamburg 1995, S. 273-295.
- „Der Schrecken aber endete nicht" - Reden gegen das Vergessen. Sinti und Roma in Frankfurt am Main. Deportation im Nationalsozialismus - Diskriminierung heute, Stadt Frankfurt am Main, Dezernat für Kultur und Freizeit, Amt für Wissenschaft und Kunst, Institut für Stadtgeschichte, Verband Deutscher Sinti und Roma, Landesverband Hessen, Frankfurt am Main 1993.
- Eiber, Ludwig, „Ich wußte, es wird schlimm". Die Verfolgung der Sinti und Roma in München 1933-1945, München 1993.
- „Es war menschenunmöglich" - Sinti aus Niedersachsen erzählen - Verfolgung und Vernichtung im Nationalsozialismus und Diskriminierung bis heute, Niedersächsischer Verband Deutscher Sinti e.V. (Hg.), Text und Redaktion Cornelia Maria Hein, Heike Krokowski, Hannover 1995.
- Farr, Karl (Hg.), Der lange Weg der Sinti in Ostfriesland, Beschreibung der Wohnsituation in der Flachbausiedlung Heerenborgweg/Wegesende und anderes, Meppen 1982.
- Fings, Karola/Frank Sparing, „Der hat alles notiert, das Schwein ...". Das Zigeunerlager in Köln-Bickendorf 1935-1958, in: Stadt-Revue Köln, 14 (1989), Nr. 2, S. 39-42.
- dies., Das Zigeunerlager in Köln 1935-1958, in: 1999, 6 (1991), Heft 3, S. 11-40.
- dies. „z. Zt. Zigeunerlager". Die Verfolgung der Düsseldorfer Sinti und Roma im Nationalsozialismus, Köln 1992.

- Gilsenbach, Reimar, Das Sinti-Mädchen Unku, in: Pogrom 12 (1981), Nr. 80/81 (Sonderausgabe), S. 52-54.
- ders., Marzahn, Hitlers erstes Lager für „Fremdrassige". Ein vergessenes Kapitel der Naziverbrechen, in: Pogrom 17 (1986), Nr. 122, S. 15-17.
- Günther, Wolfang, Zur preußischen Zigeunerpolitik seit 1871. Eine Untersuchung am Beispiel des Landkreises Neustadt am Rübenberge und der Hauptstadt Hannover, Hannover 1985.
- Hase-Mihalik, Eva/Doris Kreuzkamp, Du kriegst auch einen schönen Wohnwagen. Zwangslager für Sinti und Roma während des Nationalsozialismus in Frankfurt am Main, Frankfurt am Main 1990.
- Hein, Cornelia Maria, Krokowski, Heike, „Es war menschenunmöglich", Sinti aus Niedersachsen erzählen, Verfolgung und Vernichtung im Nationalsozialismuns und Diskriminierung bis heute, Hannover 1995.
- Heuß, Herbert, Darmstadt-Auschwitz. Die Verfolgung der Sinti in Darmstadt, Darmstadt 1995.
- Heuzeroth, Günter/Karl-Heinz Martinß, Vom Ziegelhof nach Auschwitz - Verfolgung und Vernichtung der Sinti und Roma im Oldenburger Land und Ostfriesland, in: Günter Heuzeroth (Hg.), Unter der Gewaltherrschaft des Nationalsozialismus 1933-1945. Dargestellt an den Ereignissen im Oldenburger Land, Bd. II, Oldenburg 1985, S. 227-352.
- Jokisch, Karl, Das Leben des Herrn Steinberger, in: Aus Politik und Zeitgeschichte, 21. März 1981, S. 18-32.
- Kawczynski, Rudko, Hamburg soll „zigeunerfrei" werden, in: Ebbinghaus, Angelika u.a. (Hg.), Heilen und Vernichten im Mustergau Hamburg. Bevölkerungs- und Gesundheitspolitik im Dritten Reich, Hamburg 1984, S. 45-52.
- Körber, Uschi, Das Zwangslager Berlin-Marzahn, in: Die Grünen im Bundestag (Hg.), Anerkennung und Versorgung aller Opfer nationalsozialistischer Verfolgung, Berlin 1986, S. 62-64.
- Kuhlmann, Carola, Erbkrank oder erziehbar? Jugendhilfe als Vorsorge und Aussonderung in der Fürsorgeerziehung in Westfalen von 1933-1945, Weinheim/München 1989, S. 235-237.
- Meister, Johannes, Das Schicksal der Sinti-Kinder aus der St. Josephspflege in Mulfingen, Heidelberg 1987.
- Mehl, Hans P./Dettling, Adolf, Die Freiburger Zigeuner, Freiburg i. Br. o. J.
- Reuter, Fritz, Unbekannt verzogen? Die Deportation der Sinti und Juden aus Worms 1940/42, in: BJGGRP 3 (1993), Nr. 4, S. 31-35.
- Sandner, Peter, Frankfurt. Auschwitz. Die nationalsozialistische Verfolgung der Sinti und Roma in Frankfurt am Main, Frankfurt am Main 1998.

- Seible, Theresia, Sintezza und Zigeunerin, in: Ebbinghaus, Angelika (Hg.), Opfer und Täterinnen. Frauenbiographien des Nationalsozislismus, Nördlingen 1987, S. 302-316.
- Willoh, K., Vagabondenjagden im Münsterlande, in: Oldenburger Jahrbuch, Bd. 17., Oldenburg 1909, S. 147-153.
- Winter, Walter Stanoski, WinterZeit. Erinnerungen eines deutschen Sinto, der Auschwitz überlebt hat, Hamburg 1998.
- Wippermann, Wolfgang, Das Leben in Frankfurt zur NS-Zeit II: Die nationalsozialistische Zigeunerverfolgung. Darstellung, Dokumente, didaktische Hinweise, Frankfurt a. M. 1986.
- Wölffling, Siegfried, Zur Verfolgung und Vernichtung der mitteldeutschen Zigeuner unter dem Nationalsozialismus, in: Wissenschaftliche Zeitschrift der Martin-Luther-Univesität Halle-Wittenberg, Gesellschafts- und sprachwissenschaftlöiche Reihe. XIV (1965), H. 7, S. 501-508.
- Zimmermann, Michael, Eine Deportation (aus dem Kreis Mosbach (Baden)) nach Auschwitz, in: Heide Gerstenberger/Dorothea Schmidt (Hg.), Normalität oder Normalisierung?, Münster 1987, S. 84-96.

6. Polizei:
- Browning, R. Christopher, Ganz normale Männer, Das Reserve-Polizeibataillon 101 und die „Endlösung" in Polen, Reinbek 1993.
- Fangmann, Helmut / Udo Reitner, Norbert Steinborn, „Parteisoldaten". Die Hamburger Polizei im „3. Reich", Hamburg 1987.
- Lichtenstein, Heiner, Himmlers grüne Helfer, Köln 1990.
- Wehner, Bernd, Dem Täter auf der Spur. Die Geschichte der deutschen Kriminalpolizei. Bergisch-Gladbach, 1983.

7. Verfolgung als „Asoziale":
- Ayaß, Wolfang, Ein Gebot der nationalen Arbeitsdisziplin. Die „Aktion Arbeitsscheu Reich" 1938, in: Beiträge zur nationalsozialistischen Gesundheits- und Sozialpolitik, Bd. 6: Feinderklärung und Prävention. Kriminalbiologie, Zigeunerforschung und Asozialenpolitik, Berlin 1988, S. 43-74.
- ders., Vom „pik As" ins „Kola-Fu". Die Verfolgung der Bettler und Obdachlosen durch die Hamburger Sozialverwaltung, in: Projektgruppe für die vergessenen Opfer des NS-Regimes in Hamburg e. V. (Hg.), Verachtet - verfolgt - vernichtet - zu den >vergessenen< Opfern des NS-Regimes, Hamburg 1986, S. 153-171.
- ders., „Asoziale" im Nationalsozialismus, Stuttgart 1995.

- Karanikas, Dimitrios, Das bayerische Zigeuner- und Arbeitsscheuengesetz vom 16. Juli 1926, Leipzig 1931.
- Leonhard, Götz, Vorbeugende Verbrechensbekämpfung im III. Reich, Diss. Jur. Mainz 1952.
- Scherer, Klaus, „Asozial" im Dritten Reich. Die vergessenen Verfolgten, Münster 1990.
- Terhorst, Karl-Leo, Polizeiliche planmäßige Überwachung und polizeiliches Vorbeugungshaft im Dritten Reich (Studien und Quellen zur Geschichte des Deutschen Verfassungsrechts, Bd. 13), Heidelberg 1985.
- Wagner. Patrick, Volksgemeinschaft ohne Verbrecher. Konzeptionen und Praxis der Kriminalpolizei in der Zeit der Weimarer Republik und des Nationalsozialismus, Hamburg 1996.

8. Erbgesundheitsgerichte:
- Krause, Sabine, Zwangssterilisation in Bremerhaven und Wesermünde 1934-1945, in: Bickelmann, Hartmut Hg.), Bremerhavener Beiträge zur Stadtgeschichte, Bd. 9, Bremerhaven 1994, S. 9- S. 88.
- dies., Agnes L. - „nicht als besonders bevölkerungspolitisch wertvoll", in: Danckworth, Barbara/Querg, Thorsten/Schöningh,Claudia, (Hg.), Historische Rassismusforschung, Hamburg 1995, S. 371 - S. 384.
- Petersen, P./Liedtke, U., Zur Entschädigung zwangssterilisierter Zigeuner. Sozialpsychologische Einflüsse auf psychische Störungen nationalsozialistisch Verfolgter. in: Der Nervenarzt 42 (1971), H. 4, S. 197-205.

9. Zur Rassenhygienischen und Bevölkerungsbiologischen Forschungsstelle (Reichstelle Ritter):
- Brucker-Boroujerdi/Wippermann, Wolfgang, Die „Rassenhygienische und Erbbiologische Forschungsstelle im Reichsgesundheitsamt, in: Bundesgesundheitsblatt Jg. 32, März 1989 (Sonderheft), S. 13-19.
- Die nette alte Dame". Dokumentation zum Fall Kellermann, in: Mitteilungen der Dokumentationsstelle der NS-Sozialpolitik, Jg. 2 (1986), Heft 12, S. 114-135.
- Gilsenbach, Reimar, Wie Lolitschai zur Doktorwürde kam, in: Beiträge zur nationalsozialistischen Gesundheits- und Sozialpolitik, Bd. 6 (1988), S. 101-134 (Lolitschai = Eva Justin).
- Heuß, Herbert, Wissenschaft und Völkermord - Zur Arbeit der „Rassenhygienischen Forschungsstelle" beim Reichsgesundheitsamt, in: Bundesgesundheitsblatt Jg. 32, März 1989 (Sonderheft), S. 20-24.

- Hohmann, Joachim S., Robert Ritter und die Erben der Kriminalbiologie - „Zigeunerforschung" im Nationalsozialismus und in Westdeutschland im Zeichen des Rassismus (= Studien zur Tsiganologie und Folkloristik, Bd. 4), Frankfurt a. M. 1991.
- Zimmermann, Michael, Feindschaft gegen Fremde und moderner Rassismus: Robert Ritters 'Rassenhygienische Forschungsstelle', in: Deutsche im Ausland - Fremde in Deutschland. Migration in Geschichte und Gegenwart, München 1993, S. 333ff.

10. Ärzte:

- Bastian, Till, Furchtbare Ärzte, Medizinische Verbrechen im Dritten Reich, München 1995.
- Dachauer Hefte, Heft 4, Medizin im NS-Staat, Täter, Opfer, Handlanger, hier: München 1993 (1988).
- Deichmann, Ute, Biologen unter Hitler, Portrait einer Wissenschaft im NS-Staat, Frankfurt am Main 1995.
- Harms, Ingo, „Wat mööt wi hier smachten...". Hungertod und „Euthanasie" in der Heil- und Pflegeanstalt Wehnen im „Dritten Reich", Oldenburg/Osnabrück 1996.
- Klee, Ernst, „Euthanasie" im NS-Staat, Die „Vernichtung lebensunwerten Lebens", Frankfurt am Main 1985.
- ders., (Hg.), Dokumente zur „Euthanasie", Frankfurt am Main 1985.
- ders., Auschwitz, die NS-Medizin und ihre Opfer, Frankfurt am Main 1997 (4. Auflage)
- Koch, Gerhard, Humangenetik und Neuro-Psychiatrie in meiner Zeit (1932-1978), Jahre der Entscheidung, Erlangen und Jena 1993.
- Lösch, C. Niels, Das Kaiser-Wilhelm-Institut für Anthropologie, menschliche Erblehre und Eugenik, Magisterarbeit des Fachbereichs Geschichtswissenschaften der FU Berlin, Dahlem o. J.
- ders., Rasse als Konstrukt - Leben und Werk Eugen Fischers, Frankfurt u.a. 1997.
- Meyer, Alwin, Die Kinder von Auschwitz, Göttingen 1992.
- Weber, M. Matthias, Psychiatrie als „Rassenhygiene". Ernst Rüdin und die Deutsche Forschungsanstalt für Psychiatrie in München, in: Medizin, Gesellschaft und Geschichte, Bd. 10, Berichtsjahr 1991, 1992 Stuttgart, S. 149-169.
- Weingart, Peter, Kroll, Jürgen, Bayertz, Kurt, Rasse, Blut und Gene, Geschichte der Eugenik und Rassenhygiene in Deutschland, Frankfurt a. M. 1988.

- Wölffling, Siegfried, Wissenschaft und Medizin im Dienst der Verfolgung und Vernichtung der Zigeuner unter dem Nationalsozialismus, in: Burchard Brentjes (Hg.), Wissenschaft unter dem NS-Regime, Berlin 1992, S. 107-121.
- Zdenek Zofka, Der KZ-Arzt Josef Mengele: Zur Typologie eines NS-Verbrechers, in: Vierteljahreshefte für Zeitgeschichte 1986, Heft 2, S. 245-267.

11. Mai-Deportationen:
- Buchheim, Hans, Die Zigeunerdeportation vom Mai 1940, in: Gutachten des Institutes für Zeitgeschichte, Bd. 1, München 1958, S. 51-61.
- Döring, Hans-Joachim, Die Motive der Zigeunerdeportation vom Mai 1940, in: Vierteljahreshefte für Zeitgeschichte, Oktober 1959, S. 418-428.
- Krausnick, Michael, Abfahrt Karlsruhe. 16. 5. 1940. Die Deportation der Karlsruher Sinti und Roma - ein unterschlagenes Kapitel in unserer Stadt, Neckargemünd 1990.
- Zimmermann, Michael, Deportation ins „Generalgouvernement". Zur nationalsozialistischen Verfolgung der Sinti und Roma in Hamburg, in: Hamburg in der NS-Zeit. Ergebnisse neuerer Forschungen, Hamburg 1995 (Forum Zeitgeschichte Bd. 5), S. 151ff.

12. Zu den Konzentrationlagern:
- Adelsberger, Lucie, Auschwitz - Ein Tatsachenbericht, Berlin 1956.
- Arndt, Ino, Das Frauenkonzentrationslager Ravensbrück, in: Dachauer Hefte 3, Frauen, Verfolgung und Widerstand, 1987, S. 125ff. (auch zum Frauen KZ Moringen).
- Drobisch, Klaus/Wieland, Günther, System der NS-Konzentrationslager 1933-1939, Berlin 1993.
- Ficowski, Jercy, Zigeunerlager im Ghetto Lodz, in: Geigges, Anita/Berndhard W. Wette, Zigeuner heute. Verfolgung und Diskriminierung in der BRD, Bornheim-Merten 1979, S. 261-269.
- Fiedermann, Angela, Das Konzentrationslager Mittelbau Dora. Ein historischer Abriß. Bad Münstereifel, 1993.
- Füllberg-Stolberg, Claus (Hg.), Frauen in Konzentrationslagern: Bergen-Belsen, Ravensbrück, Bremen 1994.
- Gedenkbuch. Die Sinti und Roma im Konzentrationslager Auschwitz-Birkenau. Memorial. München 1993.
- Günther, Wolfgang, „Ach Schwester, ich kann nicht mehr tanzen." Sinti und Roma im KZ Bergen-Belsen, Hannover 1990.

- Guse, Martin/Kohrs, Andreas, Die „Bewahrung" Jugendlicher im NS-Staat - Ausgrenzung und Internierung am Beispiel der Jugendkonzentrationslager Moringen und Uckermarck, unveröffentlichtes Ms, 1985.
- Guttenberger, Elisabeth, Das Zigeunerlager, in: Adler, H. G./H. Langbein/E. Lingens-Reiner (Hg.), Auschwitz. Zeugnisse und Bericht, Frankfurt a. M 1988 (4. Auflage), S. 131-134.
- Harder, Jürgen/Hesse, Hans, Die Zeuginnen Jehovas in dem Frauen-KZ Moringen: ein Beitrag zum Widerstand von Frauen im Nationalsozialismus, in: Hesse, Hans (Hg.), „Am mutigsten waren immer wieder die Zeugen Jehovas" - Verfolgung und Widerstand der Zeugen Jehovas im Nationalsozialismus, Bremen 1998, S. 35-62.
- Hesse, Hans, Hoffnung ist ein ewiges Begräbnis - Briefe aus dem KZ - Hannah Vogt - 1933, Bremen 1998.
- Kalendarium der Ereignisse in Auschwitz-Birkenau, in: Geigges, Anita/Bernhard W. Wette, Zigeuner heute. Verfolgung und Diskriminierung in der BRD, Bornheim-Merten 1979, S. 219-245.
- Kogon, Eugen, Der SS-Staat, Das System der deutschen Konzentrationslager, 25. Auflage, München 1993.
- KZ Moringen, Eine Dokumentation, o. J.
- Milton, Sybil, Zigeunerlager nach 1933, in: Vierteljahreshefte für Zeitgeschichte, 1995, 1. Heft, S. 115-130.
- Muth, Heinrich, Das „Jugendschutzlager" Moringen, in: Dachauer Hefte 5, Die vergessenen Lager, 1989, S. 223-252.
- Streck, Bernhard, Zigeuner in Auschwitz. Chronik des Lagers B II e, in: Bernhard Streck u.a. (Hg.), Kumpania und Kontrolle. Moderne Behinderung zigeunerischen Lebens, Gießen 1981, S. 69-128.
- Szymanski, Tadeusz/Danuta Szymanska/Tadeusz Snieszko, Das „Spital" im Zigeuner-Familienlager in Auschwitz-Birkenau, in: Hamburger Institut für Sozialforschung (Hg.), Die Auschwitz-Hefte, Bd. 1, Weinheim und Basel 1987.
- Wißkirchen, Josef, Das Konzentrationslager Brauweiler 1933/34, in: Pulheimer Beiträge zur Geschichte und Heimatkunde, Bd. 13, 1989, S. 153-196.
- Zimmermann, Michael, Von der Diskriminierung zum „Familienlager" Auschwitz. Die nationalsozialistische Zigeunerverfolgung, in: Dachauer Hefte 5 - Die vergessenen Lager, München 1994, S. 87-114.

13. Fürsorge:
- Fings, Karola; Sparing, Franz, „Tunlichst als erziehungsunfähig hinzustellen." Zigeunerkinder- und Jugendliche: Aus der Füsorge in die Vernichtung. (in: Dachauer Hafte 9, 1993, H. 9, S. 159-180).

14. Zur Situation von Sinti und Roma nach 1945:
- Feuerhelm, Wolfgang, Polizei und „Zigeuner". Strategien, Handlungsmuster und Alltagstheorien im polizeilichen Umgang mit Sinti und Roma, Stuttgart 1987.
- Fienbork, Gundula/Mihók, Brigitte/Müller, Stephan (Hg.), Die Roma - Hoffen auf ein Leben ohne Angst. Roma aus Osteuropa berichten, Reinbek 1992.
- Geigges, Anita/Wette, Bernhard W., Zigeuner heute. Verfolgung und Diskriminierung in der BRD, Bornheim-Merten 1979.
- Greußing, Fritz, Die Kontinuität der NS-Zigeunerforschung, in: Zeitschrift für Kulturaustausch 31 (1981), S. 385-392.
- Gronemeyer, Reimer (Hg.), Eigensinn und Hilfe. Zigeuner in der Sozialpolitik heutiger Leistungsgesellschaften, Gießen 1983.
- Gronemeyer, Reimer/Rakelmann, Georgia A., Die Zigeuner. Reisende in Europa, Köln 1988.
- Hohmann, Joachim S., Kein Recht für die Verfolgten. Bruchstücke aus Gutachten, Dokumenten und Gerichtsurteilen, in: Pogrom 12 (1981), Nr. 80/81 (Sonderausgabe), S. 67-71.
- ders., Robert Ritter und die Erben der Kriminalbiologie. Zigeunerforschung im Nationalsozialismus und in Westdeutschland im Zeichen des Rassismus, Frankfurt am Main u.a. 1991.
- Joachimsen, Lukrezia, Die Zigeuner heute. Untersuchung einer Außenseitergruppe in einer deutschen Mittelstadt, Stuttgart 1963.
- Lang, Klaus, Aspekte der Bremer Sinti-Politik nach 1945, Diplomarbeit im Studiengang Sozialpädagogik der Universität Bremen 1984.
- Margalit, Gilad, Die deutsche Zigeuerpolitik nach 1945, in: Vierteljahrshefte für zeitgeschichte 45 (1997), S. 557-588.
- Martins-Heuß, Kirsten, Zur mythischen Figur des Zigeuners in der deutschen Zigeunerforschung, Frankfurt a. M. 1983.
- Rose, Romani, Bürgerrechte für Sinti und Roma. Das Buch zum Rassismus in Deutschland, Heidelberg 1987.
- ders., Die 'Rassegutachten' - ein Vertuschungsskandal, in: Pogrom 18 (1987), Nr. 130, S. 5-7.

- ders., Wir wollen Bürgerrechte und keinen Rassismus, hersg. vom Zentralrat Deutscher Sinti und Roma, Heidelberg 1987.
- Winter, Mathias, Kontinuitäten in der deutschen Zigeunerforschung und Zigeunerpolitik, in: Beiträge zur nationalsozialistischen Gesundheits- und Sozialpolitik, Bd. 6 (1988).

15. Wiedergutmachung:

- Assmussen, Nils, Der kurze Traum von Gerechtigkeit. „Wiedergutmachung" und NS-Verfolgte in Hamburg nach 1945, Hamburg 1987.
- Greußing, Fritz, Das offizielle Verbrechen der zweiten Verfolgung, in: Zülch, Tilmann (Hg.). In Auschwitz vergast, bis heute verfolgt. Zur Situation der Roma (Zigeuner) in Deutschland und Europa, Hamburg 1979.
- Grossmann, Krut R., Die Ehrenschuld. Kurzgeschichte der Wiedergutmachung, Frankfurt am Main, Berlin 1967.
- Körber, Ursula, Die Wiedergutmachung und die „Zigeuner", in: Beiträge zur nationalsozialistischen Gesundheits- und Sozialpoliltik, Bd. 6 (1988), S. 165-175.
- Pross, Christian, Wiedergutmachung. Der Kleinkrieg gegen die Opfer, Frankfurt am Main, 1988.
- Spitta, Arnold, Entschädigung für Zigeuner? Geschichte eines Vorurteils, in: Herbst, Ludolf/Constantin Goschler (Hg.), Wiedergutmachung in der Bundesrepublik Deutschland (=Sondernummer der Schriftenreihe der Vierteljahreshefte für Zeitgeschichte), München 1989, S. 385-401.
- von Törne, Anne, Wiedergutmachung von Sinti und Roma, BRD, Republik Österreich und DDR im Vergleich, Magisterarbeit am Fachbereich Geschichtswissenschaften der FU Berlin, 1992.

16. Sonstiges (SS-Sonderformation Dirlewanger, Rassismus und Kinder als Opfer):

- Bamberger, Edgar/Ehmann, Annegret (Hg.), Kinder und Jugendliche als Opfer des Holocaust, Heidelberg 1995.
- Breger, Claudia, Heinrich Moritz Gottlieb Grellmann - Überlegungen zur Entstehung und Funktion rassistischer Deutungsmuster im Diskurs der Aufklärung, in: Danckworth, Barbara/Querg, Thorsten/Schöningh, Claudia (Hg.), Historische Rassismusforschung, Hamburg 1995,S. 34 S. 69.
- Danckworth, Barbara/Querg, Thorsten/Schöningh, Claudia (Hg.), Historische Rassismusforschung, Hamburg 1995.

- Klausch, Hans-Peter, Antifaschisten in SS-Uniform, Schicksal und Widerstand der deutschen politischen KZ-Häftlinge, Zuchthaus- und Wehrmachtsgefangenen in der SS-Sonderformation Dirlewanger, Bremen 1993, DIZ-Schriften Bd. 6.
- Riechert, Hansjörg, Im Schatten von Auschwitz. Die nationalsozialistische Sterilisationspolitik gegenüber Sinti und Roma, Münster/New York 1995.
- Wippermann, Wolfgang, Was ist Rassismus? Ideologie, Theorien, Forschungen, in: Danckworth, Barbara/Querg, Thorsten/Schöningh, Claudia (Hg.), Historische Rassismusforschung, Hamburg 1995, S. 9 - S. 33.
- ders./Burleigh, Michael, Das Dritte Reich: Klassenherrschaft oder Rassenstaat? Rassenpolitik und Rassenmord. 1933-1940/41, in: Faschismus und Rassismus. Kontroversen um Ideologie und Opfer, Werner Röhr (Hg.), S. 127-147.

17. Rezensionen (Auswahl):

- Krausnick, Michael, Wo sind sie hingekommen? Der unterschlagene Völkermord an den Sinti und Roma, Gerlingen 1995:
  Hohmann, Joachim S., Jahrbuch für Antisemitismusforschung 1997, S. 292-301.
  Zimmermann, Michael, Zeitschrift für Geschichtswissenschaft 1996, S. 728f.
- Lucassen, Leo, Zigeuner. Die Geschichte eines polizeilichen Ordnungsbegriffes in Deutschland 1700-1945, Wien 1996:
  Danckwortt, Barbara, Zeitschrift für Geschichtswissenschaft 1997, S. 541ff.
- Riechert, Hans-Jörg, Im Schatten von Auschwitz. Die nationalsozialistische Sterilisationspolitik gegenüber den Sinti und Roma, Münster u.a. 1995:
  Zimmermann, Michael, Archiv für Sozialgeschichte 1997, S. 760f.
- Schenk, Michael, Rassismus gegen Sinti und Roma. Zur Kontinuität der Zigeunerverfolgung innerhalb der deutschen Gesellschaft von der Weimarer Republik bis in die Gegenwart, Frankfurt am Main u.a. 1994:
  Zimmermann, Michael, Zeitschrift für Geschichtswissenschaft 1996, S. 653f.
- Zimmermann, Michael, Rassenutopie und Genozid. Die nationalsozialistische „Lösung der Zigeunerfrage", Hamburg 1996:
  Danckwortt, Barbara, Zeitschrift für Geschichtswissenschaft 1997, S. 275ff.

Hohmann, Joachim S., Jahrbuch für Antisemitismusforschung 1997, S. 292-301.
Wippermann, Wolfgang, Archiv für Sozialgeschichte 1998, S. 792f.

www.ingramcontent.com/pod-product-compliance
Lightning Source LLC
Chambersburg PA
CBHW021933290426
44108CB00012B/823